KB150954

The ABCs of How We Learn

학습과학이 알려주는
26가지 학습 방법

Daniel L. Schwartz, Jessica M. Tsang, Kristen P. Blair 지음

임수현 · 천미람 옮김

헌사

저의 멘토였던 세 분의 존(John), 존 브랜스포드(John Bransford), 존 리저(John Rieser), 존 블랙(John Black)에게 깊은 감사를 드립니다. 누구도 혼자서는 성공할 수 없습니다. 2012년, 2014년, 2015년 코어 메카닉 강좌(Core Mechanics Class) 수강생들 및 더 뇌리에 남는 2013년 수강생들의 열정과 응원에도 감사를 드립니다. — *DLS*

저의 멘토들(특정 공동 저자를 포함하여)과 가족, 엄마와 아빠, 모험을 함께해 준 남편 스캇(Scott), 혼란과 재미를 더해 준 딸 알리싸(Alissa)와 메덜린(Madeline)에게 감사를 드립니다. — *KPB*

저에게 배움을 선사하고, 영감을 불어넣어 주고, 안목을 키워 준 오클랜드(Oakland) 공립학교에 바칩니다. 그리고 저의 가장 큰 지지자인 두 아들 올리버(Oliver)와 줄리어스(Julius)에게도 바칩니다. — *JMT*

차례

감사의 말

이 책은 스탠퍼드 대학의 AAA 랩의 지원과 도리스 친 박사(Dr. Doris Chin)의 인내와 공헌에 힘입은 바가 크다. 그림 제작을 맡아 준 케이트 조이(Kate Joy)에게도 감사의 인사를 전한다. 마지막으로 창의적이며 매우 뛰어난 재능을 발휘해 준 닐 레빈(Neil Levine)에게도 감사의 인사를 전한다. 닐은 레터 아트를 제작해 주었고 우리에게 멋진 양말을 선물해 주었다(http://www.xoab.us).

한국 독자를 위한 서문

　　우리의 책이 한국어로 번역되는 것에 대해 매우 기쁘게 생각하며, 특별히 교육과 교육자를 소중히 여기는 한국 독자들에게 전해질 수 있게 된다는 점에서 매우 뿌듯하다. 이 책의 주요 목표 중 하나는 학습이 이루어지는 다양한 방식과 이러한 각 방식을 어떻게 지원할 수 있는지를 보여주는 것이다. 학습은 다양한 목적을 가지고 있다. 혹 학습의 주된 목적을 시험에 합격하거나 좋은 성적을 거두는 것으로 볼 수 있다. 이러한 시각은 교육 시스템을 통해 사회적 성취를 이루는 방식을 나타낸다. 이 책에도 이러한 내용을 다루는 여러 장이 있다. 하지만, 좋은 성적에만 초점을 맞추게 되면 학습의 더 깊은 본질의 목적을 놓칠 수 있다. 좋은 학습은 더 나은 건강, 더 행복한 삶, 평화와 번영 등 거의 모든 긍정적인 결과와 상관 관계가 있다. 이 책을 통해 독자들이 학습이 삶에 스며드는 다양한 방식과 학습을 통해 삶의 질을 높이는 방법을 찾는 데 도움이 되기를 바란다.

— Daniel L. Schwartz, Jessica M. Tsang, Kristen P. Blair —

서문

누군가를 가르쳐 본적이 있는가?

이는 대답을 들으려고 물어본 질문은 아니다. 분명 누군가를 가르쳐 본 적이 있을 것이다.

인간은 누군가를 가르치고자 하는 기본적인 욕구가 있다. 교사는 물론이고 부모, 친구, 형제자매, 수다쟁이, 고용주도 마찬가지이다. 심지어 스스로를 가르치려고도 한다. 오늘만 해도 어린 아이에게 바나나 껍질을 벗기는 법을 가르쳐주고, 외지에서 온 방문객에게 통근 열차를 타는 법을 가르쳐주고, 통계 과제에 대한 피드백을 주고, 강아지를 앉게 가르치는 등의 많은 가르치는 행위를 하였을 것이다.

가르친 경험이 있는 분이라면 아마 그것이 잘 되지 않았을 때를 기억할 수도 있다. 그래서 다른 방법을 적용하였더니 더 잘 되었던 적이 있을 것이다. 여기에 이를 보여주는 하나의 예가 있다. 누군가 당신에게 건물이나 상점으로 가는 길을 물었다. 위치를 알고 있어서 "물론입니다"라고 대답을 하였다. 그러나 얼마 지나지 않아 길을 물었던 행인의 혼란스러운 얼굴과 함께 의미없는 몸짓을 하고 있는 자신을 발견하게 된다. 결국 당신은 지도를 그리게 된다.

이 이야기의 교훈은 무엇일까? 물론 인내가 결실을 맺지만 이 이야기의 교훈은 인내가 아니라 가르치는 방법에는 여러 가지가 있다는 점이다. 또한 학습 유형에 따라 가르치는 방법도 달라져야 한다는 점이다. 예를 들어 시각 시스템은 공간적인 자료를 학습하는 데 더 뛰어나기 때문에 공간 방향에 관해서는 말보다는 지도가 더 효과적이다.

학습은 단일한 것이 아니다. 모든 학습을 책임지는 중앙 처리 장치는 없으며, 뇌는 균질한 뉴런 덩어리가 아니다. 뇌는 각기 다른 신경 구조와 고유한 욕구를 가진 많은 학습 시스템으로 이루어져 있다. 교수 활동의 승패는 원하는 교육 목표 달성을 위해 필요한 학습 시스템을 자극하고 증진하는 교육적 방법을 선택하는 데 달려있다. 사람들이 좌절에 적절하게 대응하는 법을 배우기를 원한다면 힘내라고 말하지만 말고 롤 모델을 관찰할 수 있는 기회를 주자. 사람들의 나쁜 습관을 바꾸기를 원한다면 의지력이 아닌 강화 기법을 적용해 보자.

이 책의 목적은 학습을 이해하고, 자신이나 타인을 위한 학습 목표에 적합한 교수법을 창의적으로 개발할 수 있도록 돕는 데 있다.

우리 필자는 스탠퍼드 대학에서 학습 이론이 실제 현장에 적용 가능함을 강조하는 응용 과목 강의를 하고 있다. 이 과목의 수강생으로는 신규 교사, 경력 교사, 학부생, 석사 과정 학생, 박사 과정 학생, 변호사, 의사, 엔지니어, 사업가, 학습 기술을 설계하고자 하는 사람들이 있다. 이러한 다양한 분야의 수강생은 사람들이 학습에 대해 알고 싶어함을 보여준다.

약 5년 전, 우리는 시중에서 구할 수 있는 교재 사용을 중단하였다. 해당 교재들은 이론, 연구, 실제를 교육 현장의 다양한 목표에 맞게 바로 실행 가능한 방식으로 전혀 통합하지 않았다. 대신 우리는 중요한 학습 메커니즘과 그 작동 원리, 이점, 사용법을 담은 과목을 구성하였다.

강좌 이름은 학습의 코어 메카닉(Core Mechanics of Learning)으로 명명하였다. 코어 메카닉(Core Mechanic)이라는 표현은 게임에서 가져온 것으로, 게임을 진전시키는 구체적인 상호작용이 있다. 골프에서 공을 치면 홀에 들어가고, 테트리스에서 떨어지는 조각을 회전시키면 착지하듯이 다양한 유형의 학습을 진전시키는 구체적인 상호작용이 있다. 좋은 가르침은 이러한 상호작용을 조직하는 것이다.

단일 과목에서 모든 이론을 다룰 수는 없다. 우리는 행동주의(R is for Reward, 보상), 사회 심리학(O is for Observation, 관찰), 지각 심리학(C is for Contrasting Cases, 비교대조 사례), 문화 심리학(P is for Participation, 참여), 인지 심리학(S is for Self-Explanation, 자기 설명)과 같이 가장 잘 확립된 학습 이론을 보여주는 메커니즘을 선정하였다(인지 심리학자로서 우리는 사고에 대해 생각하고, 학습에 대해 배운다.). 이 형식으로 전환한 후, 학생들은 핵심 원리를 추가적으로 배울 수 있는 두 번째 과목을 지속적으로 요청하였다. 인간 학습은 사람의 마음을 끄는 매력이 있다!

이러한 요청에 힘입어, 우리는 ABC 책을 집필하기로 결정하였다. 우리는 이 책이 학습과 학습 능력 향상에 관심이 있는 사람이라면 누구나 이해하기 쉽고 재미있게 읽을 수 있도록 작성하였다. 또한 추가 읽을거리와 적절한 과제를 통해 수업용 교재로도 적합할 수 있도록 고려하였다. 예를 들어, 이 책의 몇 개의 장을 읽은 후, 학습 과학자의 눈으로 온라인 수학 게임과 같은 일부 교수법을 분석해 보는 것은 좋은 과제이다. 학생들은 이러한 경험을 통해 어떤 학습 메커니즘을 활용하거나 놓치고 있는지, 그리고 얼마나 효과적으로 학습 메커니즘들이 활용되는지를 분석할 수 있다.

우리는 명백한 증거, 납득 가능한 이론, 명확한 시사점을 가진 26개의 핵심 원리를 선정하였다. 무엇을 포함시켜야 할지에 대해 어려운 결정을 내리기도 하였다. 예를 들어 A를 Analogy, 유추를 선정하였지만, Attention, 주의를 선정할 수도 있었다. 이 책이 모든 것을 다루었다고는 볼 수 없다. 어떻게 그럴 수 있겠는가? 지난 15년 동안 학습과학 분야는 폭발적인 성장을 하였다. 이는 부분적으로 미국 국립 과학재단이 학습과학 연구에 매진하는 LIFE(Learning in Informal and Formal Environment) 센터에 5억 달러를 투자한 덕분이기도 하다. 우리도 과거 LIFE 센터의 일원이기도 하였다. 우리는 교육자이자 학습 연구자로서의 경험과, 사람들이 무엇을 알고 싶어 하는지에 대한 이해를 바탕으로 26개의 장을 선택하였다. 언젠가 우리는 또 다른 ABC라는 책을 집필할 수도 있다.

각 장은 동일한 방식으로 구성이 된다. 기본 가정은 어떻게 작동하는지 알고, 왜 작동하는지에 대한 증거를 확인하고, 다양한 사례를 제공하면, 사람들이 자신만의 통찰력과 효과적인 활용법을 생성하는 데 도움이 될 것이라는 점이다. 각 장의 구성은 다음과 같다.

- **설명.** 학습 메커니즘에 대한 기본적인 설명과 이것이 중요한 이유.
- **작동 방식.** 중요하고 영향력 있는 연구에 대한 명료한 설명을 포함한 과학적 연구와 학문적 이론.
- **사용법.** 학습 메커니즘을 활용하는 활동의 예시.
- **이점.** 학습 메커니즘이 특별히 어디에 유익한지를 보여주는 결과.
- **위험성.** 바람직하지 않은 결과를 초래하는 일반적인 실수.
- **좋은 예와 나쁜 예.** 아이디어를 공고히 하는 데 도움이 되는 간단한 예.
- **참고문헌.** 해당 주제에 대한 고전 및 현재의 논문(번역서에서는 책의 가독성을 위해 각 장의 참고문헌을 하나의 장에 모아서 책의 마지막에 별도로 제시함—옮긴이).
- **요약지.** 각 장의 주요한 아이디어를 간단한 예와 함께 세심히 요약한 개요. 읽은 내용을 다시 상기 시키는 데 유용.

교육자들은 종종 사람들이 단일 주제에 대해 여러 학습 결과를 거두기를 원한다. 예를 들어 학생이 과학 공식을 암기하고, 어떻게 그것이 작동하는 이유를 이해하고, 과학자가 되고 싶은 관심을 키우기를 원할 수 있다. 우리가 바라는 바는 이 책이 다양한 종류의 학습 결과에 대한 보다 차별화된 그림과, 이러한 다각적인 결과를 얻을 수 있도록 돕기 위해 결합할 수 있는 많은 전략과 기법을 제공하는 것이다. 예를 들어 좋은 교수법은 여러 장의 기법들을 결합할 수 있다. 예를 들어 과학 과목에서, GAP(Generation, Analogy, and Participation) 혹은 MET(Making, Elaboration, and Teaching) 결합을 사용하여 수업을 개발할 수 있다. 이처럼 가능한 결합은 무궁무진하다.

단일 학습 결과에 대해서도 여러가지 보완적인 메커니즘을 사용할 수 있다. 예를 들어 원하는 학습 결과가 암기인 경우, E·G·X·Z 장이 특히 유용할 수 있다. 다음은 각 장이 몇 가지 익숙한 학습 결과와 어떻게 연계되는지 보여주는 시작 목록이다. 물론 다른 많은 장에서도 각 학습 결과를 다루고 있지만, 특정 관심사가 있다면 이 목록은 시작하기 좋은 출발점이다.

개념적 이해 (Conceptual Understanding)	Analogy, 유추 Just-in-Time Telling, 적시에 알려주기 Undoing, 바로잡기
기억 (Memory)	Elaboration, 정교화 Generation, 생성 eXcitement, 흥분
동기 (Motivation)	Yes I Can, 자기효능감 Reward, 보상 Imaginative Play, 상상 놀이
전문성 (Expertise)	Deliberate Practice, 주도면밀한 연습 Knowledge, 지식 Making, 메이킹
공부법 (Study Skills)	Self-Explanation, 자기설명 ZZZs, 수면 Elaboration, 정교화

포용 (Sense of Inclusion)	Belonging, 소속감 Norms, 규범 Participation, 참여
문제 해결 (Problem Solving)	Worked Examples, 풀이된 예제 Question Driven, 질문 주도 Feedback, 피드백
협동 (Collaboration)	Listening and Sharing, 듣고 나누기 Observation, 관찰 Teaching, 가르치기
발견 (Discovery)	Hands On, 체험 Contrasting Cases, 비교대조 사례 Visualization, 시각화

    학습할 수 있는 환경을 만드는 것은 매우 창의적인 행위일 수 있다. 이 책은 독자들에게 효과적인 학습 경험을 디자인할 수 있는 도구를 제공할 것이다. 또한 독자들은 학습이 어떻게 작동하고, 가르침이 배움을 어떻게 이끌어내는지를 발견함으로써 큰 만족감을 느낄 수 있을 것이다. 결국 배우고 가르치는 것은 우리를 인간답게 만든다.

A is for Analogy

유추

– 일반적인 원리 찾기 –

Analogy 유추
일반적인 원리 찾기 _____

유추하기(DRAWING AN ANALOGY)는 다양한 사례에 담겨 있는 공통점을 찾는 것과 관련이 있다. 유추는 원리를 배우고 그 원리를 새로운 상황에 적용하는 데 도움을 준다.

지적 능력을 측정하는 표준화된 시험을 본 적이 있다면, 그곳이 미국이었다면, 분명 유추 추론analogical reasoning 문제는 낯설게 느껴지지 않을 것이다. 혹시 모르니 다음의 예를 보자.

대홍수와 작은 물방울 관계는:
   (a) 해변과 파도 관계와 같다.
   (b) 사막과 오아시스 관계와 같다.
   (c) 눈보라와 고드름 관계와 같다.
   (d) 산사태와 자갈 관계와 같다.
   (e) 호우와 물웅덩이 관계와 같다.

유추 추론 검사는 어휘력, 지능, 창의성 평가에 다양하게 활용이 된다. 정답은 아래에서 제시하겠다. 물론 한 가지 질문으로 사람의 능력이나 지식을 완벽하게 평가할 수는 없다.

검사를 차치하고 유추는 새로운 개념과 원리를 배우는 강력한 방법일 수 있다. 학생으로 하여금 두 예에 담긴 유추를 찾게 하는 것은, 내재된 원리에 대한 학생의 이해를 높이고 새로운 상황에서 그 원리를 자발적으로 사용할 가능성을 높인다. 또한 사람은 학습을 위해 유추적 추론을 사용하는 법도 배울 수 있다.

유추의 작동 방식

많은 사람은 앞 유추 문제에 대한 답으로 (a) 혹은 (e)를 선택한다. 두 선택지 모두 물을 포함하기 때문에, 문제에 제시된 지문과 **표면적 특징**surface features을 공유한다. 표면적 특징은 쉽게 지각될 수 있는 속성을 가리킨다. 하지만 정답은 (d)로, 이 선택지는 문제에 제시된 지문과 **심층 구조**deep structure를 공유한다. 공통된 심층 구조는 "재해는 많은 경미한 사건이 누적되어 발생할 수 있다"로 요약할 수 있다. 심층 구조란 요소 간의 관계를 나타내는 것으로, 하나는 물이고 다른 하나는 돌이지만, 두 예는 유사한 구조를 가지고 있다. 표면적 차이에도 불구하고 공통된 원리를 찾는 것, 이것이 바로 학습에 유추를 활용하는 핵심이다. 그림 A.1 벤 다이어그램은 이러한 아이디어를 정리하여 표현한 것으로, 학습에 관한 기본적 진리인 두 가지의 예가 하나보다 낫다는 것을 나타낸다.

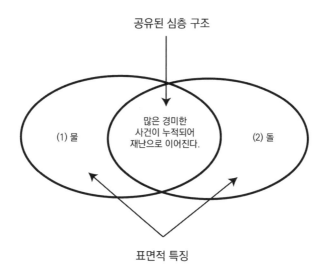

그림 A.1. 유추하기는 표면적 특징에 차이가 있지만 두 예에 담긴 심층 구조를 찾는 데 달려 있다.

교수 활동을 위해 유추를 활용하는 방법에는 크게 두 가지가 있다. 첫 번째 방법은, 새로운 아이디어를 보다 익숙한 아이디어에 유추하여 설명하는 것이다. 이에 대한 일반적인 사례로 고속도로에 빗대어 혈관 개념을 가르치거나, 복숭아에 빗대어 지구의 내부 구조를 설명하는 것을 들 수 있다. 과학에는 새로운 것을 익숙한 것에 빗댄 유추를 기반으로 한 발견의 예가 많다. 가장 인상적인 예 중 하나로 행성 궤도 설명을 위해 중력 개념을 고안한 요하네스 케플러^{Johannes Kepler}를 들 수 있다(Gentner et al., 1997). 케플러는 태양 광선에 빗대어 중력 이론을 정립하였다. 태양 광선이 거리가 멀어질수록 약해지듯이 유추에 따르면 중력도 마찬가지로 약해진다. 물론 케플러는 한순간의 통찰력으로 이를 이루어 낸 것은 아니고, 타원 궤도를 설명하고자 빛과 중력 사이의 관계를 유추하는 데 매우 오랜 시간이 걸렸다. 이해하지 못한 것에 대한 적절한 유추를 찾는 것은 꽤 어려울 수 있다. 그러나 교사는 학생이 알고 있는 것을 기반으로 유추를 발견할 수 있도록 좋은 유추를 제시할 수 있다.

유추를 활용하는 두 번째 방법은, 두 가지 이상 예를 제시하고 내재된 구조를 이끌어 내도록 하는 것이다. 이것은 학습에 있어 매우 효과적인 방법으로 알려져 있다. 사실, 학생으로 하여금 유추 구조를 찾게 하는 것이 한 가지 예를 제시하고 이에 대한 구조를 설명하는 것보다 훨씬 낫다! 이 점은 주목해 볼 필요가 있다. 왜냐하면 한 가지 예시를 제시하고 이를 설명하는 것이 미국 대부분의 교실에서 이루어지는 일반적인 방식인데, 우리는 이보다는 더 잘 가르칠 수 있기 때문이다(Richland et al., 2007). 고전 연구에서, 연구자들은 답을 알려주는 것 외에 둔커의 방사선 문제^{Duncker's radiation problem}를 해결하는 데 무엇이 도움이 될 수 있는지 알아내고자 하였다. 둔커의 방사선 문제는 다음과 같다.

> 방사선 치료가 필요한 악성 종양을 지닌 환자가 있다. 의사가 종양을 제거할 수 있을 만큼 높은 강도의 방사선을 사용하면, 종양으로 가는 도중에 건강한 세포마저 파괴될 수 있다. 의사가 건강한 세포를 손상시키지 않는 낮은 강도의 방사선을 사용하면 종양을 제거할 수 없다. 의사는 어떻게 해야 할까?

답은 다음과 같다. 의사는 여러 방향에서 동시에 종양에 수렴하는 낮은 강도의 방사선을 사용할 수 있다.

연구진은 문제를 해결하는 데 무엇이 도움이 될 수 있는지 알아보기 위해 방사선 문제에 대한 여러 유추를 만들었다. 예를 들어 한 유추는 장군이 요새를 공격하기로 작정하였는데 여러 방향에서 수렴할 수 있도록 병력을 분산하였다. 이를 통해 어느 한 다리에 병력이 집중되어 너무 무거워지지 않도록 하였다. 또 다른 유추는 소방관이 화재 진압을 위해 여러 개 호스를 사용해야 했다. 연구진은 또한 '힘을 분산시켜 중심 표적에 수렴하게 하라'는 원리를 작성하였다. 이러한 자료를 바탕으로 연구진은 어떤 조합이 학생으로 하여금 나중에 방사선 문제를 스스로 해결할 수 있도록 유도하는지 알아보기 위해 다양한 조합을 시도하였다. 연구에 참여한 대학생은 패킷을 받았다. 모든 패킷의 마지막 쪽에 방사선 문제가 있었으며, 이 문제가 패킷의 앞쪽에 담긴 내용과 관련이 있음을 보여주는 단서는 없었다. 실험 조작은 패킷의 앞쪽에서 이루어졌으며, 실험 조건에 따라 요새와 화재 관련 유추가 아무것도 없거나 하나 또는 두 개를 모두 포함하고 있었다. 또한 전체 패킷의 절반은 원리가 작성되어 있었고, 나머지 절반은 작성되어 있지 않았다. 아래 표는 방사선 문제를 해결한 학생 비율을 보여준다.

패킷 내용	방사선 문제를 해결한 비율	
	원리를 읽음	원리를 읽지 않음
0개의 유추	28%	18%
1개의 유추	32%	29%
2개의 유추	62%	52%

유사한 두 개 문제를 통한 추론은 유추가 없는 조건보다 방사선 문제를 두 배 이상 더 잘 풀게 하였으며, 원리의 설명 없이 두 개 유추를 해결해 보는 것이 한 개의 유추와 원리가 주어진 조건보다 훨씬 더 문제를 잘 풀게 하였다. 후자의 결과는 납득이 잘 안될 수도 있다. 한 가지 예를 통한 원리 설명은 개념 파악을 돕는 꽤 괜찮은 방법이다. 그러나 개념 파악이 언제 그것을 사용해야 하는지

안다는 것을 의미하지는 않는다. 단일 유추와 원리가 잘 작동하지 않는 이유는 학생들이 이 특정 원리가 다양한 상황에 어떻게 적용될 수 있는지 배우지 못했기 때문이다. 예를 들어 여러 다리에서 요새를 공격하는 유추만 배운 학생은 원리에 대한 내용이 포함되어 있어도 이 원리가 다양한 상황에 적용될 수 있다는 것을 알 방법이 없었다. 반면 두 가지 예는 원리가 다양한 상황에 적용될 수 있음을 이해하도록 돕는다. 표면적 특징의 다양성은 유추를 통한 학습에서 중요하다.

III 유추 학습의 결과

진부한 비유를 들자면 유추는 학생들이 표면적인 특징의 쭉정이로부터 심층 구조의 알곡을 구별하도록 돕는다. 사람은 종종 표면적인 특징에 너무 의존해서 심층 구조를 놓칠 수 있다.

한 연구에서(Ross, 1984), 대학생은 조합 및 순열 계산과 같은 확률 공식을 배웠다(빨간색과 파란색 칩이 든 가방에서 두 가지 칩을 꺼낸다고 가정해 보자. 세 가지 가능한 조합이 있다: 두 개의 빨간색, 두 개의 파란색, 또는 한 개의 빨간색과 한 개의 파란색. 순열은 가방에서 꺼내는 순서를 추가적으로 고려해야 하므로 네 가지 가능한 순열이 있다. 빨간색 → 빨간색, 파란색 → 파란색, 빨간색 → 파란색, 파란색 → 빨간색). 연구의 일환으로 학생들은 자동차와 같은 한 종류 물체의 예를 가지고 조합 수를 계산하는 방법을 배웠다. 학생들은 주사위와 같은 다른 종류 물체의 예를 가지고 순열 수를 계산하는 방법도 배웠다. 여러 문제로 구성된 사후 테스트에서 학생들은 문제의 물체가 원래 설명에서 사용했던 물체와 동일할 때 좋은 성과를 보였다. 예를 들어 자동차 예를 통해 조합 공식을 배웠다면 자동차 조합 문제를 받았을 때 문제를 잘 풀었다. 지금까지는 별 문제가 없다.

하지만 학생들이 물체가 서로 맞지 않는 교차 문제를 받으면 이야기가 달라진다. 예컨대 사후 테스트에서 자동차 대신 주사위와 관련된 조합 문제를 받으면 학생들은 매우 저조한 성적을 보였다. 실제로 학생들은 교수 활동 중에 한 번도 등장하지 않은 물체를 사용한 시험 문제보다 물체가 교차된 문제를 받았을 때 훨씬 더 저조한 성적을 보였다. 이에 대한 설명으로 학생들이 조합과 순열의 심층 구조를 배우지 않은 점을 들 수 있다. 학생들은 문제에 어떠한 공식을 적용해야 할지 알아내야 할 때, 문제 속 물체(주사위)를 단서로 삼았다. "주사위는 순열을 의미하니, 순열 문제일 것이다."로 잘못 생각하였다. 이러한 유형의 오류를 **부적 전이**negative transfer라고 한다. 즉, 암기한 무언가를 잘못된 상황에 적용하는 것이다. 이는 문제의 심층 구조보다는 눈에 보이는 표면적인 특징을 문제 해결의 단서로 사용할 때 종종 발생한다.

유추는 학생이 **정적 전이**positive transfer를 하는 데 도움이 될 수 있다. 둔커의 방사선 문제에서 두 개의 유추를 받은 학생은 정적 전이를 보여주었다. 학생은 새로운 상황에서도 배운 것을 적절하게 적용하였다. Ross 연구에서 통계에 서투른 학생을 돕고자 했다면, 주사위와 자동차를 사용한 순열의 예를 제시하고, 이 예들의 공통점이 무엇인지 물어봐야 했을 것이다. 조합도 마찬가지다. 그런 다음 학생들에게 원리와 공식을 알려줘야 했을 것이다.

유추를 사용한 교수법의 이점을 측정하는 가장 좋은 방법은 유추와 동일한 심층 구조를 갖지만 표면적으로는 다른 전이 과제를 학생에게 제시하는 것이다. 학생에게 새로운 문제를 제시하고 이것이 이전에 배운 것과 관련이 있다고 알려주지는 말자. 학생이 유추에서 다루었던 것을 자발적으로 사용한다면, 이는 심층 구조를 학습한 것이다. 예를 들어 연구자들은 8학년 학생에게 밀도와 속력에 내재된 유추를 찾게 하였다(Schwartz et al., 2011). 아마 지금 당신은 스스로에게 "밀도와 속력에 담긴 유추는 무엇인가?"라는 질문을 하고 있을지도 모른다. 둘 다 비율을 사용하는 것과 연관이 있다: d = 질량/부피, s = 거리/시간. 그런 후에 연구자들은 학생에게 스프링 상수와 관련된 문제를 풀게 하였다(또 다른 비율 문제임, k = 질량/거리). 학생들은 스프링 상수 문제를 풀기 위해 비율 아이디어를 자발적으로 적용하였다.

유추를 통한 학습의 가장 중요한 결과는 핵심 개념을 새로운 상황에 전이할 수 있는 능력이다. 이는 매우 중요한 결과이다. 왜냐하면 우리는 어떤 개념을 적용해야 하는지 알려주는 선생님이 없더라도 학생 스스로 문제를 해결할 수 있기를 원하기 때문이다.

사람들이 스스로 학습할 수 있도록 유추적인 사고방식을 가르치는 것은 가능하다. 이에 대한 훌륭한 예로, 3-4세 아동을 대상으로 한 연구를 들 수 있다 (Brown & Kane, 1988). 이 연구에서는 놀이 세트를 사용하였다. 첫 번째 놀이 세트는, 농부가 선반 상단에 있는 무언가를 손을 뻗어 잡아야 하는 문제를 가지고 있었다. 농부가 어떻게 하면 문제를 해결할 수 있을지 어린이에게 물었다. 어린이가 문제를 푼 후, 건초 더미를 쌓아 올리면 농부가 위로 올라갈 수 있다는 정답을 알려주었다. 두 번째 놀이 세트는, 정비사가 차고의 높은 선반에 있는 무언가를 손을 뻗어 잡아야 하는 것과 관련이 있었다. 어린이는 문제를 풀려고 시도하고, 풀지 못하면 실험자는 답을 알려주었다(정비사는 타이어를 쌓아서 올라갈 수 있다). 어린이는 이와 같은 두 쌍의 문제를 더 풀었다. 예를 들어 다른 쌍의 문제 해결법은 팔이 닿지 않는 곳에 닿기 위해 긴 무언가를 사용하는 것이었다.

첫 번째 쌍을 접했을 때, 어린이는 첫 번째 문제(건초 더미 쌓기) 해결법을 두 번째 문제(타이어 쌓기)를 푸는 데 사용하지 않았다. 그러나 세 번째 쌍을 접했을 때는, 미취학 어린이들은 첫 번째 문제와 두 번째 문제 사이의 유사성을 찾는 법을 깨우쳤다. 어린이들은 두 문제를 완전히 별개의 상황으로 취급하지 않고 두 문제에 내재된 유추를 찾는 법을 배웠다. 어린이가 유추를 찾는 법을 배울 수 있도록 돕는 것은 이후 예제를 통한 학습을 향상시킬 수 있다.

V   유추의 위험성

유추에는 두 가지 위험이 있다. 첫 번째는, 학생이 심층 구조를 찾기 위한 유추를 하지 못하거나 또는 의도하지 않은 심층 구조를 발견하는 것이다. 예를 들어 원자와 태양계가 주어졌을 때, 학생이 심층 구조로 모든 것이 둥근 구로 이루어져 있다고 단정 짓고, 궤도나 질량 대비 상대적으로 큰 공간을 놓칠 수도 있다. 이는 그렇게 심각한 문제는 아니다. 학생이 유추를 찾지 못하더라도, 심층 구조를 찾는 것은 나중에 설명할 때 원리를 더 깊이 이해하는 데 도움이 될 수 있기 때문이다(J장 참조).

보다 심각한 문제는 누군가 잘못된 유추를 사용할 수 있다는 점이다. 현대적인 원자 개념은 더 이상 행성 궤도와 유사하지 않다. 이는 두 번째 위험으로 이어진다. 유추가 정확히 동일선상에서 이루어지지 않을 수 있다는 것이다. 예를 들어 전류 흐름을 설명할 때 종종 파이프를 채우는 물에 비유한다. 이는 학생에게 전류를 이해하는 데 도움이 되지만 오개념을 일으키기도 한다. 예를 들어 학생은 유추를 사용하여 전기(물)가 가장 마지막에 도달하기 때문에 크리스마스 전구 줄의 마지막 전구가 가장 마지막에 켜진다고 단정지을 수 있다. 여기서 문제는 형편없는 개인의 유추 추론 능력이 아니라 형편없는 유추 그 자체이다. 보다 나은 유추는 파이프가 이미 물로 채워져 있고 전원을 켜면 모든 물이 동시에 움직인다는 것이다. 교수자는 올바른 유추를 선택해야 한다. 때때로 학생의 이해가 정교해짐에 따라 더 나은 유추로 대체될 수 있도록 쉬운 유추를 먼저 사용하는 것이 합리적일 수 있다. 그러나 오개념을 일으키지 않도록 주의가 필요하다. 왜냐하면 오개념은 다시 바로잡기 어렵기 때문이다 (U장 참조).

학생에게 자신만의 유추를 생각해 보도록 하는 것은 언뜻 보기에는 좋은 생각처럼 보인다. 그러나 문제는 학생이 심층 구조의 새로운 측면을 배우기보다는 이미 알고 있는 것을 유추하려는 경향이 있다는 점이다. 예를 들어 DNA에 대하여 유추하라고 한다면, 설계도나 컴퓨터 명령어 세트 혹은 꼬인 밧줄을 말할 수 있다. 그러나 이미 알고 있는 것이기 때문에 유추 활동은 그다지 도움이 되지 않는다. 유추 생성 과제를 사용하려면 학생에게 여러 가지 유추를 만들어 보게 하고, 그런 후에 어떤 유추가 목표로 하는 구조에 가장 적합한지를 알아보도록 하는 것이 더 나은 접근 방식이다. 이렇게 하면 학생이 정확한 유추 기준을 배우는 데 도움이 되는 동시에 목표로 하는 개념의 심층 구조를 찾는 데 도움이 된다.

VI 좋은 예와 나쁜 예

당신이 뇌 신경회로에 대해 가르치고 있고 다음과 같은 유추를 사용한다고 가정하자.

고속도로와 차량의 관계는 백질 신경로와 신경 신호의 관계와 같다.

긍정적인 점
- 고속도로와 차량은 잘 알려진 관계를 설명한다.
- 백색 신경로와 신경 신호는 여러 가지 면에서 고속도로 차량과 유사하다.
  ‣ 두 관계 모두 "...은 ...이 이동하는 긴 경로이다"로 요약될 수 있다.
  ‣ 두 가지 모두 이동 주체는 더 작은 경로를 통해 경로에 들어가고 나간다.
  ‣ 두 가지 모두 경로의 입구와 출구 위치가 정해져 있다.

부정적인 점
때때로 사람은 가끔 기본 쌍에 대하여 너무 잘 알고 있기 때문에 목표 쌍 관계에 잘못된 뉘앙스를 전달하기도 한다. 예를 들어 고속도로는 자동차가 다른 도로를 통해 들어가고 나가는 도로이다. 하지만 백질 신경로white matter tracts는 서로 평행하게 뻗어 있는 축삭돌기axons의 경로 묶음이다. 신경 신호는 출발지부터 목적지까지 하나의 축삭돌기 내에서만 이동한다. 이 예를 통해 뇌를 배운 사람은 신경 신호가 원하는 곳으로 이동하기 위해 하나의 축삭돌기에서 다른 축삭돌기(고속도로 차선 같이)로 이동할 수 있다고 오해할 수 있다.

유추에 담긴 부정확성을 지적하지 않으면 오개념을 키울 수 있다. 당연히 정확한 유추가 좋다. 하지만 잘못 적용된 측면이 명확하게 지적되지 않는 한 부정확한 유추를 피할 필요는 없다.

핵심 학습 메커니즘은 무엇인가?

표면적으로 달리 보이는 두 개 이상의 예에서 공통점 찾기.

예는 무엇이 있고 어떤 점에서 좋은가?

막대기처럼 생긴 곤충과 수풀에 웅크리고 있는 사자는 어떤 점이 같을까? 학생에게 공통점을 찾게 하는 것은 사자가 얼마나 웅장하게 보이는지와 같은 관련 없는 특징에 초점을 맞추는 대신 핵심 아이디어(예: 위장술)를 배우는 데 도움이 된다. 유추는 기본 원리에 대한 이해를 향상시키고 학생이 그 원리를 새로운 상황에 적용할 수 있는 가능성을 높인다. 이는 학생이 학교에서 배운 것을 학교 밖에서 사용할 수 있도록 하는 교육의 궁극적인 목표이다.

왜 효과가 있을까?

유추는 학생이 자신의 사전 지식을 토대로 새로운 개념을 이해할 수 있게 도와준다. 또한 유추는 표면적인 차이에도 불구하고 학생이 공통적인 원칙을 찾는 데 도움을 준다는 점에서 매우 효과적이다.

핵심 메커니즘은 어떤 문제를 해결해야 하는가?

- 학생들은 새로운 내용을 이해하는 데 어려움을 겪곤 한다.
  - ‣ 학생은 태양이 지구보다 얼마나 큰지 이해하지 못한다.
- 학생들은 세부사항에는 집중하지만, 큰 아이디어나 원리 등을 놓치곤 한다.
  - ‣ 동물 보호색에 대한 수업에서 어린이는 주변 환경과 어울리는 방식에 집중하는 대신 동물의 특정한 색깔에 집중한다.
- 학생들은 배운 것을 새로운 문제에 활용하지 못한다.
  - ‣ 학생들이 퀴즈는 잘 풀지만 기말 시험은 그렇지가 않다.
  - ‣ 학생이 속력(d/t)과 관련된 문제에서 선형 기울기를 찾는 법을 배웠지만 밀도(m/v)와 관련된 새로운 문제에서는 기울기를 찾지 못한다.

활용 방법의 예

- 친숙한 예를 사용하여 새로운 개념을 설명하기.
  - ‣ 전기는 채워진 파이프의 물과 같다.

- 학생으로 하여금 다양한 사례에 담긴 큰 아이디어, 공통점을 설명하게 하기.
  ‣ 나비, 해파리, 꽃가루가 먼 거리를 이동하는 방식의 공통점은 무엇인가?
  ‣ 항아리에서 구슬을 꺼내는 것과 주사위를 굴리는 것은 어떤 점에서 유사한가?

위험성

- 유추는 오개념을 일으킬 수 있다. 무한은 단순히 매우 큰 것을 말하는 것이 아니다.
- 학생들은 유추의 관계가 명료하지 않거나 유추에 사용된 내용에 대한 이해가 부족한 경우 유추의 심층 구조를 파악하지 못할 수 있다.

B is for Belonging

소속감

– 불안을 잠재우고 참여하기 –

Belonging 소속감

불안을 잠재우고 참여하기 _____

    소속감^(BELONGING)은 받아들여지고 가치있게 여겨지며 포함된다는 인식을 의미한다. 소속감은 노력을 증가시키고 부정적인 생각을 줄여 줌으로써 학습에 도움을 줄 수 있다.

    한 학생이 최근 수업에 참여하기를 거부하며 교실 뒤편에 멍하니 앉아 있기 시작했다. 이에 대한 하나의 설명은 이 학생이 수업을 지루하다고 느끼거나 혹은 자신의 노력 부족을 숨기기 위해 무관심한 척하고 있는 것일 수도 있다. 이러한 이유가 맞을 수도 있지만, 보다 흔한 문제는 학생이 자신이 소속되어 있지 않다고 느끼는 것이다. 이 학생은 자신이 참여할 수 없거나 "자신과 같은 부류"는 이곳에 속하지 않는다고 생각할 수 있다. 하버드 대학의 저명한 사회 심리학 교수 에이미 커디^{Amy Cuddy}는 자신의 수업에 한 번도 참여하지 않아 낙제할 위험에 처한 학생의 이야기를 들려준다(Cuddy, 2012). 겉으로 봤을 때 이 학생은 수업 준비가 되지 않았거나 단순히 동기 부여가 되지 않은 것처럼 보였다. 이에 대해 상의하고자 학생을 사무실로 불렀을 때 학생은 "저는 여기 있으면 안 돼요"라고 말하였다. 커디 교수는 대학원 시절 자신이 그곳에 어울리지 않는 사람처럼 느껴져서 대학원을 그만둘 뻔한 적이 있었기에 이 학생이 소속감을 느끼지 못하는 것을 알아차렸고, 실제 이것이 학생이 참여하지 않은 이유였다. 이러한 통찰력은 다시 학생을 바른 길로 이끄는 원동력이 되었다. 이 경우 교수님에게 어려웠던 것은 소속감이 문제라는 것을 인식하는 것이었다.

    소속감은 가장 기본적인 욕구 중 하나이다. 누구나 모임을 계획하는 즐거움과 대화에서 소외되는 아픔을 경험해 보았을 것이다. 나이와 관계없이 개인의 소속감은 학습에 강력한 영향을 미친다. 긍정적 측면에서 학습 그룹(예: 수학반)에 대한 소속감을 유발하는 것은 학습에 대한 동기와 참여를 높여줄 뿐만 아니라 어려움에 대한 끈기도 높여 준다. 부정적 측면에서 성별이나 인종에 대한 고정관념에 근거하여 소속되지 않았음을 강조하는 것은 불안을 증가시키고 학습 및 시험 결과를 저하시킬 수 있다. 다행히도 소속감을 높이고 소속되어 있지 않다는 부정적인 생각을 완화하는 방법이 있다.

I 소속감 작동 방식

학습은 사회적이다. 학습은 교실이나 직장과 같은 사회적인 맥락에서 이루어진다. 심지어 조용히 교과서를 읽는 것도 사회적이다. 교과서 내용은 누군가에 의해 쓰여진 것으로 사회적인 시각을 반영하며 이러한 내용에는 사회에서 위인으로 여겨지는 사람들에 대한 미묘한 정보도 포함된다. 게다가 책 읽기의 목적은 종종 학교에서 잘하는 것과 같은 사회적인 목표를 포함한다.

인간 사회의 특징 중 하나는 사회 그룹의 존재이다. 그룹 범위는 가족, 국가, 과속 운전하는 사람에 이르기까지 다양하다. 인간은 생각할 수 있는 거의 모든 속성을 바탕으로 사회 그룹을 구성할 수 있다. 크래프트 푸드^{Kraft Food}는 '당신은 미라클 윕^{Miracle Whip}(샐러드 샌드위치를 먹을 때 드레싱으로 사용하는 일종의 저지방 마요네즈−옮긴이)인가요?'라는 성공적인 광고 캠페인을 진행했는데, 이는 이 조미료를 선호하는 사람과 선호하지 않는 사람의 사회적 그룹을 만들었다.

미라클 윕 애호가와 같은 일부 사회 그룹의 멤버십이 일상적인 삶의 결과를 좌우할 가능성은 낮다. 그러나 다른 그룹 멤버십은 학습에 많은 혜택 또는 불이익을 야기할 수 있다. 그룹 간 불평등을 없애기 위해서는 극적인 사회적 변화가 필요하다. 한편 심리적인 차원에서 그룹 멤버십의 부정적인 영향을 개선하고 긍정적인 효과를 향상시키는 접근도 가능하다. 이는 학습 상황에서 사람들의 소속감을 증진시키는 것을 포함한다.

사회적 그룹이 있으면 자신이 그룹에 속하는지 아닌지에 대한 질문이 따른다. 그룹 멤버십은 사회적으로 구성되므로 종종 사람의 속성이나 신념에 따라 달라진다. 사람은 그룹 멤버십을 자신 또는 다른 사람에게 부여한다. 그룹 멤버십을 부여하는 것은 정체성 확인의 한 형태이다. 이것이 일어나는 한 가지 방법은 '나는 농구 선수다'와 같은 개인의 자기 정체성을 통해서이다. 다른 한 가지 방법은 '당신은 농구 선수다'와 같이 개인의 정체성에 대해 다른 사람이 속성을 부여하는 것을 통해서이다.

가끔 사람들은 학습 그룹과 자기 정체성을 동일시하지 않는다. 예를 들어 대학에 다니고 있음에도 불구하고 자신이 대학에 속하지 않는다고 생각할 수 있다. 이러한 생각이 덜 지원적인 교사와 같은 다른 사람에 의해 더 굳어지는 시나리오를 상상해 보자. 더 복잡하게는 지원적이지만 이 학생의 문제가 소속감과 관련이 있음을 인지하지 못하는 교사에 의해 둘러싸여 있는 학생의 시나리오를 상상해 보자. 교사는 이러한 문제를 직접 접한 적이 없으므로 학생의 불안을 인식할 수 없다. 모르는 것은 다른 것에도 악영향을 줄 수 있다. 소속감에 대한 지원이 없으면 참여 상실, 불안, 회피가 발생할 수 있다.

두 번째 염려 요인은 더 은밀하게 발생하며 고정관념과 관련이 있다. 때때로 어떤 그룹 구성원이 되면 다른 그룹의 구성원이 될 수 없다는 인식이 있다. 예를 들어 "여성" 그룹이 있고, "수학 우수" 그룹이 있다고 가정해 보자. 한 여성은 두 그룹 모두에 자신을 동일시하고 소속되기를 원한다. 그러나 다른 사람은 한 사람이 "여성" 그룹과 "수학 우수" 그룹 모두에 속할 수 없다고 생각할 수 있다. 아마도 독자는 여성이 수학을 잘 못하고 수학이나 과학 분야에서 남성에 비해 성공할 가능성이 상대적으로 낮다는 부정적 고정관념을 떠올릴 수도 있다. 여성이 수학을 못한다는 귀인은 **고정관념 위협**stereotype threat을 야기한다. 고정관념은 전혀 사실에 근거하지 않았어도 여성으로 하여금 자신이 수학을 잘 할 수 있는 그룹에 속하는지를 곰곰이 생각하게 만든다. 이러한 불안은 의식적일 수도 있고 분산되어 명확하게 인식되지 않을 수도 있다. 어느 경우에든 이는 주의를 산만하게 하고 인지 자원을 빼돌려 수학 성적과 학습에 부정적인 영향을 미칠 수 있다. 불안이 없었다면 이 여성은 잘 해냈을 것이다. 즉, 여성의 수학 실력이 아니라 부정적 사회적 귀인이 성적 저하를 초래한 것이다.

고정관념 위협의 유발 요인은 미묘하며 예측하기 어렵다. 고전 연구에서, Steele과 Aronson(1995)는 아프리카계 미국인 대학생에게 시험 책자 앞면에 단지 자신의 인종을 표시하게 하는 것만으로도 성적을 떨어뜨린다는 점을 발견하였다. 고정관념 위협은 도처에 존재하고 식별하기 어렵기 때문에 고정관념 위협을 야기하는 모든 요인을 제거하기는 어렵다. 이러한 상황에서는 환경을 완전히 바꾸는 것(그것도 좋은 일이지만)보다 사람의 생각을 바꾸는 것이 도움이 될 수 있다. 한 가지 유용한 해결책은 사람들이 자신이 소속되어 있음을 단순히 인식하도록 돕는 것이다.

II ▷ 소속감을 높여 학습을 향상시키는 방법

두 가지 유형의 소속감 개입은 학습을 향상시킬 수 있다. 첫 번째 유형은, 소속 여부에 대한 학생의 귀인을 바꾸는 데 초점을 둔다. 이러한 종류의 개입은 일반적으로 짧지만 강력하며 개인의 소속감에 대한 인식을 바꾸는 데 초점을 둔다. 두 번째 유형의 개입은, 사회적 유대감과 소속감을 유발하기 위해 환경과 사회 구조를 바꾸는 것과 관련이 있다. 두 가지 유형의 개입 모두 어려운 문제를 풀거나 부담이 큰 시험을 보거나 역경을 극복해야 하는 상황과 같이 사람들이 어려운 상황에 직면했을 때 그 이점이 가장 두드러진다.

중요한 점은 소속감 개입은 한 사람이 여러 그룹에 속할 수 있다고 가정한다는 점이다. 어떤 개입도 다른 그룹에 속하기 위해 그룹의 멤버십을 포기하도록 요구하지 않는다(예: 공부 잘하는 학생이 되기 위해 운동 선수로서 자신의 정체성을 포기할 필요는 없다).

귀인 변화

소속감을 높이는 한 가지 방법은 공동체에서 자신의 위치에 대한 생각을 재구성하도록 돕는 것이다. 특히 어려움을 겪을 때 더욱 그렇다. 사람들은 단기적인 실패를 자신이 그 집단에 속하지 않은 것으로 잘못 해석하기도 하는데, 실제로는 해당 그룹 내에서 매우 흔하게 일어나는 일이다. 학생이 실패의 의미를 재구성하여 배제 이유로 간주하지 않도록 도와주는 것은 매우 강력할 수 있다. Walton과 Cohen(2011)은 대학 신입생을 대상으로 연구를 진행하였다. 두 가지 조건 중 한 조건에서, 신입생들은 상급생들이 응답한 가상의 설문 조사 결과를 보는 것을 통해서 소속감을 높이는 활동을 하였다. 설문 조사에 따르면 대부분의 상급생이 1학년 때는 자신이 소속되어 있는지에 대해 걱정하였지만 시간이 지나면서 자신의 소속감에 점점 확신을 가지게 되었다고 응답하였다. 연구에 참여한 신입생들은 개별 학생들의 인용구를 읽고, 자신의 경험이 설문 조사 결과와 얼마나 부합하는지에 대해 짧은 에세이를 작성하였으며, 이를 카메라 앞에서 낭독하여 미래의 학생들을 도울 수 있도록 하였다. 두 번째 조건의 신입생은 통제 그룹으로 설문 조사와 에세이 주제가 사회적 소속감과 관련이 없는 중립적인 활동을 하였다. 소속감을 높이는 활동은 특히 아프리카계 미국인 학생, 대학에서 소속에 대한 불확실성을 더 자주 표현하며 소속감이 없다고 느끼는 부정적인 결과의 위험에 노출되어 있는 학생들에게 도움이 될 것으로 예상되었다.

그림 B.1은 학생의 학점 평균으로 측정한 연구 효과를 보여준다. 중립적인 활동을 하였던 그룹에서도 대학 첫 학기에서 마지막 학기까지 대체적으로 학생의 학점GPA은 올랐다. 하지만 아프리카계 미국인 학생에게 초점을 맞추면 이야기가 달라진다. 대학 입학 시에는 두 조건 모두에서 아프리카계 미국인 학생은 유럽계 미국인 학생보다 학점이 낮았다. 3년 후 중립 그룹의 아프리카계 미국인 학생의 학점은 여전히 큰 격차를 보였다. 반면, 소속감 증대 그룹의 아프리카계 미국인 학생은 성취도 격차가 79%나 줄어드는 상당한 성과를 거두었다.

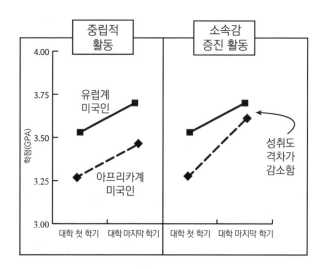

그림 B.1. 대학 첫 학기와 마지막 학기 평균 학점. 본인이 대학에 속해 있다는 사실을 인식하는데 도움이 되는 간단한 활동에 참여한 아프리카계 미국인 학생은 그렇지 않은 아프리카계 미국인 학생보다 4년 동안 더 많은 학업적 잠재력을 발휘하였다. 유럽계 미국인 학생은 이미 대학에 소속되어 있다고 느끼고 있기 때문에 소속감에 대한 효과가 나타나지 않았다(Walton & Cohen, 2011).

후속 설문 조사에 따르면 1시간의 개입은 특히 아프리카계 미국인 학생이 대학 생활 중 겪는 일상적인 어려움을 재해석하는 데 도움을 준 것으로 나타났다. 이들은 어려움을 자신이 속하지 않음을 나타내는 것으로 보는 대신 단순한 어려움으로 재해석하였다. "이 개입은 어려움이 아프리카계 미국인 학생에게 주는 상징적인 의미를 불식시키면서, 그들의 소속감을 일상적인 어려움과 분리시켰다"(Walton & Cohen, 2011, p.1449). 여기서 주목할 점은 개입이 유럽계 미국인 학생에게는 영향을 미치지 않았다는 점이다. 아마도 유럽계 미국인 학생은 이미 대학에 소속되어 있다고 느꼈기 때문에 대학 초기 어려움을 그들이 속해 있지 않음을 보여주는 것으로 여기지 않은 것이다.

실패 외에도 학생이 이전 경험을 토대로 해석하는 모호한 상황이 있다. 그림 B.2는 학생의 과거 경험이 교사의 건설적인 비판과 같은 모호한 교실 경험을 어떻게 다르게 해석하도록 이끌 수 있는지를 보여준다(Aguilar et al., 2014). 학생은 비판을 자신이 개선할 수 있는 영역이 있다는 것을 반영하는 것으로 보거나(긍정적) 자신이 해당 과목에 능숙하지 않음을 나타내는 것으로(부정적) 볼 수 있다. 이는 결과적으로 더 큰 노력, 편안함, 성공의 사이클 또는 더 큰 스트레스와 불안, 저조한 성과의 사이클을 유발할 수 있으며, 이는 학생이 향후 상호작용을 어떻게 해석하는지에 영향을 미칠 수 있다. 심리적 소속감 개입이 할 수 있는 역할은 이러한 모호한 상황을 재해석하여 학생들이 부정적 사이클을 피할 수 있도록 도와주는 것이다.

소속감에 대한 우려를 줄이기 위해 생각을 재구성하거나 바꾸는 것을 돕는 여러 가지 방법이 있다. 한 연구에서, 어떤 여성 그룹은 어려운 수학시험에서 남성보다 낮은 성적을 거두었다. 또 다른 여성 그룹은 시험을 보기 전에 시험은 남녀 모두에게 평등한 시험으로 성별에 따른 차이가 발생하지 않을 것이라는 설명을 들었다. 이 여성 그룹은 남성만큼 좋은 성적을 거두었다(Spencer et al., 1999). 다른 연구에서는 자신이 여러 정체성을 가지고 있음을 생각하도록 돕는 것이 도움이 될 수 있는데, 특히 외집단out-group(예: 여성)이 아닌 내집단in-group(예: 대학생)의 정체성 측면에 초점을 맞추는 것이 고정관념 위협에 잘 노출되는 사람들의 성과를 높이는 데 도움을 주었다(Rydell et al., 2009; 더 많은 예는 http://www.reducingstereotypethreat.org 참조).

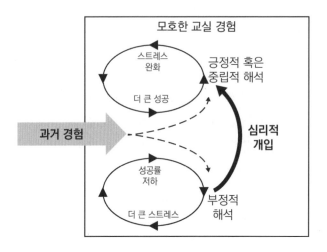

그림 B.2. 소속감 싸이클(Aguilar et al., 2014).

환경 변화

두 번째 접근 방식은 환경을 개선하는 것이다. 이는 전체 교실 수준, 교사와 학생 관계, 학생 간 관계에서 이루어질 수 있다. 교실 수준에서는 공유된 교실 목표, 규범, 가치 설정이 중요하다(N장 참고). 소속감을 느끼기 위해서는 학생이 목표와 규범을 받아들여야 하는 점을 유념하자. 단순히 강요하는 것만으로는 충분하지 않을 수 있다. 학생이 한 해 동안 일련의 교실 목표와 규칙을 함께 의논한다면 더 유익할 수 있다.

공유된 규범을 만드는 것은 서로의 관점을 이해할 때 더 촉진될 수 있다. 특히 학생과 교사는 그들이 인지하지 못하는 다른 가치나 가정을 가지고 있을 수 있다. 교실 규범과 가치에 대한 논의를 용이하게 하기 위해 그림 B.3과 같이 R2(Rate and Relate; 평가하기와 연결시키기)라는 온라인 환경을 개발하였다. 교사는 질문과 다섯 가지 가능한 관련 답을 제시한다. 학생은 익명으로 답 순위를 매기고, 교사도 동일하게 순위를 매긴다. 또한 학생은 교사가 정한 순위를 예측하고, 교사도 학생이 정한 순위를 예측한다. 그 후 시스템은 학생과 교사가 각각 상대방 순위를 얼마나 잘 예측했는지를 보여준다. 이는 조망 수용 환경을 조성하여 사람들이 왜 그렇게 생각했는지에 대한 열린 토론을 촉진한다.

그림 B.3. 평가하기와 연결시키기Rate and Relate, 학생과 교사가 다양한 활동과 생각의 중요성에 순위를 매기고 서로의 순위를 예측하는 온라인 환경.

연구에 따르면 교실 내에서 교실 구성원 간의 관계는 매우 중요하다 (Goodenow, 1993; Osterman, 2000). 교사와 학생 간의 배려하는 관계는 소속감을 향상시킨다. 특히 학생이 자율성을 키울 수 있도록 지원해 주는 교사는 동기 부여에 매우 긍정적인 영향을 주는 것으로 나타났다. 학생들 사이에서 소속감은 협동 학습, 토론, 공유된 목표 활동을 통해 강화될 수 있다(L장 참조).

온라인 수업과 같은 경우는 물리적 접근성이 제한되므로 자기 동기 부여된 끈기가 필요하다. 소속감을 지원할 수 있도록 환경을 조성하는 것이 중요하다. 온라인 수업에서 공동체를 구축하는 한 가지 방법은 수업 포럼에서 대화와 토론을 강조하여 학생 성적의 주요 부분으로 만드는 것이다. 또한 교사는 가능한 경우 상세한 피드백 또는 토론 촉진을 통해 자신의 역할이 잘 드러나도록 적극적으로 역할을 수행해야 한다. 학생들 사이에서 솔직한 동료 피드백과 토론을 촉진하여 신뢰를 구축하는 것은 또 다른 유의미한 접근 방법이다.

III **소속감 개입의 결과**

자신이 속한다는 느낌은 기쁘고 좋은 일이지만 자신이 속하지 않는다는 느낌은 불쾌하고 나쁜 일이다. 소속감 개입의 주요한 결과로는 노력 증가, 어려운 상황에서의 끈기 향상, 자신이 맞는지 맞지 않는지에 대한 고민의 감소를 들 수 있다. 결과적으로 이러한 단기적인 효과는 더 나아가 학습 및 능력 향상과 같은 중요한 장기적인 효과로 이어진다.

초기 소속감에 관한 연구는 학교 소속감이 높은 학생일수록 동기, 성적, 노력이 높음을 보여주었다(Goodenow, 1993). 끈기의 결과는 특히 중요한데 과제가 어려워지면 사람은 스스로에게 의문을 품기 때문이다. 끈기를 위한 소속감의 중요성은 어린 시기에 나타난다. 예를 들어 한 연구에서 방 안에 홀로 있는 유치원생에게 어려운 퍼즐 문제를 주었다(Master & Walton, 2013). 한 조건은 유치원생에게 그냥 퍼즐을 주었다. 다른 조건은 숫자 3이 적힌 셔츠를 입게 하였다. 그리고 유치원생은 "너는 3번 아이야. 퍼즐을 푸는 아이야"라는 말을 들었다. 세 번째 조건은 파란색 셔츠를 입히고, "너는 파란색 그룹이야. 파란색 그룹은 퍼즐을 푸는 그룹이란다."라고 말해 주었다. 모든 아이들은 혼자 퍼즐을 풀었지만, 퍼즐 그룹이라고 들은 아이는 다른 두 조건보다 약 40% 더 오래 퍼즐을 지속하였다. 아이들은 그룹의 다른 구성원을 본 적이 없음에도 불구하고, '퍼즐 그룹'과 동일시함으로써 끈기가 더 지속되었다. 이와 관련된 후속 연구에서(Butler & Walton, 2013), 유치원생은 이전 연구와 동일하게 홀로 남겨진 방에서 이미 한 조각이 완성된 퍼즐을 받았고 다른 방에서 다른 아이가 그 퍼즐을 맞추고 있다는 것을 들었다. 한 그룹의 아이는 퍼즐을 완성하기 위해 그 아이와 교대로 퍼즐을 완성하고 있다는 말을 들었다. 다른 그룹의 아이는 퍼즐 완성을 위해 그 아이와 함께 작업하고 있다는 말을 들었다. 함께 퍼즐을 맞추고 있다고 생각했던 아이는 번갈아 가며 퍼즐을 맞추고 있다고 생각했던 아이보다 퍼즐을 더 오래 지속했으며, 퍼즐을 더 좋아한다고 말하였다. 성인을 대상으로 한 유사한 연구도 동일한 패턴을 보여준다. 예를 들어 성인에게 어려운 수학 퍼즐을 풀도록 하였다. 그들 또한 식별 스티커가 붙은 셔츠를 입었다. 한 조건은 스티커가 "퍼즐 그룹" 일원임을 나타냈고, 두 번째 조건은 스티커가 "퍼즐 사람"임을 나타냈다. 퍼즐 그룹에 속해 있다고 생각한 성인이 더 오래 퍼즐 맞추기를 지속하였다(Walton et al., 2012). 사회적 연결이나 그룹의 일원으로 느끼는 것은 도전적인 과제에 대한 끈기를 키운다. 이는 홀로 일할 때도 마찬가지이다.

IV 소속감을 수정하는 법을 배울 수 있을까?

대부분의 소속감 연구는 특정 사고 연습에 참여하도록 하거나 환경에 변화를 준다. 따라서 사람들이 자신의 소속감을 수정할 수 있는지 또는 고정관념 위협을 줄일 수 있는지 여부는 알 수 없다. 그러나 사람들은 일부 관련된 연습을 스스로 익히고 실행하는 법을 배울 수 있는 것으로 보인다. 예컨대 고정관념 위협을 완화시키는 긍정적 역할 모델 포스터가 있는 공부 공간을 만들 수 있다(예: 남성 과학자 포스터뿐만 아니라 성공한 여성 과학자 포스터도 포함시킴). 또한 배울 수 있는 가치 확언 형태도 있을 수 있다. 중학생 대상으로 한 연구에서 학기 초에 학생이 가장 소중히 여기는 가치를 적는 자기 확언$^{self-affirmation}$을 하도록 하면 아프리카계 미국인에 대한 고정관념 위협의 영향을 감소시킴을 확인하였다. 이는 자기 확언을 했던 과목뿐만 아니라 다른 과목의 성적 향상도 가져왔다(Cohen et al., 2006 / 추가적인 기법은 Y장 참조.) 소속감 사이클(그림 B.2)은 소속감이 더 큰 소속감을 불러일으킬 수 있는 부트스트래핑 효과가 있음을 나타낸다. 그러나 어떤 상황에서는 사람들이 소속감을 회복하는 것이 너무 어려워 더 위축될 수도 있다. 이 경우 외부의 사회적, 환경적 변화가 필요하다.

V 소속감 개입의 위험성

소속감 개입은 제대로 이루어지지 않으면 오히려 역효과를 낼 수 있다. 그 위험 중 한 가지는 잘못된 역할 모델과 동일시되는 것과 관련이 있다. 예를 들어 여성 역할 모델은 컴퓨터 공학 분야와 같이 남성 위주의 공동체와도 동일시하는 데 도움을 줄 수 있다. 그러나 여성 역할 모델이 저조한 능력을 보일 경우 오히려 여성의 성과를 저해할 수 있다(Marx & Roman, 2002). 게다가 역할 모델은 의도치 않게 고정관념을 심어줄 수 있다. 연구자들은 수학 불안을 가진 여자 수학 선생님은 남자 아이들이 여자 아이들보다 수학을 더 잘한다는 유치원 여아들의 믿음을 강하게 하는 것을 발견하였다. 그리고 남자 아이들의 실력은 영향을 받지 않았지만 여자 아이들의 실력은 저하되는 것을 발견하였다(Beilock et al., 2010).

두 번째 위험은 소속감 개입의 진정성이 느껴지지 않아 더 큰 소외감을 초래할 수 있다는 점이다. 사람은 자신이 조종당하고 있다고 느낄 때 방어태세를 취할 수 있다. 또한 이에 대한 부수적 효과도 고려하는 것이 중요하다. 하버드 경영 대학원은 성 평등 증진 프로그램을 도입하였다. 그 결과 여성의 학업 성적과 상위 프로그램 참여를 증진시키는 매우 긍정적인 결과를 가져왔다. 그러나 그것은 새로운 난제점을 야기하기도 하였는데 일부 남학생의 반발이었다. 그들은 개입을 강압적이고 참견으로 느꼈다(Kantor, 2013).

세 번째 위험은 특정 문화 그룹을 대상으로 한 소속감 개입이 부정적인 고정관념을 불러일으키거나 다르다는 느낌을 강화하여 의도치 않게 학생이 소속감을 덜 느끼거나 문화적 배경으로 인해 특별한 도움이 필요하다고 느끼게 만들 수 있다는 점이다.

마지막으로, 학생은 특정 그룹에 속하기를 원하지 않을 수 있다. 예를 들어 학교에서 "영리한 아이"라는 그룹에 속하는 것을 원치 않을 수 있으며, 학생은 강요된 정체성에 저항하거나 자신이 소속되기를 원하는 다른 그룹과 갈등을 겪을 수 있다. 경우에 따라서는 이것이 쉽게 해결되지 않는 복잡한 사회 문제일 수 있다. 또 다른 경우에는 학생이 그룹에 대한 관점을 확장하여 스스로 소속감을 부여할 수 있도록 도울 수 있다. 예컨대 Boaler와 Greeno(2010)는 수학에 대한 성취가 높은 학생 사이에서도 수학에 대한 그들의 비전이 창의적인 사고자로서 그들의 비전과 상충된다는 사실을 발견하였다. 창의적이고 수학적인 사람이 되는 것은 실제로 상충되는 것이 아니라 학생이 자신의 경험을 바탕으로 만든 관점에서만 상충된다.

VI 좋은 예와 나쁜 예

소속감에 대한 많은 연구는 학생이 소외감을 느끼지 않도록 예방하는 것을 목표로 하는 단기간의 개입을 사용한다. 그러나 학습자가 적대적인 환경에 있다고 느끼면 고무된 소속감도 점차 사라지게 된다. 교사도 책임이 있다. 다음은 소속감을 지원하거나 그렇지 않은 교실 구조의 몇 가지 예이다.

나쁨
학생을 능력으로 평가하는 학교 교실을 상상해 보자. 이미 암묵적인 내그룹

(상위권)과 외그룹(하위권)이 있다. 교사는 상위권 그룹을 더 매력적으로 만들어 학생이 상위권을 열망할 수 있도록 돕는다. 이를 위해 교사는 상위권 아이와 더 많은 시간을 보낸다. 교사는 더 나아가 하위권 아이가 경쟁할 수 있는 환경을 조성하고 경쟁 승자는 상위 그룹에 오를 수 있도록 한다. 이러한 조치는 아이가 상위 그룹에 도달하기 위해 노력하고 싶은 마음을 불어넣기보다는 하위 그룹을 어떤 학생도 소속되기를 원하지 않는 그룹으로 만들 가능성이 더 높다. 결국 하위 그룹 학생은 활동을 멈추게 되고 이탈하기 시작할 것이다.

나쁨

다양한 학생이 있는 교실을 상상해 보자. 교사는 소속감을 키우고 싶어하고 어떤 의미에서 소속감을 느끼는 것은 그룹 내 다른 사람들과 동일하게 느끼는 것을 의미한다는 것을 알고 있다. 학생에게 이러한 감정을 심어주기 위해, 교사는 첫날 학생에게 "저는 인종 차별, 성 차별, 종교에 대한 차별을 하지 않으며, 여러분이 가난하든 부유하든, 외국인이든 내국인이든, 뚱뚱하든 말랐든 상관없습니다. 여러분은 모두 이 수업에서 학습하는 학생일 뿐입니다."라고 말하였다. 안타깝게도 교사의 계획은 학생이 자신이 소속된 그룹에 소속감을 느끼는 현실을 무시하고 있다. 중요한 것은 학생들의 차이점을 없애는 것이 아니라, 학생들이 그들의 다름이 교실에서 소속감을 느끼거나 성공하는 데 장애물이 되지 않는다는 것을 이해하도록 돕는 것이다. 다름을 존중하는 것은 인종에 따른 편견 및 차별이 있는 학교에서 특히 중요하다.

좋음

교사가 명시적으로 존중과 공동체 분위기를 조성한 교실을 상상해 보자. 교사는 학생 이야기를 경청하고 학생 의견을 존중한다. 학생은 내부 규범에 동의하고 문제를 해결하기 위해 함께 협력한다. 하지만 소속감을 키우는 환경을 만드는 것은 쉬운 일이 아니다. 신뢰는 쌓는 데는 시간이 걸리며 학생은 소속감을 갖기 어렵게 만드는 여러 가지 문제를 안고 있을 수 있다. 그러나 소속감은 노력할 가치가 있는 강력한 학습 도구가 될 수 있다.

핵심 학습 메커니즘은 무엇인가?

소속되어 있다는 느낌은 노력을 키우고 부적절함이나 소외감과 같은 마음을 어지럽히는 생각을 감소시킨다.

예는 무엇이 있고 어떤 점에서 좋은가?

당신이 새로운 곳으로 이사를 왔고 처음으로 새 학교에 도착했다고 상상해 보자. 어떤 생각이 드는가? "내가 여기 어울리는 학생인가? 친구를 사귈 수 있을까? 수업 시간에 창피를 당하지는 않을까?" 누군가가 당신이 소속감을 느낄 수 있도록 특별한 노력을 기울일 때, 당신은 더 열심히 참여하고 배우려고 노력할 것이다. 예를 들어 교사는 당신뿐만 아니라 새로 온 모든 학생이 처음에는 학교 공부를 어렵게 느낀다는 점을 이해하도록 도와줄 수 있다. 이렇게 하면 당신이 겪는 어려움이 그룹과 다르지 않으며, 당신과 비슷한 처지에 있었던 다른 사람도 과거에 이러한 어려움을 극복했다는 것을 깨달을 수 있다.

왜 효과가 있을까?

사람은 소속감이 있을 때 더 열심히 노력하고 소외감으로 인해 주의가 산만해지지 않는다. 때로는 "여성은 수학을 못한다"와 같은 부정적인 고정관념을 가진 그룹에 이미 속해 있어 소속감을 느끼지 못하기도 한다. 학습 공동체에 대한 학생의 소속감을 높이면 고정관념 위협의 부정적인 영향을 완화할 수 있다.

핵심 메커니즘은 어떤 문제를 해결해야 하는가?

- 학생이 수업 참여를 거부한다.
  - ‣ 학생은 자신이 소속되지 않았고 완전히 참여할 수 없다고 느낄 수 있다.
  - ‣ 학생은 특정 그룹이나 주제와 동일시하길 원하지 않을 수 있다.
- 학생이 평상시 수업 시간에 보이는 모습에 비해 시험 성적이 저조하다.
  - ‣ 아프리카계 미국인 학생은 시험에 집중하는 것을 방해하는 인종의 학업 능력에 대한 부정적인 고정관념에서 비롯된 불안을 느낄 수 있다.
- 학생이 자신에 맞지 않는 옷을 입고 있다고 느낀다.
  - ‣ 뛰어난 여성 전기공학과 학생이 전공 변경을 고려하고 있다.

활용 방법의 예

- 쉽게 소속감을 느낄 수 있도록 환경을 조성하기.
  - ‣ 교실에서 공유된 규칙을 수립하고, 협력적인 문제 해결을 장려하기.
  - ‣ 온라인 교육에서 학생들이 포럼에서 서로를 알아갈 수 있도록 장려하기.
- 학생이 소속감을 재구성할 수 있도록 돕기.
  - ‣ 학생에게 자신도 소속될 수 있다는 것을 증명하는 다양한 역할 모델을 볼 수 있는 기회를 주기.
  - ‣ 학생에게 자신이 많은 그룹에 소속되어 있음을 이해하도록 도와주기.

위험성

- 학생들은 특정 그룹(예: 컴퓨터 과학자, 대학 진학을 준비하는 학생)에 소속되는 것이 현재 자신의 정체성과 상충된다고 느낄 수 있다.
- 소속감 개입은 의도치 않게 소속감 결여를 불러일으키거나 처음에는 소속감 결여가 문제라고 생각하지 않았던 학생들에게 문제로 인식되게 할 수 있다.
- 소속감 개입은 학생에게 소속감의 짐을 잘못 부과할 수 있다(예: "당신의 태도를 바꾸세요" 또는 "당신이 여기에 속해 있다고 느끼기 위해 더 노력하세요").

03

C
is for
Contrasting Cases

비교대조 사례

- 중요한 정보 식별하기 -

Contrasting Cases 비교대조 사례

중요한 정보 식별하기

비교대조 사례(CONTRASTING CASES)는 사람들이 간과하기 쉬운 특징을 식별하는 데 도움이 되는 유사한 예로, 지식 정확성과 활용성을 높인다.

Bransford와 McCarrel(1974)이 제시한 예를 살펴보자. 그림 C.1은 별도의 가위 한 개를 보여준다. 두 개 날과 두 개 손잡이, 가위를 닫게 하는 중심축이 있는 기본적인 수준의 가위임을 알 수 있다. 당신은 가위를 열고 닫는 것을 상상할 수 있다. 이는 당신과 같은 초보자가(적어도 가위에 관해서는) 가위를 보는 방식이다.

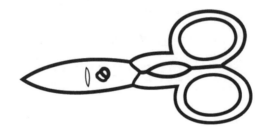

그림 C.1. 가위 한 개(Bransford & McCarrel, 1974).

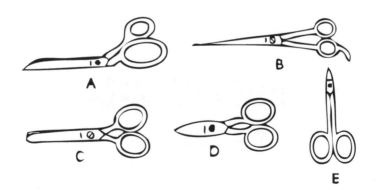

그림 C.2. 여러 개의 가위를 비교대조하기(Bransford & McCarrel, 1974).

이제는 동일한 가위를 다른 예시와 비교대조해 보자(그림 C.2). 예시를 잠시 살펴보고 다음 질문을 생각해 보자. D 가위가 발톱을 깎는데 특히 유용한 이유는 무엇인가?

비교대조는 D 가위가 큰 힘을 가하기 위한 여러 가지의 특징 – 단단한 발톱을 자르기 위해 날은 두꺼우며, 여러 손가락을 사용할 수 있도록 손잡이가 크고, 손잡이의 지렛대 효과를 극대화하기 위해 나사와 날은 가까이에 있음 – 을 가지고 있다는 것을 인식하는 데 도움을 주었을 것이다. 다른 가위들도 살펴보면 이러한 가위들이 특별한 이유를 알 수 있다. A 가위는 아래 날이 테이블을 따라 미끄러지는 옷감 자르기용이다. C 가위는 어린이를 위한 것으로, 찔리는 것을 대비하여 끝이 둥글다. B 가위는 머리카락을 자를 때 사용하는 가위로, 손잡이의 작은 고리는 새끼손가락으로 추가적인 제어를 할 수 있게 한다. E 가위는 손발톱 큐티클 정리 가위이다. 아마도 당신은 E 가위가 손발톱 큐티클을 잘 정리하기 위한 특징을 가지고 있음을 인식할 수 있을 것이다.

비교대조 사례는 각 사례 특징을 식별하는 데 도움을 주는 유사한 예이다. 와인을 비교 시음하는 것이 대표적인 예이다. 비교대조 사례는 이전에 인식하지 못하였던 것을 인식할 수 있도록 돕는다. 학습자가 인식할 수 있는 특징을 늘리는 것은 무엇이 중요한지 알아차릴 수 있는 능력을 향상시키고 추상적인 아이디어를 더 잘 이해하게 하고 지식을 언제 사용해야 하는지에 대한 인식을 높이는 등 여러 가지 이점을 가져다준다.

I 비교대조 사례의 작동 방식

사람들은 보통 전문가를 이론, 공식, 개념과 같은 많은 추상적인 지식을 가지고 있는 사람으로 여긴다. 하지만 전문가는 자신의 전문 영역에 대해 많은 세부 사항을 파악할 수도 있다. 초보자는 고양이, 개와 같이 **기본 수준 범주**basic-level categories의 관점에서 세상을 바라본다. 전문가는 노르웨이 숲 고양이, 벨지안 셰퍼드와 같이 초보자 기본 범주를 넘어서는 중요하고 미묘한 차이를 본다. 이러한 차이는 모든 유형의 전문성에서도 확인할 수 있다. 소믈리에는 진판델Zinfandel과 시라Syrah를 구분할 수 있지만 대부분의 사람은 "레드 와인"으로만 인식한다(Solomon, 1990). 고고학자는 초보자가 완전히 간과하는 흙의 종류를 구별할 수 있다(Goodwin, 1994). 성인 독자는 문자 'b'와 'd'를 정확히 구분하는 반면 어린 아이는 두 문자를 잘 구분하지 못하고 쉽게 혼동한다. 전문성은 초보자가 일반적으로 알아차리지 못하거나 중요하다고 인식하지 못하는 특징을 인식하는 능력에 달려 있다.

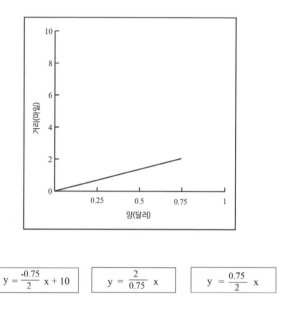

$$y = \frac{-0.75}{2} x + 10 \qquad y = \frac{2}{0.75} x \qquad y = \frac{0.75}{2} x$$

그림 C.3. 수식의 구조를 구별하는 데 도움을 주는 비교대조 사례(Kellman et al., 2010에서 발췌).

전문가는 수년에 걸쳐 많은 사례를 비교하며 자신의 전문성을 구축한다. 비교대조 사례는 나란히 배치된 사례를 사용하여 학습 시간을 단축한다. 예를 들어 Kellman 등(2010)은 수학적 지각 학습에 도움이 되는 간단한 온라인 과정을 개발하였다. 학생들은 그림 C.3에 제시된 것과 같이 120개 문제에 대하여 빠른 결정을 내린다. 각 수식에 비슷한 숫자가 포함되어 있어, 학생은 어떤 숫자가 아니라 어떤 구조적 관계가 그래프를 가장 잘 반영하는지 식별해야 한다. 답을 선택한 후 학생은 설명 없이 정답만 보게 된다. 목표는 학생이 구조를 설명하는 것이 아니라 구조를 보게 하기 위함이었다(학생들은 또한 역으로 다음의 과제도 수행하였다. 한 개의 수식을 받고 주어진 세 개 그래프 중 어느 것이 이 수식을 나타내는지 선택하기). 이 모듈을 이수한 12학년 학생은 이전에 거의 대부분이 대수학algebra 과정을 이수했음에도 불구하고 그래프와 수식 간의 변환 능력이 세 배 가까이 향상되었다. 비교대조 사례는 전문성을 향한 더 나은 궤도로 학생을 이끌었다.

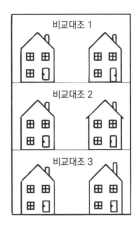

그림 C.4. 서로 다른 비교대조는 서로 다른 특징을 강조한다. 왼쪽 그림에 있는 자동차 대비 집을 살펴보자. 다음으로 이 집을 오른쪽에 있는 다른 집들과 비교해 보자. 비교대조 1-3 각각이 원래 집의 다른 특징을 부각시키는 데 어떻게 도움이 되는지 알아보자.

비교대조는 중요한 것을 알아차리는 데 도움을 준다. 각 비교대조는 서로 다른 특징을 부각시킨다. 그림 C.4의 왼쪽 그림은 전형적인 집 그림을 보여준다. 이는 집에 대한 기본적인 수준, 즉 자동차와 집 비교 정보를 제공한다. 이제 오른쪽에 있는 두 그림 사이의 유사한 비교대조가, 원래 집의 특징을 어떻게 끌어내는지 살펴보자: 비교대조 1, 문 손잡이는 왼쪽에 위치해 있고, 문은 바닥에서 떨어져 있다. 비교대조 2, 지붕에 처마가 없다. 비교대조 3, 굴뚝은 지붕 꼭대기 아래에 있다. 연기가 굴뚝을 통해 충분히 빠져나가기에는 부족한 디자인으로 보인다. 자동차 옆에 있는 집을 다시 살펴보면 얼마나 많은 것을 놓쳤는지 알 수 있다.

비교대조 사례에 있어 학습자에게 중요한 것은 하나의 예시를 다른 예시와 구별하여 주요 특징을 식별하는 것이다. 그림 C.5 벤 다이어그램은 이러한 아이디어를 요약하였다. 다시 한번 학습의 기본 진리인 두 가지 예가 하나보다 낫다는 것을 알 수 있다. 상단에 표시된 유추 다이어그램 목표는 가능한 한 멀리 떨어진 예시를 만들어 학습자가 추상적인 공통점을 찾을 수 있도록 하는 것이다(A장 참조). 비교대조 사례의 목표는 사례들을 가능한 한 유사하게 만들어, 학습자가 각 사례를 구별짓게 만드는 것을 찾을 수 있도록 하는 것이다.

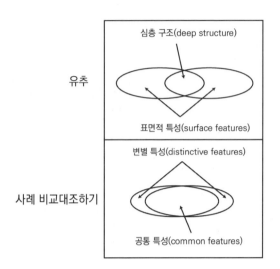

그림 C.5. 다양한 예를 사용하는 두 가지 방법.

II 비교대조 사례를 디자인하여 학습을 향상시키는 방법

비교대조 사례는 지각 학습 연구에서 비롯되었다(Gibson & Gibson, 1955). 지각은 감각과 다르다. **감각**^{Sensation}은 감각 수용체가 환경에서 에너지를 받아들일 때 발생한다. 눈은 빛 에너지를 받아들이고 피부는 열 에너지를 받아들인다. 바닷가재는 감각 수용체에 철분이 포함되어 있어 지구 자기장을 감지하며, 방향을 잘 찾는다. 감각 신호는 수용체에서 뇌로 전달된다. **지각**^{Perception}은 이러한 신호를 의미 있게 해석한다. 감각에서 패턴을 인식할 수 없다면 의식적 사고는 불가능하다. 사람은 감각하는 법을 배우지 못할 수 있지만 지각하는 법은 배울 수 있다. 이를 돕기 위해 학습자가 많은 감각 중 관련 신호를 찾을 수 있도록 신중하게 선택된 비교대조를 제시할 수 있다.

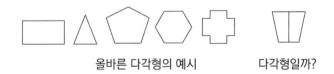

올바른 다각형의 예시　　　다각형일까?

그림 C.6. 다각형.

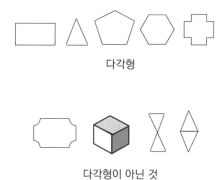

비교대조 사례 사용은 서로 다른 예시를 고르고 학생에게 그 차이점을 찾아보도록 하는 것으로 이해하기 쉽고 직관적이다. 하지만 놀랍게도 교수 활동에서 비교대조 사례 사용은 드물다. 일반적인 교수 사고 과정은 "사람들이 이것을 잘 이해할 수 있어야 하므로 이에 대한 예를 반복해서 보여주겠다." 라고 생각하는 듯하다. 이 추론의 결함은 간단하다. 어떤 것이 무엇인지 배우는 것은 그것이 무엇이 아닌지를 배우는 데 달려 있다. 예를 들어 교사가 학생에게 다각형을 가르친다고 가정해 보자. 일반적인 접근 방식은 그림 C.6 왼쪽과 같이 여러 다른 다각형을 보여주는 방식일 것이다. 이러한 예는 학습자가 그림 C.6 오른쪽에 있는 질문에 답하는 데 충분한 도움이 될까?

아마 독자는 다각형이 가운데를 통과하는 선을 가질 수 없다는 것을 이미 알고 있을 것이다. 하지만 이제 막 배우는 학생은 그렇지 않다. 학생은 오른쪽에 있는 예를 보고 다른 예시에서 가운데 선을 생략했다고 생각할 수도 있다. 그림 C.7에는 더 나은 비교대조 사례의 예가 있다. 이러한 예를 통하여 학생은 다각형이 곡선이나 교차선이 없는 2차원 모양이라는 것을 더 잘 알 수 있다. 다각형이 아닌 샘플로 모든 선분이 끝점에서 연결되지 않도록 열려 있는 도형을 보여주면 더 좋을 것이다.

다각형

다각형이 아닌 것

그림 C.7. 다각형과 다각형이 아닌 것.

비교대조 사례의 대안으로 흔히 사용되는 방법에는 올바른 예만 제시하고 정의를 추가하는 경우가 있다. 다각형의 경우, 학생이 올바른 예를 사용하여 새로운 예를 인식할 수 있다고 가정하고 다각형이 아닌 것을 제외하기 위해 정의를 활용할 수 있다고 가정하는 것 같다. 그러나 단순히 정의를 설명하는 것만으로도 충분하다면 굳이 예를 제시할 이유가 있을까? 사람은 올바른 예와 올바르지 않은 예를 통해서 배운다.

비교대조 사례를 생성하는 간단한 방법은 학습자가 인식해야 할 특징을 결정하고, 이 특징에 대해 비교대조를 만드는 것이다. 예를 들어 데이지와 쉽게 혼동될 수 있는 비슷한 꽃들이 많이 포함된 책을 본 적이 있을 것이다. 각 꽃의 특징을 구별할 수 있도록 돕기 위해서는 예컨대 잎 모양이 다르거나 꽃잎 수가 다른 것을 대조적인 사례로 제시하는 등 특징에 대한 구체적인 비교대조를 보여주는 것이 유용할 수 있다.

III 비교대조 사례의 결과

비교대조 사례를 통해 얻을 수 있는 가장 분명한 결과는 관찰의 정확성이 높아진다는 점이다. 예를 들어 숲에서 버섯을 따거나 무릎 통증을 진단할 때 사람들은 유의미한 세부사항을 볼 수 있는 전문가를 고용하는 경우가 많다. 학생의 관찰 정확성을 평가하는 쉬운 방법은 관심을 끌 수 있는 사진이나 그림을 보여주는 것이다. 그 후 학생에게 이미지를 다시 그려보도록 요청해 보자. 학생이 재현한 그림에 어떤 특징이 포함되었는지를 통해 이들이 관찰한 내용을 쉽게 파악할 수 있다. 예를 들어 그림 C.2를 학습하지 않고 그림 C.1을 다시 그려 보게 하면 많은 사람은 손잡이보다 짧은 두꺼운 날을 그리지 못한다.

비교대조 사례 활동은 학생이 추상적 지식의 적용 가능 조건을 배우는 데 도움을 준다(J장 참조). 학생은 추상적인 지식의 어떤 부분을 적용해야 하는지를 나타내는 상황적 단서를 배운다. 대학생들이 흔히 겪는 경험 중 하나는 공식들이 적혀 있는 종이를 가지고 기말고사에 임하더라도 어떤 공식이 어떤 문제에 적용되는지 알지 못하는 것이다. 이는 공식이 적혀 있는 종이를 가지고 있었다는 점에서 기억력의 문제는 아니다. 문제는 학생들이 언제 어떠한 공식을 사용해야 하는지에 대한 단서를 적용하는 법을 배우지 못했다는 점이다. 그 결과 학생들은 공식은 알지만 사용할 수 없는, 비활성 지식에 그치게 된다. 비교대조 사례는 학생들이 지식을 어디에 사용해야 하는지 어디에서 사용해서는 안 되는지를 배우는 데 도움을 줄 수 있다. 간단한 예로 다음 두 지역의 주택 가격을 정하는 방법을 생각해 보는 것은 학생들이 중심 경향 척도로 중앙값이 평균보다 더 적합한 경우를 인식하는 데 도움을 준다.

Pleasantville 주택 가격	Sunnyside 주택 가격
$150,000	$200,000
$225,000	$2,600,000
$300,000	$210,000
$275,000	$175,000
$170,000	$115,000

IV 비교대조 사례를 통해 스스로 가르치는 법을 배울 수 있을까?

하워드 가드너 Howard Gardner(1982)는 진품 옆에 위작을 전시한 미술관을 소개하였다. 관람객은 무엇이 진품 그림을 특별하게 만드는지 알아차렸을 것이다. 이 경우 전문가가 관람객을 위해 비교대조 사례를 설정한 것이다. 비교대조 사례를 만들 수 있는 전문가가 항상 주변에 있는 것은 아니다. 직접 사례를 고르는 방법을 배울 수 있을까? 우선 학생들이 면밀한 비교가 중요한 학습 기법이라는 점을 이해하도록 돕는 것은 유용할 수 있다. 예를 들어 한자를 배울 때, 반복해서 적는 것보다 비슷한 모양의 문자를 나란히 비교하는 것이 더 효과적이다. 이를 통해 한자 특징을 파악하고 다른 문자와의 혼동을 피할 수 있다.

보다 까다로운 문제는 사람들이 스스로 비교대조 사례를 만드는 법을 배울 수 있는지 여부이다. 여기에 두 가지 어려움이 있다. 첫 번째로, 사람들은 자신 앞에 있는 모든 것을 인식한다고 믿기 때문에 더 많은 정보가 인식될 수 있다는 것을 깨닫지 못한다. 예를 들어 사람은 1센트 동전이 5센트 동전과 다르다는 것을 알 수 있도록 충분히 볼 수 있다. "충분히" 볼 수 있기 때문에 그림 C.8에서 알 수 있듯이 자신이 얼마나 많은 것을 놓치고 있는지 깨닫지 못할 수 있다 (Nickerson & Adams, 1979).

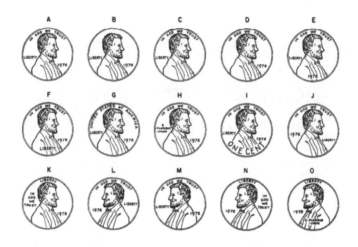

그림 C.8. 어느 이미지가 올바른 이미지인지 말할 수 있겠는가? 사람은 1 센트와 다른 동전을 구별할 수 있으므로, 실제로 1 센트에서 "본" 것이 얼마나 적은지 알아차리지 못할 수 있다 (Nickerson & Adams, 1979 에서 재인쇄).

두 번째 어려움은, 사람들이 인식해야 할 것이 더 많다고 믿더라도, 아직 모르는 것을 강조하는 적절한 비교대조 사례를 어떻게 선택할 수 있느냐는 것이다. 이는 메노 역설Meno's paradox의 한 버전이다. 이미 무엇을 찾을지 알지 못하는 상태에서 어디서 무언가를 찾기 시작할 것인가? 이러한 어려움에 대한 준비된 해결책은 없으며 사례를 만드는 것은 숙련된 교수자의 몫이다.

하지만 어떤 질문을 해야 할지 알고 있다면 비교대조 사례를 고르는 법을 배울 수 있다. 비교적 일반적인 상황은 어떤 특징의 존재나 양이 차이를 만드는지 알아보는 것이다. 예를 들어 용수철 지름을 늘리는 것이 탄성에 영향을 미치는지 궁금할 수 있다. 이 경우 지름이 좁은 스프링과 넓은 스프링을 비교하는 방법을 선택할 수 있다. 이상적으로는 철사의 두께와 각 용수철에 가해지는 힘의 양과 같은 다른 모든 변수를 일정하게 유지해야 한다. 비교대조 사례를 효과적으로 디자인하는 법을 배우는 것은 과학 실험 수행의 핵심이다.

V 비교대조 사례의 위험성

비교대조 사례의 주요 위험에는 부적절한 사례와 부적절한 과제 두 가지가 있다. 부적절한 사례는 학생이 의도된 특징을 식별하기 어렵게 만든다. 이 문제의 친숙한 예로는 사과와 오렌지를 비교하는 것으로 차이점이 많아 어떠한 비교가 중요한지 알 수 없다. 비교대조가 엄격할수록 학습자는 원하는 변화 차원을 알아차릴 가능성이 높아진다.

부적절한 과제는 학생이 비교대조의 중요성을 이해하는 데 도움이 되지 않는다. 학생에게 단순히 "비교와 대조"를 하라고 요구하는 것은 충분한 방향성을 제공하지 못한다. 학생은 부수적인 차이점을 매우 많이 발견하겠지만 발견한 것의 의미를 고려하지는 않을 것이다. 학생은 차이점을 찾는데 지침이 되는 프레임이 필요하다. 예를 들어 그림 C.2의 경우, 가위의 차이점을 찾아보라고 하는 것은 효과적이지 않다. 왜냐하면 사람은 쪽 위치의 차이와 같이 의도하지 않은 모든 종류의 차이까지 발견할 것이기 때문이다. 이 사례의 경우 가위 기능에 초점을 맞추어 가위를 비교대조하도록 하는 것이 더 효과적이다. 일반적으로 어떤 특징은 주목해야 할 중요한 이유가 있으며, 과제 오리엔테이션은 학생이 이러한 특징의 중요성을 인식할 수 있도록 준비시켜야 한다(통계학에서 몇 가지 구체적인 예는 Schwartz & Martin, 2004 부록 참조).

VI 좋은 예와 나쁜 예

비교대조 사례는 미묘한 시각적 차이가 없는 경우에도 적용될 수 있다. 학생에게 기울기와 절편의 개념 소개를 목표로 휴대폰 요금제를 비교하는 수업을 상상해 보자. 예를 들어 사용량에 대해서만 요금을 부과하는 요금제(y 절편: 0, 기울기: 분당 0.25달러)와 무제한 사용에 대한 정액 요금제(y 절편: 50달러, 기울기: 0), 그리고 이 두 가지를 조합한 다른 요금제(예: y 절편: 40달러, 기울기: 첫 500분 동안 0, 이 후 분당 10센트)가 있다. 당신은 휴대폰 브로셔 형식으로 비용을 보여주는 네 가지 비교대조 사례를 만들기로 결정한다.

나쁨: 네 가지 요금제를 두 장의 종이 앞뒤에 배치한다. 이는 좋지 않은 생각이다. 왜냐하면 다음 요금제로 넘어갈 때 이전 요금제에서 보았던 것을 기억

해야 하기 때문이다. 핵심 특징을 전혀 인식하지 못했다면 어떻게 그것을 기억할 수 있을까?

좋음: 비교대조 사례는 한 눈에 비교하기 쉬울 때 더욱 효과적이다.

나쁨: 데이터 다운로드, 회선 수, 문자 수, 시간, 음성 메일의 다섯 가지 개별 기능에 대한 비용 내역을 따로 표시한다. 이는 네 요금제에 비해 비교대조가 너무 많다. 관심 있어 하는 주요 비교대조인, 기본 비용(절편)과 추가 사용 비용(기울기)을 찾는 데 어려움을 겪을 것이다.

좋음: 변수의 수를 제한하여 학생이 할당된 사용량과 추가 요금의 주요 비교대조를 알아차릴 수 있도록 한다. 첫 번째 활동에는 하나 또는 두 가지 특징만 보여준다. 그 다음 활동에서는 다른 특징을 강조 표시할 수 있는 다른 사례로 해당 사례를 대체한다. 하나의 거대한 사례 집합을 사용하기보다는 각각 다른 특징을 보여주는 여러 개의 작은 대조적인 사례 집합 사용이 더 효과적이다.

나쁨: 학생에게 휴대폰 요금제를 비교대조하라고 말한다. 학생들은 주로 개별적인 두 요금제별 공통점 차이점을 나열하는 경향이 있다. 하지만 실제로 원하는 것은 학생이 절편과 기울기 사이에 상충관계가 있음을 알아차리게 하는 것이다.

좋음: 학생에게 몇 가지 일반적인 사용자 정보를 제공하고, 각 사용자에게 가장 적합한 요금제를 묻는다. 이를 통해 학생은 절편과 기울기가 서로 다른 역할을 한다는 것을 알 수 있다.

매우 좋음: 학생에게 일반적인 월간 통화 사용량에 따라 어떤 요금제가 가장 좋은지 비교하는 데 도움이 될 수 있는 시각화 자료를 만들도록 요구한다. 이는 '알려줄 시간$^{time\ for\ telling}$'을 만들어(J장 참조) 학생이 해결책을 들을 준비가 되도록 한다. 따라서 학생이 시도한 후, x축과 y축의 좌표 그래프가 이러한 문제를 얼마나 효과적으로 해결하는지 보여줄 수 있다.

핵심 학습 메커니즘은 무엇인가?

얼핏 보기에 동일해 보이는 두 개 또는 그 이상의 예시 간의 차이를 알아차리는 것이다.

예는 무엇이 있고 어떤 점에서 좋은가?

옳 매듭square knot과 세로 매듭granny knot을 비교해 보자. 면밀한 비교는 차이점을 이해하는 데 도움이 될 수 있으며, 결과적으로 옳 매듭이 세로 매듭보다 더 나은 이유에 대한 설명을 이해할 수 있게 한다. 비교대조 사례는 사람들이 간과할 수 있는 미묘하지만 중요한 세부 사항을 알아차리는 데 도움이 된다. 이러한 세부사항은 한 가지를 다른 것과 구별할 수 있도록 도와주며, 이러한 차이가 중요한 이유를 이해할 수 있도록 준비시킨다. 사람들은 환경에서 단서를 인식하는 법을 배우기 때문에 비교대조 사례는 적시에 올바른 지식을 사용할 가능성을 높인다.

왜 효과가 있을까?

사람은 감각에서 패턴을 인식하는 법을 배운다. 이는 비교하는 대상 간의 차이를 분별함으로써 발생한다. 비교대조 사례는 "근접 오류near misses"를 나란히 배치하여 학생이 구별되는 특징을 발견할 수 있도록 도움을 준다.

핵심 메커니즘은 어떤 문제를 해결해야 하는가?

- 학생들은 예를 잘못 파악하거나 한 가지를 다른 것과 혼동한다.
  - ‣ 학생이 거미가 곤충이라고 생각한다.
  - ‣ 어떤 사람은 모든 컨트리 음악이 똑같이 들린다고 믿는다.
- 학생들은 설명을 정확히 이해하지 못한다.
  - ‣ 학생이 힘과 일의 차이를 인식하지 못한다.
- 학생들은 자신이 알고 있는 것을 어디에 사용해야 하는지 인식하지 못한다.
  - ‣ 학생이 시험을 위해 공식이 적혀 있는 종이를 가져오지만 어떤 공식을 사용해야 할지 모른다.

활용 방법의 예

- 어떤 것이 있고 없는 지를 강조하기 위해 "근접 오류"를 제시하기.
  ‣ 영어 학습자를 위해 "pa" 와 "ba" 소리를 비교대조하기.
- 중요한 차이를 보여주는 다양한 예 제시하기.
  ‣ 같은 장면을 그린 네 가지 다른 세기의 그림을 보여주기.
  ‣ 두 개의 시작 높이와 두 개의 초기 속도 사이를 사용하여 발사체 운동의 네 가지 예를 제시하기.

위험성

- 학생들이 핵심 특징들을 알아차리기엔 비교대조 사례가 너무 복잡할 수 있다.
- 학생들은 자신이 인식한 차이점을 이해하려고 노력하지 않을 수 있다.

is for

Deliberate Practice

주도면밀한 연습

- 전문가 되기 -

Deliberate Practice 주도면밀한 연습
전문가 되기 _____

주도면밀한 연습(DELIBERATE PRACTICE)은 자신의 현재 능력을 넘어서는 특정 기술과 지식 습득을 위해 고강도의 집중된 노력을 기울이는 것이 특징이다.

주도면밀한 연습은 무언가를 잘하기 위해 단순히 활동이나 직업에 참여하는 일반적인 연습과는 차이가 있다. 예를 들어 농구 게임을 뛰는 것은 농구를 더 잘하기 위한 한 가지 방법이다. 주말에 취미 활동으로 운동을 즐기는 사람은 알겠지만 단순히 게임을 하는 것만으로는 실력이 늘지 않는다. 이를 극복하기 위해서는 농구를 하는 주된 이유인 게임에서 벗어나 특정 숏, 동작, 체력 향상을 위해 노력을 기울여야 한다.

실력 정체 극복을 위해 단순 반복 연습이 아닌 주도면밀한 집중적인 연습이 필요하다는 아이디어는 전문가 대상 연구를 통해 알려졌다. 연구자들은 의사, 물리학자, 예술가, 체스 그랜드 마스터grand master(국제 체스연맹에서 부여하는 체스 선수의 최상위 칭호−옮긴이), 시가cigar 제조 숙련공, 심지어 병아리 성별 감별사 등 다양한 유형의 전문가를 연구하였다. 다양한 유형의 전문성에는 각자 다른 기술과 지식이 필요하지만 모든 유형의 전문성에는 두 가지 공통점이 있었다. 첫 번째는, 전문성 개발을 위해 약 10,000시간이 필요하다는 점이다. 실제 널리 알려진 과학자와 예술가들은 오랜 시간이 지나서야 비로소 중요한 결과물을 만들었다. 전문성은 당연히 많은 경험에 달려 있다. 현재 상업 사진 작가가 이 주장을 검증하고 있다. 그는 골프 경험이 없음에도 불구하고 PGA(미국프로골프) 시합에 출전하기 위해 직장을 그만두고 10,000시간의 연습에 전념하고 있다(http://thedanplan.com 참조). 그가 과학과 과학에 대한 신념 둘 다 성공하기를 바란다.

두 번째 공통점은, 연습의 양뿐만 아니라 질도 중요하다는 점이다. 체스 초보자는 경기를 함으로써 실력이 향상된다. 체스 그랜드 마스터는 유명했던 경기를 더 공부함으로써 실력이 향상된다. 주도면밀한 연습은 이미 할 수 있는 일을 실행하는 것에 그치는 것이 아니라 현재 자신의 실력을 넘어서는 것에 초점을 둔다.

주도면밀한 연습은 노력이 요구된다. Ericsson 등(1993)은 베를린 소재 명문 음대에 재학 중인 바이올린 전공 학생들을 비교하였다. 일부 학생은 음악 교사가 되기 위해 준비하고 있었으며, 또 다른 학생은 전문 바이올린 연주자로서의 경력을 준비하고 있었다. 전문 연주자를 목표로 한 학생은 일주일에 24시간 정도 혼자 연습하였고, 음악 교사를 준비하는 학생은 9시간을 연습하였다. 수년에 걸쳐 이러한 차이는 수 천 시간의 연습 시간으로 누적된다. 이는 연습량의 중요성을 보여준다. 두 그룹 학생들은 회당 약 80분씩 연습하였지만 전문 연주자가 되려고 하는 학생들은 연습 이후 낮잠을 자야 했다는 점은 질적인 측면의 중요성을 보여준다. 이는 그들이 연습에 얼마나 고도의 집중력과 에너지를 쏟았는지 보여준다. 주도면밀한 연습이 잘 이루어지기 위해서는 견디기 어려울 정도의 고도의 집중력이 요구된다. 학생이 한 번에 두 시간 이상 연습을 하고 있다면 주도면밀한 연습을 하고 있지 않을 가능성이 높다.

사람들은 흔히 전문가들이 타고난 재능을 바탕으로 그들의 지위를 얻는다고 믿는다. 하지만 실제 전문가와 일반인을 구분 짓는 것은 주도면밀한 연습에 더 많은 시간을 할애한 점이다. 여기서 주목할 점은 **선천적인 능력의 기여가 얼마가 되든 연습 효과와 비교하면 그 영향은 작다는 점이다**(Ericsson et al., 1993). 이는 일반적인 믿음과 상반되는 매우 중요한 요점 중 하나이다. 다음에 누군가가 "나는...이 될 능력이 없다"라고 말하면, 이 말을 "나는...이 될 만큼 충분히 연습할 의지(또는 기회)가 없다"로 다시 해석해 보기를 바란다.

전문가가 자신의 전문성과 관련이 없는 분야에서 뛰어난 성과를 거의 보이지 않는다는 사실은 전문성이 타고난 능력이 아니라 연습에 달려 있음을 보여준다. 예를 들어 체스 그랜드 마스터는 게임 판에 놓인 말의 위치가 무작위로 배치되지 않아야 말의 위치를 잘 기억할 수 있다(Chase & Simon, 1973). 그들은 일반적으로 뛰어난 공간 기억력을 가지고 있는 것이 아니라 오로지 체스 게임에서 발생할 수 있는 체스 게임 판에 한하여 뛰어난 기억력을 가지고 있다. 주판 마스터(주판 대회에서 우승한 사람들)는 숫자에 대한 엄청난 기억력을 가지고 있다(Hatano & Osawa, 1983). 매 2.5초마다 새로운 숫자를 듣고 주판 없이도 머리에서 실시간으로 다음과 같은 계산을 할 수 있다.

28,596 + 847,351,654 – 166,291 – 324,008,909 + 74,886,215 – 8,672,214 + 54,221 – 91,834 – 103,682,588 + 17,274 – 212,974,008 + 4,081,123 – 56,315,444 + 897,294 – 380,941,248

하지만 주판 마스터는 단어나 과일 목록을 암기하는 데 있어 우리보다 나을 것이 없다. 즉, 주판 마스터가 괄목할 만한 성과를 낼 수 있는 뛰어난 기억력을 가지고 있지 않다는 것을 의미한다. 오히려 자신의 전문성에 필요한 특정 기술을 연습하고 다듬었음을 보여준다. 그들은 머리로 주판을 시연하는 방법을 배웠는데 이는 머리로 주판 알을 움직이며 숫자를 추적하는 것을 도와준다. 머릿속 주판에 새로운 열을 추가하기 위해서는 약 1년 간의 주도면밀한 연습이 필요하다.

I 주도면밀한 연습의 작동 방식

주도면밀한 연습은 청킹chunking과 지식 재조직이라는 두 가지 인지 메커니즘을 통해 학습과 수행 능력을 개선시킨다.

청킹

청킹은 작은 단위 정보를 큰 단위로 그룹화하는 작업이다(E장 참조). 전화기에 전화 번호를 입력하기 위해 몇 초 동안 전화 번호를 기억하려고 노력한다고 상상해 보자. 전화 번호에 새로운 지역 번호가 있다면 10자리 숫자를 기억해야 해서 상당히 어려울 가능성이 높다. 그 이유는 작업 기억(정보의 단기 저장 및 처리를 담당하는 기억 시스템) 용량이 제한적이기 때문이다. 사람은 한 번에 약 7개 정보를 의식적으로 보유하고 처리할 수 있다. 청킹을 통해 정보는 점차적으로 커지고 동시에 더 많은 정보에 접근할 수 있다. 청킹은 일반적으로 절차화와 자동화의 두 단계로 진행된다. 첫 번째 단계에서는, 언어적 제어와 명시적 기억 인출을 사용하여 작업 수행에 필요한 단계를 안내한다. 기어 변속을 배울 때 단계를 소리내어 말하거나 머릿속으로 단계를 떠올린다. "왼발로 클러치를 밟고, 오른발을 가속 페달에서 빠르게 떼고, 오른손으로 기어를 중립으로 옮기고, 기어를 1단에 놓고, 클러치에서 왼발을 천천히 떼고 오른발로 천천히 가속 페달을 밟는다." 결국 이러한 단계는 의식적인 언어적인 안내 없이도 실행할 수 있는 절차가 된다. 클러치 해제와 가스 양 증가의 균형을 맞추는 데 관여하는 미세 단계들이 하나의 덩어리가 된 것이다. 자동화 과정에서 이 덩어리는 자동으로 실행되는 일련의 순서로 연결된다. 숙련된 운전자는 "기어 변속"이라는 한 가지 정보만 생각하면 되며, 나머지 순서는 더 이상 생각할 필요 없이 자동으로 실행된다.

여기서 흥미로운 점은 모든 절차가 자동화되면 기존의 하위 단계를 기억해내기 어렵게 된다는 점이다. 비록 예전에는 타자를 칠 때 손가락 하나 하나에 신경을 기울였지만 지금은 타자를 칠 때 손가락이 무엇을 하는지 모를 수 있다. 이것이 바로 "제가 어떻게 하는지 모르겠어요. 그냥 하는 거예요."라는 말이 자주 나오는 이유이다. 전문가는 문자 그대로 뛰어난 능력을 보여 주지만 자신의 전문성을 분해하고 설명하는 데 서툴 수 있다. 전문가가 된다고 해서 가르칠 수 있는 것은 아니다. 이는 당신이 수강하였던 지루한 대학 수업을 이해하는 데 도움이 된다.

청킹의 동일한 메커니즘은 개념적 영역에도 적용된다. 심리학 연구자에게 "피험자 간 교차 설계within−subjects crossover design"라는 표현은 실험 조건과 경험적 가설에 대한 많은 세부적인 내용을 요약해 준다. 초보자는 연구 설계 논리에 대해 자세한 설명이 필요하지만, 전문가는 단번에 이해한다.

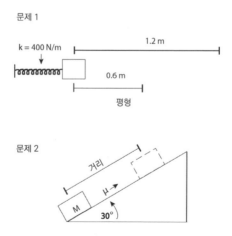

그림 D.1. 두 개의 물리학 문제. 초보자는 이 두 가지 상황을 다른 것으로 분리하지만, 전문가는 이를 같은 것으로 여긴다. 왜냐하면 둘 다 에너지 보존과 관련이 있기 때문이다(Chi et al., 1981).

지식 재조직

한 분야에 대한 능력이 쌓일수록 새로운 문제에 직면하게 되고, 이러한 문제는 지식이 재조직되게 만든다. 예를 들어, 그림 D.1의 두 다이어그램을 보면 (풀지 않아도 되니 걱정하지 않아도 된다), 초보자는 이러한 다이어그램을 스프링 문제와 경사면 문제로 본다. 물리학 전문가는 이를 다르게 본다. 그들은 두 상황이 에너지 보존과 관련되어 있기 때문에 매우 유사하다고 생각한다(Chi et al., 1981). 에너지 보존은 물리학의 주요 원리이기 때문에 전문가는 이 원리에 따라 세계의 분류를 재조직한다.

시간이 지남에 따라 주도면밀한 연습은 사람들의 지식 조직을 변화시켜 자신이 정기적으로 직면하는 과제에 더 특화되게 만든다. 예를 들어 한 연구에서 (Loftus & Loftus, 1974), 참가자들은 심리학 세부 분야 정신분석학과 심리학자 이름의 성姓인 문자 F를 들었다. 이들의 과제는 이 두 가지 제약 조건에 맞는 심리학자 이름, 프로이트Freud를 떠올려야 하는 것이었다. 심리학을 처음 접한 학생들은 먼저 문자를 듣고 그 다음에 세부 분야를 들었을 때 더 빨리 답을 맞혔다. 반면에 교수들은 먼저 세부 분야를 듣고 그 다음에 문자를 들었을 때 더 빨리 답을 맞혔다. 초보자의 경우 일반적인 알파벳 구조에 따라 기억이 정리되어 있었기 때문에 문자 단서가 기억 검색을 더 빨리 실행하는 데 도움이 되었다. 반면, 교수는 심리학자에 대한 지식을 세부 분야에 따라 재조직하였기 때문에 세부 분야를 먼저 듣는 것이 기억을 더 효율적으로 찾는 데 도움이 되었다.

주도면밀한 연습은 전체 활동의 흐름에서 특정한 종종 어려운 과제를 분리한다. 이를 통해 청킹 및 지식 재조직을 지원하는 데 필요한 시간과 정신적 노력을 확보할 수 있다.

II 주도면밀한 연습을 위한 학습 기회를 디자인하는 방법

주도면밀한 연습은 이미 전문가나 취미로 실제 활동을 하고 있는 사람에게 이상적이다(사람들로 하여금 실제 활동을 시작하게 하려면 P장 참조). 그러나 주도면밀한 연습은 실제 활동의 요구 사항 밖에서 이루어져야 한다. 농구 선수가 게임 중에 슛을 연습하는 것만으로는 실력의 정점에 다다를 수 없다. 주도면밀한 연습은 실패에 대한 두려움 없이 어려운 기술과 지식에 깊게 집중하는 것을 요구한다. 클러치 사용법을 익히고 있는 운전자의 경우, 다른 차량이 뒤에 없는 가파른 언덕에서 연습하는 것은 좋은 아이디어다. 주도면밀한 연습에 참여할 수 있는 기회는 단지 수행뿐만 아니라 학습을 위한 시간을 확보할 수 있는 자원을 갖추는 것에 달려 있다. 이는 직원의 직무 능력을 계속해서 향상시키를 원하는 기업들에게 유용한 사실이다.

주도면밀한 연습은 이 책의 거의 모든 장에 나오는 기법을 활용할 수 있다. 주도면밀한 연습은 연습하는 데 사용해야 하는 구체적인 기법이라기보다는 효과적인 연습 조건에 대한 상위 수준 이론이다. 주도면밀한 연습을 뒷받침하는 조건은 적절한 목표와 과제, 풍부한 피드백, 노력과 휴식, 풍부한 동기 부여이다.

목표 설정 및 과제 선택

전문성을 갖추려면 전문성이 필요하다(Bransford & Schwartz, 2009). 전문 교사와 코치는 사람들이 올바른 과제를 선택하도록 돕는 데 중요한 역할을 한다. 과제가 너무 쉽거나 어려우면 효과적이지 않을 것이다. 교수자는 취약한 부분을 공략하는 데도 중요한 역할을 한다. 심지어 전문가도 연습할 때 보완이 필요한 부분을 놓칠 수 있다. 예를 들어 육상 코치는 엘리트 선수에게 보폭 문제를 지적할 수 있다. 프로그래밍, 수학과 같이 잘 정의된 영역에서는 컴퓨터 기반의 인지 튜터(Anderson et al., 1995)가 학생의 수행 능력을 추적하고 아직 숙달되지 않은 기술을 파악하여 해당 기술 연습을 제공할 수 있다.

풍부한 피드백 고리

쿼터백이 공의 회전을 보고, 교사가 학생이 수업에서 얼마나 잘 배웠는지를 보듯이, 사람들은 노력의 효과를 눈으로 볼 수 있어야 하며 이를 통해 연습을 평가하고 개선해야 한다. 이러한 피드백을 통해 학습자는 자신의 수행 능력을 다듬고 조정할 수 있다. 학습자가 볼 수 없는 부분을 볼 수 있는 지식이 풍부한 코치나 교사의 피드백 역시 귀중하다(수행 능력 향상을 위해 피드백을 어떻게 사용해야 하는지에 대한 자세한 내용은 F장 참조).

노력과 휴식

대부분의 독자는 어려운 글이나 공식을 이해하기 위해 이례적으로 열심히 노력한 경험이 있을 것이다. 이 경험은 그저 적정선만큼만 하는 것과는 상당히 다르다. 오랜 시간 동안 주도면밀한 연습을 지속하는 것은 불가능하다(80분 연습 후 낮잠을 자야 하는 전문 바이올린 연주자를 떠올려 보자.). 보통은 짧은 시간 동안 깊이 집중하는 것이 더 나은 경우가 많다. 학교에서 3−5시간의 숙제를 내준다면 학생은 그 시간 동안 주도면밀한 연습을 하지 않을 가능성이 높다. 짧지만 집중적으로 하는 연습이 더 나을 수 있다.

동기 부여

주도면밀한 연습이 항상 재미있는 것은 아니다. 특정 분야에서 전문성을 갖춘 사람에게는 능력이 개선되는 것을 인식하는 것 자체가 보상일 수 있으며 그것만으로도 충분한 동기 부여가 될 수 있다. 하지만 다른 사람들에게는 동기 부여가 더 어려울 수 있다. 이를 해결하는 방법은 정답뿐만 아니라 주도면밀한 연습에도 인센티브를 주는 것이다. 수학 수업에서 '공식에 숫자를 대입하여 문제 풀기'에 보상을 주는 것은 수식이 왜 그런 식으로 작동하는지를 알아내려는 어려운 작업 대신 아무 생각 없이 맹목적으로 수학 문제를 푸는 결과를 초래할 수 있다. 주도면밀한 연습을 특별히 인센티브화하는 방법을 찾아보자. 예를 들어 어려운 보너스 문제를 시도했을 때 성공이 아닌 노력에 보상을 제공할 수 있다. 동기 증진을 위한 보다 심리적인 접근은 학생이 연습을 통해 성장할 수 있다는 것을 인식하도록 돕는 성장 마인드셋growth mindset을 장려하는 것이다 (Blackwell et al., 2007). 재능이 성장하는 것이 아니라 선천적으로 타고 나는 것으로 믿는 사람들은 자신이 똑똑하지 않다고 생각할 수도 있고, 반대로 연습하는 것이 똑똑하지 않다는 것을 의미한다고 생각할 수도 있다(학습에 대한 자기 귀인을 개선하는 조언은 Y장 참조).

Ⅲ 주도면밀한 연습의 결과

연습을 하면 복잡한 과제도 매끄럽게 실행되므로 효율적이며 다른 과제로 인해 잊어버리거나 방해받는 일이 줄어든다. 요리사는 양파를 썰면서 수다를 떨 수 있지만 초보자에게는 이를 권하지 않는다. 사람은 더 큰 정보 덩어리 수준에서 작업을 시작할 수 있으며 이는 작업 기억에 여유 공간을 만들어 다른 관련성이나 대안을 고려할 수 있게 한다. 요리사는 루^{roux}(밀가루와 버터를 가열하여 만드는 소스, 식재료–옮긴이)를 사용하는 다양한 방법을 생각해낼 수 있지만, 초보자는 루를 사용하는 조리법 각 단계를 순서대로 따라가야 한다. 주도면밀한 연습은 사람들이 활동의 가장 중요한 구조에 맞게 지식 구성을 최적화하도록 도움을 준다. 요리사는 저녁 만찬을 계획할 때 어디에 가장 주의를 기울여야 하는지 알고 있지만 초보자는 자신이 좋아하는 음식(피자, 땅콩 버터, 시리얼)을 그냥 선택할 수 있다.

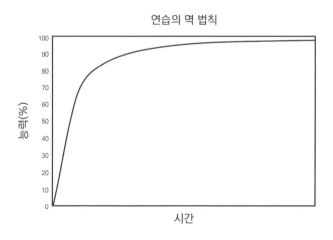

그림 D.2. 연습의 멱 법칙^{The power law of practice}. 초기에 빠른 향상을 보이지만 그 이후에는 향상되는 정도가 감소한다.

　　주도면밀한 연습은 사람들이 수행 능력 정체를 극복하는 데 도움을 준다. 그림 D.2는 거의 모든 학습 활동에 적용되는 연습의 멱 법칙^{power law}을 보여준다(멱 법칙이라는 용어는 곡선 형태를 의미한다.). 시작할 때는 향상의 여지가 많다. 사람은 빠른 속도로 점점 빨라지고 정확도가 높아진다. 하지만 향상 정도는 점점 감소하기 시작한다. 왜냐하면 수행 능력에서 비효율적인 부분이 점점 줄어들기 때문이다. 멱 법칙은 잘 알려진 80/20 법칙으로 이어진다. 80/20 법칙에 따르면 20%의 시간으로 80%의 내용을 배울 수 있다. 80/20 법칙은 애호가, 아마추어 수준에 도달하기 위한 좋은 방법이다.

　　그림 D.3은 평생의 전문성 개발 과정에서 주도면밀한 연습의 효과를 보여준다. 제1단계는 일반적인 관심사를 개발하는 것과 관련이 있다. 제2단계는 연습을 시작할 때의 파워 곡선power curve을 보여준다. 제3단계는 주도면밀한 연습에 전념을 시작하는 시기이다. 이로써 사람들은 제2단계의 파워 곡선에서 더 높은 수준으로 도약하게 된다.

　　주도면밀한 연습의 가치는 농구나 바이올린 연주와 같은 신체적 기술에서 쉽게 파악할 수 있지만 모든 노력의 영역에도 적용된다. 벤자민 프랭클린Benjamin Franklin 자서전은 주도면밀한 연습에 대해 소개한 것으로 유명하다(Franklin et al., 1909). 프랭클린은 단순히 글을 쓰는데 그치지 않고 글을 더 읽기 쉽게 만들기 위해 단어 사이의 간격을 개선하는 데도 노력을 기울였다. 예를 들어 자신이 감명받은 기사 내용에 대하여 간략하게 메모하고, 이후 자신의 메모를 기반으로 원작자 스타일을 흉내 내는 자신만의 버전을 작성하였다. 이러한 작업이 완료되면 본인이 작성한 글과 원문을 비교하여 잘못된 부분을 찾아 수정하였다. 주도면밀한 연습을 통해 프랭클린은 당대 가장 영향력 있는 작가가 되었다.

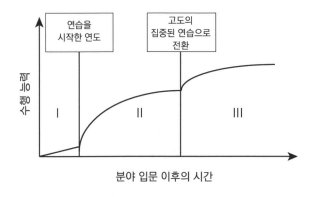

그림 D.3. 평생에 걸친 전문성 개발(Ericsson et al., 1993).

Ⅳ ▷ **주도면밀한 연습을 통해 스스로 가르치는 법을 배울 수 있을까?**

　　어떤 분야에 대해 충분한 지식이 있는 사람은 스스로 주도면밀한 연습을 할 수 있고 실제로 그렇게 하고 있다. 예를 들어 전문 연주자는 매일 혼자서 연습한다. 그들은 어떤 기술을 개발해야 하는지, 어떠한 목표가 적절한지, 그러한 기술을 연마하기 위해 연습을 어떻게 구성해야 하는지 알고 있다.

초보자는 어떠한 기술을 연습해야 하는지 또는 어떻게 연습해야 하는지 알수 있는 경험이 없는 경우가 많기 때문에 혼자서 주도면밀한 연습을 하는 것이더 어렵다. 만약 잘못된 방법으로 연습한다면 이는 고치기 어려운 나쁜 습관이될 수 있다. 한 가지 해결책은 교사나 코치에게 교육을 받은 다음 집에서 할 수있는 몇 가지 훈련이나 과제를 받는 것이다. 대학 수업은 종종 주도면밀한 연습기회를 부여하기 위해 과제를 내주는데, 적당히 해내는 것이 아니라 집중하고최선을 다하는 것은 학생에게 달려 있다.

V 주도면밀한 연습의 위험성

주도면밀한 연습의 위험 중 하나는 연습을 즐겁게 만드는 활동에서 멀어져야 한다는 것이다. 예를 들어 기타를 치는 학생은 자신이 알고 있는 모든 노래를연주하고 싶을 뿐 레슨 중에 손가락 연습을 하고 싶지 않을 수 있다. 주도면밀한연습은 학생이 필요한 연습을 피할 방법을 찾거나 연습에 지쳐 활동을 완전히중단할 수 있는 이중 위험이 있다.

두 번째 위험은 유연성과 관련이 있다. 사람은 전문성에 안주하고 성장을멈출 수 있다. 예를 들어 일반적인 기준에 적합한 특정 종류의 교량을 설계하는 데 매우 유능한 엔지니어가 있을 수 있다. 이러한 기준을 벗어나는 교량 요청이 들어오면 엔지니어는 그 일을 맡지 않을 것이다. 위에서 논의하였던 주판 숙련자는 고도로 전문화된 루틴을 개발하였지만, 이 루틴 밖에서 전문성을 확장할 기회를 찾지는 않았다. 성공에 안주하는 것은 자연스러운 경향이며 익숙하지 않은 도전은 안전 지대에서 벗어나게 하고 적어도 단기적으로는 최적의 성과를 내지 못하게 할 수 있다. 한 가지 해결책은 사람들이 적응적 전문성^{adaptive} ^{expertise}을 개발하도록 돕는 것이다(K장 참조).

VI 좋은 예와 나쁜 예

좋음: 농구 선수가 자유투를 100번 던지는 것으로 연습을 시작한다. 슛을 던질 때마다 균형과 무릎 굽힘에 집중하며 완벽한 자세를 만들기 위해 노력한다.

나쁨: 농구 선수가 자세에 집중하지 않고 친구와 수다를 떨면서 자유투를 200번 던지는 연습을 한다. 이 선수는 더 많은 슛을 던졌지만 연습 질은 낮다.

좋음: 교사가 학생들에게 분수를 어떻게 제시할 것인지에 대해 연구하고 있다. 분수 수업 지도안을 연구하며 자신이 제시하는 과제에 학생이 어떻게 반응할지 어떤 개념이 학생에게 어려울지 생각해 본다. 학생들 반응을 보고, 수업에서 얼마나 잘 배웠는지 비공식적으로 확인한 후, 수업 계획을 수정하고 다음 년도를 위해 메모를 작성한다.

나쁨: 교사는 학생을 혼란스럽게 하는 몇 가지 문제점에도 불구하고 변화를 주지 않고 작년에 사용했던 같은 분수 수업 지도안을 사용한다.

좋음: 물리학 과목을 수강하는 학생이 교과서 여러 장에 나오는 문제를 섞어서 풀면서 각 문제가 어떤 개념을 구현하고 어떤 공식을 사용해야 하는지 생각하면서 문제를 해결한다.

나쁨: 학생이 주어진 공식에 단순히 숫자를 대입하여 많은 문제를 푼다. 비록 이 학생은 많은 문제를 풀었지만 앞선 학생의 연습의 질이 더 가치가 있다.

좋음: 기타 연주자가 어려워하는 곡의 특정 부분에 초점을 맞추고 반복해서 연습한다.

나쁨: 기타 연주자가 자신이 가장 잘 알고 쉬운 것으로 여기는 곡을 연주한다. 이것은 재미는 있을지 모르지만 주도면밀한 연습을 위한 좋은 예는 아니다.

핵심 학습 메커니즘은 무엇인가?

현재 자신의 능력을 넘어서는 특정 기술과 지식을 습득하기 위해 고강도의 집중된 연습 적용하기.

예는 무엇이 있고 어떤 점에서 좋은가?

농구 선수가 자유투 100개를 쏘면서 연습을 시작한다. 매 숏마다 균형과 무릎 굽힘에 집중하며 완벽한 자세를 만들기 위해 노력한다. 뛰어난 전문성을 기르기 위해서는 주도면밀한 연습이 필요하다. 하지만 세계적인 전문가가 되고 싶지 않은 사람도 주도면밀한 연습을 통해 실력을 높일 수 있다. 예를 들어 물리학 과목을 수강하는 학생은 교과서 여러 장에 있는 문제를 혼합하여 각 문제가 어떤 개념을 구현하고 어떤 공식을 사용할지 파악하여 문제를 푸는 방식으로 주도면밀한 연습을 할 수 있다. 이 학생을 주어진 공식에 단순히 숫자를 대입하여 많은 문제를 푸는 학생과 대조해 보자. 두 번째 학생은 더 많은 문제를 풀었지만 첫 번째 학생의 연습 질이 더 가치가 있다.

왜 효과가 있을까?

주도면밀한 연습은 기술과 개념을 자동화하여 더 빠르고, 더 정확하며, 덜 가변적이며, 실행에 드는 노력을 줄여준다. 이를 통해 사람들은 새로운 패턴을 볼 수 있고 인지 자원을 확보하여 더 복잡한 과제를 시도할 수 있다. 또한 주도면밀한 연습은 지각적 유사성보다는 개념적 유사성에 기초한 물리학 공식의 재조직과 같이 한 영역에 대한 지식 재조직을 유도한다.

핵심 메커니즘은 어떤 문제를 해결해야 하는가?

- 학생들이 정체기에 부딪혀 더 이상 발전하지 않는다.
  ‣ 학생이 특정 기술을 반복해도 더 빨라지거나 정확해지지 않는다.
- 많은 시간을 투자해 숙제를 한 후에도 학생이 주제에 대해 잘 이해하지 못한다.
  ‣ 학생이 많은 문제를 풀고 있지만 집중적으로 노력을 기울이지 않고 단지 자세만 취하고 있다.

활용 방법의 예

- 특정 기술에 집중하고 목표를 지향하기.
  ‣ 글쓰기를 향상시키려는 작가는 이전에 작성한 여러 글에서 수동태를 능동태로 바꾸어 보도록 노력해 보기.
- 현재 능력을 뛰어 넘기.
  ‣ 기타 연주자는 쉽게 연주할 수 있는 부분이 아닌 가장 어려워하는 곡의 악보를 연습하기.

위험성

- 주도면밀한 연습은 어렵고 힘들다. 초보자는 집중하지 못하거나 소진될 수 있다.
- 사람들은 새로운 상황에 대한 적응을 어렵게 만드는 경직된 루틴을 개발할 수 있다.

E is for Elephant

E is for
Elaboration

정교화

- 기억을 유의미하게 만들기 -

Elaboration 정교화

기억을 유의미하게 만들기 _____

정교화(ELABORATION)는 새로운 정보와 사전 지식을 연결하여 기억을 증진시킨다.

다음 시나리오 결과는 낯설지 않을 것이다. 산드라Sandra는 쇼핑몰에서 쇼핑을 하다 잠재적인 고객을 발견하였다. 헤어질 때 고객은 "422-8888로 전화 주세요"라고 말하였다. 산드라는 차로 걸어가면서 열심히 전화번호를 되뇌었다. 가는 길에 지나가던 행인이 화장실 위치를 물었다. 산드라는 답을 해준 후 방금 전까지 반복적으로 되뇌었던 전화번호를 완전히 잊어버렸다.

불운한 산드라, 그녀는 숫자를 의미 있는 패턴으로 만들었어야 했었다. 예를 들어 "그 사람은 나의 네 번째 고객이 될 것이다. 4를 2로 나누면 2가 되고 (422), 그리고 이 숫자를 모두 더하면 8이 되고, 그것이 네 번 반복된다(8888)." 산드라는 번호를 반복만 했을 뿐 그 번호를 장기 기억에 저장하기 위해 아무 것도 하지 않았다. 정교화는 새로운 아이디어를 이미 장기 기억에 있는 아이디어와 적극적으로 연결함으로써 도움을 준다. 예를 들어 네 번째 고객이라는 점과 $4 \div 2 = 2$라는 지식을 연결하여 전화 번호를 기억할 수 있다. 무언가를 계속 반복하면 머릿속에 잠시 남지만 새로운 정보를 이미 알고 있는 것과 연결하면 기억이 된다. 이는 외울 만한 가치가 있는 진리이다. 그렇다면 이 진리를 어떻게 기억할 것인가?

인체는 각기 다른 유형의 정보에 특화된 다양한 기억 시스템이 있다. 예를 들어 면역 체계도 기억을 가지고 있다. 사람이 골수 이식을 받을 때 의사는 기존 골수를 파괴한다. 면역 체계는 자신이 겪은 모든 질병을 "잊고" 고통스러운 경험으로부터 다시 배워야 한다. 면역 체계는 해결책을 새로 찾는 것보다 기억하는 것이 훨씬 더 효율적이라는 지혜를 보여주는 대표적인 예이다. 동시에 면역 체계는 기억만으로는 적응 행동에 충분치 않음을 상기시켜준다. 왜냐하면 아무런 정보가 없는 새로운 문제(새로운 세균)도 다루어야 하기 때문이다.

정교화는 선언적 정보, 즉 말할 수 있는 정보를 암기하는 데 특화된 전략이다. 우리가 알고 있는 선언적 정보 양은 놀라울 정도로 많다. 신문기사, 영화, 2학년 때 따돌림, 다양한 수학공식, 친구 선호도, 알파벳 순서, 좋아하는 저녁 식사 등 모든 것이 포함된다. 다행인 점은 사람들이 한 번에 모든 것을 다 기억할 필요는 없다는 점이다. 기억의 가장 큰 비결은 적절한 시간에 적절한 것을 기억하는 것이다. 정교화는 이를 돕는 역할을 한다.

정교화가 어떻게 작동하는지 이해하려면 많은 기억 시스템 중 두 개의 기억 시스템을 고려해야 한다. 첫 번째는, 작업 기억working memory이다. 작업 기억은 예를 들어 문제를 풀 때 정보를 의식적으로 통제하고 조절할 수 있다. 작업 기억은 임시 저장소만 있다. 주어진 문제에 따라 정보는 작업 기억을 들락날락한다. 작업 기억은 정보를 오래 유지할 수 없으므로 방금 만난 사람의 이름을 반복하는 것처럼 정보를 계속 새롭게 해야 한다. 정보를 새롭게 하면 작업 기억에서 즉각적인 처리에 사용할 수 있게 유지되지만, 나중에 사용하기 위해 정보를 저장하는 기법으로는 좋은 방법이 아니다. 나중에 사용할 수 있도록 정보를 저장하려면 장기 기억long-term memory으로 부호화encoding해야 한다. 장기 기억은 정보를 영구적으로 보유한다. 그러나 부호화가 전부는 아니다. 저장된 정보를 사용하려면 장기 기억에서 이를 인출retrieval할 수 있어야 한다. 이를 통해 작업 기억을 사용하여 문제를 해결하고 질문에 답을 할 수 있게 된다.

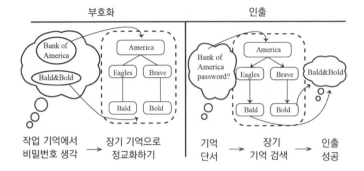

그림 E.1. 인출을 위한 정교한 부호화의 이점. 정교화는 작업 기억 아이디어와 장기 기억 아이디어를 연결하는 경로를 만든다. 인출하는 동안 늘어난 아이디어 간의 경로는 해당 기억을 찾을 가능성을 높여준다.

그림 E.1은 부호화와 인출의 차이를 보여준다. 그림의 왼쪽은 뇌에서 일어나는 일을 단순화한 것으로, 미국의 대형 상업은행인 뱅크 오브 아메리카^{Bank of} ^{America} 온라인 계좌 비밀번호를 기억하기 위해 정교화를 사용할 수 있는 방법을 보여준다. 이 정교화는 은행 이름과 비밀번호(Bald & Bold, 대머리 & 대담한)를 독수리와 용감함이라는 연관된 아이디어를 사용하여 미국이라는 아이디어와 연결한다.

그림 E.1의 오른쪽은 정교화의 결실을 보여준다. 인출은 활성화가 확산되는 과정으로, 작업 기억은 "내 은행 비밀번호가 뭐였지?"와 같은 장기 기억을 요청한다. 이는 장기 기억 미국을 활성화시키고, 미국의 활성화는 연관된 아이디어를 통해 단계적으로 확산된다. 활성화는 원하는 기억으로 이어지는 여러 연결을 통해 확산되며 작업 기억에서 사용할 수 있을 정도로 충분히 활성화된다.

그림 E.2는 새로운 정보를 정교화하지 않았을 때 어떠한 일이 일어나는지 보여준다. 정보가 장기 기억에 도달하더라도 다른 아이디어와 연결되지 않은 상태로 남아있다. 이러한 기억은 연결 고리가 없기 때문에 찾기가 어렵다. 비유하자면 잘 정리된 파일 시스템에서 문서를 찾는 것이 종이 더미로 가득 찬 상자에서 문서를 찾는 것보다 훨씬 쉽다.

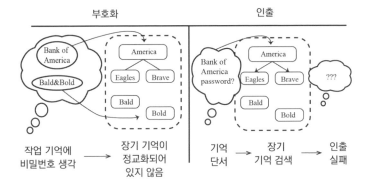

그림 E.2. 사람들이 정교화를 하지 않을 때 일어나는 일. 부호화하는 동안 새로운 아이디어(Bald & Bold)는 장기 기억의 다른 아이디어와 연결되지 않는다. 인출할 때 기존 아이디어로 돌아갈 수 있는 경로가 없어서 기억을 찾을 수 없다.

기억 네트워크의 표현은 매우 복잡해 보일 수 있으나 기본 메커니즘은 간단하다. 함께 활성화되는 아이디어들은 연결되고, 연결된 아이디어들은 함께 활성화된다. 정교화는 한 아이디어가 기억하고 싶은 또 다른 아이디어를 불러일으킬 가능성을 높여 준다.

II 정교화를 활용하여 학습을 향상시키는 방법

정교화는 새로운 어휘, 문장, 사람 이름, 길 찾기, 전화 번호 등 유의미한 자료를 암기하는 데 유용하다. 아이러니하게도 정교화는 아주 정교하지 않아도 차이를 만들 수 있다. 한 연구에서 참가자들은 100개 단어를 암기하였다(Tresselt & Mayzner, 1960). 연구는 모음 지우기, 단어 복사하기, 단어가 "경제" 개념을 나타내는 예로 적절한지 판단하기(예: 시poem는 적절성이 낮고 신용credit은 적절성이 높다)의 세 가지 조건이 있었다. 연구 결과 단어를 기억하라고 하였을 때, 판단 조건의 참가자들은 단어를 복사하는 조건의 참가자들보다 2배, 모음을 지웠던 조건의 참가자들보다 4배 더 단어를 잘 기억하였다.

암기가 목적이라면 정교화가 정확할 필요는 없다. 예를 들어 "딱따구리 무리를 하강이라고 부른다."라는 문장이 있으면 "왜냐하면"을 만들어 문장을 정교화할 수 있다. 딱따구리 무리는 함께 나무를 쓰러뜨릴 수 있기 때문에 하강이라고 부른다. 물론, 오개념이 생기지 않도록 정확한 이유를 설명하는 것이 좋다 (예: 딱따구리 무리는 위에서 아래로 나무를 쪼는 것을 좋아하기 때문에 실제로 하강이라고 불릴 수 있다). 그럼에도 불구하고 딱따구리 – 하강 연관성을 기억하기 위해 "왜냐하면"의 정확성은 그렇게 중요하지 않다.

기억 향상을 위한 기본 전략은 이미 알고 있는 것과 관련된 연결 고리를 만드는 것이다. 정확하고 관련성 있는 정교화, 청킹^{chunking}, 잘 구조화된 지식에 연결하기의 세 가지 접근 방식이 있다.

정확하고 관련성 있는 정교화

정확하고 관련성 있는 정교화는 더 나은 인출 경로를 만든다. 예를 들어 한 연구에서 참가자들은 다음 네 가지 조건에서 문장을 읽었다(Stein & Bransford, 1979).

(a) 키 큰 남자가 크래커를 구입했다(정교화 없음).
(b) 키 큰 남자가 크래커를 구입했다(자체적인 정교화 추가).
(c) 키 큰 남자가 세일 중인 크래커를 구입했다(관련성 없는 정교화).
(d) 키 큰 남자가 맨 위 선반에 있는 크래커를 구입했다(관련성 있는 정교화).

참가자들은 이와 같은 10개의 문장을 읽었다. 그 후, 그들은 각 문장에 누락된 형용사를 답해야 하는 기억력 테스트를 받았다: _____ 남자는 크래커를 구입했다.

올바르게 기억한 단어의 비율은 다음과 같다.

(a) 42%(정교화 없는 조건)
(b) 58%(자기 정교화 조건)
(c) 22%(관련성 없는 정교화 조건)
(d) 74%(관련성 있는 정교화 조건)

관련성 있는 정교화는 남자 키가 크래커에 닿는 것과 관련이 있다는 것을 정확하게 연결해 주었다. 평균적으로 관련성 있는 정교화를 받는 것이 자체적인 정교화를 생성하는 것보다 훨씬 더 효과적이었다. 이는 일부 참가자들이 비효율적인 정교화를 한 결과일 가능성이 높다. 자기 정교화 조건에 있는 참가자들이 정확하고 관련성 있는 정교화를 생성한 경우, 그들의 회상 확률은 91%였다 (Stein & Bransford, 1979).

그림 E.3. 유의미한 정교화는 이미지를 기억하는 데 도움이 된다. 이 이미지를 어떻게 정교화하면 나중에 기억나게 만들 수 있을까?(Schwartz, 1999에서 재인쇄)

관련성 있는 정교화는 그림 기억력도 향상시킬 수 있다. 그림 E.3 이미지를 기억해야 한다고 가정해 보자. 해당 이미지들은 기억하기 어려운 구불구불한 선으로 보일 수 있다. 이 구불구불한 선을 이미 알고 있는 것과 연결하여 정교화할 수 있다면 도움이 될 것이다. 여기 단서가 있다. 왼쪽 상단에 있는 이미지는 야구 선수의 머리이다. 재미로 나머지 세 개는 직접 찾아보기 바란다(이 절의 마지막에 답을 제시함). 시각적 정보를 정교하게 만드는 한 가지 편리한 방법은 사람 이름을 기억하는 것이다. 이름과 얼굴 특징을 연결하는 방법을 찾아보자. 예를 들어 "버트 베넷(Burt Bennett)"의 두 개 B는 검은 수염을 나타낸다.

청킹

청킹은 개별적인 아이디어들을 하나로 묶는 것에 달려있다(D장 참조). 예를 들어 숫자 2 6 2 4 2 2 2 0을 기억하기 위해 26, 24, 22, 20으로 묶을 수 있다. 여전히 8자리 숫자가 있지만 8자리보다 4자리의 숫자를 기억하는 것이 더 쉽다. (각 묶음이 이전 묶음보다 2가 적다는 점을 더 정교화할 수 있다.) 두 숫자를 하나의 수로 변환하고 2씩 빼는 패턴을 알아차리게 하는 데에 사전 지식이 작용한다는 점에서 청킹은 정교화에 좌지우지되기도 한다. 두 번째 예는, 단어를 문장으로 묶는 것이다: 집, 강아지, 차, 전력 질주, 봄 → 지난 봄, 내 강아지가 집에서 차를 쫓기 위해 전력 질주하였다. 여기서 단어를 하나의 문장으로 묶고 그 문장을 이전 경험과 연결하면 단어 목록은 정교화된다.

잘 구조화된 지식에 연결하기

세 번째 정교화 기법은 새로운 자료를 잘 구조화된 지식과 연결시키는 것이다. 장소 기억법method of loci이 한 예이다. 사람들이 일련의 단계, 연설의 일부, 또는 다른 순차적인 정보를 기억할 필요가 있다면, 각각 단계를 자신의 집이나 사무실과 같은 다른 방에 연결시킬 수 있다. 기억을 해당 위치에 마음 속으로 "배치"한 후에는 나중에 상상 속 집안을 걸어 다니면서 그 기억을 인출할 수 있다. 집의 공간 기억은 기억을 찾기 위한 잘 알려진 탐색 경로를 제공한다. 알파벳을 사용하여 사람 이름을 기억하려고 할 때 이를 기억하기 위해 잘 알려진 알파벳 순서에 의존한다. A, B, C…로 시작하였나?

계층 구조hierarchy는 잘 조직된 구조의 예이다. 잘 알려진 연구(Ericsson et al., 1980)에서, 한 참가자는 긴 숫자 목록을 기억해야 하였다. 우연히도 그는 마라톤 선수였다. 그는 일련의 숫자를 경주 시간과 연결을 시켰다. 예를 들어 3 5 9 1 2는 3시간 59분 12초가 된다. 그런 다음 정교화된 청크를 초기 후기 경력 경주 시간과 같은 계층 구조로 조직화하였다. 이렇게 하면 그는 "초기 경력 경주 시간"만 기억하면 되고, 이는 청크화된 시간과 각 청크 내의 숫자와 연결될 것이다.

그림 E.3의 나머지 세 가지 정교화는 제임스 딘James Dean(왼쪽 하단), 아기(오른쪽 상단), 산타 클라우스Santa Claus(오른쪽 하단)이다(Schwartz, 1999).

Ⅲ 정교화의 결과

정교화는 특히 단서 회상cued recall 조건에서 선언적 정보 기억을 향상시킨다. 무언가를 기억해야 하는 여러 가지 조건이 있다. 예를 들어 한 조건은 단순히 "나는 이 그림을 전에 본 적이 있다."와 같은 인식 기억recognition memory과 관련이 있다. 단서 회상 조건에서는 생각이나 자극이 관련 아이디어에 대한 기억의 단서를 제공한다. 대부분의 학교 기반 기억 테스트는 '어휘가 주어졌을 때, 그 뜻을 기억해 보라'와 같이 단서 회상에 의존한다. 12의 소인수를 기억해 보자. 최상위 소비자의 예는 무엇인가? 각각의 경우에 가능한 단서와 기억 사이에 더 많은 연결이 있으면 답을 기억해 낼 가능성이 높아진다.

IV 정교화를 통해 스스로 가르치는 법을 배울 수 있을까?

여기에 제시된 것처럼 정교화는 주로 기억을 돕는 도구이다(이해를 돕기 위해서는 자기설명과 같은 보다 더 구체적인 형태의 정교화가 필요하다; S 장 참조). 정교화 전략은 가르치고 배우기가 비교적 간단하다. 한 연구에서는 (Weinstein, 1982) 청소년들에게 정신적 이미지 만들기, 이야기나 문장 만들기, 이미 알고 있는 것과의 유사점과 차이점 그리기 등의 몇 가지 정교화 전략을 알려 주었다. 학생들은 일주일에 한 번씩 추가 코칭을 받으며 5주 동안 정교화 전략을 연습하였다. 여섯 번째 주에는 코칭 없이 지문을 읽었다. 한 달 후 학생들은 정교화 훈련을 받지 않은 학생들보다 지문에 대한 기억력이 더 좋았다.

5세 어린이도 간단한 정교화 전략을 배울 수 있다(Yuille & Catchpole, 1973). 아이들은 어떤 물체가 함께 있는지 기억을 해야 하는 게임을 하였다. 연구자는 한 그룹의 어린이들에게 물체 쌍이 상호작용하는 모습을 상상하도록 훈련시켰고, 이를 통해 어린이들은 자신의 정교화를 생성하는 법을 배웠다. 실험자는 어린이들에게 10쌍의 물체를 나란히 보여준 다음, 오리에게 모자를 씌우거나 숟가락에 돌을 얹는 것과 같이 각 쌍의 물건이 어떻게 상호작용할 수 있는지 보여주었다. 10쌍의 훈련을 마친 후, 실험자는 아이들에게 훈련 쌍에서 본 것과 유사하게 새로운 쌍의 물체가 어떻게 상호작용할지 생각해 보도록 하였다. 그런 다음 아이들은 나란히 놓인 20쌍의 물체를 연속으로 보았다.

정교화 훈련을 받은 그룹의 아이들은 물체가 상호작용하도록 상상하는 훈련을 받지 않은 두 그룹의 아이들과 비교되었다. 나란히 놓는 조건의 그룹 아이들은 단순히 20쌍의 물체를 보기만 하고 이들이 "함께 어울리는" 것이라고 들었다. 상호작용하는 조건에서는, 실험자가 아이들에게 20쌍의 물체들이 서로 상호작용하는 것을 시연하여 실험자가 생성한 정교화를 볼 수 있게 하였다. 그런 다음 모든 아이들은 단서 회상 테스트를 완료하였다. 그들은 물체 중 하나(예: 바위)를 보고 짝을 이루는 물체(예: 숟가락)를 선택하였다.

	정교화 훈련 받음	정교화 훈련 받지 않음	
물체 제시 방법	나란히	나란히	상호작용 시연
평균 단서 인출 개수	11.6	6.1	12.2

표 E.1. 20쌍 사물을 정교화하도록 가르친 그룹과 가르치지 않은 그룹의 5세 아동 기억력 정도 (Yuille & Catchpole, 1973)

표 E.1은 20쌍에 대한 단서 회상 테스트 결과를 보여준다. 두 가지 주목해 볼 비교가 있다. 첫 번째는, 정교화 훈련을 받은 아이들은 훈련을 받지 않고 각 쌍을 나란히 본 또래의 아이들보다 거의 두 배의 기억력을 보였다는 점이다. 두 번째는, 두 대상 사이의 연관성을 정교화하는 법을 배운 아이들은 실험자가 물체들의 상호작용을 명시적으로 보여주는 것을 본 아이들과 거의 비슷한 기억력을 보였다는 점이다. 이는 훈련받은 아이들이 실험자의 도움을 받지 않더라도 정교화하는 법을 꽤 잘 배웠다는 것을 나타낸다. 이 아이들이 아무도 상상해 보라고 말하지 않을 때에도 앞으로도 계속 정교화를 사용할지는 알 수 없으며 그럴 가능성도 낮다. 그럼에도 불구하고 이 연구는 아이들이 정교화 전략을 어떻게 사용할 수 있는지 이해하도록 돕는 방법의 구체적인 모델을 제공한다.

V 정교화의 위험성

인지 과부하는 정교화 기회를 막을 수 있다. 아마도 당신은 사람을 소개받고 1분 만에 그 사람의 이름을 잊어버린 경험이 있을 것이다. 이는 대부분의 인지 자원을 지적인 말을 하고 반응을 관찰하는 것과 같은 소개의 사회적 측면에 투입하여, 이름을 정교화하고 장기 기억에 저장하는 데에 사용할 수 있는 인지 자원 여부가 없을 때 나타난다.

작업 기억은 한 번에 몇 가지 아이디어만 처리할 수 있다. 동시에 너무 많은 정보가 주어지면 사람들은 높은 **인지 부하**^{cognitive load}를 경험하게 되며 정교화가 어려울 수 있다. 왜냐하면 모든 정보를 작업 기억에 유지하는 것만으로도 상당한 인지 부하가 걸리기 때문이다. 높은 인지 부하는 많은 대학 강의에서 문제가 된다. 화학 및 수학 분야 교수는 특히 많은 방정식과 아이디어를 연이어 제시하기 때문에 배려심이 없는 것으로 악명 높다. 분당 소개되는 새로운 아이디어 수가 너무 많기 때문에 모든 새로운 정보에 주의를 기울이면서 동시에 정교화하는 것은 어렵다. 교수는 자신이 알고 있는 모든 것을 이해하기 위해 얼마나 열심히 노력하였는지 종종 잊는다. 왜냐하면 그것들은 지금은 그들에게 너무 명백해 보이기 때문이다. 결국, 교수는 학생이 아닌 자신의 동료에게 적합한 강의를 제공한다. 학생에 비해 동료 교수는 강의를 쉽게 따라갈 수 있다. 왜냐하면 그들은 이미 제시되고 있는 정보를 많이 알고 있고, 새로이 제시되는 수식이나 아이디어를 자신이 알고 있는 것과 빠르게 연결할 수 있는 정리된 지식 구조를 가지고 있기 때문이다.

두 번째 정교화의 위험은, 기억해야 할 것을 잘못 파악할 수 있다는 점이다. 빵, 스튜^{stew}, 벌, 멧돼지, 쪽파, 진드기와 같은 단어를 기억해야 한다고 상상해 보자. 합리적인 전략은 단어를 음식과 생물 범주로 정교화하는 것이다. 하지만 단어 순서도 기억해야 하는 회상 과제이면 어떻게 될까? 그렇다면 하나—빵, 둘—스튜, 셋—벌, 넷—멧돼지, 다섯—쪽파, 여섯—진드기와 같은 쐐기 단어법$^{peg-word\ method}$ 사용이 효율적이다. 정교화 전에 자신의 기억 목표를 명확히 설정하는 것은 중요하다.

VI 좋은 예와 나쁜 예

학생으로 하여금 새로운 어휘를 사용하여 문장을 만들게 하는 것은 흔히 쓰이는 교수 학습 방법이다. 이것이 잘 이루어지게 되면 정교함을 수반하고 어휘와 그 의미에 대한 기억력을 향상시킨다. 그러나 제대로 이루어지지 않으면 무용지물이다. 다음은 **땅거미**^{gloaming}라는 단어를 가지고 만들 수 있는 문장들로, 정교화 정도에 따라 최악에서 최고 순으로 제시하였다.

- **땅거미**의 철자는 g—l—o—a—m—i—n—g 이다.
  ‣ 의미에 집중하지 않음
- **땅거미**는 황혼^{twilight}을 의미한다.
  ‣ 정교함이 아닌 반복

- 땅거미는 우리 집 강아지 이름이 될 수 있다. 앉아, 땅거미, 앉아.
  ‣ 사전 지식과는 무관한 정교화
- 땅거미가 질 무렵은, 최근 하이킹을 하던 중 끔찍한 모기들이 마침내 잠잠해졌을 때이다.
  ‣ 사전 지식과 관련된 정교화
- 연인은 땅거미가 질 어둑한 무렵에 키스를 나누며 빛나고 있었다.
  ‣ 단어의 소리와 그 의미로 구성된 정확하고 이중적인 정교화

핵심 학습 메커니즘은 무엇인가?

정교화 과정은 새로운 정보를 이미 알고 있는 정보와 명시적으로 연결하는 작업이다. 정교화는 나중에 해당 자료를 기억해 낼 가능성을 높여 준다.

예는 무엇이 있고 어떤 점에서 좋은가?

학생은 문제 파악하기identify problems, 목표 정의하기define goals, 전략 탐색하기explore strategies, 결과 예측하기anticipate outcomes, 되돌아보기look back to learn와 같은 요소를 포함하는 문제 해결 사이클을 기억해야 한다. 정교화 전략은 각 단계를 연결하고 이를 사전 지식과 연관시키는 방법을 찾는 것이다. 한 가지 해결책은 IDEAL이라는 약어를 생성하여 이상적인 문제 해결자라는 아이디어에 연결하는 것이다.

왜 효과가 있을까?

인간의 기억력은 방대하다. 기억은 적시에 적절한 기억을 찾는 데 달려있다. 정교화는 학습할 때 기억들 사이에 연결을 만들기 때문에 나중에 저장된 정보로의 경로를 더 쉽게 찾을 수 있게 한다. 예를 들어 "좋은(good)" 문제 해결자가 어떻게 작동하는지 물으면, 좋은(good) → 이상적인(ideal) → IDEAL → 문제 파악하기, 목표 정의하기...를 연상할 수 있다.

핵심 메커니즘은 어떤 문제를 해결해야 하는가?

- 학생은 너무 많은 것을 잊는다.
  - 어휘와 어휘의 뜻을 기억하는 데 어려움을 겪는다.
  - 절차의 단계를 기억할 수 없다.
- 교사가 학생 이름을 기억할 수 없다.
  - 교사는 학생 명부를 다시 읽어도 누가 누군지 기억할 수 없다.

활용 방법의 예

- 어휘 학습
  - 단어 의미를 정확하게 반영하는 문장을 만들어 보기.

- 긴 연설이나 일련의 동작을 기억
  ‣ 각 구간/단계를 자주 이용하는 역과 연관짓기.
- 규칙 암기
  ‣ 규칙을 요약하는 약어를 만들어 보기. FOIL(First, Outer, Inner, Last; 첫 번째, 바깥쪽, 안쪽, 마지막)이라는 약어는 이항식을 곱하는 규칙을 기억하는 데 도움이 된다.

위험성

- 교사(비디오)가 너무 빨리 진행해서 학생이 정교화할 시간이 없다.
- 자신이 기억하고 정교화해야 할 것을 식별하지 못할 수 있다.

06

F is for Feedback

피드백

– 자기계발 지원하기 –

Feedback 피드백

자기계발 지원하기

_____

피드백(FEEDBACK)은 학습자에게 자신의 아이디어와 행동의 질에 대해 알려준다. 학습자는 이러한 피드백을 토대로 자신의 아이디어와 행동을 조정할 수 있다.

알고 지내던 유치원 교사가 다음과 같은 문장을 완성해 달라고 부탁했다:

"연습은_____을/를 만든다(Practice makes _____)"

힌트를 토대로 "완벽(Perfect)"이라고 대답했다. 그러자 교사는 "아닙니다! 연습은 실력을 유지시켜줄 뿐입니다(Practice makes permanent). 피드백을 받으며 연습을 해야 완벽해집니다(Practice with feedback makes perfect)."라고 알려 주었다.

화살이 과녁의 어느 부분에 맞는지 보지도 않고 양궁 실력을 향상시키려고 하는 것은 좋은 생각이 아니다. 그럼에도 불구하고 다수의 학습 시스템은 피드백을 구축하지 않은 듯하다. 예를 들어 경험이 많은 임상 심리학자가 경험이 적은 임상 심리학자보다 더 나은 고객 결과를 만들어 내지 못한다. 이는 전문 시스템의 구조가 환자 결과에 대해 신뢰할 수 있는 객관적인 피드백을 제공하지 않기 때문이다. 임상의는 무엇이 효과적인지 배우기 어렵다. 그들은 스스로 판단해야 하는데, 이는 개선할 부분보다는 성공을 보는 데 편향되게 할 수 있다(Saptya et al., 2005).

피드백은 개인, 그룹, 학교 수준에서 학습을 개선한다. 이번 장에서는 유익한 피드백에 대해 논의할 것이다. **유익한 피드백**informative feedback은 현재 결과와 원하는 목표 사이의 불일치를 나타내어 학습자가 개선을 위한 조치를 취할 수 있게 한다. 이는 보상과 처벌을 사용하여 학습자가 미래에 행동을 반복할 가능성을 변화시키는 강화 피드백^{reinforcement feedback}과는 차이가 있다(R장 참조).

I 피드백의 작동 방식

피드백은 매우 다양한 형태로 나타난다. 예를 들어 다른 사람으로부터의 언어 교정, 자신의 행동이 의도한 결과를 만들어내지 못한다는 것을 알아차리는 것, 방금 잘못된 것을 했다라는 머릿속의 작은 목소리 등이 있다. 통제 이론(Powers, 1973)은 소프트 볼 야수가 뜬 공을 잡는 것을 예로 들어 피드백 이론을 설명한다. 야수는 눈으로 공이 글러브를 향해 제대로 날아오고 있는지의 피드백 정보를 모은다. 피드백이 공 궤적과 글러브가 일치하지 않는다는 것을 알려주면 야수는 그에 따라 글러브를 움직인다. 통제 이론에 따르면 유익한 피드백은 목표 상태와의 불일치를 나타내는 **부정적 피드백**^{negative feedback} 뿐이다(여기서 부정적이라 함은 벌을 의미하지 않는다). **긍정적 피드백**^{positive feedback}은 변경이 필요 없음을 의미하므로 다른 것을 배우거나 행동할 필요가 없는, 즉 가만히 있어도 공이 글러브에 들어오게 됨을 의미한다. 대부분의 인간 행동은 이보다 더 복잡하며, 긍정적인 피드백과 부정적인 피드백 모두 학습에 도움이 될 수 있다. 예를 들어 연설을 준비할 때 청중이 어떤 부분에 호감을 느끼는지 알면 그 강점을 중심으로 수정할 수 있어 도움이 된다. 핵심은 피드백이 효과적이고 유익하려면 정보가 담겨 있어야 한다는 점이다.

그림 F.1은 피드백이 전달해 줄 수 있는 정보의 정도를 보여준다. "피드백 없음(No feedback)"은 학습자에게 정보를 제공하지 않으므로 맨 왼쪽에 있다. 행동이 "맞음(Right)"을 의미하는 피드백은 지금까지 해왔던 행동을 계속해도 된다는 것을 알려주기 때문에 조금 더 많은 정보를 제공한다. 행동이 "잘못됨(Wrong)"을 의미하는 피드백은 새로운 학습이 필요하다는 것을 알려준다. 보다 오른쪽에 있는 피드백은 "구체적 불일치(Specific Discrepancy)"를 나타내는 것으로, 에세이에 뒷받침하는 진술이 너무 적다는 것을 아는 것은 에세이가 단순히 잘못되었다는 것을 아는 것보다 더 유용하다. 다음은 "정교한(Elaborative)"

피드백으로 오류가 어디에 있는지와 그 이유에 대한 구두 설명이 포함된다. 에세이의 문장을 첨삭하면서 교사는 "in order"라는 문구가 내용 없이 장황함을 더하므로 사용하지 않는 것이 좋다고 설명하면서 정교한 피드백을 제시할 수 있다. 마지막으로 학습자가 이해할 수 없을 정도로 "너무 많은(Too Much)" 정보를 제공하는 피드백으로, "목적은 전치사구 in order에 이어 부정사절이나 that 절(대부분은 조동사 may 혹은 might)을 사용하여 표현할 수 있다. 일반적인 말하기에서는 전치사 구문 in order는 생략하는 경우가 많다."를 들 수 있다.

그림 F.1. 피드백에 포함된 정보 정도. 학습에서 흔히 그렇듯이 너무 적은 것과 너무 많은 것 사이 어딘가에는 최적점이 있다.

피드백의 최적점은 학습자의 지식 수준에 따라 다르다. 익숙한 과제를 끝마친 지식이 풍부한 학습자에게는 옳고 그름에 대한 피드백만 필요할 수 있다. 이들은 무엇이 잘못되었고 어떻게 수정해야 하는지에 대한 공백을 스스로 메울 수 있다. 반면 초보자의 경우, 피드백의 최적점은 불일치와 정교한 피드백 사이에 있다. 아래에 몇 가지 예를 제시하였다. 불일치 피드백에 설명을 추가할지 여부는 설명이 얼마나 방해가 될지에 달려 있다. 예를 들어 비디오 게임에서 실수에 대한 설명을 듣는 것은 비디오 게임이 의도하는 흐름을 망칠 수 있다. 대부분의 비디오 게임은 불일치 피드백만으로도 문제를 해결할 수 있도록 설계되어 있다.

II 피드백을 활용하여 학습을 향상시키는 방법

교수자가 아무리 좋은 교과 과정이나 교수법을 바탕으로 학생을 가르치더라도 학생은 불완전하게 배우고 실수를 할 수 있다. 이러한 점을 어떻게 해결해야 할까? 쉽게 떠올릴 수 있는 해결책은 다음 수업에서는 잘 되기를 바라며 더 천천히 큰 목소리로 다시 가르치는 것이다. 또 다른 해결책은 대체할 수 있는 교수 활동을 준비하는 것이다. 학생이 첫 번째 교수 활동에서 잘 배우지 못했다면 대체 교수 활동이 더 좋은 대안일 수 있다. 하지만 이는 동일한 수업을 두 가지 다른 방법으로 개발해야 하기 때문에 비용이 많이 들 수 있다. 피드백을 통한 해결책은 학생에게 제공하는 정보에 집중하여 학생이 스스로 교정할 수 있도록 한다. 많은 교육 프로그램이 잘 개념화된 교수 체계를 가지고 있으면서도 효과적인 피드백을 제공하지 않는 점은 놀라울 따름이다.

효과적인 피드백 설계의 핵심 과제는 학습자가 인정 할당 문제assignment−of−credit problem(강화 학습의 일종으로 행동 보상 또는 결과를 받았을 때 이전 행동 중 어떤 행동이 결과를 야기했는지 판단하는 문제−옮긴이)를 해결할 수 있도록 하는 것이다. 체스를 두며 실수로부터 배우려고 하는 컴퓨터를 상상해 보자. 컴퓨터가 게임에서 졌다. 컴퓨터는 어떠한 수가 실수였는지 알아내기 위해 모든 이전 수를 역추적해야 한다. 인정 할당 문제는 결국 바람직하지 않은 결과를 초래한 특정 조건, 행동, 또는 아이디어를 식별하는 것을 포함한다. 구체적이고(specific), 시의 적절하며(timely), 이해하기 쉽고(understandable), 위협적이지 않은(nonthreatening) 피드백은 학생이 인정 할당 문제를 해결하는 데 도움을 줄 수 있다. 이러한 목록에 한 가지를 더 추가하자면, 수정할(revise) 기회와 이유가 필요하다는 것이다. 이러한 특징들이 모여서 STUN−R이라는 약어를 형성한다.

그림 F.2. 크리터 코럴Critter Corral(무료 아이패드(iPad) 수학 앱)은 불일치 피드백과 정보를 바탕으로 수정 기회를 제공한다. 어린이가 7명 손님에게 전달할 물고기 5마리를 선택한다. 화면은 어린이가 얼마나 틀렸는지 확인할 수 있도록 한다. 그런 다음 어린이는 물고기 수를 늘리거나 줄임으로써 정답을 수정할 수 있는 기회를 얻는다.

구체적인

좋은 피드백은 학습자가 원하는 목표와 실제 결과 사이의 불일치를 찾는 데 도움을 준다. 피드백 전달 시스템은 이를 잘 수행하지 못하는 경우가 많다. 3−6세 사이 아이들을 위한 수학 소프트웨어를 조사해 본 결과, 대다수 프로그램이 불일치 피드백을 제공하지 않는 것을 확인할 수 있었다. 즉, 아이들은 자신이 옳거나 틀렸다는 부분만 알고 오류가 어디에 있는지의 정보는 받지 못한 것이다. 이는 쉽게 고칠 수 있는 문제이다. 예를 들어 크리터 코럴^{Critter Corral} 태블릿 게임은 학생에게 자신의 답이 정답과 얼마나 멀리 떨어져 있는지 확인할 수 있게 한다(그림 F.2). 게임에서 아이들은 식당 손님에게 제공할 음식 양을 결정해야 하며 너무 많이 제공했는지 아니면 너무 적게 제공했는지를 확인할 수 있다. 이 게임은 아이들이 숫자의 상대적 크기를 배우는 것을 도우면서 오류를 수정하는 법을 알려준다. 옳고 그름의 피드백만 있으면 학습자는 실수를 고치는 것만 미루어 짐작할 수 있다.

기술은 구체적인 피드백을 전달하는 데 좋은 수단이다. 지필 테스트와 같이 일상에서 자주 접하는 기술은 보완이 필요한 부분을 찾아내는 데 도움을 준다. 만보계와 같이 조금 덜 접하는 기술도 사람이 하루에 몇 걸음을 걷는지를 추적하는 것처럼 피드백을 제공할 수 있다. 흔한 기술은 아니지만 바이오 피드백을 활용하는 방법에 대한 최근 연구는 만성 통증 환자에게 도움을 줄 수 있다. 환자는 화면에서 뇌의 통증 영역 활성화 수준을 실시간으로 읽을 수 있으며 이는 일반적인 통증 감각보다 훨씬 더 민감하고 구체적인 피드백을 제공한다. 이 기술은 환자에게 피드백을 어떻게 활용할지 구체적인 지침도 함께 제공한다. 그들의 임무는 뇌의 통증 영역 활성화를 가라 앉히는 것이다. 환자는 어떻게 하는지는 모르지만, 뇌의 통증 영역 활성화를 가라 앉히는 방법을 배우게 되며, 이를 통해 향후 실제 통증을 가라앉힐 수 있다(Chapin et al., 2012 참조).

시의 적절한

피드백은 학습자가 무엇이 오류를 야기했는지 파악할 수 있는 시간 내에 이루어져야 한다. 학생이 시험을 보는 경우 문제를 어떻게 풀었는지 기억할 수 있을 때 피드백을 제공하는 것이 좋다. 그렇지 않으면 어느 것이 오류의 원인이었는지 기억하지 못할 수 있다. 얼마 지나면 아예 신경을 쓰지 않을 수도 있다. 학생들은 (아마도 당신도) 결과물을 바로 제출했을 때는 자신이 제대로 했는지 매우 궁금하지만 겨울 방학 이후 시간이 지난 뒤에는 피드백을 받아도 거의 확인도 하지 않는다.

사고 실험의 일환으로 체스를 배우는 사람을 상상해 보자. 그 사람이 게임을 지게 만들 실수를 저지른 것을 감지했다고 가정하자. 실수 직후에 피드백을 제공해야 할까? 아니면 게임이 끝날 때까지 기다려야 할까? 한편으로는 학습자가 책임 있는 행동을 식별하고 수정하도록 하여 시간 낭비를 하지 않도록 하게 할 수 있다. 이러한 목표에는 즉각적인 피드백이 적합하다. 반면에 학습자가 실수의 영향을 보게 하여 특정 아이디어나 행동이 더 큰 시스템 안에서 어떻게 맞물리는지 이해하도록 할 수 있다. 이런 경우 약간의 지연이 더 좋다. 오류가 발생하는 즉시 피드백을 제공하면 학생은 그 특정 수를 두지는 않겠지만 애초에 왜 그 수가 실수인지는 알 수 없을 것이다. 방정식 문제에서 학생이 $0=0$ 이라는 답에 도달하도록 내버려 둔 후에 변수를 제거하는 과정에서 실수를 저지른 점을 알려주는 것이 때로는 더 나을 수 있다.

유익한 피드백을 언제 전달해야 하는지에 대한 엄격한 규칙은 없다. 단, 학습자가 인정 할당 문제를 해결하면서도 오류 결과를 예측할 수 있을 만큼 가까워야 한다.

이해하기 쉬운

삶은 너무 빨리 흘러 가다 보니 그 흐름 속에 피드백 신호를 감지하고 해석하기 어려울 수 있다. 학습자에게 피드백을 감지하도록 할 수 있는 두 가지 효과적인 방법이 있다. 하나는 다른 사람(또는 컴퓨터)이 학습자에게 피드백을 제공하는 지도 피드백supervised feedback이다. 교사는 시험지를 채점할 때, 지도 피드백을 제공하여 학생이 자신의 오류를 인지하고 해석할 수 있도록 한다. 공연 분야에서는 공연 비디오를 녹화하고 토론하는 것이 피드백을 제공하는 좋은 방법이다.

두 번째 효과적인 방법은, 지도 감독 없이 피드백을 이해하는 법을 배우도록 돕는 것이다. 이를 위해서는 학습자가 인식할 수 있는 성과 기준과 달성 여부를 감지할 수 있는 방법이 필요하다. 예를 들어 심리학 연구 방법론 강좌에서, 강의 목표 중 하나는 학생이 연구 논문을 이해하는 데 필요한 내부 기준을 설정하는 데 도움을 주는 것이었다. 한 가지 가능한 기준으로 연구의 처음부터 끝까지가 어땠는지를 연구에 참여한 사람처럼 요약할 수 있는 능력을 들 수 있다. 이와 관련된 자가 진단 방법은 "해당 연구에 참가하게 되면 어떤 것을 하게 될지 머릿속으로 그려낼 수 있는가?"이다. 이 질문은 학생이 모르는 부분에 대해 스스로 피드백을 생성할 수 있는 기준과 쉬운 방법을 모두 제공한다.

위협적이지 않은

경험이 풍부한 디자이너는 디자인을 여러 번 반복하게 될 것을 알고, "일찍 실패하고 자주 실패하라"라는 주문을 받아들인다. 그들은 초기 피드백이 부정적일 것으로 예상하며 다음 디자인 개선에 노력한다. 그러나 대다수의 사람들에게 부정적인 피드백은 마음을 상하게 하고 잘 받아들이기가 어렵다. 피드백을 자신이 부족하다는 신호로 해석하거나 불공정한 환경을 원망할 수 있다. 이는 아마도 오류 원인을 잘못 파악하고 있는 것이다. 보다 나은 방법은 "비난"을 특정 과제 수행 구성 요소에 할당하는 것이다. 예를 들어 어떤 매듭이 견고하지 않고 느슨하다. 작은 요령들은 부정적인 피드백을 자존감에 대한 위협으로 받아들이는 경향을 해소하는 데 큰 도움이 될 수 있다. 학생들이 팀을 이루어 그룹 답안을 제출하도록 하면 부정적인 피드백으로 인해 개인적 위협을 느끼지 않을 것이다. 또한 위협적이지 않으며 힘이 되는 환경을 만드는 데 도움이 된다(B장과 Y장 참조). 이 장의 V절에서 몇 가지 기법을 더 소개하겠다.

수정할 수 있는

피드백 효과를 극대화하기 위해서는 수정할 이유와 기회가 필요하다. 한 청소년과의 인터뷰가 이러한 이슈를 잘 보여준다. 수학 시험에서 많은 문제를 틀려 성적이 나쁘면 어떻게 할 것인지 청소년에게 물었다. 청소년은 실망하겠지만 다음 주에 새로운 내용을 배울 때 더 열심히 노력할 것이라고 말하였다. 그런 다음 청소년에게 농구 경기에서 자유투를 여섯 개 실패하면 어떻게 할 지에 대해 물어보았다. 청소년은 매주 토요일마다 20분씩 연습하겠다고 답하였다. 그는 몇 달에 걸쳐 자신의 자유투 실력 개선을 위해 노력할 것이다. 연습이 잘 이루어진다면 그는 고등학교 입학 시 신입생 팀에 들어갈 수 있을 것이다. 교육 시스템은 종종 수정에 따라 성장하는 궤적을 예측하지 못한다. 시간에 따른 학생 향상을 보여주는 로드맵을 제공하는 것만으로도 일련의 개별적인 성공─실패 시나리오보다는 수정과 개선을 선호하는 사고방식을 형성하는 데 도움이 될 수 있다(그러나 로드맵을 교실의 별 차트와 같이 공개하면 서로 비교하게 만들 수 있으며 자존감을 떨어뜨릴 수 있다.).

III 학습을 위한 피드백의 결과

피드백에 대한 연구는 많이 이루어졌으며, 각 연구마다 피드백의 성격, 학습 목표, 피드백 전달 방식이 다르다. 이러한 다양성으로 인해 피드백의 특징을 단정짓기는 어렵지만, 다양한 형태로 피드백을 사용할 수 있다는 아이디어를 잘 뒷받침해 준다. 연구자들은 이런 각각의 연구를 메타 분석$^{meta-analysis}$이라고 불리는 단일 분석으로 결합할 수 있다. 메타 분석의 세부적인 내용은 다르지만 전체적으로 유사한 여러 연구의 평균 효과 크기를 분석한다. 특별히 Kluger와 DeNisi(1996)는 피드백 유무에 따른 학습 정도를 비교한 131개 연구의 메타 분석을 수행하였다(보다 이해하기 쉬운 버전은 Kluger와 DeNisi, 1998 논문 참조). 분석에 따르면 평균적으로 피드백이 포함된 교수 개입은 피드백이 포함되지 않은 교수 개입보다 학생 점수를 더 많이 향상시키는 것으로 나타났다. 더 상위의 메타 분석을 실시한 Hattie와 Timperley(2007)는 평균적으로 피드백을 포함하면 학생들의 학습에 매우 긍정적인 영향을 미친다고 보고하였다. 피드백을 잘 활용하면 학습 주제와 상관없이 학습자의 학습 능력을 향상시키는 강력한 방법이 될 수 있다.

피드백은 일반적으로 두 가지 유형의 학습 중 하나를 지원한다. 가장 흔한 유형은 사람들이 점진적인 조정을 하도록 돕는 것이다. 대부분의 숙제 피드백이 이러한 목표를 가진다. 조금 덜 흔한 유형의 피드백은 전면적인 개선이 필요함을 나타낸다. 후자의 전면적 피드백의 경우, 사람들은 피드백만으로는 필요한 변경 사항을 파악하기 어려울 수 있다. 예를 들어 어린이가 생물학적 분류 체계를 이해하지 못한다면, 돌고래는 물고기가 아님을 알려주는 피드백만으로 어린이는 돌고래가 포유류라는 것을 배우기 어려울 수 있다. 큰 변화의 경우, 새로운 내용을 배우는 데 더 적합한 수준으로 피드백을 보완(또는 대체)해야 한다(U장 참조).

IV 피드백을 통해 스스로 가르치는 법을 배울 수 있을까?

누구나 스포츠, 예술, 업무, 블로그 등과 같은 특정 전문성을 가지고 있다. 이러한 영역에서 사람들은 자신들이 어떻게 수행해야 하는지에 대한 명확한 목표를 가지고 있으며, 이것들은 성과의 척도로 사용된다. 예컨대 요리사는 요리가 너무 익었을 때를 알 수 있다. 이러한 전문성을 가진 사람들은 품질 관리 및 자기 개선을 위해 자발적으로 피드백을 사용한다.

초보자의 경우는 이야기가 달라진다. 초기 학습의 중요한 구성요소는 수행 능력(목표) 기준을 개발하고, 수행 능력이 부족한 경우 이를 인지할 수 있는 능력을 키우는 것과 관련이 있다. 요가 강사는 수강생이 신체 자세를 느끼는 법을 배울 수 있도록 도와줌으로써, 수강생으로 하여금 목표에 미치지 못하는 경우 이를 감지할 수 있게 한다. 반면 트롬본의 경우 피드백과 관련하여 쉽지 않은 문제가 있다. 음악에 따라 두개골이 진동하기 때문에 음이 청중에게 어떻게 들리는지 분별하기 어렵기 때문이다. 청중 경험과 관련된 피드백을 해석하는 법을 배우는 데는 수년이 걸린다(작가가 자신의 글이 독자에게 어떻게 비추어지는지 알아야 하는 글쓰기의 경우도 마찬가지다.).

외국어를 배우는 사람에게 가장 어려운 점은 새로운 언어에서 자신의 발음 실수를 발견하기 어렵다는 것이다. 일본어는 R과 L 사이(예: lavender와 ravishing 사이 어딘가)에 있는 소리를 사용한다. 영어를 배울 때, 일본인은 R과 L의 발음을 구분하는 것이 어렵기 때문에 자신이 라벤더(lavender)라고 정확하게 말했는지 알 수 없다. 비교대조 사례는 관련 정보를 알아차리는 법을 배우는 데 도움이 되는 한 가지 기법을 제공한다(C장 참조). 예를 들어 L과 R 소리를 과장되게 비교대조하여 그 차이를 학습자가 들을 수 있도록 할 수 있다. 이 비교대조는 화자가 일반적인 대화에서도 L과 R 차이를 들을 수 있을 때까지 천천히 감소시킬 수 있다. 화자가 차이를 감지할 수 있게 되면, 화자는 자신의 발화에 대한 피드백을 통해 배울 수 있고 발음이 향상된다.

초보자는 종종 피드백을 받기 위해 다른 사람에게 의존할 필요가 있다. 초보자는 본인이 알고 있는 것 이상의 피드백이 필요하며 효과적이기 위해서는 피드백에 건설적인 비판이 담겨져 있어야 한다. 이런 종류의 부정적 피드백을 찾는 법을 배울 수 있을까? 더 넓게 생각하라는 사고방식과 같은 간단한 요령은 자칫 지나쳤을 법한 정보를 찾도록 유도한다(Belding et al., 2015). 그러나 이는 학습자를 "적절한 기분"에 두는 것에 의존하는 단기적인 효과일 뿐이다. 보다 일반적으로 건설적인 비판을 찾는 법을 배우도록 도울 수 있을까?

우리 저자는 **포스터렛**Posterlet이라는 게임 기반 평가를 통해 질문의 답을 찾았다. 이 게임에서 학생들은 박람회 부스 포스터를 만들었다. 학생들은 부스를 선택한 다음 포스터를 디자인한다. 디자인이 완료되면 디자인 평가를 위해 동물 캐릭터의 포커스 그룹을 선택한다. 포커스 그룹 각 구성원은 그림 F.3과 같이 두 개 말풍선과 함께 나타난다. 한 명은 "나는 ___을 좋아하지 않는다..."라고 말하고, 다른 한 명은 "나는 ___을 좋아한다..."라고 말한다. 학생들은 각 캐릭터의 그래픽 디자인에 대한 건설적인 부정적 피드백이나 긍정적 피드백을 선택할 수 있지만, 둘 다 선택할 수는 없다. 그런 다음 원할 경우 수정할 기회를 얻는다. 마지막으로 포스터를 부스로 보내면 티켓이 몇 장이나 팔렸는지 알게 된다. 이러한 주기를 세 번 반복한다. 학생들은 건설적인 비판과 칭찬 사이에서 선택 기회를 모두 아홉 번 가진다(포스터 당 세 번). 이 평가의 독특한 점은 학생들의 사실적 또는 절차적인 지식을 테스트하는 것이 아니라 학습과 관련된 자유로운 선택을 평가한다는 점이다(Schwartz & Arena, 2013 참조).

그림 F.3. 게임 기반 평가에서 학생들은 건설적인 비판("나는 좋아하지 않는다") 또는 칭찬("나는 좋아한다")을 선택한다(Cutumisu et al., 2015에서 재인쇄).

연구자들은 뉴욕과 시카고에 있는 수백 명의 학생들을 대상으로 이 게임을 실제 수행해 보았다(Cutumisu et al., 2015). 결과는 명확했다. 보다 건설적인 비판을 선호한 학생들은 그래픽 디자인 원리에 대해 더 많이 배웠다(게임에서 배운 내용을 확인하기 위한 간단한 사후 테스트가 있었다). 특히 연구진은 학생들의 읽기 및 수학 학업 성취도 점수를 확인할 수 있었다. 게임에서 더 건설적인 비판을 선택한 학생들은 수학과 읽기 모두에서 주 단위 학업성취도 평가에서 좋은 성적을 거두었으며, 이러한 효과는 일리노이와 뉴욕에서 시행된 다른 표준화

시험에서도 동일하였다. 다르게 말하면 뉴욕이든 시카고든 긍정적 피드백을 선택한 학생들은 부정적 피드백을 선택한 학생들보다 학교 성적이 저조하였다. 후속 연구에서는 교수 실험teaching experiment을 실시하였다. 학생들은 건설적인 비판을 선택하는 것이 단기적으로는 다소 불편하더라도 학습에 도움이 된다는 수업을 받았다. 이후 이러한 수업을 받은 학생들은 수업을 받지 않은 학생들보다 건설적인 비판을 더 많이 선택하였다.

V 피드백의 위험성

학습자는 종종 피드백을 과제가 아닌 자아에 대한 것으로 해석한다. 자아에 초점을 맞추면 학습자는 피드백을 학습에 활용하기보다는 자신에 집중하게 된다. 해티Hattie와 팀퍼리Timperley는 학생이 피드백 에피소드가 자신을 향한 것으로 인식할 때, 그 에피소드는 "자기 제약, 학습된 절망감, 또는 사회적 비교를 포함하거나 이를 초래하기 때문에 학습에 부정적인 영향을 미치고, 관련[과제] 피드백 자체는 일반적으로 무시되거나 다소 쉬운 목표가 채택된다"고 설명하였다 (2007, p.97). 교육자는 학습자가 자아가 아닌 과제에 집중할 수 있도록 하는 것이 중요하다. 이를 수행하는 한 가지 방법은 피드백이 자신이 아닌 과제나 행동에 향하도록 하는 것이다. "넌 시를 잘 쓰는 구나, 조니Johnny."라고 하는 대신, "이 시는 운율 사용이 효과적이야."라고 말해보자.

학생들에게 부정적인 피드백을 전달할 때, 그것을 파괴적으로 받아들이기보다는 건설적으로 받아들일 수 있는 방식으로 전달해 보자. 사회 수업을 듣는 7학년 학생들을 대상으로 한 연구에서 교사는 학생 에세이에 대한 건설적인 비판적 피드백을 작성하였다(Yeager et al., 2014). 에세이를 돌려주기 전에 연구자는 각 에세이에 두 가지 메모 중 하나를 무작위로 추가하였다. "현명한" 피드백 조건에서는 "나는 당신에 대한 높은 기대치를 가지고 있고 당신이 도달할 수 있다는 것을 알기 때문에 이러한 의견을 드립니다."라고 메모에 명시하였다. 위약 조건에서는 "당신이 쓴 글에 대한 피드백을 얻을 수 있도록 이러한 의견을 드립니다."라고 적었다. 연구자는 학생들의 에세이 수정 빈도를 측정하였다. 부정적 피드백을 자기 지표로 잘못 인식할 위험이 가장 큰 학생들이 처치의 가장 큰 효과를 보였다. 이 학생들 중, 현명한 피드백 조건 학생 72%가 에세이를 수정한 반면에 위약 조건 학생은 17%만이 에세이를 수정하였다. 학생들이 부정적 피드백을 성장 기회로 볼 수 있는 방법을 제공하는 것이 핵심이다.

두 번째 위협은, 학습자가 피드백을 감지하고 해석할 수 있는 충분한 지식이 없을 수 있다는 것이다. 해석할 수 없는 피드백은 좌절의 원인이 된다. 교육자는 초보자들이 피드백을 얼마나 이해할 수 있는지 과대평가하지 않아야 한다.

VI 좋은 예와 나쁜 예

효과적인 피드백 전달은 학생이 오류를 범했을 때 그들이 무엇을 생각했을지를 잘 추측하는 데 달려있다. 이렇게 하면 겉으로 드러나는 오류뿐만 아니라 문제의 근본 원인도 해결할 수 있다. 다음은 오류 원인을 파악하는 데 있어 학생이 인정 할당 문제를 해결하는 데 도움이 되는 피드백과 도움이 되지 않는 피드백의 몇 가지 간단한 예이다.

나쁨

학생 답: $3 \times 2 = 5$

피드백: "그건 틀렸어, 멍청아. 정답은 6이야." 짓궂은 형제 자매를 제외하고는 아무도 이렇게 피드백을 하지 않을 것이다.

학생 답: $3 \times 2 = 6$

피드백: "맞아. 너 매우 똑똑하구나." 이는 실제 있을 법한 피드백이다. 그러나 이 방법은 의도치 않은 결과를 초래할 수 있는 몇 가지 이유가 있다. 첫째, 피드백의 초점이 과제가 아닌 학생에게 맞추어져 있다. 나중에 학생이 오답을 말하고 피드백을 받으면, 그 피드백을 개선 가능한 행동의 오류라기보다는 자신에 대한 나쁜 평가로 생각할 수 있다. 또한 능력을 칭찬하는 것("똑똑하구나")은 학습이 노력보다는 타고난 것으로 믿게 만들어 동기 부여와 인내심을 감소시킬 수 있다.

좋음

학생 답: $3 \times 2 = 5$

당신이 제공하는 정보의 양은 학생의 전문성에 따라 달라질 수 있다.

정보 부족 피드백: "틀렸어" 이러한 유형의 피드백은 자기 수정을 위해 약간의 자극만 주면 되는 지식이 풍부한 학생에게 적합하다.

중간 수준 정보 피드백: "다섯은 너무 작아. 2개씩 3개 그룹이 있으면 6이야." 이는 조금 더 지원이 필요한 학생들에게 적합하다.

높은 수준 정보 피드백: "다섯은 너무 작아. 아마도 두 숫자를 더 한 것 같아. 3×2 곱셈은 2씩 3개 그룹을 (문제 해결 전략 시연) 가져온다는 뜻이야." 이 수준의 정보는 초보자에게 매우 유용하며 피드백을 추가적인 교수 활동과 함께 보완하는 것이 도움이 될 수 있다.

핵심 학습 메커니즘은 무엇인가?

피드백을 통해 사람은 자신이 한 일과 했어야 하는 일 사이의 불일치를 감지할 수 있으며, 이는 앞으로의 행동을 조정할 수 있게 한다.

예는 무엇이 있고 어떤 점에서 좋은가?

아이가 9−7 = 3 이라고 잘못 대답하면, 교사는 블록을 사용하여 정답과 어린이의 답을 나열한 다음 그것의 차이를 이야기한다. "3은 너무 많아." 피드백은 불일치하는 부분을 인식하는 데 도움을 주고 궁극적으로 무엇을 수정해야 할지를 알려준다.

왜 효과가 있을까?

사람은 자신이 제대로 하고 있는지 모르면 새로운 것을 배우는 데 어려움을 겪는다. 모델을 따라할 수도 있지만 그래도 놓치는 측면이 있을 수 있다. 피드백, 특히 건설적인 부정적 피드백은 개선하고 배우기 위해 무엇을 할 수 있는지 안내한다.

핵심 메커니즘은 어떤 문제를 해결해야 하는가?

- 사람들은 자신이 무엇을 하고 있는지 잘 모른다.
  - 물리 치료에서 환자는 운동 도표의 자세를 재현하지만 자신의 자세가 정확한지 알지 못한다.
- 사람들은 강화를 받지만 개선되지 않는다.
  - 직원은 저조한 실적으로 비난을 받았지만 개선되지 않는다.
- 사람들은 같은 실수를 반복한다.
  - 학생이 0.10 이 0.9보다 크다고 생각하기 때문에 계속해서 소수 비교 문제를 틀린다.
- 문자 그대로 엉뚱한 길로 가고 있다.
  - 컴퓨터 역사를 다룬 보고서에서, 학생이 페이스북Facebook 창립자인 마크 저커버그Mark Zuckerberg의 전기를 읽는 데 대부분의 시간을 할애한다.

활용 방법의 예

- 일본어 원어민에게 많은 L – 단어와 R – 단어를 그들의 첫 글자 소리에 따라 분류하도록 요청함으로써 영어의 L과 R음성 소리에 집중할 수 있도록 도와주기. 그런 다음 피드백을 제공하기. 이렇게 하면 동일하다고 생각했던 두 가지 소리를 구별하는 법을 배우는 데 도움이 된다.
- 학생이 작성한 에세이에 대해 건설적인 비판적 피드백을 제공하되, 교사가 학생에게 거는 기대가 크며 학생이 최선을 다할 수 것을 알고 있다는 메모를 첨부하기. 이 피드백은 학생에게 개선할 수 있는 정보를 제공하고 상황에 맞는 메모는 학생이 피드백을 개인적인 비판으로 해석하는 것을 방지한다.

위험성

- 부정적인 피드백은 건설적인 팁이 아니라 개인적인 비판으로 해석될 수 있다.
- 사람은 부정적 피드백을 두려워한다.
- 피드백이 모호하여 초보자가 이해하기 어려울 수 있다.

07

G is for Generation

생성

- 견고한 기억 만들기 -

Generation 생성
견고한 기억 만들기 _____

    생성(GENERATION)은 무언가를 기억하면 다음에 더 쉽게 기억할 수 있다는 점에 착안한 암기 기법이다.

    플래시 카드가 대표적인 예로, 한 면에 주어진 단서를 읽고 다른 면에서 그 대상을 떠올리기 위해 노력한다. 플래시 카드를 가지고 연습을 하면 점점 더 잘 떠올릴 수 있게 된다. 플래시 카드의 발명은 간단하고 효과적이며 모두가 사용할 수 있다는 점에서 학습 기법의 획기적인 혁신 중 하나로 꼽을 수 있다.

    플래시 카드의 작동은 생성 효과^{generation effect}로 설명할 수 있다. 이 표현은 단어 쌍을 기억해 내야하는 유명한 연구에서 비롯되었다(Slamecka & Graf, 1978). 아래 세 열의 단어 쌍을 보면 어떤 연구인지 이해할 수 있다. 이미 완성된 쌍의 경우, 참가자는 각 쌍을 조용히 읽기만 하면 된다. 누락된 글자가 있는 경우, 참가자는 단어를 생성해야 한다. 예를 들어 두 번째 단어가 첫 번째에 제시된 단어의 반의어임을 알고 happy: s _ d의 빈칸을 채워야 한다면 적절한 생성은 'sad'(슬픔)이다.

동의어(SYNONYMS)	반의어(ANTONYMS)	운율(RHYMES)
fast: r _ p _ d	flavorful: bland	rain: g _ _ _
pain: ache	sleep: a _ _ k _	dime: time
witty: c _ _ v _ _	give: t _ _ _	stink: link
jump: leap	leave: come	graph: l _ _ _ _

몇 분 기다린 후 모든 단어를 적어보려고 하면, 직접적으로 읽었던 단어보다 생성했던 단어를 아마도 25% 더 많이 기억할 것이다. 예를 들어 ache와 leap보다 rapid와 clever를 더 잘 기억할 것이다. 또한, 동일한 쌍에 속하는 단어일지라도 fast보다 rapid를 더 잘 기억할 가능성이 높다. 이는 fast는 단순히 읽은 반면에 rapid는 생성했기 때문이다.

생성은 기억력 향상에 매우 유용하며 운동 동작부터 수식 기억에 이르기까지 일반적으로 널리 쓰인다. 생성의 세부 사항들을 알면 다음 두 가지 제한사항을 적용하여 흔한 암기 실수를 피하는 데 도움이 된다: 학생이 목표 기억을 읽는 것이 아니라 생성하도록 하고, 벼락치기가 아닌 시간적 간격을 두고 암기 연습이 이루어지도록 하라.

I 생성의 작동 방식

생성은 기억의 인출 단계에서 작동하는 것으로, 부호화나 머릿속에 정보를 집어넣는 기법이 아니다(E장 참조). 앞서 소개한 예의 단어는 이미 알고 있는 단어로, 생성은 기억을 더 쉽게 인출할 수 있게 하는 기법이다. 부호화와 인출의 구별은 교실 수업에서 암묵적으로 나타난다. 교사의 가르침은 정보의 부호화를 촉진하고 숙제는 이러한 정보의 인출을 촉진한다. 숙제는 일반적으로 관련 문제를 풀기 위한 정보 접근 또는 단순 암기 연습을 통해 정보 기억을 연습하는 형태의 생성과 관련이 있다.

생성은 어떻게 작동하는가? 근육 강화 비유는 생성 효과를 이해하는 데 도움이 된다. 생성은 미래에 필요한 일을 연습하는 것으로, 즉 단서를 통해 기억을 인출하기 위해 노력을 기울이는 것이다. 예를 들어 cottage, cake, Swiss 단어에 잘 어울리는 한 단어를 기억해 보자. 이 세 가지 단어는 하나의 단서가 된다. 찾는 데 약간의 노력이 필요한 정확한 기억은 치즈이다. 단어를 찾아내는 데 성공한 노력은 치즈에 대한 기억력을 강화한다. 만약 cottage cheese, cheesecake, Swiss cheese 단어를 그냥 알려주었다면, 정신적으로 노력을 기울일 필요도 없었을 것이며, cheese에 대한 기억력도 개선되지 않았을 것이다.

또한 근육과 마찬가지로 기억도 사용하지 않으면 시간이 지남에 따라 약해지며 떠올리기가 어려워진다. 망각 기능은 기억이 어떻게 쇠퇴하고 인출하기 더 어려워지는지를 설명한다. 기억은 습득 후 처음 며칠과 몇 주 동안 가장 많이 사라지지만 점점 쇠퇴 속도가 느려지기 때문에 완전히 잊혀지지는 않는다(망각은 멱법칙을 따른다, D장 참조).

기억 습득 과정은 **간격 효과**^{spacing effect}라는 중요한 메커니즘을 통해 망각 기능에 영향을 미친다. 시간 간격을 두고 기억을 습득하면 나중에 기억이 더 오래 지속될 수 있다. 한 번에 몰아서 20분 동안 단어를 공부(집중 연습)하는 것보다 간격을 두고 하루에 10분씩 이틀 동안 연습(간격 연습)하는 것이 더 효과적이다. 이틀에 걸쳐 간격을 두고 연습을 하면 한 달 후 기억력이 대략 10% 향상된다(Cepeda et al., 2006). 간격 효과에 대한 여러 가지 설명이 있지만, 간단한 설명은 1초 후(집중 연습)보다 1일 뒤 기억(분산 연습)을 떠올리는 데 더 많은 인지적 노력이 든다는 점이다. 많은 노력을 기울일수록 더 강한 기억 흔적을 남기게 되고 그 결과 기억이 소멸하는 데 더 오랜 시간이 걸린다.

간격 효과는 흔한 경험을 설명하는 데 도움이 된다. 다들 예전에 중간고사를 위해 밤새 벼락치기 공부를 한 적이 있을 것이다. 시험 전 날에는 모두 최선을 다해 공부하였을 것이다. 다음 날 시험 공부하였던 내용을 기억하는 것에 대해 당신 스스로 똑똑하다고 느꼈을 수 있다. 하지만 이제는 기억이 잘 나지 않고 아마도 기말고사 즈음에 거의 모든 것을 잊어버렸을지도 모른다. 이는 자주 인출할 필요가 없는 정보로 입력되어 기억이 빠르게 쇠퇴되었기 때문이다. 간격 연습은 이러한 문제점을 해결해 준다.

Ⅱ 생성을 활용하여 학습을 향상시키는 방법

부분적 단서를 기반으로 기억을 인출해야 하는 과제는 기억 강도를 향상시킨다. 생성 효과를 최적화하는 방법에는 여러 가지가 있다. 첫 번째는, 과제를 적절한 난이도로 유지하는 것이다(Bjork, 1994). 사람들은 정보를 잘 기억하기를 원하지만 기억하기 위해 노력할 필요가 없을 정도로 너무 쉬운 것은 원하지 않을 것이다. 한 가지 좋은 접근 방식은 **확장된 연습**^{expanded practice}을 하는 것으로써, 다음 단계의 연습으로 넘어갈 때마다 이전 정보와 새로운 정보를 모두 기억해야 하는 것이다. 예를 들어 플래시 카드 한 벌을 사용하면 카드 1, 카드 1, 2, 카드 1, 2, 3과 같이 확장해서 연습하는 것이 효과적이다. 그림 G.1은 구체적인 예를 보여준다. 해당 과제는 카페인 분자 구성을 기억하는 것이다. 첫 번째 라운드에서는 분자에 대해 공부한다. 이상적으로는 분자를 부호화하는 데 도움이 되는 정교화를 사용할 수 있다. 예를 들어 H는 세 개의 H로 세 번 나타난다(E장 참조). 기억 인출 연습으로 넘어가면 첫 번째 시도에서는 누락된 원자와 결합의 일부만 기억하고 그리면 된다. 두 번째 라운드에서 이전의 모든 것을 기억하고 제거된 원자와 결합의 새로운 세트를 기억해야 한다. 기억 과제의 확장 과정은 "카페인"이라는 단서가 주어지면 전체 분자 구조를 기억할 수 있을 때까지 계속 된다.

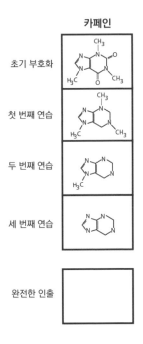

그림 G.1. 확장된 연습: 시간이 지날수록 더 많은 것을 기억에서 재생해 내기.

두 번째로 중요한 고려 사항은, 사람들이 기억을 유발하는 단서가 아니라 자신이 생성한 기억 흔적의 강도를 증가시킨다는 것이다. (이 장의 앞선 예에서 사람은 목표 단어였던 rapid를 단서였던 fast보다 더 잘 기억한다.) 이는 때때로 단서와 목표 기억을 바꾸는 것이 중요함을 의미한다. 단어의 뜻을 기억하고 싶다면 해당 단어를 단서로 사용하여 기억에서 뜻을 생성해야 하는 것이다. 그러나 이미 뜻이 주어진 단어를 기억하려면 뜻을 단서로 사용하고 기억에서 뜻을 나타내는 단어를 생성해야 한다. 우리는 종종 양방향으로 연습을 해야 한다는 사실을 잊어버리곤 한다.

세 번째 중요한 고려 사항은, 시간적 간격이다. 위에서 설명한 것처럼, 한 세션에 모든 것을 배우는 것보다 여러 세션에 걸쳐 연습하는 것이 좋다. 사람은 잠을 자면서 자신의 기억을 공고히 한다(Z장 참조). 기억 연습을 하고 숙면을 취한 다음 다시 연습을 하는 방법으로 기억을 공고히 하는 것은 좋은 생각이다. 이는 이틀 동안 나눠서 연습하는 것이 하루에 몰아서 하는 것보다 더 좋은 또 다른 이유이기도 하다.

III 생성의 결과

생성은 모든 유형의 기억과 과제에 사용할 수 있지만 특히 자유 회상free recall 과제에 유용하다. **자유 회상**이란 기억 단서를 제공하는 강한 외부 자극이 없는 과제를 나타내는 것으로, 예를 들어 지난 달 대화에서 누군가가 당신에게 말한 내용을 기억하려고 하거나 방정식 모든 공식을 적어야 하는 기말고사와 같은 경우이다.

생성 효과가 우리에게 알려주는 자명한 사실은 단순히 시험을 보는 것만으로도 기억력이 향상된다는 점이다(Karpicke & Blunt, 2011). 시험을 보는 것은 기억을 불러와야 하므로 나중에 시험을 볼 때 해당 기억의 접근성을 향상시킨다. 물론 학생이 반복적인 시험을 치러야 한다는 의미가 아니라 자신이 알고 있는 것을 기억하는 연습을 해야 한다는 것이다. 대다수 학교 교육은 정보를 의미 있게 만들기 위해 부호화하고 정교화하는 데 중점을 둔다. 이는 기억 방정식의 중요한 측면 중 하나이지만 기억 인출 측면의 연습도 필요하다.

IV 생성을 통해 스스로 가르치는 법을 배울 수 있을까

사람들은 다양한 기억 기법을 배운다는 점에서, 생성 전략을 배우게 하는 것은 어렵지 않다. 사람들은 종종 무언가를 기억하고 싶은 마음이 도움이 될 것이라 생각한다. 하지만 시험을 잘 보고자 하는 것과 같이 기억하고자 하는 욕구가 기억력을 향상시킨다는 증거는 거의 없다(Hyde & Jenkins, 1973). 기억력이 좋아지기를 바라는 대신, 생성과 정교화와 같이 주도면밀한 암기 전략을 동원해야 한다.

V 생성의 위험성

생성의 주요한 위험은 사람이 잘못된 것을 생성하여 "부정확한" 기억을 강화할 수 있다는 것이다. 운전 중 교차로에서 좌회전할지 우회전할지 기억이 나지 않는 경우가 흔히 있다. 고민 끝에 방향을 선택하지만, (a) 방향이 잘못되었고, (b) 지난 번에 같은 교차로에서 돌았던 방향인 것을 깨닫는다. 이는 생성 효과 탓이다. 지난 번에 회전했던 방향을 기억했기 때문에 이번에도 그 방향을 기억한 것이다. 다시 한 번 잘못된 길을 선택함으로써 부정확한 기억 흔적을 더욱 강화시킨 셈이 되었다!

VI 좋은 예와 나쁜 예

노란색 마커를 사용하여 텍스트에 있는 문장을 강조했다고 가정해 보자. 생성은 기억 인출 측면에서 작동한다는 점을 강조했다고 가정해 보자. 텍스트를 다시 공부할 때 강조 표시된 문장을 다시 읽는 것에 중점을 둔다. 이는 흔히 사용되는 전략이지만 효과적인 전략은 아니다. 문장을 다시 읽는다고 해서 기억을 연습하는 것은 아니다. 왜냐하면 해당 문장은 당신이 읽을 수 있는 바로 그 곳에 있기 때문이다. 오히려 생성은 ...과 같이 문장 전반부만 읽고 나머지는 기억에서 생성하여 기억력을 테스트하는 것이 더 낫다. 문장 일부만 강조 표시하고 이를 단서로 삼아 나머지를 기억한다면 더 많이 기억할 수 있을 것이다.

핵심 학습 메커니즘은 무엇인가?

부분적인 단서나 힌트를 토대로 목표 기억 인출 연습을 하면 기억력이 증진된다.

예는 무엇이 있고 어떤 점에서 좋은가?

플래시 카드가 대표적인 예이다. 카드 한 면에는 쾌활한(jocund) 이라고 쓰여 있고, 다른 면에는 명랑하고(cheerful) 쾌활한(lighthearted) 이라고 쓰여 있다. 단어 뜻을 기억하기 위해 다른 면을 보지 않고 단어(단서)를 읽고 뜻(목표) 생성을 연습한다. 이렇게 하면 단어 뜻에 대한 기억력이 향상된다. 반면 뜻을 기억하려고 하는 대신 단순히 카드를 뒤집어 뜻을 읽는다면 기억력은 거의 향상되지 않을 것이다.

왜 효과가 있을까?

기억을 인출하면 기억 강도가 높아져 나중에 인출하기가 쉬워진다. 며칠에 걸쳐 분산해서 기억 연습을 하면 한 번에 암기하는 것보다 기억의 강도를 높인다.

핵심 메커니즘은 어떤 문제를 해결해야 하는가?

- 학생들이 임의의 사실과 관습을 암기하는 데 어려움을 겪는다.
  ‣ 올바른 철자를 기억할 수 없다.
  ‣ 대통령 이름을 기억할 수 없다.
- 학생들은 강력한 리마인더가 없으면 정보를 기억하는 데 어려움을 겪는다.
  ‣ 힌트가 없으면 단어의 뜻을 기억할 수 없다.
- 학생들은 너무 쉽게 잊어버린다.
  ‣ 학생들은 주간 시험은 잘 보지만 기말시험에 이르러서는 해당 정보를 모두 잊어버린다.

활용 방법의 예

- 어휘와 그 뜻을 학습하기 위해
  ‣ 플래시 카드를 양방향으로 사용하기. 단어가 주어졌을 때 그 뜻을 기억하기. 반대로 뜻이 주어지면 그 단어를 기억하기.
- 유기 분자를 기억하기 위해
  ‣ 몇 개의 원자와 결합을 제외한 모든 분자를 보여주고 학생들에게 누락된 부분을 기억하게 하기. 분자를 다시 보여주되 추가적인 원자와 결합을 제외하고 보여주고 학생들에게 누락된 부분을 기억하도록 요청하기. 학생들이 이름만 들어도 분자를 완전히 기억할 수 있을 때까지 계속하기.

위험성

- 사람들은 잘못된 것을 생성할 수 있으며, 이는 "부정확한" 기억을 강화할 것이다.
- 사람들은 답을 생성하기 전에 답을 읽는 경향이 있는데, 이는 생성 효과를 약화시킨다.

H
is for Hands On

체험

− 신체 지능 동원하기 −

Hands On 체험

신체 지능 동원하기 _____

체험^(HANDS-ON)학습은 사람들이 학습 과정에서 자신의 몸과 감각을 사용할 때 일어난다. 체험 학습은 지각 운동 지능을 통해 단어와 기호에 의미를 부여한다.

언어가 우리의 사고과정에 매우 중요한 나머지 종종 우리 몸의 놀라운 지능을 잊어버리곤 한다. 이에 대한 근거로, 그림 H.1 문제를 풀어보자. 컵을 기울이면 좁은 컵과 넓은 컵 중 어느 컵의 물이 먼저 쏟아질까? 아니면 같은 기울기에서 두 컵 모두 물이 쏟아지기 시작할까? 당신이 80%의 사람들과 비슷하다면 틀린 답을 할 것이다(당신의 첫 번째 답은 아마도 틀릴 것임을 방금 알려주지 않았다고 가정할 경우). 반대로 좁은 컵을 들고 있다고 상상해 보자. 실제 물은 없고 상상속에서 수위를 나타내는 선만 있다. 눈을 감은 채로 가상의 물이 입술 위로 쏟아지기 시작할 때까지 컵을 기울인다. 손을 내밀어 기울이면서, 그 손이 물을 들고 있는 것처럼 상상해 볼 수 있다. 그런 다음 넓은 면적의 컵으로 같은 작업을 다시 해 보자. 눈을 감고 물을 느끼지 않고도 단순히 상상만으로 정답을 맞힐 확률은 거의 100%에 이른다(Schwartz, 1999). 당신은 입구가 좁은 컵을 넓은 컵보다 더 많이 기울일 것이다.

체험 학습은 신체 지능을 활용하여 추상적인 개념을 이해하는 데 도움을 준다. 가속도는 $F = ma$ 수식에서는 단지 기호일 뿐이지만, 자동차를 가속하고 좌석에 "밀리는" 느낌을 받게 되면 비로소 그 의미가 와닿게 된다.

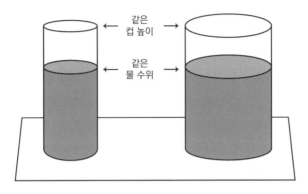

두 컵을 함께 기울이면, 어느 컵의 물이 먼저 쏟아질까?
아니면 동시에 쏟아질까?

같은
컵 높이

같은
물 수위

그림 H.1. 언어적 추론으로는 어렵지만 신체의 동작이나 운동 시스템을 사용하여 해결하는 데는 상
대적으로 쉬운 문제.

체험 학습은 결코 만병통치약이 아니다. 물을 붓는 예에서 사람은 물리적
으로 컵을 올바르게 기울이지만, 여전히 입구가 넓은 컵의 물이 먼저 쏟아지는
이유를 이해하지 못한다(그림 H.2 설명 제공). 체험 학습의 핵심은 학습자가 지
각－운동 경험의 핵심 측면을 인식하고 이를 언어적 또는 수학적 설명과 연결할
수 있도록 돕는 것이다.

I 체험 학습의 작동 방식

체화된 인지embodied cognition란 우리 몸, 지각－운동 시스템이 추상적 사고
에 정보를 제공할 수 있다는 이론이다. 이 이론은 인간의 생각을 컴퓨터와 비교
하는 인지 모델과 체험이나 구체적인 경험보다 추상적인 개념과 기호를 지나치
게 강조하는 교육적 접근 방식에 대한 대응으로 생겨났다. 구체화가 어떻게 의
미를 제공할 수 있는지 이해하기 위해 다음 문제를 생각해 보자:

속이 빈 공과 채워진 공이 경사로 꼭대기에 있다. 두 공의 무게와 크
기는 동일하다. 동시에 손을 떼면 경사로 바닥에 동시에 도달할까?

속이 빈 공은 회전 관성이 더 크다. 따라서 속도가 서서히 빨라진다. 반면에 속이 꽉 찬 공은 회전 관성이 작기 때문에 경사로의 바닥에 먼저 도달한다.

설명이 도움이 되었는가? 아닌가? 아마도 구체화된 경험을 활용하는 것이 도움이 될 수도 있다. 회전 의자가 있으면 누군가에게 돌려보라고 부탁해 보자. 팔을 쭉 뻗은 상태에서 시작하여 회전하는 동안 팔을 안쪽으로 당겨보자. 속도가 빨라지는 것을 느꼈는가? 주변에 의자가 없다면 빙글빙글 도는 아이스 스케이팅 선수가 팔을 모으고 속도를 낼 때를 생각해 보자. 무게를 회전 축에 더 가깝게 두면 물체가 더 빨리 회전한다. 반대로 바깥 쪽에 더 많은 무게가 있으면 무게를 흔들기가 더 어렵기 때문에 물체는 더 느리게 회전한다. 이는 회전 관성이 더 크기 때문에 회전 변화에 더 잘 견딘다. 속이 빈 공은 팔을 쭉 뻗은 아이스 스케이팅 선수처럼 무게가 공 중심에서 멀리 떨어져 있기 때문에 경사로를 더 천천히 굴러 내려간다. 체험 활동 즉 이 경우, 체화된 기억은 추상적인 개념을 물리적 경험으로 구체화하는 데 도움을 준다.

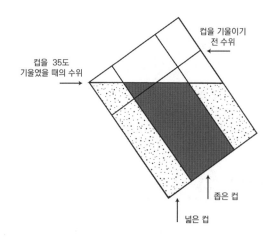

그림 H.2. 넓은 컵이 좁은 컵보다 물을 더 빨리 쏟아내는 이유(Schwartz, 1999).

지각 운동 지능은 수학에서도 작용한다. 다음은 이를 보여주는 쉬운 예이다. 가능한 한 빨리 각 쌍의 왼쪽에 더 적은 점이 있는지 판단해 보자.

사람들은 (a)문제에 대한 답을 더 빨리 답한다. 왜냐하면 1과 5의 차이가 (b)문제의 4와 5의 차이보다 더 크기 때문이다. 이는 지각 시스템 입장에서는 쉬운 비교이다. 이제 상징적인 숫자를 이용한 비교를 살펴보자.

(c)   1   5
(d)   4   5

사람들은 눈으로 보이는 숫자의 물리적 크기에 따라 어느 것이 더 큰지 알 수 없음에도 불구하고 (d)문제보다 (c)문제에 더 빠르게 답한다. 마치 사람들이 점의 수를 비교할 때와 마찬가지로 지각 시스템을 참조하는 것 같다. 실제 그렇다. Moyer와 Landauer(1967)의 수 연구에 새로운 길을 연 연구는 사람들이 숫자가 나타내는 상징적 크기를 추론하기 위해 지각적 크기 감각을 활용하는 것을 보여주었다. 지각 시스템은 1과 5 크기에 의미를 부여할 뿐만 아니라 1, 2, 3... 과 같이 크기가 커지는 질서 정연한 시스템을 만들 수 있는 구조도 제공한다.

사람은 상징적인 숫자를 비교할 때 어떠한 이미지나 지각 처리의 다른 표식을 경험하지 않는다. 사람은 상상 속에서 "5"를 다섯 개 점으로 변환하지 않는다. 지각은 우리가 생각하는 것보다 더 많은 기여를 하는데 크기 감각을 직접 만들어 낸다. 5가 1에 비해 상대적으로 크다고 아는 것은 무의식적이지만 지각적 비교에 의존한다. 현재는 수학이 진화론적으로 오래된 지각 시스템을 활용하여 상징적인 수에 의미와 구조를 부여한다는 것이 일반적인 견해이다(Dehaene & Cohen, 2007). 지평선 멀리 있는 동물이 당신보다 큰지 판단하는 능력이 기본적인 수학적 능력의 원천이 된다는 사실을 누가 알았겠는가?

체험 학습은 사람들이 유용한 지각 운동 계산을 사용하여 이를 상징적이고 언어적인 표현과 조화롭게 조율하도록 도움을 주는 방식으로 작동한다. 이와 관련된 구체적 예시로 4학년 학생들이 정수(양수와 음수, 0 포함)에 대해 배우도록 돕는 연구를 들 수 있다. 사람이 숲에서 음의 양과 마주할 일이 없듯이, 정수는 매우 추상적인 개념으로, 테스트해 보기 좋은 사례이다. 지각 운동 능력이 음수를 어떻게 의미 있게 만들어 낼 수 있을까?

한 가지 답은 시각적 대칭이다. 사람은 대칭을 감지하고 경험하는 데 매우 능숙하며, 양수와 음수는 0을 중심으로 대칭이다. 정수 문제를 풀 때 사람들의 반응 시간을 연구하고 뇌 활동 패턴을 관찰한 연구자들은 성인이 −2와 1 중

큰 값을 결정하거나 −8과 6의 중간점을 찾는 것과 같은 간단한 정수 비교 과제를 할 때 지각 대칭 능력을 사용하는 것을 발견하였다(Tsang & Schwartz, 2009; Tsang et al., 2010; Varma & Schwartz, 2011). 좋은 체험 활동은 학습자가 정수 이해를 위해 대칭성을 적용할 수 있도록 도움을 줄 수 있다. 이러한 아이디어를 테스트하고자 Tsang 등(2015)은 그림 H.3 상단 패널에 표시된 새로운 체험용 교구를 만들었다. 이 교구는 0에 경첩이 있는 접이식 메커니즘이 통합되어 있어 학생들이 대칭에 대한 타고난 능력을 활용할 수 있도록 도와주며, 플랫폼 상의 숫자는 학생들이 상징적 숫자와 대칭 감각을 조율하는 데 도움을 준다.

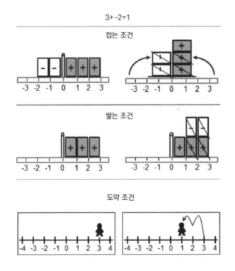

그림 H.3. 정수의 덧셈 학습 체험 교구. 상단 패널: 접이식 교구는 학생이 0에 대한 대칭을 알아차릴 수 있도록 개발되었다. 3 + -2 문제를 풀기 위해 학생은 0 오른쪽에 세 개의 양수 블록을, 0 왼쪽에 두 개의 음수 블록을 배치한다. 교구에는 0에 경첩이 있다. 학생은 정수 대칭(0)점에서 두 변을 함께 접어 나란히 놓인 열을 만든다. 양쪽에 남은 블록의 수가 답이 된다. 이 경우에는 +1 이다(Tsang et al., 2015).

4학년 학생들은 이틀 동안 접이식 교구를 사용한 다음 컴퓨터 버전으로 전환하였다. 컴퓨터 버전은 덧셈 문제를 더 빠르게 연습하고 아이들이 자신의 신체 동작과 쓰여진 식을 연결하는 데 도움을 주었다. 최종적으로 학생들은 체험 또는 시각적 지원 없이 문제를 해결할 수 있었고, 심지어 아직 배우지 않은 새로운 유형의 문제, 예를 들어 양수와 음수의 분수를 수직선 상에 표시하는 것과 같은 문제를 푸는 데 자신들의 지식을 적용할 수 있었다. 그림 H.4에서 볼 수 있듯이 접이식 조작법을 사용한 학생들은 대칭을 강조하지 않은 쌓기 교구 또는 도약 교구를 사용한 학생들보다 새로운 문제에서 훨씬 더 나은 결과를 보였다. 접기 도구를 사용하여 학생들은 정수에 대한 복잡한 생각을 조율하기 위해 대칭을 사용하는 법을 배웠다.

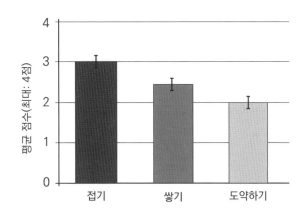

그림 H.4. 정수를 사용하여 새로운 문제를 해결하는 능력을 평가하는 개념 테스트 결과. 접기 조건에서 학생은 0을 중심으로 양수와 음수의 대칭을 강조하는 체험 교수 활동을 경험하였다. 오차 막대는 ± 표준오차이다(Tsang et al., 2015).

Ⅱ 체험을 활용하여 학습을 향상시키는 방법

체험 경험은 재미있고 정신적으로도 유익하다(Moyer, 2001; Sowell, 1989). 체험 경험은 수학적 기호를 이해 없이 맹목적으로 사용하는 것을 방지하는 데 도움이 된다. 버스 한 대에 10명의 어린이를 태울 수 있다. 25명의 어린이가 있다. 몇 명의 운전자가 필요할까? 많은 사람들은 절반의 운전자는 부족하다는 것을 모른 채 2.5라고 답한다. Gravemeijer와 Doorman(1999)는 현실적인 수학 학습을 장려하였다. 이들의 근본적 통찰은 학습자가 기호와 수학적 관계를 단순한 구문적 조작이 아닌 실제 세계(지각−운동) 속성과 관련하여 생각해야 한다는 것이다.

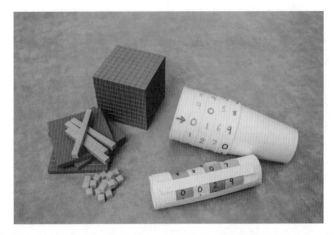

그림 H.5. 자릿값을 가르치기 위한 다양한 종류의 구체물은 서로 다른 개념적 요소를 강조한다.

모든 상황에 적용되는 체험 활동은 없다. 거의 모든 암기 과제에 적용할 수 있는 플래시 카드와는 달리 각 체험 학습 주제에는 고유하게 디자인된 경험이 필요하다. 체험 경험 디자이너는 중요한 개념을 가장 잘 포착할 수 있는 구체적인 지각－운동 경험을 파악해야 한다. 이는 간단하지 않은 과제로 주제에 대한 깊은 지식이 요구된다.

학생에게 십진법 자릿수 개념을 가르친다고 상상해 보자. 그림 H.5는 자릿값의 서로 다른 속성을 나타내는 두 가지 종류의 구체물을 보여준다. 왼쪽 정육면체는 시각적 차원에 기반한다: 1은 점(0차원), 10은 선(1차원), 100은 면(2차원), 1,000은 육면체(3차원)이다. 오른쪽 컵과 튜브 구체물은 완전히 다른 접근 방식을 갖는다. 이들은 숫자가 최댓값에 도달한 후에 다시 0으로 돌아가는 주행거리계와 같은 아이디어를 구현하여 자릿수의 상징적 구조와 0의 필요성을 강조한다.

체험 활동은 사람들이 간과할 수 있는 특성을 강조할 수 있다. '테이블 위의 책' 문제가 좋은 예이다(Clement, 1993). 책이 테이블 위에 놓여있을 때 테이블은 중력의 힘과 정확히 균형을 이루는 힘을 책에 가한다. 이는 어려운 개념이다. 왜냐하면 테이블은 무생물인데 책 무게에 따라 힘의 양을 바꾸는 것은 고사하고 어떻게 힘을 가할 수 있을까? 사람들은 물리학적인 현상을 이해하거나 설명할 때, 종종 몸이 느끼는 신체적 감각을 사용한다. 좋은 체험 활동은 학습자가 개념의 초점을 전환하는 데 도움을 줄 수 있다. 테이블을 무생물로 생각하는 대신 테이블을 스프링처럼 생각할 수 있다. 예를 들어 학생은 스프링에 무거운 물체를 올려놓으면 압축된다는 것을 알 수 있다. 그런 다음 스프링 대신 유연한 보드에 같은 무게를 올려 보드가 스프링과 같다는 비유를 이끌어 낼 수 있다. 다양한 강도의 보드와 스프링을 사용한 후, 최종적으로 압축되지 않는 스프링과 구부러지지 않는 보드를 사용할 것이다. DiSessa(1993)는 물리학 학습의 주요 과제는 어떤 지각─운동 경험(탄성력)이 어떠한 종류의 상황(테이블)에 대응하는지 구분하는 것이라고 주장하였다. 여기서 체험 활동은 매우 효과적일 수 있다.

체험 활동은 반드시 손을 사용해야 할까? 수학 및 과학 구체물을 포함하는 체험 활동 컴퓨터 시뮬레이션이 많이 있다(예: 미국 국립 가상 구체물 도서관, http://nlvm.usu.edu/en/nav/vlibrary.html & PhET 인터액티브 시뮬레이션, http://phet.colorado.edu). 이 질문에 대한 답은 학습자가 직접 만지지 않고도 올바른 지각─운동 경험을 이끌어 낼 수 있는지에 달려있다.

지각─운동과 관련된 많은 기본 요소가 시각적인 수학에서는 물리적 접촉은 덜 중요하다. 정수 예시에서는, 학생들이 대칭에 주의를 기울이도록 하기 위해 주로 체험 자료가 사용되었는데, 이는 눈이 손을 따라가는 경우가 많기 때문이다. 컴퓨터 프로그램도 효과적일 수 있다.

그림 H.6. 회전하는 바퀴를 기울이려고 할 때 각운동량이 어떤 결과를 가져올지 상상할 수 없기 때문에 직접 체험 경험이 필요한 활동.

과학에서 많은 개념은 눈으로 보는 것뿐만 아니라 느껴져야 하는 물리적 원인에 의존한다. 여기서 질문은 사람이 관련 물리적 경험을 떠올릴 수 있는지 아니면 교수 활동 시에 체험 경험이 필요한 지이다. 앞선 회전 관성의 예에서 빙글빙글 도는 아이스 스케이팅 선수를 아마도 상상할 수 있었기에 굳이 의자를 회전시킬 필요는 없었다. 반대로 그림 H.6은 경험을 해야 납득이 되는 회전 동작의 예를 보여준다(회전하는 바퀴를 잡고 기울이려고 하면 바퀴가 원래 위치로 되돌아가려고 하는 것처럼 느껴진다.).

체험 활동을 활용할지 여부를 결정할 때 학생이 목표로 하는 개념을 몸으로 느낄 필요가 있는지 고려해 보자. 물론 체험 활동은 재미있기도 하며 이것만으로도 활용할 충분한 이유가 될 수 있다.

Ⅲ 체험 학습의 결과

체험 학습은 사람들이 지각 지능을 사용하여 기호와 단어의 상징적 세계에 의미를 부여하는 것을 돕는다. Martin과 Schwartz(2005)는 9–10세 아동을 대상으로 부분–전체 분수 문제(예: 8의 4분의 1) 푸는 법을 연구하였다. 어린이들은 타일을 사용하여 일부 문제를 풀었고 다른 문제는 타일 그림을 사용하여 문제를 풀었다(그림 H.7). 문제를 푼 순서와 상관없이 어린이들은 그림보다 실물을 가지고 문제를 풀었을 때 정확도가 3배 더 높았다.

왜 이런 결과가 나타났을까? 그림 조건에서 어린이들은 익히 알고 있는 자연수 개념에 의존하여 문제를 풀었다. 예를 들어 아이들은 칩 1개, 칩 4개, 또는 칩 1개와 4개 모두에 동그라미를 쳤고, "$\frac{1}{4}$"을 자연수 1과 4를 나타낸다고 생각하였다. 반면에 어린이들은 조각을 조작할 기회가 주어졌을 때 새로운 가능성을 발견하였다. 물체를 그룹화하는 손의 지능이 문제 해결의 실마리를 제시해 주었다. 어린이들은 종종 동시에 여러 개 조각을 움직였는데, 이는 여러 조각이 하나의 그룹으로 간주될 수 있다고 인식하는 데 도움이 되었을 수 있다. 일단 그룹을 인식하기 시작하면 문제 해결을 위한 길을 찾은 것으로 볼 수 있다(네 개의 동일한 그룹 중 하나 찾기). 환경을 조작하는 것은 아이들이 기존의 해석에 대한 과도한 의존에서 벗어나 새로운 해석을 만들어 내는 데 도움을 준다(Blair & Schwartz, 2012). 이 연구 결과는 두 가지 시사점을 준다. 첫 번째는, 조작이 의미 있는 구조를 발견하는 데 도움을 줄 수 있다는 점이다. 두 번째는, 복잡한 상징 관계를 온전히 이해하기 위해서는 한두 번의 체험만으로는 충분하지 않다는 점이다. 그렇지 않았다면 아이들은 체험 문제를 풀고 난 후 그림 문제를 더 잘 풀었을 텐데 그렇지 않았다. 상징과 지각 지능의 결합에는 종종 많은 경험이 필요할 수 있다.

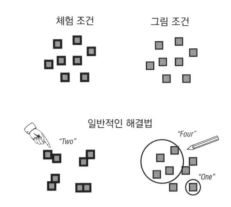

그림 H.7. 아이들은 조각 그림이나 조각 구체물을 가지고 분수 문제를 풀었다. 평균적으로, 구체물을 가지고 문제를 풀었을 때 정답을 맞힐 가능성이 3 배 더 높았다(Martin & Schwartz, 2005).

지각 – 운동 의미와 상징 사이에 강력한 연결이 형성되면 체험을 통한 지원이 더 이상 필요하지 않을 수 있다. 강아지라는 단어를 처음 배웠을 때 강아지 예시를 볼 필요가 있었는데, 이는 강아지의 기초적인 의미를 제공하는 것이 지각 체계였기 때문이다. 하지만 지금은 강아지를 보지 않아도 강아지를 이해할 수 있다. 마찬가지로 손가락을 사용하여 산수 문제를 푸는 것은 처음 배울 때는 좋은 방법이다. 손가락은 덧셈과 뺄셈에 의미와 순서를 부여한다. 일단 그 의미가 자리 잡으면 더 효율적인 상징적 조작과 기억으로 전환하는 것이 더 효과적이다. 33 + 89를 상징적으로 푸는 것이 손가락을 사용하여 푸는 것보다 쉽다. 구현된 구성 요소는 상징으로 표현한다고 해서 사라지지 않는다. 사람들이 더 이상 손이나 이미지를 사용하지 않더라도 본래 의미는 여전히 남아있다. 사람은 정확한 계산 없이도 33이 24 + 29 합보다 작다는 것을 잘 알고 있다. **체험 학습의 가장 큰 결과는 의미 부여이다.** 우리의 신체 감각은 추상적인 상징을 개념적으로 이해하는 데 도움을 준다.

사람은 만지는 것을 두려워하지 않는 이상 자연스럽게 체험 학습을 사용한다. 무언가를 만질 방법이 없을 때에도 지각－운동 정신적 시뮬레이션을 사용하기도 한다. 그림 H.8 문제를 풀어보자.

문제: 상단 기어를 시계 방향으로 돌리면 하단 기어는 어떻게 될까?

그림 H.8. 지각 운동 지능에 의존하게 만드는 문제.

시계 반대 방향은 오답이다. 다시 시도해 보자. 시계 방향 또한 오답이다. 한 번 더 시도해 보자. 당신도 대부분의 사람들과 비슷하게 문제를 해결하기 위해 몸짓gesture을 사용했을 것이다(Schwartz & Black, 1996). 손으로 기어 동작을 모델링했거나 손가락이나 머리 움직임을 사용했을 수도 있다. 정답은 기어가 잠기고 전혀 회전하지 않는다는 것이다.

사람은 몸짓을 통해서 자연스럽게 자신의 생각을 드러낼 수 있다. 몸짓은 체화된 지식과 언어적 지식 사이의 충돌을 나타낼 수도 있다. Goldin－Meadow 등(1993)은 말과 몸짓의 불일치speech－gesture mismatch 현상을 입증하고자, 학생들에게 12 + 6 = 10 + ___과 같은 문제를 제시하였다. 처음 배울 때 학생들은 종종 자신에게 주어진 과제가 양 쪽의 두 변을 같게 만드는 것이 아니라 모든 숫자를 더하는 것이라고 생각한다. 여기서 흥미로운 경우는, 학생들이 '모두 더하기add－them－all－up' 전략을 사용했다 말하고 28이라는 답을 말하지만, 손은 균형을 나타내는 자세를 취하는 경우이다. 예를 들어 학생들은 등호 양쪽에 손바닥이 위로 향하도록 손을 둘 수 있다. 연구자들은 학생들이 말하는 것과 몸짓이 일치하지 않을 때, 학생들이 과도기적 상태에 있으며 특히 정답인 8의 결과를 가져다주는 올바른 '균형 잡기^{balancing}' 전략을 배울 준비가 되어 있다는 것을 발견하였다. 지각－운동 시스템이 관여되면서 균형잡기 전략의 언어적 설명을 더 받아들이기 쉽게 된 것이다.

V 체험 학습의 위험성

체험 자료의 세 가지 위험인 핵심 속성 놓치기, 따라야 할 또 다른 절차, 과도한 스캐폴딩은, 체험 자료를 효과적으로 사용하는 방법을 명확히 하는 데 도움을 준다.

핵심 속성 놓치기

학습자는 의도된 지각 속성을 알아차리지 못할 수 있다. 우리 저자가 가르친 수업에서 학생들은 수 막대를 사용하였다(그림 H.5). 우리는 정육면체 하나를 보여주고 학생들에게 몇 개인지 물었다. 학생들은 "하나!"라고 하였다. 그런 다음 10을 나타내는 수 막대를 보여 주었고, 학생들은 "열 개!"라고 대답하였다. 10개의 막대로 만든 평면에 대해서는 "백 개"라고 대답하였다. 마지막으로 수 100을 나타내는 평면 10개로 이루어진 정육면체를 보여 주었다. 많은 학생들은 "600"이라고 답을 하였다. 학생들은 이전에 무거운 정육면체를 다루어 본 적이 있음에도 불구하고, 평면들이 쌓인 정육면체가 아닌, 여섯 면의 100개의 조각 평면으로 인식하였다. 여기서 주는 메시지는 학생들이 교수자가 의도한 바를 경험하도록 해야 한다는 것이다.

따라야 할 또 다른 절차

체험 자료의 요점은 상징적 절차를 모방하는 것이 아니라 의미와 구조를 찾는 것이다. 학생들은 체험 자료를 가지고 좋은 질문을 탐구할 기회가 필요하다. 사람은 종종 십진수 블록을 사용하여 오른쪽에서 왼쪽으로 덧셈하는 상징적인 절차를 모방한다. 일의 자리 숫자를 먼저 더하고, 그 다음 십의 자리 숫자, 그 다음 백의 자리 숫자를 더한다. 하지만 십의 자리 숫자를 먼저 더하고 그 다음 일의 자리 숫자를 더하거나, 십의 자리 숫자와 일의 자리 숫자 사이를 왔다 갔다 하지 못할 이유는 없다. 여러 가지 방법으로 문제를 해결하여 수 막대 구조를 탐구할 기회를 주는 것이 따라야 하는 특정 단계 순서를 지시하는 것보다 나은 출발점이 될 수 있다.

과도한 스캐폴딩

학생은 효율성이라는 상징적 세계로 이동해야 할 때도 여전히 느린 체험적 해결책을 계속해서 사용할 수 있다. 또한 체험 자료는 의도치 않게 학생이 핵심 문제에 몰입하는 것을 방해할 수 있다(Blair & Schwartz, 2012). 플라스틱 파이 조각은 분수를 가르치는 데 자주 사용된다. 플라스틱 파이 조각은 다양한 크기의 분수와 조합을 이해하는 데 도움이 된다. 파이 조각은 항상 전체(하나의 파이가 전체와 같음)를 제공하므로 학생이 상대적인 조각 크기에 집중하는 데 도움을 준다. 그러나 이것은 학습자에게 너무 많은 것을 제공하여 학습자 스스로 주제에 대해 생각하지 못하게 하는 과도한 스캐폴딩의 예가 될 수 있다. 파이 표현만 사용하는 학생은 전체가 원으로 미리 정해져 있지 않은 경우(예: 1센트 동전 8개의 4분의 1)에는 문제 해결에 어려움을 겪는다. 이는 여러 표현을 사용하는 것이 유용한 이유 중 하나이며, 한 가지 표현의 강점은 다른 표현의 약점을 보완할 수 있다.

VI 좋은 예와 나쁜 예

체험 학습의 흥미로운 활용 사례로 게임을 들 수 있다. 컨트롤러로 캐릭터를 화면 상에서 뛰게 할 수 있는 비디오 게임을 상상해 보자. 이를 초기 수학 교육에 유용한 구체화된 경험으로 바꾸려면 어떻게 해야 할까?

나쁨: 게임에 숫자 4가 표시되면, 아이들은 2 + 2, 3 + 2, 1 + 5 수식 중 해당하는 수식에 뛰어야 한다. 재미있는 활동이 될 수 있지만, 올바른 답을 찾기 위해 숫자 4의 크기나 덧셈에 대하여 뛰는 것과 관련된 내용이 전혀 없다.

좋음: 1, 2, 3, 4, 5...를 보여주는 게임 판이 있다. 게임은 2 + 2를 제시한다. 아이들은 4에 착지하기 위해 두 칸을 뛰고 두 번을 더 뛰어야 한다. 이는 숫자 2의 크기와 더 큰 숫자를 만들기 위해 더하는 개념을 모두 포착한다.

더 좋음: 이전 게임과 동일하지만 결국 게임은 몸으로 체험하는 지원을 줄여 나간다. 예를 들어 2 + 2 결과를 머릿속으로 계산하면서 4까지 점프해야 한다.

핵심 학습 메커니즘은 무엇인가?

지각−운동 활동을 통해 추상적인 개념 이해하기.

예는 무엇이 있고 어떤 점에서 좋은가?

학생은 회전 의자에 앉아 팔을 안팎으로 뻗어 본다. 빙글빙글 도는 아이스 스케이팅 선수처럼 속도가 빨라지고 느려지는 것을 느낀다. 이 경험은 각운동량 angular momentum (회전하는 물체가 갖는 벡터 물리량−옮긴이) 이해에 도움이 된다. 지각 운동 경험이 없다면 학생은 일련의 선언적 진술과 식을 통해서만 각운동량에 대해 배우게 된다.

왜 효과가 있을까?

지각 − 운동 시스템은 엄청난 지능을 가지고 있다. 이 지능은 간단한 기호와 단어에 의미를 부여한다. 예를 들어 지각 경험이 없으면 큰 것과 작은 것의 개념을 이해하기 어려울 수 있다. 체험 학습은 지각−운동 시스템을 동원하여 그 의미를 상징적 표현과 조율하도록 한다.

핵심 메커니즘은 어떤 문제를 해결해야 하는가?

- 학생들이 수학을 단순 기호 대입으로 여긴다.
  - ‣ 11 × 19 문제에서, 50이 100보다 더 좋지 못한 답임을 깨닫지 못한다.
- 학생들은 과학 개념을 이해할 수 없다.
  - ‣ 테이블이 어떻게 그 위에 놓인 책의 무게와 같은 힘을 발휘할 수 있는지 이해하지 못한다.

활용 방법의 예

- 수학에서 주요 지각−운동 특성을 강조하는 구체적 조작물을 제공하기.
  - ‣ 0 주변의 대칭을 강조하는 정수 학습 조작물 디자인하기.
- 물리적 현상을 직접적으로 경험할 수 있는 기회를 학습자에게 제공하기.
  - ‣ 학생에게 토크(회전력) 개념을 소개하기 위해 다른 각도로 팔을 이용해 역기를 들어보게 하고 난이도를 비교하게 하기.

위험성

- 구체물은 학습자가 가장 유용한 지각−운동 특성을 알아차리는 데 도움이 되지 않을 수 있다.
- 체험 활동이 원리를 이해하는 원천이 되는 것이 아니라 단지 답을 찾기 위한 절차가 될 수 있다.
- 학생이 점점 체험 활동에 너무 의존하게 될 수 있다. 어느 시점에서는 학생이 손가락을 사용하여 덧셈을 하는 것을 멈추기를 바란다.

I
is for
Imaginative Play

상상 놀이

- 인지 조절 능력 개발하기 -

Imaginative Play 상상 놀이

인지 조절 능력 개발하기

상상 놀이(IMAGINATIVE PLAY)는 현실과 다른 이야기를 만들어 내는 것으로, 종종 한 사물을 다른 사물에 빗대기도 한다(예: 막대기가 휙휙 날아다니는 비행기가 되기도 한다.). 이론적으로 상상 놀이는 언어 능력, 창의성, 지능, 인지 조절, 사회성 등 여러 발달 능력을 향상시킬 수 있다(아래에서 이론적이라고 한 이유에 대해 설명하겠다.).

침을 흘리는 강아지가 소시지가 앞뒤로 움직이는 것을 보고 있다. 강아지가 다른 강아지에게 물린 후 반격한다. 아이가 소시지를 가지고 비행기 놀이를 한다. 아이가 형에게 주먹으로 맞은 후 울어야 할지, 맞받아칠지, 부모님께 이를지 고민한다. 두 강아지 사례는 모두 자극이 행동을 결정한다. 즉, 환경이 강아지의 행동을 이끈다. 반면 두 아이의 사례는 인지 조절 능력이 발휘되고 있음을 보여준다. 아이가 상상력을 사용한 경우, 소시지는 음식이 아닌 다른 것을 나타내며, 아이가 형에게 맞은 상황의 경우, 아이는 물리적 보복의 즉각적 반응에 저항하고 있다. 상상 놀이는 자극에 의한 반응에서 벗어나 상상 속에서 대안을 만들어 내는 아이의 발달 능력을 키우는 데 도움을 준다.

액션 피규어와 인형은 상상 놀이를 위한 훌륭한 도구이다. 슈퍼맨 피규어는 실제로 살아있지 않지만, 아이들은 슈퍼맨을 잘 알고 있기 때문에 세상을 구하는 웅장한 이야기를 만들 수 있다(실제로 그 피규어는 사과일 수도 있다.). 위대한 인류학자인 클로드 레비 스토르스Claude Lévi–Strauss에 따르면 일반적으로 조각상을 실제보다 크거나 작게 만드는 이유는 실제에 대해 생각하는 데 도움이 되기도 하지만 실제와 다른 크기는 상상의 나래를 펼치게 하기 때문이라고 한다(Lévi–Strauss, 1966).

상상은 놀이의 다양한 형태 중 하나에 불과하다. 공격 놀이는 어디에나 있으며 대부분의 포유류에게 나타난다. 포유류는 종종 파트너가 놀이와 실제 싸움을 구별할 수 있도록 도움을 주기 위해 신호를 보낸다. 공격 놀이는 예를 들어 짝을 차지하기 위해 경쟁할 때 자신의 종을 해치는 반응을 억제하는 법을 배우는 데 도움이 될 수 있다. 부딪힘이나 타박상에 의한 자극 주도의 반응에 둔감해짐으로써 동물들은 방어를 위해 치명적인 타격을 가하지 않게 된다. 공격 놀이가 신체 협응력 및 사회적 능력을 향상시키거나 지배 계급을 형성한다는 이론도 있다. 아직까지는 포유류가 놀이로서 싸우는 이유에 대한 특정 이론을 지지하는 명확한 증거는 없다.

인간의 상상 놀이도 마찬가지이다. 오스트리아 정신분석학자 지그문트 프로이트Sigmund Freud는 놀이가 스트레스를 감소시키는 기능을 한다고 주장하였다. 레프 비고츠키Lev Vygotsky는 놀이가 상징적 능력의 발달을 이끈다고 주장하였다. 혹자는 놀이가 가상의 공간에서 현실 문제를 해결하는 방법이라고 여기기도 한다. 현재로서는 어떤 주장이 타당한지 결정을 내리기 어렵다(Lillard et al., 2013). 상상 놀이가 인지 조절, 지능, 창의성, 사회성, 상징적 능력을 향상시킨다는 일관된 증거는 거의 없다. 상상 놀이는 모든 것에 도움이 될 수도 있고 전혀 도움이 되지 않을 수도 있다.

상상 놀이는 주위에서 쉽게 찾아볼 수 있지만 그 기능을 발견하기가 왜 그렇게 어려울까? 첫 번째 이유는, 놀이의 목적을 정의하는 것이 입의 목적을 정의하는 것과 유사하기 때문이다. 입은 먹고, 말하고, 입맞춤 하고, 맛보고, 숨 쉬고, 느끼고, 휘파람을 불고 감정을 표현한다. 놀이 또한 동시에 여러 가지 기능을 수행한다. 아이들이 다과회를 상상할 때, 상징적인 세계를 창조하고, 사회적 역할과 규범을 연습하고, 상호 작용의 양면을 상상하고, 이벤트를 계획하며 다양한 활동을 하게 된다. 놀이의 한 측면을 분리하여 장기적 발달 결과와 연결하기는 어렵다. 예를 들어 Connolly와 Doyle(1984)은 사회적 상상 놀이를 더 많이 한 아동일수록 사회성이 더 뛰어나다는 점을 발견하였다. 하지만 모든 상관 관계 연구가 그렇듯이 놀이가 사회성을 향상시켰는지 아니면 그 반대인지는 알 수 없다.

또한 상상 놀이를 완벽하게 분리하여 인과 관계를 규명하는 실험 연구 수행도 쉽지 않다. 한 연구에서 연구자들은 6세 아동을 36주 동안 이루어지는 네 가지 치료법(피아노 레슨, 성악 레슨, 드라마 레슨, 대조군으로서 아무것도 하지 않는 레슨) 중 하나에 임의로 배정하였다(Schellenberg, 2004). 이 연구 목적은 음악(피아노와 성악)이 지능을 향상시키는지 여부를 확인하는 것이었는데, 실제 음악은 지능을 약 2점 정도 향상시켰다. 여기서 흥미로운 결과는, 부모를 대상으로 한 설문 조사에 따르면 드라마 치료가 아이의 사회성을 향상시켰다는 점이다. 반면 다른 치료법은 사회성에 아무런 영향을 미치지 않았다는 점이다. 연기는 상상 놀이의 한 형태이다. 상상 놀이가 이런 효과를 가져왔을까? 이를 단정짓기는 어렵다. 왜냐하면 드라마 치료를 받은 아이들은 교사들과 더 복잡한 사회적 상호작용을 보여 주었는데 이것이 효과의 원인이 되었을 수도 있기 때문이다.

도의적으로 상상 놀이와 사회적 상호작용의 상대적 기여도를 분리하는 것은 불가능하다. 아이들을 옷장에 가두고 사회 접촉이 없는 상태에서 한 달 동안 상상 놀이만 하라고 할 수는 없다. 하지만 동물 실험에서는 놀이와 상호작용의 기여도를 분리할 수 있는 기법이 있다. 한 연구에서(Pellis et al., 2010), 연구자들은 어린 쥐를 사회적 조건과 놀이 조건 두 그룹으로 나누었다. 사회적 조건에서 어린 쥐는 성인 암컷 쥐와 하루 8시간을 함께 보냈다. 그들은 서로 털을 다듬어 주는 등 강한 사회적 행동을 하였다. 그러나 성인 암컷 쥐는 새끼 쥐는 말할 것도 없고 그들끼리도 서로 거의 놀지 않았기 때문에, 사회적 조건의 어린 쥐들은 강한 사회적 경험은 할 수 있었지만 놀이는 할 수 없었다. 두 번째 그룹의 어린 쥐는 하루 한 시간을 제외하고 상대적으로 고립된 채 지냈다. 고립되지 않은 시간에는 다른 어린 쥐와 같은 우리에 있으며 싸움 놀이를 하였다. 실험 결과는? 단 한 시간의 싸움 놀이만 하고 다른 사회적 상호작용이 거의 없었던 어린 쥐들은 사회적으로 더 성숙한 성인 쥐로 성장했으며, 덜 두려워하며, 스트레스에서 더 빨리 회복하였다. 사회적 상호작용이 아닌 싸움 놀이가 사회적 적응에 영향을 미친 것이다.

동물은 상상 놀이를 하지 않는다는 점을 고려한다면, 상상 놀이가 학습 및 발달에 미치는 영향을 면밀히 알아보기 위해서는 동물 연구에 의존할 수는 없다.

아동의 초기 발달에는 집행 기능의 엄청난 인지적 변화가 수반된다. **집행 기능**executive function은 인지 조절 능력을 나타내는 것으로, 어떤 것을 염두에 두고, 다른 것을 배제하며, 한 아이디어에서 다른 아이디어로 전환하는 능력을 포함한다. 이러한 발달에서 중요한 요소는 상징적 능력, 즉 한 가지가 다른 것을 나타낼 수 있음을 아는 것이다. 이를 위해서는 같은 것에 대한 두 가지 해석을 동시에 유지할 수 있어야 한다. Judy DeLoache(1987)가 디자인한 훌륭한 과제는 상징적 능력이 발달에 따라 얼마나 빠르게 변화할 수 있는지를 보여준다. 이 실험에서 아동은 개별적으로 과제를 수행하였다. 아동은 작은 장난감 방을 보았다(그림 I.1). 연구자는 가구 뒤에 스누피Snoopy 인형을 숨겼고, 아동은 그 인형이 숨겨진 곳을 보았다. 그런 다음 아동은 배치가 동일한 실제 크기 방으로 가서, 작은 장난감 방에서와 같은 장소에 숨겨진 인형을 찾아야 하였다. 3세 아동의 약 75%가 인형이 있는 장소로 바로 찾아간 반면에, 2.5세 아동은 약 20%만이 인형을 찾을 수 있었다. 불과 반년 만에 어떤 변화가 있었을까?

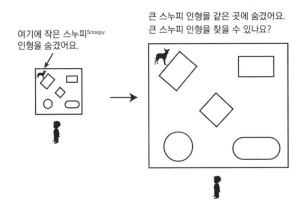

그림 I.1. 생후 30개월 아동에게는 어렵지만 36개월 아동에게는 쉬운 과제: 작은 방에 놓인 위치를 보고, 실제 크기의 방에서 동일한 위치를 찾기.

어린 아이들은 장난감 방이 지도와 같을 수 있다는 상징적 개념을 이해하지 못하였다. 이들에게 장난감 방은 가지고 노는 장난감일 뿐 다른 방을 나타내는 것이 아니었다. 이 가설을 입증하기 위해 후속 연구의 또 다른 연구 참가 아동은 장난감 방에 인형이 숨겨지는 것을 보았다. 방을 숨기기 위해 큰 커튼이 쳐졌으며 커튼 뒤편으로 약간의 소음이 들렸다. 연구자는 이 소음이 장난감 방이 큰 방으로 커지는 소리라고 아동에게 알려 주었다. 커튼이 열리자 큰 방이 나타났고 어린이는 인형을 찾았다. 이러한 조건에서 2.5세 아동의 약 80%가 인형이 숨겨진 장소로 바로 찾아갔다. 이 과제를 해결하기 위해 아동은 작은 방이 다른 것을 나타낼 수 있다는 표상에 대한 통찰력이 필요한 것이 아니라, 그저 크기가 커졌을 뿐이었다는 점이 필요한 것이었다.

상상 놀이는 드로쉬^{DeLoach} 연구에 참여한 3세 아동과 유사한 인지적 움직임을 포함한다. 첫째, 아동은 '포크는 단지 포크가 아니다'와 같이 주변 자극을 문자 그대로 해석하는 것을 억제해야 한다. 둘째, 아동은 '포크는 음식을 배달하는 비행기다'와 같이 상상 속에서 또 다른 해석을 만들어야 한다.

인지 조절의 두 번째 예는 월터 미셸^{Walter Mischel}과 그의 동료들이 수행한 고전 연구인 "마시멜로^{marshmallow}" 연구에서 찾을 수 있다(예: Mischel et al., 2011). 해당 연구의 연구 질문은 아이들이 자극을 참을 수 있는지 여부였다. 연구자는 어린 아이에게 마시멜로를 보여주며, "나는 지금 방을 떠날 거야. 내가 돌아올 때까지 마시멜로를 먹지 않고 기다리고 있으면, 두 번째 마시멜로를 줄게." 라고 말을 한다. 간식의 유혹을 뿌리칠 수 있는 아이는 거의 없다. 문제는 아이들이 얼마나 오랫동안 자극을 참을 수 있느냐였다. 미셸과 연구진은 아이들의 만족 지연을 늘릴 수 있는 다양한 방법을 모색하였다. 아이들에게 마시멜로가 얼마나 맛있을지 상상하라는 방법은 최악이었다. 이는 아이들이 자극을 더 추구하게 만들었다. 가장 효과적인 방법 중 하나는 아이들에게 마시멜로를 그림이라고 상상하게 하는 것이었다. 상상은 아이들이 욕구 반응에서 인지 반응으로 전환하는 데 도움을 주었다.

Ⅱ 상상 놀이를 활용하여 학습을 향상시키는 방법

현재 널리 받아들여지고 있는 가설로, 아동의 사회정서 발달에 기초가 되는 집행 기능을 향상시키면 미래 학습에 긍정적인 영향을 줄 것이라는 가설이 있다. 아동은 다른 사람과 함께 배우고 상호작용할 때 주의력, 집중력, 충동성을 더 잘 조절할 수 있게 된다. 사람들은 4−5세 아동의 집행 기능을 강화하기 위해 놀이 중심의 커리큘럼을 모색해 왔다. '마음의 도구Tools of the Mind' 커리큘럼은 상상 놀이 속에 집행 기능 연습을 접목하였다(http://www.toolsofthemind.org/ 참조). 예를 들어 아이에게 특정 역할(예: 의사)을 맡기고 의사처럼(환자가 아닌) 행동하도록 할 수 있다. 이는 아이들이 규칙 내에서 놀려고 하지 않는 미성숙한 놀이와 차이가 있다. 규칙에 기반한 행동은 본질적으로 자극에 의해 주도되지 않는다.

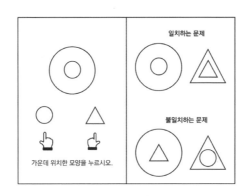

그림 I.2. 에릭센 플랭커 과제Eriksen flanker task. 어린이들은 집행 기능이 완전히 발달하기 전까지는 불일치 문제를 해결하는 데 특별히 어려움을 겪는다.

한 실험에서(Diamond et al., 2007), 대부분이 저소득층인 5세 아동들은 마음의 도구 커리큘럼 또는 기존 커리큘럼 조건에 무작위로 배정되었다. 연말에 아이들은 집행 기능 테스트를 보았다. 그림 I.2는 테스트에 사용된 에릭슨 플랭커 과제Eriksen flanker task를 보여준다. 아이들은 과제에서 그림의 가운데에 있는 도형 모양을 나타내는 버튼을 눌러야 했다. 바깥에 있는 도형과 가운데 있는 도형의 모양이 일치하지 않는 불일치 문제는, 크기가 더 큰 모양이 불러오는 자극 주도 반응을 선택적으로 억제해야 하기 때문에 집행 기능에 부담을 준다. 이 과제에서 마음의 도구 커리큘럼 아동은 약 90%의 정확도를 기록한 반면에 대조군 아동의 경우 80%의 정확도를 기록하였다. 이 실험에서 상상 놀이에 몰두한 것 자체가 집행 기능 향상을 가져왔다기보다는, 집행 기능을 지원하는 활동이 놀이를 통해 구현되어 긍정적인 효과를 가져온 것으로 볼 수 있다.

상상 놀이는 컨텐츠와 기술을 전달하는 데에 있어 동기를 높일 수 있는 방법이다. 근래에 게임 방식으로 학습하는 것에 대한 관심이 높아지고 있다. 예를 들어 뉴욕과 시카고의 퀘스트투런Quest to Learn 학교는 게임을 중심으로 공립학교 커리큘럼을 구성하고 있다(http://www.instituteofplay.org/work/projects/quest−schools/quest−to−learn/ 참조).

많은 학습 게임은 종종 지루하고 반복적인 과제에 보상을 추가한다. 이를 "초콜릿 덮인 브로콜리chocolate−covered broccoli(교육적 목적과 흥미가 잘 조화되지 않은 채 디자인된 교육용 게임을 이르는 말−옮긴이)"라 부르기도 한다. 이는 오래된 놀이 형태인 도박에서 차용한 것으로 나름의 쓰임새가 있다. 예를 들어 점수가 있는 플래시 카드를 사용하는 것이 점수가 없는 플래시 카드를 사용하는 것보다 더 재미있다. 또한 상상 놀이에 참여하게 만드는 게임을 디자인할 수도 있다. 예를 들어 학습자가 탐험을 하고 있다고 상상하게 해 주는 강력한 이야기를 만들어 사용하는 것이다. 일반적으로 학생들이 다음에 무엇이 일어날지 상상하도록 하여 그에 맞게 계획을 세우도록 하는 것은 좋은 방법이다. 보드 게임이나 심지어 틱택토(tic−tac−toe, 일종의 오목 게임)에서도 상대방이 다음에 무엇을 할 것인지 예상하는 것은 재미의 일부이다. 이렇게 하면 더 깊이 있는 학습이 이루어지는데, 왜냐하면 무슨 일이 일어날지를 상상하기 위해서는 산술 규칙이든 사회적 규칙이든 게임의 규칙을 배우고 그 규칙을 여러 방면으로 사용해 볼 필요가 있기 때문이다.

Ⅲ　상상 놀이의 결과

놀이의 효과나 인간 행동을 변화시키는 다른 방법들을 고려할 때, 발달, 학습, 수행 능력, 문제 해결을 구분할 필요가 있다. 발달Development은 정상적인 조건에서 보편적으로 발생하는 성숙한 변화를 의미한다. 발달은 아이들이 세상을 이해하고 참여하는 데 광범위하게 영향을 미친다. 유아는 특정한 경험에 관계없이 눈의 초점을 맞추는 법을 배운다. 학습Learning은 개인과 문화에 따라 크게 달라질 수 있는 특정 조건에 대한 적응을 의미한다. 어떤 문화권에서는 어린이들이 독이 있는 식물을 판별하는 법을 배우지만, 다른 문화권에서는 닌자 거북이의 이름을 배우기도 한다. 학교는 다양한 맥락에서 유용한 학습을 제공하려고 노력한다. 수행 능력Performance는 지정된 과제를 얼마나 잘 완료하였는지를 의미한다. 방사선 전문의는 무릎 MRI 검사에서 관절염을 빠르게 발견할 수 있지만 초보자는 그렇지 못할 가능성이 높다. **문제 해결**Problem solving은 수행 능력의 하위 항목으로, 주어진 문제에 대한 해결 방법을 찾는 것을 말한다. 예를 들어 아이들은 숨겨진 사탕을 찾는 데 효과적인 전략을 가지고 있을 수 있다.

이러한 구분은 상상 놀이의 적용을 고려할 때 유용하다. 예를 들어 흔히 성공적인 문제 해결이 학습을 보장한다고 생각하지만 문제 해결과 학습은 다르다. 사람들은 가장 중요한 것을 배우지 않고도 문제를 해결할 수 있다. 역으로 문제를 해결하지 못하지만 여전히 많은 것을 배울 수 있다(J장 참조). 이러한 구분을 통해 상상 놀이의 가장 가능성이 높은 결과를 분리하는 데 도움을 줄 수 있다.

발달

상상 놀이 자체가 집행 기능, 사회, 기술 또는 상징적으로 추론하는 능력의 인지적 발달을 유도한다는 일관된 증거는 거의 없다. 물론 증거가 부족하다고 해서 놀이가 인과적인 역할을 하지 않는다는 의미가 아니다. 단지 우리는 알지 못할 뿐이다.

놀이를 통한 사회적 상호작용은 아이들에게 사회적 기술을 연습할 기회를 제공한다. 예를 들어 본 책의 저자 중 한 명은 종종 어린 두 딸이 사회적 협상을 연습하는 것을 듣곤 한다. 때로는 이들이 성공하기도 한다.

"나는 엄마, 너는 아빠."
"나는 아빠하기 싫어. 내가 여동생이 되는 것은 어때?"
"알았어. 너가 여동생 역할을 하고, 우리는 가게에 가야 해..."

함께하는 상상 놀이는 협동과 조정이 필요하다. 이러한 기술을 연습하고 실험하는 것은 분명히 가치가 있다. 적어도 어른의 시각에서는 놀이 중 실수를 범하는 비용은 그리 높지 않다. 물론 아이가 울음을 터뜨릴 수도 있지만 말이다.

학습

일반적인 놀이와 상상 놀이는 학습 결과를 향상시키는 훌륭한 수단이 될 수 있다. 놀이는 동기를 끌어올려 주며, 수업을 놀이 형식으로 바꾸면 참여도를 높일 수 있다. 아이들은 학습을 위해 게임을 하고, 게임이 잘 디자인되어 있다면 그 학습은 게임 밖에서도 유용할 것이다. 좋은 수학 게임은 게임이 아닌 과제에서의 수학 실력도 향상시킬 수 있다.

수행 능력

진지한 놀이라는 이름 아래, 일부 회사는 놀이 요소를 업무 환경에 통합하여 흥미, 팀 정신, 노력을 촉진하고 있다. 팀의 매출을 늘리면, 즉 수행 능력을 높이면 회사 비디오 게임에서 가상의 팀 다리에 조각을 추가할 수 있게 할 수도 있다. 놀이의 목적은 수행 능력을 높일 수 있다는 가정 하에 노력을 개선하는 것이다.

문제 해결

어떤 유형의 문제에서는, 새롭고 창의적인 해결책을 찾기 위해 오래된 아이디어를 버리는 것이 가장 큰 어려움이다. 상상 놀이는 전반적으로 더 창의적인 방법을 배우는 데 도움이 되지 않더라도 창의력에 도움을 줄 수 있다. 예를 들어 Dansky와 Silverman(1973)은 아이들에게 여러 가지 물건(예: 종이 수건)을 제공하는 연구를 수행하였다. 상상 놀이 조건에서 아이들은 "이 모든 것들과 놀 수 있어요. 이것들을 가지고 하고 싶은 대로 해 보세요."라는 말을 들었다. 모방 조건에서 아이들은 실험자가 물건을 일반적인 방식으로 사용하는 것을 관찰하였다(예: 종이 타월로 젖은 컵 닦기). 그런 다음 두 조건의 아이들은 종이 타월로 몇 가지 다른 일을 할 수 있을지와 같이 물체의 다른 용도를 생각해 보았다. 물체를 가지고 놀았던 놀이 조건의 아이들은 과제를 더 잘 수행하였다. 이 연구는 아이들이 일반적으로 창의성을 배웠다는 것을 보여주지 않았다. 아이들은 단순히 종이 수건을 사용하는 아이디어를 생각해 내는 문제를 해결하는 방법을 배웠을 수 있다.

Ⅳ 〉 상상 놀이를 활용하여 스스로 가르치는 법을 배울 수 있을까?

상상 놀이는 발달의 자연스러운 부분이다. 어른들은 이를 더욱 키울 수 있다. 예를 들어 상상력 게임이나 이야기 들려주기를 통해 상호작용함으로써 아이들의 상상력을 키울 수 있다. 어른들은 골판지 상자나 긴 튜브foam pool noodles (촉감이 부드럽고 가벼우며 물놀이나 놀이 시간에 사용할 수 있는 긴 튜브 형태의 장난감 — 옮긴이)와 같은 아주 간단한 장난감으로 아이들의 상상력을 자극할 수도 있다. 긴 튜브는 소방 호스, 카약의 노, 악어가 들끓는 거실 양탄자를 가로지르는 안전한 길의 가장자리로 상상될 수 있다. 반면 노래하고 춤추는 장난감 로봇은 일반적으로 노래하고 춤추는 장난감 로봇으로만 사용된다.

V 상상 놀이의 위험성

아이들이 가위나 다른 위험한 물건을 가지고 놀지 않는 이상, 상상 놀이를 장려하는 것은 안전하며 어떠한 위험도 초래하지 않는다. 위험의 주된 원인은 놀이에 대한 어른의 태도와 관련이 있다. 예를 들어 부모는 어린 자녀가 상상 놀이에 참여하지 않는 것을 불필요하게 걱정할 수도 있고 반대로 자녀가 학교에서 놀아서는 안 된다고 생각할 수 있다.

놀이에 대한 생각은 경험적 증거보다는 사람들이 만드는 내러티브에 의해 더 큰 영향을 받는다(Fisher et al., 2008). 이 장에서는 아이들이 놀이를 통해 성장하고 발전한다는 내러티브나 아이디어에 대한 증거를 살펴보았다. 이는 100년 이상 어린이 놀이에 대한 서구의 지배적인 내러티브였기 때문에 친숙할 것이다(Sutton-Smith, 2009). 다른 내러티브로는 판타지로서의 놀이와 재미로서의 놀이가 포함된다. 운명으로서의 놀이와 관련된 내러티브도 있는데, 이는 운과 관련된 게임에 적합하다. 놀이의 용도를 생각할 때, 놀이를 발달의 촉매제로만 생각하는 것은 제한적일 수 있다. 모든 연령대에서 놀이를 학습 수단으로 사용하는 방법은 매우 다양하다. 예를 들어 동기 부여의 원천으로 사용하거나 게임뿐 아니라 실생활의 유용한 규칙을 배우는 방법으로서 놀이를 사용할 수 있다.

VI 좋은 예와 나쁜 예

상상 놀이의 잠재적 이점을 한 마디로 요약하면 아이들이 자극보다는 생각에 의해 움직일 수 있게 도울 수 있다는 것이다. 환경에 반응하는 대신 아이들은 자신의 행동을 이끌어 내는 정신적 환경을 만든다. 이를 염두에 두고, 생각에 의해 주도되는 놀이의 잠재력을 극대화해 보자.

나쁨: 어린이가 블록버스터 액션 영화를 본다. 영화를 만든 사람은 엄청난 상상력을 발휘하였다. 반면에 영화를 보는 행위는 자극에 의해 주도되며, 더 많은 폭발, 자동차 추격 장면, 고사양 그래픽을 원하게 된다. 비디오 게임도 마찬가지이다. 어린이는 자극에 의해 움직인다(이러한 영화들을 볼 기회가 있을 수 있다. 하지만 액션 영화가 집행 기능을 발전시킬 것이라는 기대는 갖지 않기를 바란다.).

나쁨: 어른이 아이에게 정확히 무엇을 해야 하는지 말해준다. 아이는 상상력을 발휘하기보다는 어른(일종의 자극)에 의해 움직인다.

좋음: 미스터리 영화는 우리의 생각을 자극하며, 범인이 누구일지 추측하며 시나리오를 구성해 보는 것은 즐거움을 준다. 어른으로서 아이들이 책을 읽거나 무언가를 볼 때 가능성을 상상하는 것이 자신들의 임무임을 깨달을 수 있도록 도와주어야 한다.

좋음: 이야기의 일부만을 제시하는 장난감. 장난감 집은 아이들이 이야기를 만들도록 유도한다. 쓰임새가 정해진 장난감과 달리 블록은 아이들로 하여금 요새, 다리 등을 만들고 상상할 수 있는 기회를 준다. 다시 말하지만, 어른이 놀이를 주도하는 것보다는 팁을 제공하는 것이 도움이 된다. 아이들이 대안을 상상하고 현실의 엄격한 제약과 멋진 상상의 세계 사이를 왔다 갔다 할 수 있는 기회를 더 많이 주어야 한다.

핵심 학습 메커니즘은 무엇인가?

상상 놀이는 현실 세계와 다른 이야기를 만드는 것과 관련이 있다. 소꿉 놀이에서는 무언가를 다른 것에 대입한다.

예는 무엇이 있고 어떤 점에서 좋은가?

아이가 완두콩을 다 먹지 않은 숟가락(아이)을 포크(엄마)가 꾸짖는 척하고 있다. 이론적으로 상상 놀이는 아이의 인지 조절은 물론 상징적, 사회적 능력을 발달시키는 데 도움이 된다.

왜 효과가 있을까?

상상 놀이는 두 가지 핵심 움직임을 포함한다. 첫 번째는, 자극이 환경에 대한 반응을 주도하지 못하도록 하는 것이다(포크는 포크가 아니다). 두 번째는, 인지적으로 조절된 대안적인 해석을 만드는 것이다(포크는 어머니이다). 이러한 인간의 핵심 능력을 발휘한다면 성숙에 박차를 가할 수 있다. 하지만 놀이가 포유류 전반에 걸쳐 보편화되어 있음에도 불구하고, 어떤 형태의 놀이의 원인과 결과에 대한 명확한 증거를 정립하는 것은 쉽지 않았다. 한편, 일반적으로 재미있는 놀이는 성숙과 학습에 도움이 되는 것으로 알려진 활동을 전달하는 좋은 매개체 역할을 할 수 있다.

핵심 메커니즘은 어떤 문제를 해결해야 하는가?

- 아이들은 스스로 생각하지 않는다.
  - ‣ 지나치게 규범적인 교실은 학생이 무엇을 하고 생각해야 하는지 알려준다.
- 아이들은 환경의 자극에 따라 행동한다.
  - ‣ 특수효과가 즐비한 액션 영화는 상상을 불러일으키는 것이 아니라 상상의 필요성을 대체한다.
  - ‣ 아이들은 충동적이다.

활용 방법의 예

- 학생에게 상상력을 발휘하는 동안 역할을 맡게 하기.
  - ‣ 아이에게 의사가 되는 것을 상상하고 의사처럼(환자가 아닌) 행동하도록 요청하기.
- 아이의 상상력을 자극하기 위해 어른을 활용하기.
  - ‣ 부모가 자녀와 함께 이야기를 읽을 때 "만약에" 라는 질문을 하도록 하기.

위험성

무엇이 놀이로 간주되고 놀이가 무엇에 좋은지 모호하다. 이는 '학생들이 놀 때 배울 수 없다'거나, '상상 놀이는 더 많은 엔지니어를 배출하는 목표를 달성하는 가장 좋은 방법'이라는 이상한 믿음을 가질 여지를 만든다. 교육자는 어느 한 주장에 휩쓸리지 않도록 주의해야 한다.

적시에 알려주기

― 강의와 읽기의 효과가 발휘될 수 있도록 하기 ―

Just-in-Time Telling 적시에 알려주기
강의와 읽기의 효과가 발휘될 수 있도록 하기

적시에 알려주기(JUST-IN-TIME TELLING)는 학생들이 먼저 문제를 경험하게 한 다음 정답이나 해설을 듣거나 읽을 수 있게 한다. 강의와 책 읽기는 학생들이 경험한 문제를 다룰 때 더 효과적이다. 이번 장에서는 이러한 문제 해결 경험을 제공하는 방법에 대해 살펴보겠다. 학생들은 문제의 세부 내용을 이해할 때 설명 정보를 더 정확하게 학습할 수 있으며 이를 통해 향후 내용을 효율적으로 배우고 새로운 문제도 효과적으로 해결할 수 있다.

당신은 화학, 역사, 또는 <당신이 가장 싫어했던 수업을 삽입> 강의를 들었던 적이 있을 것이다. 강의는 점점 더 모호해지는 주제에 대한 별개의 단어 흐름으로 서서히 사라진다. 놀랍게도 그 주제는 분명 당대에 가장 획기적인 발견 중 하나였을 것이고, 그렇기 때문에 강의에 포함되었을 것이다. 이렇게 위대한 아이디어가 어떻게 단어의 안개 속으로 사라질 수 있을까? 그 이유 중 일부는 너무 길고 지나치게 많은 정보를 담은 형편없는 강의였을 수도 있다. 강의를 분할하고 상호작용 기회를 제공하면 이러한 문제를 해결하는 데 도움이 될 수 있다. 하지만 모든 것이 강사의 잘못은 아닐 수 있다. 누군가가 알려준 것을 제외하고는 강의 내용이 왜 중요한지 이해할 준비가 되어 있지 않았을 수도 있다. 또한 위대한 아이디어가 해결한 문제를 직접 경험하지 못했을 수도 있다.

I · 적시에 알려주기의 작동 방식

비즈니스 및 군사 시뮬레이션에서 사람들은 복잡한 시나리오를 접한다. 그런 다음 디브리핑debriefing(보통 어떤 일을 마친 뒤 그 일에 대해 사후 보고하는 것으로, 자신이 경험한 내용을 상대방이 이해할 수 있도록 요약하여 설명하는 행위-옮긴이)은 이러한 경험을 응집된 프레임워크로 정리해 준다. 경험 없는 디브리핑은 의미 없는 말의 나열에 불과할 것이다. 디브리핑이 없다면 시뮬레이션은 커다란 원칙에 연결되지 않은 수많은 독특한 경험에 불과할 것이다. "알려주기telling"의 가치는 종종 하나의 원리, 프레임워크, 또는 해결책으로 연결된 것들을 함께 정리해주는 데 있다. 경험과 설명은 서로 다른 유형의 지식을 만들며 경험이 선행될 때 함께 잘 작동한다.

효과적인 지식에는 If와 Then이라는 두 가지 구성요소가 있다. Then은 "숫자를 모두 더하고 숫자의 개수로 나누기"와 같이 행동 또는 반응을 나타낸다. If는 "평균 점수를 찾아야 한다"와 같이 행동을 취할 수 있는 조건을 나타낸다. 안타깝게도 대부분 강의와 정보를 전달하고 설명하는 글은 Then에 대하여 매우 상세한 설명을 제공하지만 If에 대한 설명은 그렇게 상세하지가 않다. 대부분의 강의와 정보 전달 글은 전문가의 추론 결과를 제시하지만 그 추론을 뒷받침하는 조건은 제시하지 않는다. 그 결과 사람들은 강의의 정확도에 견줄 만큼의 정확한 사전 지식을 갖고 있지 않다.

대학생에게 인간의 기억에 대해 가르치려고 하는 것에서 좋은 예를 찾을 수 있다. 교과서와 강의에서는 연상적 기억과 절차적 기억, 부호화와 인출 등 기억의 유형과 과정을 매우 세세하게 구분한다. 그럼에도 불구하고 학생들은 "사람은 무언가를 기억한다"와 같이 단순한 명제를 듣는 것으로 보인다. 이는 학생들이 정확한 구분을 요하는 상이한 기억 현상을 이해할 기회가 없었기 때문이다.

Schwartz와 Bransford(1998)는 대학생들이 강의를 듣기 전에 스스로 기억의 현상을 알아차리게 함으로써 이 문제를 해결하려고 하였다. 학생에게 주어진 과제는, 단어 목록을 기억하려는 사람의 데이터를 살펴보고 데이터의 중요한 패턴을 그래프로 나타내는 것이었다. 다음 예시를 통해 이 활동을 해볼 수 있다. 사람들이 기억하는 것에서 흥미로운 패턴을 발견할 수 있는지 확인해 보자.

지시문: 실험 관련 배경 정보와 해당 데이터를 읽으세요. 데이터에 보이는 중요한 패턴을 그래프로 그리세요.

배경 정보: 연구 참가자들이 아래의 단어 목록을 기억하는 실험에서 기록한 데이터이다. 참가자들은 초당 하나의 단어를 들었다. 그들은 목록을 보지 않고 듣기만 하였다. 그 후 참가자들은 기억할

수 있는 단어를 최대한 많이 적었다.

단어 **목록**(들려진 순서대로): 자동차, 하늘, 사과, 책, 컵, 자물쇠, 코트, 빛, 덤불, 철, 물, 집, 테이프, 파일, 유리, 강아지, 구름, 손, 의자, 가방

데이터: 참가자들이 기억한 단어(작성한 순서대로)

참가자 1: 가방, 손, 의자, 구름, 하늘, 빛

참가자 2: 가방, 의자, 손, 자동차, 하늘, 책, 집, 덤불

참가자 3: 손, 가방, 의자, 구름, 자동차, 자물쇠, 강아지

참가자 4: 가방, 손, 의자, 강아지, 자동차, 사과, 하늘, 물, 빛

당신이 이 활동을 반쯤이라도 해 보면, 많은 참가자가 가방, 손, 의자를 먼저 기억하고 자동차와 하늘도 대부분 기억한다는 것을 알아차릴 수 있을 것이다. 이와 관련하여 해당 단어들이 단어 목록의 처음과 마지막에 있는 단어임을 알아차릴 수 있을 것이다. 해당 데이터는 방금 들은 것을 잘 기억하는 **최신 효과**recency effect와 처음 들은 것을 잘 기억하는 **초두 효과**primacy effect와 같은 몇 가지 기억의 주요한 현상을 잘 보여준다.

연구자들은 이러한 현상을 분석하는 경험이 일반적인 교수 학습 기법보다 더 큰 학습효과를 가져올 수 있는지 조사하였다. 첫 번째 그룹의 학생들은 위의 활동과 같이 데이터의 흥미로운 패턴을 그래프로 그렸다. 두 번째 그룹의 학생들은 동일한 실험을 설명하고 데이터의 그래프를 보여주며 해당 결과를 설명하는 이론이 담긴 책을 읽었다. 두 번째 그룹의 학생들은 원본 데이터를 보거나 분석하지 않고 대신 책의 내용에 대해 두 페이지의 요약문을 작성하였다. 두 그룹의 학생들은 그래프를 그리거나 요약 활동을 완료하는 데 거의 비슷한 시간을 사용하였다. 다음 날 두 조건의 학생들은 기억과 관련된 이론을 제시하고 실험 결과를 설명하는 강의를 함께 들었다.

학생들이 무엇을 배웠는지 알아보기 위해 두 가지 테스트가 실시되었다. 참-거짓 테스트는 예를 들어 "초두 효과는 가장 마지막에 들은 것에 우수한 기억력을 보이는 경우이다"(거짓)와 같이 단순한 내용을 학생들에게 질문하였다. 두 조건의 학생 모두 이 테스트를 잘 수행했는데, 이는 이론의 then 부분을 학습하였기 때문이다. 차이는 일주일 뒤 학생들에게 학습한 내용을 새로운 상황에 적용하거나 전이하도록 하는 테스트에서 나타났다.

새로운 상황에 적용하는 전이 테스트에서 학생들은 지문을 읽고 사람들이

이 지문에서 무엇을 기억할지 예측하였다. 예를 들어 "사람들은 지문의 첫 부분을 잘 기억할 것이다"라고 예측할 수 있다. 그림 J.1에서 볼 수 있듯이, 데이터를 그래프로 그리고 강의를 들은 학생들이 훨씬 더 정확하게 결과를 예측하였다. 이 학생들은 데이터를 조사하고 분석함으로써 다양한 유형의 기억 현상과 이를 유발하는 조건을 경험할 기회가 있었다. 그 결과 강의는 그들이 경험한 세부적인 현상에 대한 설명을 제공하였다. 반대로 책의 내용을 요약한 후 강의를 들은 학생들은 예측 테스트에서 그다지 좋은 성적을 거두지 못하였다. 이는 이론이 어디에 적용되는지 인지할 기회가 없었기 때문이다. 예를 들어 학생들은 초두 효과에 대해 읽었고 이와 관련된 데이터의 차트를 보았지만 그 현상이 어떤 조건에서 발생하는지 이해하기 위해 현상을 직접 경험해 보지 못하였다. 그들은 이론을 설명할 수 있었지만 언제 그 이론을 사용해야 하는지 인식하지 못하였다.

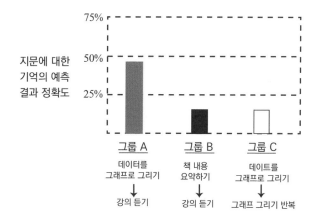

그림 J.1. 적시에 알려주기 효과. 학생은 각 그룹 아래에 표시된 활동을 완료한 후 지문에 대한 기억의 결과를 예측하였다(Schwartz & Bransford, 1998).

연구자들은 세 번째 그룹의 학생도 연구에 포함시켜 그래프를 그리게 하였다. 하지만 세 번째 그룹 학생들은 그래프를 그린 후 강의를 듣는 대신 다시 한 번 데이터의 패턴을 더 찾아보았다. 세 번째 그룹 학생들은 두 시험 모두 좋지 않은 성적을 거두었다. 그들은 관찰한 현상을 설명하는 용어와 이론을 배우지 않았기 때문에 참－거짓 테스트에서 좋지 않은 성적을 거두었다. 또한 강의를 듣지 않았기에 자신이 발견한 패턴에 담긴 원리를 배울 수 없었고, 결과적으로 자신이 공부한 것을 새로운 상황에 일반화할 수 없었다. 예를 들어 초두 효과와 최신 효과의 원리에 대해 알지 못하면 데이터에서 발견한 패턴이 단어 목록뿐만 아니라 지문을 읽을 때도 적용된다는 것을 알 방법이 없다.

앞서 온 사람들의 축적된 지혜로부터 혜택을 받으려면 학생들에게는 두 가지가 필요하다. 평생을 연구한 전문가의 설명을 파악해야 하고, 그러한 설명이 필요한 문제와 상황을 알아야 한다. 책 내용을 요약한 학생의 사례에서 알 수 있듯이 사람들에게 이러한 상황을 알려주는 것은 그다지 효과적이지 않다. 대신 사람들은 자신들이 다루어야 할 상황에 대해 어느 정도 경험을 해봤을 때 설명을 더 잘 이해한다.

II 적시에 알려주기를 활용하여 학습을 향상시키는 방법

사람들은 흔히 강의를 지식 성장 전달 이론^{transmission theory}의 실현으로 여기며, 교수자가 학생의 머릿속에 지식을 주입하려고 하는 것으로 여긴다. 지식을 머릿속에 주입하는 것이 가능하다고 믿는 사람은 과연 얼마나 될까? 아마도 많지 않을 것이다. 대신, 대부분의 사람들은 학생들 스스로 아이디어를 이해하고 연결해야 하는 구성주의^{constructivism}의 한 형태를 채택한다. 어떤 사람들은 구성주의는 발견 및 체험활동을 통한 학습을 포함할 필요가 있다고 생각하며, 강의는 구성주의와 정반대라고 생각한다. 하지만 이는 사실이 아니다. 강의의 문제점은 반구성주의적이라는 점이 아니다. 사람은 충분한 사전 지식이 있다면 혼자서도 지식을 구성할 수 있다. 문제는 학생들이 읽거나 들었던 내용에서 지식을 구성할 수 있는 사전 지식을 가지고 있지 않는 경우가 많다는 점이다. 학생들이 할 수 있는 유일한 방법은 강의 내용을 이해하기보다는 강의 내용을 암기하거나 또는 듣지 않는 것이다.

강의와 읽기의 장점을 극대화하기 위해서는 교수 활동은 먼저 학생들이 사전 지식을 개발할 수 있도록 도움이 되어야 한다. 이를 통해 학생들은 제시된 학습 자료에서 지식을 구성할 수 있다. 알려줄 시간을 만들기 위해, 가장 효과적인 활동은 학생들로 하여금 상황의 핵심 요소에 직면할 수 있도록 돕는 것이다. 아래에 몇 가지 예를 제시하겠다. 이 예들은 효과적인 활동은 경험이 해결해야 할 문제로 이루어져야 하며, 경험이 정확해야 한다는 두 가지 요소를 필요로 한다는 것을 보여준다.

문제 해결 프레임

한 가지 핵심 요소는 실질적이든 이론적이든 해결해야 할 문제에 학생들을 참여시키는 것이다. 예를 들어 학생이 나침반과 지도를 사용하여 숲에서 길을 찾는 방법을 배우도록 하고 싶다면 숲을 그냥 걷게 하면 안 된다. 대신 학생들에게 두 지점 사이를 이동하는 방법을 나침반과 지도를 사용하여 찾아보도록 시켜야 한다.

학생들이 항상 직접 문제를 경험할 필요는 없다. 대신 문제를 해결해 보려는 경험은 필요하다. 그것이 자신의 것이든 다른 사람의 것이든 상관없이 말이다. 사고 실험의 일환으로, 아직 가르쳐 본 경험은 없고 수업만 듣는 예비 교사의 경우를 생각해 보자. 예비 교사에게 교실 생활지도 강의를 들을 준비를 시키고 싶다고 가정해 보자. 한 가지 접근법은 예비 교사에게 한 시간 동안 소란스러운 교실을 담당하게 하는 것이다. 이는 피부에 와 닿는 경험이 될 것이며 생활지도의 절실한 필요성을 알려줄 것이다. 문제는 예비 교사가 강의에서 다루어야 할 유형의 교실 생활지도 문제를 경험하지 못할 수도 있다는 점이다. 예를 들어 강의는 학생들이 차례를 지켜야 하는 문제를 다룰 수 있지만 예비 교사는 수업 중에 휴대 전화를 가지고 노는 학생을 경험하였을 수도 있다. 다른 접근법으로는 교실에서 가장 빈번히 발생하는 10가지 생활지도 문제를 보여주는 동영상을 보여주고 그에 대한 해결책을 만들어보게 하는 것이다. 이러한 경험은 예비교사들이 강의를 들을 준비가 될 수 있게 하며, 강의에서 다루는 구체적인 문제에 관심을 갖게 하는 이점이 있다.

정확한 경험

앞선 예는 또한 두 번째 핵심 요소로서 경험이 정확해야 하며 학습할 내용과 일치해야 한다는 점도 강조한다. 댐 설계 강의를 맡았다고 가정해 보자. 강의를 들을 준비를 시키기 위해, 학생들에게 강에 댐을 설계하는 문제를 풀어보라고 하였다. 이는 학생들의 댐에 대한 사전 지식을 활성화시킬 것이다. 하지만 안타깝게도 수압의 중심과 댐 질량 중심 간의 관계와 댐 벽의 경사 관계 등 댐 설계에서 해결해야 하는 정확한 문제에 대해 배우는 데는 도움이 되지 않는다. 학생들이 이러한 문제를 학습할 수 있도록 준비시키기 위해서는, 서로 다른 깊이에서 상이한 수압 문제를 강조하는 문제를 접할 수 있는 기회가 필요하다. 좋은 문제는 학생에게 강의나 책에서 다루는 정확한 문제에 직면할 수 있는 기회를 제공한다.

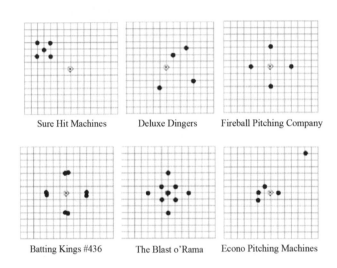

그림 J.2. 변산성variability 강의를 들을 준비를 할 수 있게 하는 활동. 각 모눈종이는 서로 다른 투구 기계의 결과를 나타낸다. 각 점은 모눈종이 중심을 겨냥했을 때 투구 기계가 맞힌 위치를 나타낸다. 학생들의 과제는 각 기계의 신뢰도 수치를 계산하는 단일 절차를 생각해 내는 것이다 (아이를 위해 기계를 구입하는 사람들은 매우 신뢰할 수 있는 기계를 원할 것이다.).

     정확한 문제 중심 활동의 예로, 그림 J.2는 변산성Variability 계산에 대한 설명과 공식을 듣기 전 학생에게 제시된 사례 비교대조하기(C장)를 나타낸다. 학생들은 투구 기계의 신뢰도를 계산하기 위한 방법을 고안해야 했다. 각 검은 점은 투구 기계가 맞힌 위치를 나타낸다. 주어진 사례들은 변산성과 관련한 여러 가지 문제를 잘 보여준다. 예를 들어 파이어볼 피칭Fireball Pitching과 블래스트 오라마Blast o'Rama 기계의 비교대조는 변산성 측정에 있어 둘레가 아니라 데이터의 밀집성이 중요하다는 것을 학생들이 알아차릴 수 있도록 돕는다. 셜 히트 머신Sure Hit Machines과 디럭스 딩거스Deluxe Dingers 기계의 비교는 학생들이 서로 다른 표본 크기의(통계학 용어로 다른 n값) 문제를 알아차리는 데 도움이 된다. 이러한 비교대조 사례를 경험한 학생들은 공식이 고려해야 할 특성들을 구분해 보았기 때문에 표준 편차 공식을 이해할 준비가 잘 되어 있다. 예를 들어 비교대조를 경험한 후 강의를 들은 학생들은 그렇지 않은 학생들보다 수식에서 n을 나누는 이유를 훨씬 더 잘 설명하였다(Schwartz & Martin, 2004, n으로 나누는 것은 평균을 구하는 방법이기 때문에 표본 크기가 다른 문제를 해결한다.).

$$\sigma = \sqrt{\frac{\sum (x - \bar{x})^2}{n}}$$

무료로 사용 가능한 과학 시뮬레이션(예: PhET Interactive Simulations http://phet.colorado.edu 참조)에서도 적시에 알려주기를 위한 환경을 조성할 수 있다. 이러한 의도가 있는 경우 학생 혼자서 시뮬레이션을 탐색하도록 해서는 안 된다. 왜냐하면 해결해야 할 유용한 문제를 경험하지 못할 수도 있기 때문이다. 대신 학생들에게 몇 분 동안 시뮬레이션을 탐색하게 하여 다양한 제어와 일반적인 시뮬레이션 동작을 익히게 하고, "이 버튼의 기능은 무엇일까?"와 같이 초기 호기심을 해소할 수 있도록 한다. 그런 다음 설명될 자료와 관련된 구체적인 문제를 제시한다. 예를 들어 시뮬레이션에서 동일한 결과를 얻기 위한 세 가지 다른 방법을 찾으라고 할 수 있다(예: 동일한 목표물을 타격하기 위해 대포 속도, 높이, 각도를 조정하는 세 가지 다른 방법 찾기). 이는 학생들이 강의 혹은 책 주제인 시뮬레이션의 중요한 특징을 알아차리는 데 도움이 될 것이다.

Ⅲ 적시에 알려주기의 결과

적시에 알려주기는 사람들이 자신이 들은 지식의 목적을 이해하는 데 도움을 줄 수 있다. 예를 들어 적시에 알려주기를 적용하면 학생들은 수식의 목적이나 구성요소(예: n으로 나누어야 하는 이유)를 더 잘 설명할 수 있으며, "그렇게 해야 하니까"와 같은 말을 할 가능성이 줄어든다. 또한 "왜 <X>가 중요한가?" 질문과 만약에 대한 질문에도 답을 할 수 있을 것이다.

두 번째 결과는 더 유용한 지식이다. 수학자이자 철학자인 알프레드 화이트헤드Alfred Whitehead는 **비활성화 지식**Inert knowledge 용어를 만들었다. 사람은 많은 양의 이론적 지식을 보유할 수 있지만 언제 그것을 사용해야 하는지 인식하지 못하면 비활성 지식으로 남게 된다. 예를 들어 Michael 등(1993)은 초기 임상의들이 자신이 배운 모든 증후군에 대해 설명은 할 수 있지만 실제로 환자를 진단하지는 못함을 발견하였다. 그 이유는 진단이 필요한 조건을 관찰할 기회가 없었기 때문인데, 즉 if를 배운 적이 없었기 때문이다. 학습자에게 적용 가능한 조건을 경험할 기회를 제공하는 것은 학습자로 하여금 자신이 알고 있는 지식을 언제 사용할지 알아차릴 가능성을 높여준다.

Ⅳ 적시에 알려주기를 통해 스스로 가르치는 법을 배울 수 있을까?

사람들은 자신이 해결할 수 없는 문제를 접할 때 설명을 요청하는 데 비교적 능숙하지만, 책을 읽거나 강의를 듣기 전 미리 문제를 찾아내는 데는 능숙하지 않다. 우리가 아는 한, 사람들에게 적절한 경험을 찾도록 하여 알려주기 적합한 최적의 시간을 만들게끔 하는 연구는 지금까지 없었다. 이와 관련하여 드물게 떠오르는 예가 있다. 예를 들어 사람들은 새로운 보드게임 규칙을 조금만 읽고 잠시 플레이를 한 후 규칙을 더 읽을 수 있다. 일반적으로 설명에 앞서 경험 쌓는 법을 배우는 것은 어렵다. 왜냐하면 어떤 경험을 찾아야 하는지 알아야 하기 때문이다.

학생들은 때때로 해결책을 배우기 전에 문제 푸는 것을 선호하지 않는다. 문제를 해결할 수 없더라도 이러한 준비 경험의 이점을 납득시키는 것은 유용하다(Kapur & Bielaczyc, 2012). 예를 들어 우리 저자는 물리학을 수강하는 학생들에게, 강의에 앞서 그림 J.2와 유사한 문제를 풀어보도록 한 적이 있다. 많은 학생들은 문제가 시험에 출제될 문제처럼 보이지 않고, 문제를 푸는 방법을 아직 가르쳐 주지 않았다고 불평하였다. 학생들은 평생 동안 배운 대로 연습하는 것을 강조하는 수업을 받았기 때문에 학생들의 불만은 당연한 것이었다. 과목을 수강하였던 학생들에게, 강의 전 활동에 참여한 학생들은 그렇지 않은 학생들보다 다음 테스트에서 더 나은 성적을 거뒀다고 말할 기회가 없었던 것이 우리로서는 안타까웠다.

첫 번째 위험은, 교사는 자신들이 알고 있는 정보를 알려주고 싶어하기 때문에 학생들이 문제에 대해 깊게 생각할 수 있을 만큼 정보를 오래 가지고 있을 수 없다는 점이다. 학생에게 먼저 정보를 알려주는 것이 그렇게 나쁜 게 뭐가 있을까? 너무 빨리 알려 주는 것의 위험은 인지의 일반적인 원칙인 **사람은 새로운 것을 알아차리려고 하기보다는 자신이 알고 있는 것에 주로 의존한다는 것**과 관련이 있다. 이는 교수 활동에 있어 매우 직접적이고 부정적인 시사점을 준다. 당신이 어린 아이에게 장난감의 한 가지 기능 놀이 방법을 보여주면, 어린 아이는 그 장난감으로 할 수 있는 다른 기능을 탐색할 가능성이 줄어든다 (Bonawitz et al., 2011). 당신이 학생에게 문제 해결을 위한 공식을 가르치면, 학생은 그 공식이 설명하는 상황 대신 당신이 알려 준 공식에만 주의를 기울일 것이다.

8학년 학생을 대상으로 한 연구는 이러한 위험성을 보여준다(Schwartz et al., 2011). 먼저 알려주기 조건 학생들은 밀도와 밀도를 계산하기 위한 $d = m/v$ 공식을 사용하는 방법에 대해 간단한 설명을 들었다. 그런 다음 학생들은 그림 J.3에 제시된 워크시트를 받았다. 주어진 과제는 각 회사가 얼마나 광대를 버스에 태웠는지 알아내는 것이었다. 예를 들어 두 번째 줄에 있는 회사의 답은 칸 당 광대 세 명이다. 95% 이상 학생들은 각 회사의 밀도를 정확하게 계산하였다. 학생들은 24시간 후 기억에 의존해서 워크시트를 다시 그려내야 했다. 대략 50% 학생들이 그림 J.4A에 있는 것과 비슷한 버스 쌍을 다시 그렸다. 같은 회사의 버스들은 광대와 칸의 비율이 같지 않다. 이는 학생들이 워크시트 문제를 풀 때 밀도가 질량(광대)과 부피(칸)의 공통 비율로 정의된다는 것을 알지 못했기 때문에 발생한 문제이다. 학생들은 단순히 들은 대로 질량을 부피로 나누었으며, 나눗셈에 대한 지식에 지나치게 의존하여 비율의 중요성을 알아차리지 못하였다.

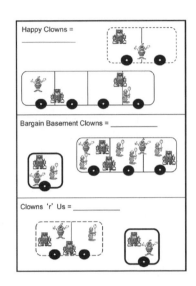

그림 J.3. 각 회사 버스 칸에 대한 광대들의 비율을 보여주는 워크시트. 먼저 알려주기 조건의 학생들은 밀도 공식을 들은 후 이를 적용하여 각 회사별 광대의 혼잡도를 결정하는 연습을 하였다. 다른 조건의 학생들은 밀도 설명을 듣지 않고 대신 각 회사의 혼잡도 지수를 직접 만들었다(Schwartz et al., 2011).

이러한 결과가 너무 일찍 알려준 위험성에서 비롯되었다는 것을 증명하기 위해, 두 번째 조건에서는 밀도에 대해 알려주지 않은 학생을 포함하였다. 두 번째 조건의 학생에게 주어진 과제는 각 회사에서 사용할 혼잡도 측정 방법을 만들어 보는 것이었다. 다음 날 워크시트를 다시 그리라고 하였을 때, 두 번째 조건 75% 학생들의 그림은 그림 J.4B와 유사하였다. 학생들은 비율의 중요성을 파악하였다. 두 조건의 차이는 몇 주 후 후속 내용을 배울 때 비율을 사용하는 능력에 지속적인 영향을 미쳤으며, 결과적으로 '만들어 본' 학생들의 성적이 거의 네 배나 더 좋았다. 이와 유사한 결과로 3 + 4 = 5 + __ 와 같은 문제를 해결하는 법을 배우는 초등학생에게도 나타났다. 먼저 알려주고 연습하게 하는 것보다 먼저 시도하게 하는 것이 더 효과적이었다(DeCaro & Rittle−Johnson, 2012). (수식의 양변을 같게 만들어 본 경험이 없는 아동은 답이 12라고 생각하는 경우가 많은데, 이는 주어진 과제가 모든 숫자를 더하여 마지막 빈 공간에 답을 적는 것이라고 생각하기 때문이다.)

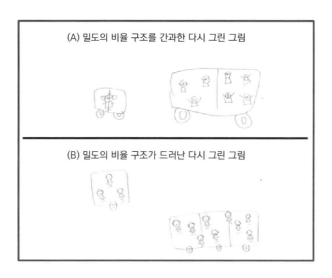

그림 J.4. 학생들이 워크시트에 대해 기억한 것을 보여주는 예시. (A) 그림은 학생이 주어진 회사의 광대와 버스 칸의 밀도가 동일한 비율이라는 것을 알아차리지 못했음을 보여준다. (B) 그림은 밀도가, 3대 1이라는 공통 비율에 의해 정의된다는 것을 인식하고 있음을 보여준다.

이러한 연구의 시사점 중 하나는 학생들이 교실에서 문제를 풀기 전 집에서 동영상 강의를 시청하는 "플립flipped(거꾸로 – 옮긴이)" 수업과 연관이 있다. 학생에게 먼저 문제를 풀게 하고, 다음에 "알려주는telling" 영상을 시청한 다음, 배운 내용을 실행하는 연습을 하는 것이 더 나을 수 있다. 우리 저자는 이러한 새로운 수업 방식을 "이중 플립 수업double – flipped instruction"이라는 별칭을 붙였다.

두 번째 위험은, 사람들이 즉각적인 효과를 보여주지 않기 때문에 매력적인 경험을 무시할 수 있다는 점이다. 예를 들어 Arena(2012)는 문명Civilization과 콜 오브 듀티Call of Duty와 같은 상업용 비디오 게임이 학생들이 제2차 세계대전에 대해 배우는 데 도움이 될 수 있음을 보여 주었다. 몇 시간 동안 게임을 한 학생들은 처음에는 그렇지 않은 학생들보다 제2차 세계대전에 대한 지식을 많이 보여주지 않았기 때문에 게임은 쓸모 없는 것처럼 보였다. 하지만 이는 성급한 결론이었다. 비디오 게임이 제2차 세계대전 역사 그 자체를 묘사하지는 않지만, 학생들은 전략적 전술적인 문제를 경험할 수 있었고, 이는 제2차 세계대전 강의에서 그러한 종류의 이슈들을 배울 준비를 할 수 있게 만들었다. 비디오 게임은 후속 설명과 결합될 때 비로소 그 가치를 드러냈다. 게임을 한 학생은 그렇지 않은 학생보다 제2차 세계대전 강의에서 더 많은 것을 배웠다. 많은 체험 활동의 이점은 그 자체가 완전한 수업이어서가 아니라 향후 학습을 준비시킨다는 점이다.

이 연구는 특히 게임과 학습에 관심있는 사람에게 흥미로운 결과이다. 요점은 몇 시간 동안 전쟁 비디오 게임을 하는 것이 제2차 세계대전 학습 준비에 가장 효과적인(또는 올바른) 방법이라는 점이 아니다. 오히려 게임에 설명적인 것을 집어넣지 않고도 학습을 위한 효과적인 게임을 만들 수 있다는 점이다. 즉, 학생이 게임을 통해 경험을 하도록 하고 이후에 설명 텍스트나 강의가 설명을 제공할 수 있다는 점이 중요하다(Arena & Schwartz, 2013).

세 번째 위험은, 알려주기가 제대로 실행되지 않을 수 있다는 점이다. 예시가 약하거나, 아이디어의 순서가 잘못되었거나, 중요한 아이디에 대한 언급이 없거나, 정보를 누락하였거나, 단조로운 톤인 경우가 그렇다. 가장 일반적인 문제는 강의에 너무 많은 정보가 있다는 것이다. 한 조사 결과에 따르면 평균적인 공학 강의는 2.5분마다 새로운 수식을, 45초마다 새로운 변수를 소개하는 것으로 나타났다(Blikstein & Wilensky, 2010). 한 시간 동안 그런 강의를 듣는다고 상상해 보자! 아마도 교수자는 자료를 반드시 강의 시간에 다루어야 한다고 느끼거나, 혹은 자료가(적어도 그들에게) 뻔해 보일 수 있다. 그 결과 엄청난 인지 부하를 유발하는 초고속 강의가 이루어진다. 듣는 학생은 새로운 정보를 종합하려고 노력하기 때문에 모든 것을 염두에 두는 데 시간과 노력이 필요하다. 전문가조차도 자신의 전문 분야에 대해 지나치게 많은 양의 강의를 들으면 따라잡지 못할 수 있다. 때로는 적은 것이 더 좋다. 모든 아이디어가 아니라 중요한 아이디어를 목표로 두자.

VI 좋은 예와 나쁜 예

돛과 바람이 어떻게 상호작용하는지 적시에 알려줄 수 있도록 준비하기:

나쁨: 윈드서핑을 배우면 갈 수 있는 재미있는 장소를 상상하게 하기. 물론 이는 동기 부여에 효과적이지만 강의를 이해할 수 있도록 준비시키지는 못한다.

좋음: 각 사람이 미니어쳐 요트를 가지고 재미있는 작은 경주를 해보도록 하기. 이때 옆에서 바람을 불어도 요트가 물을 가로지를 수 있도록 돛의 각도를 설정해야 한다. 이렇게 하면 바람에 맞서 항해하는 문제를 경험하는 데 도움이 되고, 결과적으로 해당 주제에 대한 강의를 들을 준비를 시켜준다.

핵심 학습 메커니즘은 무엇인가?

학생이 해결 방법을 듣거나 읽기 전 먼저 문제를 경험할 수 있도록 한다.

예는 무엇이 있고 어떤 점에서 좋은가?

학생은 시뮬레이션 전투를 완료하고 그 후 디브리핑을 받는다. 시뮬레이션은 학생에게 풍부한 경험을 제공하고, 디브리핑은 이러한 경험을 정리할 수 있는 설명이나 틀을 제공한다. 경험이 없다면 설명은 추상적이다. 또한 설명이 없다면 경험은 단지 기억의 집합이다. 경험과 설명이 함께 사용 가능한 지식을 만들어 낸다.

왜 효과가 있을까?

사람은 설명과 자신의 사전 지식을 통합하여 설명 자료로부터 학습한다. 하지만 학생은 설명을 의미있게 통합하기에 충분한 사전 지식이 없는 경우가 많다. 학습자에게 문제에 대한 사전 지식을 개발할 수 있는 기회를 제공하면 학생들이 해결해야 하는 문제의 측면을 경험해 보기 때문에 강의가 더 의미있게 느껴지게 된다.

핵심 메커니즘은 어떤 문제를 해결해야 하는가?

- 학생들이 강의를 지루해하거나 이해하지 못한다.
  ‣ 교수는 훌륭한 강의를 제공하지만 학생들은 매우 작은 세부사항까지 이해할 수 없다.
- 학생들이 대략적인 이해를 보인다.
  ‣ 학생이 여러 유형의 기억 현상에 대해 읽었지만 사람들은 무언가를 기억한다는 것만 배운 것 같다.
- 학생들이 배운 내용을 활용하지 못한다.
  ‣ 학생들은 내용은 잘 외우지만 언제 적용해야 하는지 모른다.

활용 방법의 예

- 학생들에게 문제를 풀어보게 함으로써 문제에 대한 경험을 얻도록 하기.
  ‣ 생물학 전공 학생들은 고무 오리 20마리를 건드리지 않고 수영장 중앙

으로 어떻게 옮길지 생각한다. 이는 세포가 세포 분열을 위해 핵으로 물질을 모으는 방법을 설명하는 강의를 준비하게 한다.

‣ 예비 교사들이 여러 생활 지도 문제를 다룬 비디오를 시청하고 가능한 해결책을 생각해 본다. 이는 예비교사들이 강의에서 제시되는 해결책의 세부 사항을 이해할 수 있도록 준비시켜 준다.

위험성

- 교사가 학생에게 해결책을 너무 성급히 알려줄 수 있다.
- 학생은 방법을 알려주기 전에 문제 푸는 것을 거부할 수 있다.

K
is for Knowledge

지식

– 지식의 효율성과 혁신에 대한 에세이 –

Knowledge 지식

지식의 효율성과 혁신에 대한 에세이 _____

지식(KNOWLEDGE)은 모든 학습에 스며들어 있다. "사전" 지식은 새로운 정보를 이해할 수 있게 해주며, "사후" 지식은 이전에 불가능했던 목표를 상상하고 달성할 수 있게 한다. 이번 장에서는 지식의 중요성을 고려하여 이 책에 적용된 일반적인 방식으로 K장 설명을 하는 대신 지식의 광범위한 영향에 대하여 간략한 에세이를 제공하고자 한다. 우리의 목표는 교육 경험 디자인과 바람직한 학습 결과에 대한 혼란을 야기하는 암묵적 이분법을 해소하는 데 도움을 주는 것이다.

학습 과학자와 연구자는 종종 미리 지정된 결과물을 디자인하는 것을 넘어서서 어떤 결과물이 가치가 있는지 결정해야 한다. 이는 궁극적으로 교육 당사자들이 결정해야 할 규범적 질문이다. 그럼에도 과학은 특히 다양한 학습 제안들 사이에서 교육의 방향성을 정하는 데 도움이 되는 역할을 할 수 있다.

우리 저자가 제안하는 개념적 프레임워크는 교육의 두 가지, 주요하면서도 종종 상충되는 목표를 포착한다(Schwartz et al., 2005): (1) 반복되는 문제 해결을 위한 효율적인 지식의 개발 및 사용, (2) 새로운 지식을 혁신하여 새로운 조건에 적응하는 능력. 이 두 부류의 결과는 숙달 훈련시키기 vs. 새로운 지식을 발견하도록 요구하기, 교사 중심 vs. 학생 중심 교육법과 같은 교육 내의 많은 논쟁에서 나타난다. 이러한 두 가지 목표는 상호 배타적인가? 아니면 학습자가 효율성과 혁신을 모두 지원하는 지식을 개발하는 데 도움이 될 수 있는 프레임워크가 있을까?

효율성을 위한 학습

학습과학에서 자주 거론되는 주요한 주제로 '지식이 힘이다' 라는 명제를 들 수 있다. 이 명제는 흔히 프랜시스 베이컨Francis Bacon이 처음 쓴 것으로 알려져 있다. 학습에서 이 명제는 지식이 효율적인 통제를 가능하게 한다는 것을 나타낸다. 1950년대 Newell과 Simon(1972)은 하위 목표 설정, 대안 탐색, 합리적 추측과 같은 일반적인 문제 해결 전략을 사용하는 지능형 컴퓨터 프로그램인 **일반 문제 해결자**General Problem Solve를 개발하였다. 이는 대단한 지적 결과물이었다. 동시에 두 연구자는 일반 문제 해결자의 기법이 **약한 방법**weak methods(비효율적이고 수고스러운 일반적인 전략)으로 이루어져 있음을 알았다. 반면에 인간은 한 발 더 나아가 강한 방법strong methods(특정 문제나 상황에 맞게 조율된 지식을 기반으로 한 전략)을 사용하였다. 초보 체스 선수는 가능한 모든 반응과 대응 수를 추론하려고 노력하지만 약한 방법이다. 반대로, 체스 프로 선수는 큰 이점을 가져다주는 뚫려 있는 열, 행, 대각선을 찾는다. 이는 강한 방법이다. 지식은 사람을 더 효율적이고 강력하게 만든다.

빠른 인출, 정확한 적용, 높은 수행 일관성은 효율적인 지식의 특징을 보여준다. 특정 유형 수술을 자주 집도한 의사는 매우 효율적인 지식을 가지고 있다. 그들은 새로운 환자를 빠르게 효과적으로 진단하고 치료할 수 있다. 수술을 위해 외과 의사 선택 시 "이전에 이런 수술을 몇 번이나 해 보셨습니까?"라고 물어보는 것은 현명하다. 연습 정도는 타고난 지능보다 전문성을 더 잘 예측할 수 있는 지표이다(D장 참조).

효율적인 사전 지식은 새로운 관련 정보를 해석하는 능력을 향상시키며, 교수법보다 학습을 더 잘 예측한다(S장 참조). 학생의 읽기 능력을 평가할 때, 학생의 경험과 관련된 이야기 제공은 시험 점수를 향상시킬 것이다.

지식은 노화의 영향을 극복하기도 한다. 인간은 스무 살 이후 나이가 들어감에 따라 일시적인 내용을 유지, 선택, 전환하는 능력이 감소하게 된다(유감스럽지만, 평균적으로 사실이다.). 그럼에도 불구하고 지식은 기본적인 처리 능력을 압도한다. Hambrick과 Engle(2002)은 연구 참가자들에게 몇 분간 야구 경기 중계를 듣게 하였다. 그 후 참가자들은 자신이 들은 내용에 대한 질문에 답을 하였다. 노년층과 같은 수준의 야구 지식을 가진 젊은 사람들은 일시적인 정보를 더 잘 유지할 수 있었기 때문에 방송 세부 사항을 더 잘 기억하였다. 그러나 야구에 대해 잘 아는 노인들은, 젊은이들이 뛰어난 작업 기억을 가지고 있음에도 불구하고 야구에 대해 잘 모르는 젊은이들보다 더 많은 세부 사항을 기억하였다.

학습과학은 주로 효율성 결과에 초점을 맞춘다. 이는 특히 미국에서 더욱 두드러진다. 피아제[Piagetian]를 추종하는 학자들은 "어떻게 하면 아이들이 발달 단계를 더 빨리 진행하도록 할 수 있을까"라는 "미국식 질문"에 대해 흥미롭다는 반응을 자주 보이곤 한다. 이는 실용주의와 "지금 당장"을 강조하는 미국인의 성향에 잘 부합하는 효율성 질문이다.

다양한 견해를 종합해 보면, 초보자에서 전문가로의 전환은 효율적 지식의 증가로 특징지어 진다고 해도 무방할 것 같다. 대부분의 학교 기반 평가는 하나의 정답이 있는 효율적인 지식을 테스트한다. 이러한 평가는 종종 격리된 형식의 문제 해결 형식을 취한다(Bransford & Schwartz, 1999). 판결에 영향을 줄 수 있는 요인에서 격리된 배심원처럼, 학생은 학습을 위한 자원이나 피드백 없이 문제를 풀어야 한다. 학생들이 효율적으로 사전 지식을 쌓아 두었다면 상대적으로 익숙한 종류의 문제를 시간 압박 속에서도 처음부터 정확하게 풀 수 있다.

혁신을 위한 학습

효율적인 지식은 안정적이고 반복적인 맥락에서 이상적이다. 책이든 화면이든 읽기는 안정적인 맥락에서 이루어진다. 영어는 항상 같은 26개 글자로 구성되어 있고, 단어들로 구분되며, 왼쪽에서 오른쪽으로 읽는다. 사람들은 텍스트의 시각적 자극을 해독하기 위해 자동 지식을 개발하는데, 이는 매우 가치가 있다. 효율적 기억은 다시 문제를 푸는 것보다 훨씬 빠르다. 반복적인 과제에 대한 효율적 지식이 없다면 인생에서 어려움을 겪을 것이다.

적절한 연습은 비일상적이고 해결하기 어려운 문제를 빠르고 쉽게 해결할 수 있는 일상적 문제로 바꾸는 데 도움이 된다. 다르게 표현하면 효율성 위주의 연습은 깊이 있고 지속적인 문제 해결보다는 주로 "문제 제거"에 관한 것이다. 사람들이 삶에서 직면하게 될 문제를 본질적으로 일상적인 문제 또는 "근접 전이[near transfer](학습 또는 연습한 내용을 매우 유사한 상황에 적용하는 것 – 옮긴이)" 문제가 될 수 있도록 하게 함으로써, 사람들은 광범위한 문제 해결의 필요성을 줄이고 매우 효과적으로 수행할 수 있게 된다.

그러나 효율적 지식은 우리가 알고 있는 것이 더 이상 적용되지 않는 다양한 환경과 변화하는 시대에는 충분치 않다. 실제로 효율적인 지식이 효과적인 수행을 방해할 수 있다. 2000년 하계 올림픽에서 여자 체조 선수가 도마에서 떨어지는 사고가 발생하였다. 알고 보니 도마가 평소보다 2인치 낮게 설치되었는데, 이는 세계 정상급 선수들의 높은 효율을 방해하기에 충분하였다.

지식은 힘이며, 지식은 편견이기도 하다. 사전 지식은 사람들이 세상을 어떻게 해석하는지에 영향을 미치며, 이러한 해석은 다른 것을 생각하지 못하게 한다. 예를 들어 관광객은 현지인들이 "문화를 가지고 있다"고 생각하는 반면, 정작 그들의 고향은 문화를 가지고 있지 않은 자연 그대로의 상태라고 생각할 수 있다. 사람들은 자신의 믿음이 사실이라는 것을 보여주는 증거는 찾으려 하지만 믿음에 반하는 생각이나 증거는 무시하는 경향이 있다(U장 참조). Heckler와 Scaife(2015)는, 물리학 전공 학생들의 사전 생각이 자신의 생각과 일치하는 데이터를 찾는 능력은 향상시키지만, 반대되는 데이터에 대한 해석은 차단하는 것을 보여 주었다.

효율적인 지식은 문제 제기에 스며들어, 사람들이 문제 진술에서 해결책을 미리 상정하게 만든다. 폴라로이드 카메라 발명가 에드윈 랜드$^{\text{Edwin Land}}$는 통찰을 '어리석음의 갑작스러운 중단'이라고 묘사하였다. 여기서 어리석음이란 문제에 대한 초기 생각 틀에서 비롯된 것으로, 해당 생각 틀은 다른 맥락에서 효율적이었던 가정들을 포함하고 있다.

Adams(1979)는 토마토를 멍들지 않게 하면서 토마토를 딸 수 있는 기계를 디자인하려고 한 엔지니어들의 예를 제시한다. 엔지니어들은 여러 가지 창의적인 해결책을 시도하였지만 역부족이었다. 이후 한 그룹의 식물학자들이 이 문제에 뛰어들었다. 식물학자들은 엔지니어들이 문제를 재구성하는 데 도움을 주었다. 토마토를 멍들지 않게 할 토마토 따는 기계를 설계하는 대신 멍이 덜 드는 토마토를 재배하는 것이 더 나은 전략일 수 있다. 이러한 발상 전환은 새로운 사고 가능성을 열어주었고, 결국 식물학자들은 껍질이 두껍고 쉽게 멍이 들지 않는(안타깝게도 맛은 조금 떨어지는) 새로운 유형의 토마토를 생산하였다. 학제 간 협력은 잘 이루어지면 사람들이 자신의 효율적 지식이 아닌 다른 방식으로 문제를 생각할 수 있다는 것을 깨닫게 한다. 사람들은 왜 타 분야 사람들이 자신들이 하는 일에 도움을 줄 수 있는지 이해하기 어렵기 때문에, 이러한 협업을 조성하는 데 시간이 걸린다.

고도의 효율적인 지식은 그 자체로는 혁신과 발견이라는 과제에 부적합한 것으로 보인다. Hatano와 Inagaki(1986)는 주판 달인에 대한 논의에서 일상적 전문성$^{\text{routine expertise}}$과 적응적 전문성$^{\text{adaptive expertise}}$을 구분하였다. 주판 달인은 주판을 머릿속으로 그림으로써 놀라운 암산 능력을 발휘할 수 있었다(D장 참조). 그러나 주판 달인은 이러한 능력을 다른 종류의 수학을 배울 때는 사용하지 않았으며, 방해가 없는 매우 안정적인 상황에서만 자신의 능력을 보였다. 하타노^{Hatano}와 이나가키^{Inagaki}는 주판 달인이 높은 수준의 **일상적 전문성**을 가지고 있다고 설명하였다. 주판 달인은 안정된 환경에서 잘 습득된 일련의 절차를 놀라울 만큼 효율적으로 수행할 수 있었다. 두 연구자는 이어서 **적응적 전문성**이라는 또 다른 종류의 전문성을 제안하였다. 일상적 전문성과 달리 적응적 전문성은 변화를 수용하고 새로운 방식을 기꺼이 조정하고 배우려는 의지에 달려 있다.

일상적 전문성의 예로는 일반적인 기준에 맞는 특정 종류의 교량 신축이음 장치 설계에 능숙한 엔지니어를 들 수 있다. 교량 계획이 일반적인 기준을 벗어나면, 이 엔지니어는 해당 작업을 수행하지 않을 것이다. 익숙하지 않은 도전은 안전지대를 벗어나야 하고 단기적으로는 최적의 성과를 내지 못할 수도 있기 때문에, 사람들은 일상적인 전문성에서 멀어지지 않으려고 한다. 반면에 적응적 전문성을 갖춘 전문가는 기꺼이 새로운 문제에 접근하고 유연하게 해결 방안을 만들어 낸다. 적응성을 가진 엔지니어는 새로운 종류의 교량용 이음장치를 설계할 수 있는 기회를 받아들일 수 있다.

아이들을 적응적 전문성의 궤도에 올려 놓는 것은 특히 중요해 보인다. 왜냐하면 아이들은 아직 전문적인 궤도에 오르지 않았기 때문이다. 사람들이 일상적인 성공에 갇히지 않도록 환경에 세 가지 맥락적 특징을 디자인할 수 있다: (1) 좋지 않은 결과로 인한 위험을 줄여 사람들이 기존의 안전지대로 물러나지 않도록 하기; (2) 충분한 변화가 있는 상황을 제공하여 새로운 상황에 대처할 수 있는 일반적 지식을 개발할 수 있도록 하기; (3) 단기적인 성과만이 아닌 이해와 실험을 수용하는 문화 조성하기.

탐구와 혁신을 통해 적응 능력을 강조하는 학생 중심 커리큘럼은 종종 의도치 않게 격리된 효율성 테스트를 통해 성공을 측정한다. 격리된 효율성 테스트는 사람들이 적응력을 갖추었는지 평가할 수 없으며, "답을 발견하게 하는 대신 답을 말해주는 것이 더 효율적이지 않을까?"라는 말을 듣게 한다. 학생의 적응 능력과 관련하여 보다 잘 측정할 수 있는 방법은 시험의 일부로 학생에게 정보를 학습할 기회를 제공하는 평가를 사용하는 것이다(P장 참조). Bransford와 Schwartz(1999)는 이러한 평가를 향후 학습에 대한 준비도를 테스트하는 것으로 설명하였다.

향후 학습을 위한 준비도 평가는 내용이 적은 문제 해결 유연성 측정과는 차이가 있다. 창의적인 문제 해결력을 물어보는 질문은(예: 뉴욕시에 머리카락 수가 같은 두 사람이 존재하는가?) 약한 방법을 강조한다. 이러한 질문은 강한 방법을 개발하는 데 도움이 되는 새로운 정보를 배우는 사람들의 능력을 잘 잡아내지 못한다(궁금한 분을 위해 이 질문에 대한 답은, '예'이다. 인간의 평균 머리카락은 약 100,000개이다. 뉴욕시 인구가 약 850만 명이고 머리카락 수가 0에서 30만 개 정도로 가정하면, 같은 수의 머리카락을 가진 사람은 매우 많아야 한다.).

적응적 전문성을 효율성 척도로 측정하는 위험성에 대한 사고 실험으로, 많은 청년들에게 중요한 대학 교육을 생각해 보자. 몇 년에 한 번씩 기자가 졸업식 날 졸업생들을 인터뷰한다. 기자는 "왜 여름보다 겨울에 날씨가 더 추울까요?"라고 질문한다. 학생들은 답을 모르기 때문에 말을 더듬는다. 이러한 테스트를 바탕으로 기자는 대학 교육이 특별하지 않다고 암시한다. 왜냐하면 대학생들은 고등학생보다 지구의 기울기에 대해 더 잘 알지 못하였기 때문이다. 이 질문은 향후 복잡한 아이디어를 배우고 적응할 수 있는 능력을 키우는 대학 교양 교육의 가치를 간과하고 있다. 만약 기자가 학생들에게 답에 대해 알아볼 시간을 주었다면 대학생들은 고등학생보다 훨씬 더 대답을 잘했을 것이다.

효율성 중심 시험의 한계를 보여주는 예로 의사 면허 시험을 들 수 있다. 의사 면허 시험은 의사가 현장에서 배울 준비가 되어있는지 여부를 예측하는 데 그 기능을 잘 발휘하지 못한다(Mylopoulos et al., 2016). 교수 활동이 학생들을 적응적 전문성 궤도에 올렸는지 여부를 측정하려면, 학생들이 기회가 주어졌을 때 새로운 정보에 적응하고 학습할 수 있는지를 판단하는 향후 학습에 대한 준비도를 측정하는 방법을 사용하는 것이 중요하다. 예를 들어 익숙한 진단을 나타내는 증상과 설명할 수 없는 증상을 보이는 가짜 환자를 인턴 의사 모르게 보여준다고 가정해 보자. 의사가 일치하지 않는 증상에 주의를 기울이고 실제 원인을 파악하기 위해 자발적으로 자원을 참조하는지를 평가할 수 있을 것이다.

혁신과 효율성의 결합

적응을 위해서는 이전에 효율적이었던 일상을 포기해야 한다는 점에 미루어, 효율성과 혁신을 양 극단에 놓고 싶을 수도 있다. 이러한 유형의 대립은 올바른 방법을 효율적으로 전달하는 것을 강조하는 주입식 교육과 학생 중심의 발견을 강조하는 구성주의식 교육의 논쟁에서도 나타난다. 우리 저자들의 입장은 효율성이 혁신의 적이 될 필요는 없다는 것이다. 예를 들어 운전하기나 적혀진 단어나 문장을 읽는 과정에서 효율성은 운전 중 대화, 의미 파악을 위한 글 읽기와 같이 다른 일을 할 수 있는 주의력을 확보해 주는 것으로 잘 알려져 있다. 마찬가지로 새롭고 복잡한 문제에 직면한 사람이 이전에 해당 문제의 일부분을 해결한 경험이 있다면, 이는 이러한 하위 문제들을 일상적이고 쉽게 해결하는 데 도움이 된다. 이를 통해 여분의 주의를 확보할 수 있게 되고 일상적이지 않은 적응이 필요할 수 있는 새로운 상황의 다른 측면에 주의를 사용할 수 있게 된다.

적응적 전문성을 가진 전문가는 조기 성공에 안주하지 않고 혁신의 필요성을 인식할 수 있다. Wineburg(1998)는 역사학 교수와 대학생을 비교하였다. 그는 특정 영역(예: 아시아 역사)에 전문지식을 가진 역사가에게 낯선 영역 문제(예: 미국 역사)를 제시하였다. 문제는 아브라함 링컨^{Abraham Lincoln}이 내린 결정을 해석하는 것이었다. 역사 전문가들은 대학생보다 현재 문화에 대한 지식을 기반으로 쉽게 떠오르는 가정에 덜 현혹되었다. 전문가들은 이러한 가정이 링컨 당시의 맥락이 아닌 현재의 문화적 맥락에서 비롯된 것임을 깨달았다. 따라서 전문가들은 문제를 해결하기 위해 알아야 할 사항을 배우기 위해 시간을 들여 문제에 대해 조사하였다. 반면 대학생들은 현재 세계에 대한 지식에서 비롯된 잘못된 가정을 바탕으로 자신 있게 문제를 풀었다.

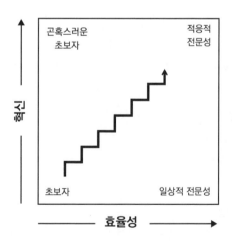

그림 K.1. 학습과 결과의 두 가지 주요 차원을 고려하기 위한 프레임워크(Schwartz et al., 2005의 연구를 기반으로 함).

그림 K.1은 효율성과 혁신을 촉진하는 경험의 균형을 맞추기 위한 프레임 워크를 보여준다. 좌측 하단은 효율적 지식과 현명하게 적용하는 능력이 모두 낮은 초보자의 출발점을 나타낸다. 우측 하단은 익숙한 문제를 처리하는 데 매우 효율적인 일련의 방법과 절차들을 가지고 있는 일상적 전문성을 나타낸다. 우측 상단은 고도의 효율적인 지식과 기초 지식은 물론 해결책을 혁신하고 새로운 상황에 적응할 수 있는 기질을 모두 갖춘 적응적 전문성을 나타낸다. 마지막으로 좌측 상단에는 곤혹스러운 초보자가 있다. 당신은 아마 이러한 성향의 사람을 알고 있을 것이다. 회의에서 실질적인 것을 모르기 때문에 전혀 실행 불가능한 해결책을 자유롭게 제시하는 사람이다.

일상적 전문성 훈련은 매번 비슷한 형태로 이루어지는 반복적인 과제에 적합하다. 그러나 이러한 훈련은 특정 문제 조건에 맞춰져 있기 때문에 사람들을 적응적 전문성으로 이끌지는 못한다. 반면 일반적이고 내용에 구애받지 않는 비판적 사고와 문제 해결의 기술을 강조하는 교육은 실제 과제를 둘러싼 큰 문제에 대해서는 너무 비효율적이고 약한 방법들을 제공하는 것처럼 보인다. 이는 적응적 전문성으로 이어지지 않으며, 결국 이러한 방법은 일련의 정형화된 스크립트로 가르쳐지고 평가된다. 교육자들은 일반화된 방법이 아닌 학문적 사고 방식(강한 방법)의 중요성을 깨닫게 되었다(Star & Hammer, 2008).

우리 저자들이 문헌을 검토해 본 결과, 학생들에게 그림 K.1의 가로축과 같이 효율성 중심의 내용이 풍부한 과제를 주거나, 세로축을 따르는 별도의 전략 훈련 과제를 주는 것은 효과적이지 않을 것으로 보인다. 학생들을 내용 과정과 사고력 과정에 접하게 하고, 그 후 교육 프로그램의 마지막에 "캡스톤capstone(본래의 의미는 건축물의 정점에 놓인 장식으로, 지금까지 배운 내용을 모두 적용하여 제시된 문제를 해결하는 수업을 가리킬 때 해당 용어를 많이 사용함–옮긴이)" 과정에서 통합하도록 돕는 것만으로는 부족하다. 물론 이것은 다소 도움이 될 수 있지만 이상적인 것과는 거리가 있다.

우리 저자의 생각은 적응적 전문성을 키워주려면 교수 활동이 효율성과 혁신의 기회를 함께 제공해야 한다는 것이다. 이는 혁신과 효율성 중 어느 것이 더 우선시되어야 하는지에 대한 질문으로 이어진다. 우리의 주장은 학생들이 먼저 학문적 혁신에 참여한 다음 전문가가 원래 혁신한 효율적인 해결책을 배워야 한다는 것이다(J장 참조). 물론 이 주장이 어느 조건에서 적용될 수 있는지 아직 명확하게 파악되지는 않았다. 예를 들어 초등학생들에게 음수를 배우기 전에 사람들이 서로에게 얼마나 많은 돈을 빚지고 있는지 찾아내는 방법을 고안해 내도록 할 수 있다. 문제 공간 내에서 탐구하고 혁신하는 것은 학생들이 중요한 변형과 해결해야 할 문제(Q장 참조)를 배우는 데 도움이 될 뿐만 아니라, 하나의 정답을 기대하지 않고 도전적인 작업에 참여하는 생산적인 태도(Y장 참조)를 가질 수 있게 도와 준다. 결국 이는 학생들이 효율적인 해결책의 이론적 근거를 이해하는 데 도움을 줄 수 있으며, 이는 학생들이 해결책을 더 빨리 배우고 적절하게 사용할 수 있도록 도와준다(J장 참조).

또 다른 대안으로, 학생들이 효율적인 해결책을 먼저 배우는 순서는 학습자가 효율적 지식을 넘어설 필요가 있다는 것을 인식하는 능력을 가려버리는 의도치 않은 부작용을 초래할 수 있다. 예를 들어 J장에서 언급된 Schwartz 등(2011)은 학생들에게 밀도 공식을 먼저 알려주는 것은 밀도가 비율(질량 ÷ 부피)로 구성되어 있다는 것을 인식하는 능력과 다른 물리량(예: 속력)의 비율을 인식하는 능력에 방해가 된다는 것을 보여주었다. 밀도 공식을 먼저 만들어보고 그 후 효율적인 공식을 배운 학생들이 훨씬 더 좋은 성과를 보였다.

우리 저자가 선호하는 경험 순서는 관련 증거가 충분하지 않기 때문에 확정적인 것은 아니다. 대부분의 학습 평가는 효율성을 측정하는 격리된 테스트를 사용하므로 적응적 전문성의 목표와는 일치하지 않는다. 향후 학습에 대한 준비 측정은 학생들이 혁신적이고 새로운 정보를 학습했는지 여부를 결정하는 데 더 적합하다. 예를 들어 Schwartz와 Martin(2004)은 9학년 학생들에게 다양한 현상의 변산성(비일관성) 측정 방법을 고안해 보도록 하였다. 그 후 학생들은 변산성 계산을 위한 표준적이고 효율적인 방법에 대한 강의를 들었다. 특히 몇 시간이 걸리는 학습 경험이 학생들로 하여금 매우 새로운 문제에 대한 혁신적인 해결 방법을 개발할 수 있도록 준비시킬 수 있는지가 큰 관심사였다. 이를 알아보기 위해 후속 시험에서는 하나가 아닌 두 개의 변수로 작업해야 하는 문제를 포함시켰다. 강의 중 학생은 일변량 데이터로만 작업하는 방법을 배웠으므로 두 변수(공분산)의 관계를 파악하려면 혁신이 필요하였다. 사후 테스트에서 학생의 34%가 공분산을 측정하는 방법을 만들어냈다. 이는 100%에 훨씬 못 미치는 수준이지만(어려운 과제임을 고려할 필요가 있다), 최근 한 학기 통계 과목을 이수한 명문 공립대 학생들의 12%만이 해결 방법을 만들어 낸 것에 비추어 볼 때 꽤 높은 수준의 결과이다.

고교 신입생이 대학생보다 더 정교하고 내용과 무관한 혁신적 기술을 가지고 있을 가능성은 거의 없어 보인다. 고교 신입생이 대학생(당연히 효율성을 염두한 교육을 받음)보다 통계 수학에 대한 효율적인 지식을 더 많이 가지고 있었을 가능성도 낮다. 대신 초기 혁신 과제는 고등학생들이 변산성이라는 주제에 대한 이해와 자세를 키우는 데 도움이 되었으며, 이는 나중에 혁신이 가능하도록 도움을 주었다. 관련 문제에 대한 새로운 해결책을 배울 수 있는 능력을 측정하지 않았다면 고등학생들에게 먼저 자신만의 해결책을 고안해 보게 함으로써 얻을 수 있는 숨겨진 이점을 놓쳤을 것이다. 아마도 우리는 잘못된 측정법으로 인해 능동적 학습 방법의 이점을 많이 놓치고 있는 것으로 보인다.

초기 학습 대 후기 학습

연구자와 교수 설계자들은 종종 주제에 대한 입문과 심화 학습에 동일한 교육적 방법을 적용한다. 이는 충분한 검증 없이 익숙한 것을 추구하는 자연스러운 경향으로 인한 결과이다. 우리 저자는 초기 입문 학습의 경우 혁신 기회에 전념해야 하고, 후기 학습의 경우 효율성에 전념해야 한다고 생각한다. 이러한 생각은 그림 K.1의 계단 구조에 반영되어 있다. 학습자는 혁신 차원으로 상향 이동한 후에야 효율성으로 방향 전환할 수 있다. 혁신 활동은 학습자에게 다음과 같은 기회를 제공한다.

- 도메인 구조와 변화를 탐색하고 탐구할 기회를 제공한다.
- 해결해야 할 문제와 그 이유를 이해할 기회를 제공한다.
- 오류를 용인하는 학습 문화에 참여할 기회를 제공한다.
- 내재적 만족감을 키우고 자아에 대한 위협을 최소화하는 유쾌한 접근 방식을 취할 기회를 제공한다.
- 가설을 유연하게 다루고 피드백 찾는 법을 배울 기회를 제공한다.
- 현재와 미래에 적응하고 혁신하는 데 도움이 되는 '할 수 있다' 태도를 개발할 기회를 제공한다.

초기 학습 이후 몇 분 만에도 이루어질 수 있는 후기 학습은 효율적인 지식 개발에 중점을 두어야 한다. 여기에는 다음이 포함된다.

- 최적화된 해결책과 이론을 관찰하거나 읽거나 듣기.
- 아이디어가 작동하는 이유와 어떤 조건에서 작동하는지 자세히 이해하기.
- 효율성을 위해 강도를 높이며 연습하기(예: 시간 압박, 도움 없이 인출).

- 약간 다른 조건이 새로운 문제로 받아들여지지 않도록 다양한 변화 경험하기.
- 생각이나 행동이 어떻게 개선될 수 있는지를 알려주는 피드백 구하기.
- 어떤 일을 잘 할 수 있다는 것에 대한 보상과 자기 효능감 느끼기.

물론 예외는 있다. 때로는 사람들이 일을 시작할 때, 약간의 효율적인 지식을 제공하여 헤매지 않도록 하는 것이 중요하다. 또한 혁신 과제를 찾는 것은 효율성 과제를 찾는 것보다 더 어렵다. 효율성 과제는 일반적으로 잘 알려진 일상의 변형 버전이기 때문이다. 그럼에도 불구하고 우리가 제시한 간단한 프레임워크는 사람들이 다양한 학습 방법을 분석하고 결정하는 데 도움이 될 수 있다. 예를 들어 플립 수업은 교사가 관련 지식을 먼저 학습한 다음, 교실에서는 그 지식을 다듬고 적용하는 등 효율성에만 초점을 맞추는 경우가 많다. 이는 일상적 전문성을 키우는 데는 적합하다. 이와 대조적으로 많은 체험 중심의 교수법은 혁신에 초점을 둔다. 학습자는 새로운 시나리오에 직면하고 종종 독특하고 부분적인 해결책을 찾아낸다. 하지만 우리가 분석해 보면, 이는 적응적 전문성으로 이어지지는 않는다. 체험 학습을 보다 효율적인 해결 방법과 이론을 배울 수 있는 후속 기회와 결합하는 것이 더 좋을 것이다. 이러한 결합이 잘 이루어지면, 체험 학습은 학생이 해당 영역에서 혁신하는 법을 배울 수 있도록 돕는 동시에 향후 효율적인 해결책을 더 효과적으로 배울 수 있도록 준비시켜 준다.

12

L is for Listening and Sharing

듣고 나눔

- 혼자보다 함께 더 많이 배우기 -

Listening and Sharing 듣고 나눔

혼자보다 함께 더 많이 배우기

듣고 나눔(LISTENING AND SHARING)을 통해 학습자는 공동의 이해를 구축하려고 노력한다. 듣고 나눔은 협력 학습의 초석으로 혼자보다 함께 일하면서 더 많은 것을 배울 수 있다.

약간의 역사 수업: 협동 연구는 제2차 세계대전 이후 갈등 해결 연구 프로그램의 일환으로 시작되었다(Deutsch, 1977). 협상은 협동에 의존하며, 협상은 전쟁보다 갈등 해소를 위한 더 나은 해결 방법이다. 이러한 시작점에서 볼 때, 협동 학습의 이유 중 하나는 학생이 협동하는 기술을 더 잘 개발하도록 돕기 위한 것이다(예: Johnson & Johnson, 1987). 후속 연구는 협동 학습의 또 다른 이유를 발견하였다. 학생은 과제를 협력해서 수행할 때 학습 내용을 더 잘 배운다(아래에 예시 제공). 이상적으로 소그룹 활동은 협동 능력 향상과 학습 내용을 더 잘 학습할 수 있게 만든다.

그러나 단순히 학생을 소그룹에 배치하는 것만으로는 바람직한 결과를 얻을 수 없다. 성공은 듣고 나눔에 달려 있다. 다음은 협력을 잘 하지 못하는 학생에 대한 설명이다.

대릴Daryl은 의자에 축 늘어진 채 먼 곳을 응시하며 다른 그룹 쪽으로 다리를 뻗고 있다. 이 모습이 마음에 들지 않는 엘리자베스Elizabeth는 고개를 숙인 채 문집을 훑어보았다. 맞은편에서 조쉬Josh와 카라Kara는 활기차게 이야기를 나누었다. 내가 그들의 팀에 들렸을 때, 카라는 자신의 팀이 레이몬드 카버Raymond Carver의 시 "그레이비Gravy(고기를 요리할 때 나오는 육즙을 가지고 만드는 갈색 소스로 카버는 자신이 기대하지 않았던 삶이 부수적으로 주어진 것에 대한 감사의 의미로 이런 제목을 채택함−옮긴이)"를 선택했다고 말했다. 엘리자베스는 아무도 그녀의 말을 듣지 않고 있으며, "조쉬와 카라가 원하는 바보 같은 시"가 싫다고 불평하였다…. 드디어 프레젠테이션 날이 되었다…. 카라와 조쉬가 프레젠테이션을 맡았다. 다른 두 사람은 프로젝트에 제대로 참여하지 않았다(Cohen & Lotan, 2014, p.25, Shulman et al., 1998 인용).

카라와 조쉬는 컨텐츠 작업 대부분을 맡았고, 그 결과물은 매우 훌륭했을 수 있다. 그럼에도 불구하고 그들은 엘리자베스의 말을 듣지 않았으며, 대릴은 전혀 생각을 공유하지 않았다. 우리들 대부분이 한 번쯤은 대릴, 엘리자베스, 카라, 조쉬가 되어 본 경험이 있기 때문에, 이 예는 사람들의 공감을 불러일으킨다. 다행스럽게도 협동 기법으로서 듣고 나눔은 좌절감을 덜어주고, 더 중요한 것은 개별 학생이 할 수 있는 것을 뛰어넘는 그룹 학습을 할 수 있게 한다(Slavin, 1995). 효과적인 협동 학습은 동기 부여와 개념 이해의 향상을 가져오며, 이상적으로는 학생이 미래에 협동하는 방법을 배우는 데도 도움이 된다.

I 듣고 나눔의 작동 방식

누군가와 함께라면 모든 것은 더 즐겁다!! 적어도 그래야 한다. 많은 대학생은 그룹 프로젝트를 싫어한다. 이 중 일부는 이기주의와 타협하지 않으려는 마음, 즉 함께하는 것보다 혼자서 더 잘할 수 있다는 생각 때문이지만 대부분은 공동 주의, 듣기, 나누기, 조율하기, 관점 수용의 다섯 가지 요소 중 하나 이상이 결여되어 있기 때문인 경우가 많다.

공동 주의
협력을 하려면 같은 곳에 주의를 기울여야 한다. 두 아이가 각각 모래성을 쌓고 있다면 이는 협력이라고 할 수 없다. 그들은 나란히 놀이를 하고 있는 것이다. 공동 주의joint attention 유지 능력은 기초적인 능력으로 생후 첫해 경에 나타난다. 유아와 부모는 같은 장난감에 대한 주의를 공유할 수 있다. 다음으로 유아는 부모의 시선을 따라가며 공동의 시각적 주의를 유지하는 법을 배우게 된다. 마지막으로 유아는 부모의 주의를 이끌어 내는 방법을 배운다(Carpenter et al., 1998). 시각적 주의는 사람이 무엇을 생각하고 있는지를 알려주는 지표이다. 만약 당신이 차가운 맥주를 오랫동안 바라보고 있다면 이는 당신이 차가운 맥주에 대해 생각하고 있다는 것을 확신할 수 있다.

공통의 시각적 지점(예: 공통 다이어그램)을 사용하면 사람들의 공동 시각적 주의를 유지하는 데 도움이 될 수 있다. 한 연구에서, Schneider와 Pea(2013)는 두 참가자에게 시뮬레이션에서 어떤 회로가 어떤 결과를 제어하는지 알아내야 하는 회로 과제를 수행하게 하였다. 참가자들은 헤드셋을 통해 원격으로 협력하였고, 각자 컴퓨터에서 동일한 이미지를 보았기 때문에 공동의 시각적 주의를 유지할 수 있었다. 한 조건에서 연구자는 시선 추적장치eye tracking를 사용하였다. 움직이는 점은 각 참가자에게 다른 참가자가 어디를 보고 있는지 보여 주어서 공동 시각적 주의를 유지하기가 더 쉬웠다. 이러한 참가자들은 더 협력을 잘하였으며, 공동 주의를 지원하는 시선 추적 점이 없는 참가자들보다 과제에서 더 많은 것을 배웠다.

듣기

생각은 시선보다 훨씬 더 복잡할 수 있다. 사람이 무엇을 생각하고 있는지 듣는 것도 도움이 된다. 보통 사람은 본인 의견만을 말하기 바쁘고 상대방 생각을 받아들이려 하지 않기 때문에 다른 사람 말에 귀를 기울이지 않는다. II. 듣고 나눔을 활용하여 학습을 향상시키는 방법은 이에 대해 여러 가지 해결책을 보여 준다.

나누기

나눔은 공통 목표 나눔과 아이디어 나눔 두 가지 수준에서 작동한다. 첫째, 사람이 일정 수준의 공통 목표를 나누지 않으면, 그들은 서로 다른 목적을 가지고 협력을 하게 될 것이다. 두 명의 수학 교수가 대규모 수업을 위한 과제를 함께 설계하는 데 있어 한 교수는 수학에 대한 관심을 높이는 데 목적을 두고, 다른 교수는 학생의 수학에 대한 불안을 없애는 것을 목표로 한다면 합의에 도달하기 어려울 것이다. 둘째, 아무도 아이디어를 나누려 하지 않는다면 협력은 진전되지 않을 것이다. 학교에서는 사람들의 나눔을 유도하는 것이 어려울 수 있다. 학습자는 자신감이 부족하거나 좋은 나눔 전략이 없을 수 있다. 아이들은 건설적인 비판을 하거나 아이디어를 발전시키는 방법을 모르는 경우가 많다. 그러므로 '좋은 점 두 가지와 바라는 점'과 같은 나눔을 위한 템플릿을 제공하는 것은 도움이 될 수 있다. 여기서 "바라는 점"은 건설적인 비평 또는 아이디어를 구축하는 것을 의미한다.

조율하기

그룹 토론에서 타이밍을 맞추기가 어려운 경험을 한 적이 있는가? 다른 사람의 말이 끝나기 전에 여러분이 끼어든다거나, 다른 사람의 이야기가 끝나자마자 여러분이 끼어들려고 할 때 다른 누군가가 먼저 발언권을 잡는 경우 말이다. 협력은 많은 순서 조율이 필요하다. 협력하는 사람 수가 늘어날수록 역할과 상호작용 기회를 배분하는 것도 중요하다. 조율이 유기적으로 발전하기를 바랄 수도 있고, 실제로 그럴 수도 있다. 하지만 **파리 대왕**Lord of the Flies(윌리엄 골딩의 소설로 법과 질서가 없을 때 사람들이 보이는 본성과 악한 모습을 묘사한 책—옮긴이) 시나리오로 변할 수도 있다. 협력 구조와 규칙을 수립하는 것은 유용할 수 있다.

관점 수용

협력의 주된 이유 중 하나는 사람들이 서로 다른 아이디어를 가져오기 때문이다. 처음 네 가지 요소인 공동 주의, 듣기, 나누기, 조율하기는 정보 교환을 지원한다. 다섯 번째 요소는, 사람들이 왜 그런 정보를 제공하는지 이해하는 것이다. 이는 종종 말하는 사람이 보여주고 말할 수 있는 것 이상의 의미를 갖는다(S장 참조). 사람들은 다른 사람이 말하는 것 이면에 있는 관점을 이해해야 더 완전하게 해석할 수 있다. 이를 위해서는 관점 수용perspective taking이 필요하다. 여기서 중요한 학습이 이루어지며, 학습자는 문제에 대해 생각하는 새로운 방법을 습득할 수 있다. 또한 자신의 생각을 구별하고 명확히 하는 데도 도움을 얻을 수 있다. 의견 충돌은 학습을 향상시킬 수 있다(Johnson & Johnson, 2009).

전 세계인이 수강하는 MOOC(Massive Open Online Course, 대규모 개방형 온라인 강의)에서 흥미로운 관점 수용 연구(Kulkarni et al., 2015)가 수행되었다. 온라인 토론에서 강의 내용을 지역 환경과 연관 지어 검토하도록 학습자들을 유도하였다. 연구자는 참가자의 지리적 분포에 따라 다양성이 낮은 그룹과 높은 그룹으로 분류하였다. 지리적으로 가장 다양한 토론 그룹의 학생들은 가장 높은 학습 성과를 보였는데, 이는 지리적으로 균일한 그룹보다 다양한 관점을 고려할 수 있는 기회가 많았기 때문일 것이다.

<table>
<tr><td>II</td><td>듣고 나눔을 활용하여 학습을 향상시키는 방법</td></tr>
</table>

한 연구에 따르면 아이들은 개별 활동보다 그룹 활동에 참여할 때 과제에 더 많은 시간을 할애하는 것으로 나타났다(Cohen & Lotan, 2014, Ahmadjian 1980 재인용). 이게 과연 우연일까? 학생들에게 협동하는 방법을 가르친다면 그렇지 않다.

규범과 역할 정립하기

모든 사회적 상호작용이 그렇듯이 협동도 상호 작용 규범에 따라 달라진다 (N장 참조). 입법적 협력에서는 서로 간 호의를 교환하기 위한 규범이 있다. 협력 학습을 위해서는 공동 주의, 듣기, 나누기, 조율하기, 관점 수용을 지원하는 규범이 필요하다. 다음은 Cohen과 Lotan(2014)의 몇 가지 예이다.

- 그룹 구성원에게 무엇이 필요한지 주의 기울이기.
- 모두가 끝나야 비로소 끝난 것임.
- (무엇을 하기 위한 것이 아닌) 방법 설명하기.
- 모든 사람에게 말할 기회 주기.
- 다른 사람은 어떻게 생각하는지 알아보기.
- 아이디어에 이유 제시하기.
- 계획 세우기.

코헨Cohen과 로탄Lotan은 학습 내용을 소개하기 전에, 협동의 규범을 배우는 데 초점을 맞춘 활동을 도입할 것을 제안하였다. 규범은 행동으로 설명되어야 한다. 이러한 방식으로 그룹 구성원은 규범을 개발하는 활동 중에 관찰자 역할을 할 수 있으며, 그룹이 얼마나 행동을 잘 따르고 있는지 기록할 수 있다. 예를 들어 관찰자는 각 사람들이 말하는 횟수와 자신의 의견에 대한 근거를 제시하는 횟수를 계산할 수 있다. 그 후에 관찰자는 그룹에 디브리핑을 위해 다시 보고할 수 있다.

초보자에게는 여러 사람과의 협동을 조율하는 것이 어려울 수 있다. 한 가지 해결책은 사람들에게 전체 과제의 다른 부분을 학습하고 배운 내용을 그룹과 공유하는 책임을 부여하는 것이다(T장, 그림 T.2 참조). 또 다른 해결책은, 그룹 프로세스에서 촉진자, 기록자, 자원 관리자, 보고자와 같이 명시적인 역할을 돌아가며 맡는 것이다. 촉진자는 행동 규범을 시행할 수 있다. 기록자는 메모를 하고 의견과 질문을 기록할 수 있다. 자원 관리자는 그룹을 위한 물리적 자료와 정보 자료를 수집한다. 보고자는 그룹 토론과 결과물을 프레젠테이션으로 종합한다(여기서 창의력을 발휘해 보자. 가능한 역할은 많다.).

학생은 역할에 대한 연습과 피드백이 필요하다. 온라인 과정의 온라인 토론 구성요소에서 일부 그룹에는 한 구성원이 촉진자 역할을 맡았지만 다른 그룹은 촉진자 역할을 맡은 사람이 없었다. 촉진자가 있었던 그룹의 학생들은 촉진자가 없었던 그룹의 학생들보다 토론에 대한 동기가 약간 적었고, 다른 기회가 주어졌을 때 같은 그룹에 참여할 가능성도 낮았다(Kulkarni et al., 2015). 이는 촉진자 역할을 한 학생들이 역할을 잘 수행할 준비가 되어 있지 않았고 유용한 피드백을 받지 못했기 때문일 수 있다.

그룹에 적합한 과제

그룹 시너지는 과제의 성격에 따라 발휘될 수도 있고 발휘되지 않을 수도 있다. 코헨과 로탄은 이를 다음과 같이 표현하였다: "그룹에 일련의 일상적인 계산 예제를 제공하는 것은 특별한 이점이 없다. 학생들은 가장 합리적이고 편리한 방법, 즉 계산을 가장 잘하고 빠를 것으로 보이는 학생의 답을 베끼는 방식으로 반응할 것이다"(2014, p.10).

그룹에 적합한 과제는 적어도 할당된 시간 내에 개인이 혼자서 완료할 수 없는 과제이다. 이는 그룹 구성원 간 교류가 필요하도록 만든다. 이상적으로는 여러 아이디어가 나올 수 있는 과제이므로 모든 사람이 기여할 수 있다. 다음은 이 장의 내용을 구성하는 데 중추적인 역할을 한 Cohen과 Lotan(2014)의 과제를 각색한 것이다.

세 개의 테이블이 있다. 각 테이블은 30 × 30 × 96 인치이다. 만찬에 몇 명의 손님을 초대할 수 있을까?

이는 하나의 답이 있는 일반적인 수학 문제처럼 보일 수 있지만 그렇지 않다. 공간 배치를 우선 고려해야 할까? 혹은 대화를 우선 고려하여 테이블을 배치해야 할까? 아이들도 초대할 수 있는가? 아이들만의 테이블을 제공할 것인가? 아이와 성인에게 필요한 공간은 어느 정도일까? 이러한 질문에 답하고 해결책을 만들고 해결책을 정당화함으로써 학생들은 각자의 선호도에 따라 다양한 방식으로 기여할 수 있다. 그룹 의사결정의 기회가 있기 때문에 실제적인 협력을 위한 공간이 마련되어 있다.

상호의존성과 책무성

이상적인 협력 방식은 그룹 구성원의 상호의존성과 개인의 책무성이 있을 때 이루어진다. 당신과 나는 서로를 필요로 하며, 각자가 맡은 책임을 다해야 한다. 규범과 그룹에 적합한 과제는 이 두 가지를 확립하는 데 도움이 된다. 보상 구조도 도움이 될 수 있다.

효과가 미미했던 이전 접근 방식은 그룹의 한 구성원을 무작위로 선택하여 그룹 구성원의 성적을 결정짓는 시험을 치르는 것이었다. 누가 선택될지 기대하며 움찔하는 모습을 상상할 수 있겠는가? 이러한 접근 방식을 사용한 교사는 좋은 학습 결과를 만들어 냈지만, 소수의 교사만이 이 방식을 사용하고 싶어 하였다(Slavin, 1995). 이러한 방식은 비난을 유발하고 다양성에 반하는 접근법이다. 마찬가지로 그룹으로서 성적을 받게 된다면, "가장 똑똑한 학생"이 그룹을 지배하는 경향이 자연스럽게 생길 것이다.

보다 나은 접근 방식은 학생에게 자신의 성적과 그룹 성적을 적절히 조합하여 부여하는 것이다. 대학 강의실에 적합한 접근 방식은 학생이 개별적으로 시험을 치르는 것부터 시작된다. 그런 다음 소그룹으로 나누어 같은 질문에 답한다. 그런 후에, 개인은 시험을 다시 보고 성적은 첫 번째 시험과 두 번째 시험의 합산으로 정한다. 이렇게 하면 학생들은 서로의 생각을 알고 싶어하는 자연스러운 상호의존성의 필요성이 생기며, 또한 시험 점수가 개인의 것이기 때문에 개인의 책무성을 유지할 수 있다.

그림 L.1. 다양한 수준의 협력 성공 정도. 문제는 그룹으로 일하는 사람들이 혼자 작업하는 개인의 평균보다 더 나은 성과를 내는지 여부이다.

Ⅲ 듣고 나눔의 결과

정말 하나보다 둘이 나은가? 항상 그렇지는 않다. 그룹 성과를 연구하는 연구자들은 개인(평균) 성과와 그룹 성과를 비교하여 이에 대한 답을 결정한다. 그림 L.1은 가능한 결과의 범위를 보여준다. 그룹 성과가 평균적인 개인 성과보다 낮을 때 일반적으로 그룹 기능 장애가 원인인 경우가 많다(이 장의 Ⅴ절 참조). 가장 일반적인 결과는 그룹 구성원들이 평균적인 개인보다 뛰어난 성과를 내는 것이다. 예를 들어 브레인스토밍에 대한 고전 연구에서 그룹은 보통 개인이 혼자 작업하는 것보다 더 많은 창의적인 아이디어를 내놓았다. 그러나 그룹은 그룹 내에서 가장 뛰어난 개인이 혼자 일할 때 성취할 수 있는 성과를 넘어서지는 못하였다(Dunnette et al., 1963). 이는 그룹에서 브레인스토밍하는 것보다는 개별적으로 아이디어를 생각하고 나중에 결합하는 것(스티커 메모지를 이용하여)이 더 낫다는 것을 시사한다. 사람들은 그룹에서 서로 듣고 나누면서 같은 브레인스토밍 경로로 사람들을 이끌게 된다.

사람들은 그룹이 가장 능력 있는 구성원의 수준에 도달하거나 이를 넘어서기를 희망한다. 하지만 그룹은 항상 어느 정도의 프로세스 손실이 있기 때문에 일반적으로 그렇지가 않다. 사람들은 완벽하게 듣고 나누지 않을 수도 있고, 혹은 그룹 구성원이 순서에 대해 너무 많이 집착하여 가장 유능한 구성원이 설명할 기회가 부족할 수도 있다.

개인 및 그룹 결과를 비교하는 전통적인 방식은 일반적으로 개인이 수행할 수 있는 과제와 결과를 활용한다. 그러나 개인이 혼자서 할 수 없는 과제도 있고, 같은 기간 동안 그룹이 가장 능력 있는 개인을 능가하는 과제도 있다. 이러한 과제는 그룹에 적합한 과제이다. 간단한 예로 집을 짓는 것을 생각해 보자. 이 경우 과제를 분할하고 그 결과를 결합하여 완성품을 만드는 것이 가능하다. 프로세스의 손실이 최소화된다면, 분할 정복 전략의 결과는 개인 노력의 합이 된다.

마지막으로, 그룹이 부분의 합보다 더 큰 성과를 내는 협업의 궁극적인 성취가 있다. 이는 그룹이 개인 대비 질적으로 다른 결과를 만들어 낼 때 발생한다. 예를 들어 Schwartz(1995)는 복잡한 문제 해결을 돕기 위해 7학년 학생들이 만든 시각화 자료를 살펴 보았다(V장 참조). 두 명이 한 팀으로 일할 때, 67%의 학생들이 문제의 중요한 구조적 관계를 포함한 추상적인 표현(예: 행렬)을 만들었다. 이는 혼자 작업한 경우의 6%보다 훨씬 높은 수치였다. 이러한 결과는 개인이 혼자 작업할 때 일어나지 않았던 어떤 일이 그룹 협업 과정에서 일어났다는 것을 의미한다. 학생들을 인터뷰할 때, 한 그룹은 "그는 행을 만들고 싶었고, 나는 열을 만들고 싶었다"고 말하였다. 그들은 듣고 의견을 나눔으로써 자신들의 관점을 통합하여 새로운 것, 즉 행렬을 만들었다.

Ⅳ 〉 듣고 나눔을 통해 스스로 가르치는 법을 배울 수 있을까?

협력 학습은 추후 학생이 협동하는 법을 배우는 데 도움을 줄 수 있을까? Cohen과 Lotan(2014, Morris, 1977 인용)은 재해 대비에 관한 두 가지 유사한 문제를 해결하면서 그룹이 협업 규범과 프로세스에 대해 교육을 받을 수 있게 하였다. 그 후 참가자들은 어떠한 그룹 프로세스 지시도 없이 관련 없는 새로운 문제를 받았다. 참가자들은 명시적인 지시 없이도 이전에 학습한 협업 규범을 준수하는 모습을 보였다.

보다 더 까다로운 질문은 학생이 새로운 그룹과 환경에서도 협동할 수 있는지 여부이다. 이는 사람들이 갈등을 피하는 법을 배우기를 원했던 협동 학습의 원래 지지자들의 목표와 일치한다. Gillies(2002)는 초등학교 5학년 학생들의 훈련 후 2년간의 협동 행동을 관찰하는 인상적인 연구를 수행하였다. 훈련을 받은 학생들은 훈련을 받지 않은 동등한 학생들보다 협동 행동을 더 자주 보였다. 예를 들어 훈련받은 학생들은 방해할 확률은 일곱 배, 원치 않는 설명을 할 확률은 두 배나 낮았다. 학생들은 듣고 나누는 법을 배웠다.

학생들이 협동하는 법을 배웠는지 판단하는 일은 쉽지 않다. Gillies(2002)는 그룹 구성원 행동을 10초마다 기록하였는데 이는 쉽게 채택할 수 있는 방법이 아니다. 사람들은 더 효율적인 해결책을 찾으려고 노력하고 있다. 농구에는 이에 대한 해결책이 있다. 선수 X가 코트에 있을 때와 없을 때 팀원들의 성적을 측정하는 것은 가능하다. 예를 들어 선수 X가 코트에 있을 때 팀원들이 더 많은 점수를 올렸는가? 이와 유사한 방법을 학습 환경에서 시도하는 것은 흥미로운 아이디어일 수 있다.

국제학생 평가 프로그램(PISA, Programme for the International Student Assessment)은 많은 국가에서 공통으로 시행되는 시험이다(http://www.oecd.org/pisa 참조). 이 시험에 대해 자국의 성적이 좋지 않을 때 그 나라의 관계자는 당황하기도 한다. 시험 제작자들은 협상, 합의 도출, 분할 정복[divide−and−conquer](문제를 통째로 푸는 것이 아니라 작은 단위로 분할해서 문제를 푸는 접근법−옮긴이) 과제에서 협동 기술을 측정하려고 노력하고 있다. 매우 흥미로운 예제가 하나 있다. 학생이 컴퓨터 기반 작업에서 세 명의 시뮬레이션 팀원과 협업한다. 팀은 방문객을 위한 환영 행사를 계획하고 있다. 그들이 해야 할 과제 중 하나는 시뮬레이션 교사인 코스모[Cosmo]가 제공하는 여러 옵션 중에서 결정하는 것이다. 시뮬레이션 학생 브래드[Brad]는 "누가 이런 것에 관심을 갖겠어? 모든 선택지는 따분해. 방문객이 실제로 즐길 만한 곳으로 가야해."라고 말한다. 측정 대상인 실제 학생은 4가지의 선택지가 있다.

1. 맞아, 브래드, 선택지 중 마음에 드는 것이 아무것도 없다면, 다른 곳으로 가자.
2. 브래드, 방문객이 즐거워하길 바라는 건 맞지만 코스모 선생님이 제시한 옵션에 대해 먼저 상의해야 해.
3. 코스모 선생님은 아이들이 좋아하는 것을 전혀 몰라. 레이첼[Rachel], 조지[George], 너희들도 그렇게 생각하지 않아?
4. 대신에 시청으로 가보는 것은 어떨까?

문제 출제자에 따르면, 2번 선택지가 정답이다. 그 이유는 2번 선택지만이 그룹이 주어진 조건을 고려하도록 유도하는 유일한 선택지이기 때문이다. 협동을 측정하는 아이디어는 중요한 역량 기술에 대해 우리의 관심을 집중시킨다는 점에서 좋은 아이디어이다. 이 작업이 어떻게 발전하는지 지켜보는 것은 흥미로울 것이다.

Ⅴ 듣고 나눔의 위험성

그룹 활동의 한 가지 위험은 학생들이 듣지 않는다는 점인데, 이는 학생들이 공동 주의를 유지하지 않기 때문이다. Barron(2003)은 복잡한 수학 문제를 해결하는 그룹을 비디오로 녹화하였다. 성공한 그룹과 실패한 그룹 모두 문제 해결 방법에 대해 동일한 수의 올바른 제안을 받았다. 차이점은 이러한 제안에 대한 그룹의 반응이었다. 성공한 그룹에서는 올바른 제안의 약 2/3가 논의되거나 수용되었다. 그러나 실패한 그룹에서는 올바른 제안의 약 2/3가 즉시 거부되거나 무시되었다. 실패한 그룹에서는 구성원들이 문제의 다른 부분에 관심을 기울였기 때문에 서로 이야기가 통하지 않았다. 성공한 그룹에서는 거의 모든 제안이 직전 대화와 직접적으로 관련되어 있었고 학생들이 서로의 아이디어를 논의하고 발전시켰다.

불평등한 지위 또한 듣고 나누는 기회를 방해할 수도 있다. 높은 지위의 학생들은 토론을 지배하는 반면, 낮은 지위의 학생들의 기여는 좋은 경우에도 무시된다. 한 연구에서, 학생들은 시험을 치른 후 "높음"과 "평균"이라는 가짜 라벨을 지정 받았다(시험 결과는 라벨 지정에 어떤 영향도 미치지 않았다.). 이 라벨이 객관적으로 아무런 의미가 없었음에도 불구하고, 높음으로 라벨링된 학생들은 이후의 그룹 과제에서 더 많은 참여를 보였다(Cohen & Latan, 2014, Dembo & McAuliffe, 1987 인용).

불평등한 참여는 자기 강화 사이클을 초래할 수 있다. 높은 역량을 가진 것으로 인식된 학생은 토론을 지배하면서 자신이 높은 역량을 가지고 있다는 인식을 굳히고, 낮은 역량을 가진 것으로 인식된 학생은 그 반대의 경우가 발생할 수 있다. 불평등한 참여의 위험은 협동을 신중하게 가르쳐야 하는 주된 이유이다(동등한 참여를 위한 활동 설계는 P장 참조).

나쁨: 물리학 전공 학부생이 그룹으로 나뉘어 문제 세트를 완성하고, 수업 끝나기 전에 성적을 받기 위해 제출해야 한다. 이 과제는 유능한 개인 한 명이 그룹만큼이나 쉽게 완료할 수 있는 과제이다. 학생은 협동에 대한 지도를 받지 않는다. 문제 해결 방법을 이미 알고 있는 학생이 빨리 답을 구하기 위해 주도적으로 나서게 되고, 이런 점에서 학습에는 별다른 이점이 없다.

좋음: 다시 대학 물리학 수업을 가정해 보자. "대형 트럭이 주차되어 있는 자동차를 들이받는 상황을 생각해 보자. 상식적으로 트럭이 자동차에 가하는 힘과 자동차가 트럭에 가하는 힘 중 어느 쪽의 힘이 더 클까?"(University of Maryland Physics Education Research Group, 2004). 그룹 구성원들은 직관적인 추론을 설명해야 한다. 그런 다음 이를 뉴턴의 제3법칙에 대해 배운 내용과 조화시켜야 한다(힘은 동일하다.). 모든 구성원이 그룹의 전반적인 이해에 기여하기 위해서 그들 자신의 혼란이나 갈등 지점을 설명해야 하기 때문에 그룹 상호의존성이 확립된다.

L

핵심 학습 메커니즘은 무엇인가?

듣고 나눔은 학생이 협력하여 프로젝트를 수행하고 문제를 해결하며 배우는 협력 학습의 토대이다.

예는 무엇이 있고 어떤 점에서 좋은가?

소그룹 학생들이 공정한 의사결정을 위한 학교 시스템을 만들기 위해 수업 프로젝트에 협력한다. 안내를 통해 학생은 효과적으로 협동하는 법을 배울 수 있으며, 조직 내의 의사결정 주제에 대해 더 깊이 있게 배울 수 있다.

왜 효과가 있을까?

다른 사람들과 함께 하는 것은 동기 부여가 되기도 하지만 협동심도 필요하다. 협동이 잘 이루어지면, 학생은 공동 주의를 유지하고, 듣고, 나누고, 조율하며, 서로의 관점을 이해하려고 노력한다. 이를 통해 학습자는 정보를 교환하고 다각적인 이해를 발전시킬 수 있다.

핵심 메커니즘은 어떤 문제를 해결해야 하는가?

- 학생들은 앉아 있는 것을 지루해하고 집중하지 않는다.
  ‣ 학생이 문제 해결 방법을 모르고 도움받을 수 있는 방법이 없기 때문에 수업에 집중하지 못한다.
- 학생들은 자신만의 생각에 갇혀 있다.
  ‣ 물리학 전공 학생이 뉴턴의 제3법칙 문제를 단계적으로 푸는 방법은 알지만 자신의 개념적 이해에 구멍이 있다는 사실은 깨닫지 못한다.
- 학생들은 함께 일하는 방법을 모른다.
  ‣ 의견 차이가 협상보다 갈등으로 확대된다.

활용 방법의 예

- 협업 규범과 상호 간의 기대치를 정하기.
  ‣ 그룹이 협업 과정을 연습하고 성찰하도록 하기.
- "그룹에 적합한" 과제를 사용하기.
  ‣ 그룹이 적절한 제약 조건을 결정할 수 있도록 문제 일부를 남겨두기. 예

를 들어 학생에게 세 개의 일정한 크기 테이블에 몇 명이 앉을 수 있는지를 묻는다면, 그룹이 테이블을 어떻게 배열할지와, 각 사람이 편안하게 앉기 위해 필요한 공간 등을 논의하게 한다.

위험성

- 지위가 낮은 것으로 인식되는 학생은 불균등한 참여 기회를 가진다. 그룹은 이러한 학생의 아이디어를 주목하고 수용할 가능성이 낮다.
- 학습자들이 공동 주의를 발전시키지 못하고 효과적인 의사소통을 하지 못한다.

13

메이킹

― 흥미와 실용적인 지식 창출하기 ―

Making 메이킹

흥미와 실용적인 지식 창출하기 _____

메이킹^(MAKING)(사전적 의미의 '만들기'로 번역할 수도 있으나 본 장에서 소개되고 있는 메이커 운동과의 관련성 등을 종합적으로 고려하여 '메이킹'이라는 용어를 그대로 차용함 – 옮긴이)은 공유 가능한 결과물을 만드는 것으로, 이러한 결과물에는 정원, 예술작품, 컴퓨터 프로그램 등이 포함된다. 메이킹은 동기를 부여하고, 실용적 지식을 산출하며, 지속적인 흥미로 이어질 수 있다.

무언가를 만들 수 있다는 것은 유용하고 만족스러운 일이다. 메이크^{Make} 잡지를 창간한 데일 도허티^{Dale Dougherty}는 "메이커 운동^{maker movement}은 부분적으로 사람들이 단순 소비자가 아닌 물건을 직접 만드는 방식을 통해 열정적으로 참여하고자 하는 필요성 때문에 발생하였다"(2012, p. 12)고 주장한다. 메이킹은 소비가 아닌 생산에서 시작된다.

사람들은 많은 것을 만든다. 맥주 만들기는 하나의 좋은 예이다. 취미로 맥주를 만드는 사람은 반복해서 맥주를 만든다. 매번 맥주를 만들고 테스트하며 시음하고 제품을 다른 사람과 공유한다. 그런 다음 이러한 경험을 바탕으로 다음 양조 계획을 세운다. 최종 결과는 또 다른 양조 프로젝트로 이어진다! 만들고 나누고 다시 또 만드는 것을 좋아하기 때문에, 맥주와 양조에 대해 더 많이 배우고 싶다. 자연히 양조 도구와 기술에 대한 전문성을 축적하게 된다. 맥주를 만드는 사람에게는 만드는 즐거움과 배움의 즐거움이 서로 얽혀 있다. 이는 만드는 것을 기반으로 하는 많은 취미에서도 공통적으로 나타나는 현상이다.

모형 로켓 제작자, 집에서 맥주를 담가 먹는 홈 브루어^{home brewer}, 오토바이 경주 선수, 음악가 등 수백 명의 취미 활동가를 대상으로 수행한 설문 조사에서 파프만(Pfaffman, 2003)은 사람들에게 취미 만족을 위해 25가지 결과의 중요도를 평가하도록 요청하였다. 그림 M.1은 중요성 점수가 가장 높은 것부터 차례대로 나열한 결과를 보여준다. 몇 가지 눈에 띄는 흥미로운 결과가 있다. 예를 들어 그룹 소속감은 기본적인 동기 부여 욕구임에도 불구하고(B장 참조), 순위의 하위 50%에 위치해 있다. 가장 높은 순위를 차지한 만족도가 특히 흥미롭다.

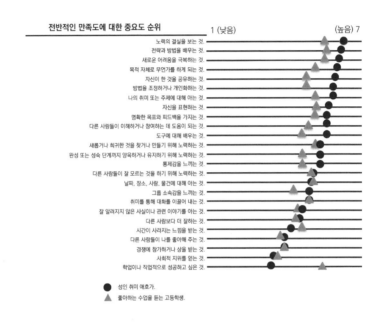

그림 M.1. 성인이 취미에 대해 중요하게 생각하는 것과, 학생들이 좋아하는 수업에 대해 중요하게 생각하는 것(Pfaffman 데이터 기반, 2003).

가장 높은 순위의 만족도는 노력의 결실을 볼 수 있는 기회였다. 자신의 창작물을 경험할 수 있는 것은 모든 취미에서 상위권 또는 그에 가까운 평가를 받았다. 노력의 결실을 보는 것은 고등학생들이 음악, 영어, 역사, 수학 등 자신들이 가장 좋아하는 수업에서도 높은 순위를 차지하였다. 우리 저자는 이러한 동기를 **생산적 주도성**productive agency이라고 명명하였다(Schwartz, 1999). 사람들은 자신의 아이디어가 세상에 실현되는 것에 매우 동기 부여된다. **사람들의 목표는 아이디어를 소유하는 것이 아니라, 아이디어를 생산하는 데 사용하는 것이다.** 교사가 주는 질문에 대한 하나의 정답만 강조하는 수업은 아마도 강한 생산적 주도성을 유발하지 않지만, 생산적 주도성을 북돋는 수업은 학생들이 가장 좋아하는 수업이 될 것이다.

　　칼 마르크스$^{Karl\ Marx}$(맞다, 정말로 마르크스를 언급한 것이다.)는 인간을 이루는 두 가지 큰 힘에 대해 기록했다. 첫 번째는 **도용**^{appropriation}이다. 우리는 주변 사람들의 아이디어와 물건을 가져옴으로써 우리 자신이 되어간다. 두 번째는 **생산**^{production}이다. 아리스토텔레스^{Aristotle}와 마찬가지로, 칼 마르크스는 인간을 본질적으로 건축가로 보았다. 우리는 아이디어든 제품이든 세상에 우리 자신을 생산하고 창조하기를 원한다. 이렇게 함으로써 사회 구조에 우리의 아이디어를 집어넣을 수 있으며, 다른 사람들은 우리의 아이디어를 도용할 수 있다. 마르크스는 돈이나 자원을 배분 받을 수 있는 복지 국가를 옹호하지 않았다. 마르크스는 사람들이 세상에 기여하고 스스로를 감동시킬 수 있는 생산적인 국가를 옹호하였다. 마르크스에게 중요한 정치적 이슈는 항상 생산 수단을 소유한 사람이 누구인지였는데, 이는 학생 중심 수업에 대한 주장과도 묘하게 일치한다. 그렇다고 학생 중심의 교사가 공산주의자라는 것을 의미하는 것은 아니다! 그러나 마르크스는 메이킹의 본질과 그것이 학습에 어떻게 기여할 수 있는지를 포착하였다.

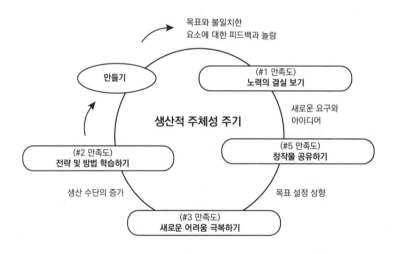

그림 M.2. 취미의 가장 높은 만족도는 학습을 촉진하는 조건을 만들어낸다.

생산적 주도성

메이킹은 그림 M.2에 제시된 이상적인 주기를 따른다. 이 주기는 파프만의 연구에서 발견된 상위 다섯 가지 동기 중 네 개로 구성된다. 이들은 단순한 동기가 아니라 더 많은 학습을 위한 동기이다. 사람은 노력의 결실을 보고 싶어한다. 사람은 자신의 아이디어가 실행되는 것을 볼 때, 놀라운 결과물을 포함하여 어떤 것이 작동하고 작동하지 않았는지 피드백을 받는다. 또한 사람은 자신의 창작물을 공유하는 것을 좋아하며, 이를 통해 다른 사람이 특히 좋아하고 싫어하는 기능에 대한 추가적인 피드백과 변화에 대한 제안을 함께 얻을 수 있다. 이러한 피드백은 다른 사람의 아이디어를 도용하는 데 기여한다. 피드백은 나아가 메이커가 새로운 목표와 도전을 설정하도록 동기를 부여하여 새로운 학습의 필요성을 창출한다. 새로운 도전은 새로운 학습을 필요로 하기 때문에, 이 주기는 상승의 나선형으로 변화된다. 마지막으로 새로운 목표가 주어지면 메이커는 그 목표를 달성할 수 있는 생산 수단을 제공하는 새로운 방법을 찾으려는 동기를 갖게 된다. 취미가 학습을 위한 좋은 놀이 패턴이라는 것을 누가 알았을까!

이러한 주기가 강력한 이유 중 하나는 사람은 자신의 창작물로부터 나오는 피드백에 특별히 주의를 기울인다는 점이다. 예를 들어 Okita와 Schwartz (2013)는 고등학생들이 컴퓨터 에이전트를 만들고 문제를 해결할 수 있는 논리적 추론 규칙을 가르친 연구 결과를 소개하였다. 학생들은 에이전트가 문제를 푸는 것을 관찰하거나 본인이 직접 동일한 문제를 풀고, 답에 대한 동일한 피드백을 받았다. 에이전트를 관찰한 학생들은 스스로 문제를 해결한 학생들보다 피드백에서 더 많이 배웠다. 그들은 사후 시험에서 더 복잡한 논리 문제를 더 잘 해결할 수 있었다. 사람들은 자신의 창작물에 대한 피드백에 특별한 주의를 기울인다.

흥미 배우기

주기의 두 번째 강력한 특징은 흥미를 포착한다는 것이다. **상황적 흥미**situational interest와 **개인적 흥미**individual interest 사이에는 중요한 차이가 있다 (Renninger et al., 2014). 상황적 흥미는 즉각적인 맥락에 의해 주도된다. 박물관은 상황적 흥미를 유발하는 곳이다. 사람들은 매력적인 전시나 활동에 사로잡히게 된다. 상황적 흥미는 일시적이다. 상황이 더 이상 존재하지 않으면 흥미도 사라질 수 있다. 상황적 흥미는 기회 확대, 전문성에 대한 접근성, 공유 커뮤니티를 포함한 충분한 자원이 뒷받침될 때, 결국 개인적 흥미로 발전할 수 있다(P장 참조). Ito와 동료들(2009)은 디지털 인공물 제작을 위한 흥미 궤적을, 빈둥대고 어울려 노는 것에서 "깊이 몰두하고 탐구하는 것"으로 발전된다고 설명한다. 사람들은 개인적 흥미가 있을 때, 관련 기회를 찾고 일시적인 실패나 따분한 프레젠테이션에도 회복력을 발휘한다(Renninger et al., 2014). 사람은 흥미를 갖는 법을 배우며 메이킹은 이러한 과정을 돕는다.

II 메이킹을 활용하여 학습을 향상시키는 방법

동호회, 박물관, 가정, 심지어 학교에서도 메이킹은 이루어진다. 2015년 기준으로 20,000마일 이상의 이동거리를 기록하며 전국 어린이들에게 메이커 프로젝트를 위한 도구와 재료를 실어 나른 이동식 트럭인, 스파크 트럭 SparkTruck(http://sparktruck.org)은 재미있는 사례 중 하나이다.

일반적으로 가정에서의 메이킹은 경험이 전개되는 방식에 영향을 미치는 명시적 학습 원칙이 없다. 반면, 디자인된 메이커 스페이스maker spaces는 일련의 원칙에서 출발한다. 한 가지 원칙은 미리 정의된 목표를 사용하는 것과 관련이 있다. 예를 들어 일부 탐구형 박물관에서는 바람 튜브라는 전시물을 사용한다(그림 M.3 참조). 방문객들은 바람 튜브에 넣는 물건을 만들기 위해 바구니, 두루마리 종이, 접착용 테이프와 같은 소모성 재료를 사용할 수 있다. 우리 저자가 알고 있는 박물관에서는 학습자가 무슨 일이 일어나는지를 보면서 스스로 목표와 질문을 구성하도록 한다. 학습자가 스스로 목표와 질문을 만들어보도록 하는 것은 이 박물관의 중요한 안내 원칙이다. 다른 박물관은 약간 다른 방식을 적용하여, 방문객들에게 두 선 사이에 맴도는 물체를 만드는 선택적 목표를 제시한다. 이 박물관은 학습 활동에 더 많은 구조를 도입하기로 결정한 것이다. 어떤 쪽이 더 좋다고 생각하는가?

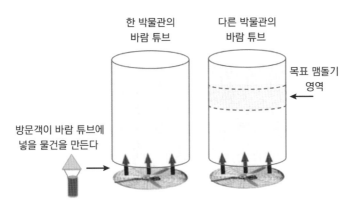

한 박물관의
바람 튜브

다른 박물관의
바람 튜브

목표 맴돌기
영역

방문객이 바람 튜브에
넣을 물건을 만든다

그림 M.3. 메이커 전시의 두 가지 변형. 한 박물관은 방문객에게 선택적 목표를 제공하고, 다른 박물
관은 방문객에게 목표 생성을 맡긴다.

(우리가 아는 한) 박물관에서의 직접적인 목표 설정 효과에 대한 경험적 증
거는 없지만, 학교에서는 연구된 바가 있다. 교실에서 메이킹은 일반적으로 프
로젝트 기반 학습으로 나타난다. 학생은 확장된 대개는 실제 현실 프로젝트에
참여함으로써 기술과 지식을 배운다(Q장 참조). Petrosino(1998)는 특정 목표가
프로젝트 기반 학습을 촉진할 수 있음을 보여주었다. 그는 모형 로켓을 만드는
학생들을 연구하였다. 그는 보통의 로켓 과제를 수행한 학생들의 결과와 미국항
공우주국^{NASA}의 새 모델 로켓 키트와 함께 사용할 수 있는 디자인 계획을 만들
라는 추가 목표를 받은 학생들의 결과를 비교하였다. 학생들은 날개 개수 및 페
인트 양과 같은 여러 기능을 테스트하여 비행에 미치는 영향을 확인하도록 요청
받았다. 이 후, 학생들에게 로켓 활동 목적을 물었다. 보통의 로켓 학습을 한 학
생들은 "그냥 만들기 위해서요"라고 답하였다. NASA 목표를 받은 학생들은 비
행에 중요한 로켓의 특징과 비행 고도를 측정하는 방법 등의 추가 정보를 포함
하여 답하였다.

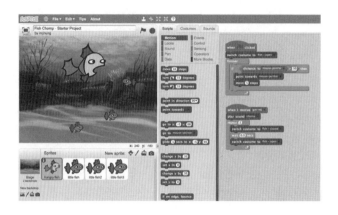

그림 M.4. 중, 고등학생을 위한 프로그래밍 언어 스크래치Scratch를 사용하여 만든 게임의 스크린샷.

메이킹은 학교에서 이루어지든 밖에서 이루어지든, 생산 수단 접근성 향상, 피드백 및 도용을 위한 내장된 기회, 목표 설정과 학습을 위한 충분한 자원, 세 가지 요소가 학습을 촉진해야 한다.

미국 매사추세츠공대MIT 미디어 랩에서 개발한 시각적 프로그래밍 언어인 스크래치Scratch를 예로 들어 보자(Resnick et al., 2009). 스크래치에는 생산적 주도성의 본질적인 요소가 포함되어 있다. 학습자 친화적인 프로그래밍 언어 및 미디어 자산을 만들기 위한 자원이 있다. 스크래치를 통해 사람들은 상호작용이 가능한 미디어와 게임을 만들 수 있다. 이를 통해 "스크래치 사용자"는 노력의 결과물을 쉽게 확인할 수 있다. 또한 온라인 커뮤니티가 있어서 사람들은 자신의 결과물을 게시하고 댓글을 교환할 수도 있다(부적절한 언어는 검열된다). 게시물과 피드백은 스크래치 사용자들에게 다음 프로젝트를 위한 새롭고 더 발전된 프로그래밍 목표를 설정할 아이디어와 영감을 제공한다. 즉, 새로운 방법과 기술을 배울 수 있는 자원도 있다. 이러한 자원에는 수정할 수 있는 코드 예제, 특정 주제에 대한 스튜디오, 토론 포럼 등이 포함된다.

이러한 요소는 Barron 등(1998)이 학교에서 좋은 프로젝트 기반 학습을 위해 제안한 네 가지 요소인 — (1) 적절한 학습 목표; (2) 학습 자원; (3) 피드백과 수정을 위한 다양한 기회; (4) 독창적인 생산과 상호작용을 지원하는 사회적 환경 — 과 유사하다.

콘서트에 가는 것은 그 자체가 목적이다. 콘서트가 수학, 인성, 대학 진학 가능성을 높여 준다고 주장하며 콘서트를 정당화할 필요는 없다. 취미나 메이킹도 마찬가지이다. 사람은 그 자체로 만족을 느낀다. 다른 근거로 취미와 메이킹을 정당화하는 것은 불필요해 보인다. 하지만 근거가 필요한 분들을 위해, 다음과 같은 이점을 소개하겠다.

실용적 지식

침몰하는 대학 도서관에 대한 이야기를 들어본 적이 있는가? 건축가가 책 무게를 미쳐 고려하지 않은 것이다. 이 도시 전설은 형식적인 지식이 얼마나 한계가 있는지를 보여주기 때문에, 여전히 인기가 있다. 전통적인 학교 교육은 형식적 지식에만 중점을 둔다. 그와 대조적으로 메이킹은 실행에 필요한 수백 가지 실제적인 세부사항, 기술, 도구 및 성향을 강조한다.

충분한 경험이 쌓이면, 실용적 지식은 Crowley와 Jacobs(2002)가 **전문성의 섬** islands of expertise이라고 명명한 사실과 기술의 네트워크를 형성한다. 강력하고 정확한 지식은 추가적인 학습을 지원한다. 사람은 전문성의 섬에 새로운 사실과 기술을 축적한다. 의사는 일단 강력한 사전 지식 라이브러리를 구축하면 새로운 의학 용어와 질병을 더 빠르게 학습한다.

메이킹은 형식적 지식을 위한 발판을 마련할 수 있다. 한 과학 박물관 동료가 관람객들이 장난감 곡예사의 균형을 잡으려고 시도하는, 줄타기 전시물에 대한 이야기를 전해 주었다. 아이들은 어디선가 본 적이 있기 때문인지 곡예사의 균형 막대를 계속해서 늘렸다. 그러던 중 아이들은 막대의 양쪽이 곡예사의 아래로 내려가면 시스템이 안정화되는 "아하 순간"을 우연히 발견하였다. 아이들은 줄타기 곡예사 아래에 질량 중심을 놓는 것을 통해서 자가 교정 시스템을 발견하였다. 물론 이들은 자가 교정 시스템이나 질량 중심 개념을 배우지는 않았지만, 추후 과학 수업의 발판이 될 수 있는 매우 구체적인 예를 경험하였다(J장 참조). 학교에서의 초기 엔지니어링 기회는 만들기의 참여와 실제적인 성공을 통해 과학(물론 엔지니어링도 포함됨)으로 나아가는 길이 될 수 있다. 메이킹은 지각에서부터 규칙에 이르기까지 다양한 방식의 지식을 동원하기 때문에 깊은 개념적인 설명 없이도 성공할 수 있게 한다(Azevedo, 2013).

흥미와 정체성

많은 사람들은 메이킹을 개인적인 흥미를 키우는 방법으로 생각한다. 흥미는 좋은 목표이다. 왜냐하면 8학년 때 과학에 대한 흥미가 시험 점수나 성적보다 대학 과학 전공을 더 잘 예측하기 때문이다(Tai et al., 2006). 다른 영역에서도 동일한 현상이 일어나는 것을 가정해 볼 수 있다. 예를 들어 랩 가사에 대한 흥미가 창의적인 글쓰기를 추구하는 것으로 발전할 수 있다. 창작의 기회는 분명 누군가에게 개인의 흥미와 학문적 정체성을 확립하는 통로이다. 그러나 이것이 얼마나 많은 사람에게 어떤 조건에서 적용되는지 알려져 있지 않다.

실패를 대하는 태도

메이킹은 학생이 실패를 받아들이거나 적어도 두려워하지 않도록 하는 태도를 가질 수 있도록 도와줄 수 있다(Martin, 2015). 실패는 종종 피해야 할 것이 아니라 과정의 건설적인 부분으로 간주된다. 메이커 대회에서는 "가장 환상적인 실패Most Spectacular Failure"라는 상을 수여하기도 한다.

디자인 기반 학습은 메이킹에 의존한다. 학생은 실제 또는 가상의 고객 문제를 해결하기 위해 제품을 만든다. 학생들은 자신의 반 학생들을 위해 더 나은 급식실 배치를 디자인해야 하는 도전에 직면할 수 있다(Carroll et al., 2010). 디자인 과정에서 중요한 부분은 디자인 견본을 만들어 보고, 실제 어떤 것이 효과가 있고 더 좋을지 이해관계자로부터 피드백을 받는 것이다. 우리가 만난 여러 교육자들에 따르면 디자인 기반 학습에서 가장 좋은 점은 학생들이 실패와 부정적인 피드백을 두려워하지 않고 과정의 일부로 받아들일 수 있도록 도와준다는 점이었다.

실패에 대한 태도 변화를 보여주는 경험적 증거는 없지만, 건설적 비판에 대한 태도 변화를 보여주는 연구는 찾을 수 있다. 한 연구(Conlin et al., 2015)에서, 6학년 학생들은 몇 주 동안 수학, 사회, 과학 수업 시간에 디자인적 사고를 배웠다. 한 조건에서 학생들은 이해관계자 디자인 방법론을 따라 잠재 고객으로부터 피드백을 받아야 했다. 이후 컴퓨터 평가(F장, 그림 F.3 참조)에서, 이 학생들은 피드백을 구하는 것을 강조하지 않는 다른 디자인 방법론을 따라 학습한 학생들보다 건설적인 비판을 더 많이 구하는 경향을 보였다.

IV

메이킹을 통해 스스로 가르치는 법을 배울 수 있을까?

메이킹은 높은 동기 부여를 준다. 적절한 자원과 실천 커뮤니티가 주어지면 사람은 상황적 흥미에서 개인적인 흥미로 발전하면서 생산적 주도성 주기를 통해 자연스럽게 스스로를 가르치게 될 것이다. 예를 들어 Barron(2006)은 학교에서 컴퓨터 과학 수업을 듣고 웹 사이트 제작에 관심을 갖게 된 고등학생 자말Jamal을 소개한다. 자말은 책을 구매하고, 웹 디자인 사업을 시작했고, 마음에 드는 웹 사이트 제작자에게 연락해 웹 사이트 제작에 대한 조언을 구했다. 배론Barron이 인터뷰한 다른 학생들과 마찬가지로, 자말은 부모님으로부터 부분적 지원을 받으며 스스로 다양한 학습 자료를 찾았다. 자말은 계속해서 성장하고 배우는 데 필요한 전문 지식을 찾는 데 앞장섰다. 자말은 분명 일반적인 사례는 아니다. 보통 상황적 흥미가 개인적인 흥미로 발전하기 위해서는 관심과 지원이 필요한데, 초보자 스스로 관심과 지원을 조성하기에는 현실적으로 어려움이 있을 수 있다. 현재로서는 개인의 지속적인 흥미를 유발하기 위한 검증된 방법은 지금의 학습 이론을 넘어서는 것이지만, 메이킹을 하나의 흥미 촉매제로 활용한 아이디어는 분명히 가능성을 보여준다.

M

V

메이킹의 위험성

메이킹은 일반화되지 않을 수 있는 매우 특정한 지식과 태도를 생성하는 경향이 있다. 집에서 향수를 만드는 아이는 학교 과학 수업에서 자신의 탐구 및 실험 전략을 자발적으로 적용하지 못할 수 있다(Tzou et al., 2007). Papert(1980)는 로고Logo라는 간단한 시각적 프로그래밍 언어를 개발하였다. 로고 프로그램을 만들기 위한 초기 비용은 매우 낮았다. 아이들은 "5걸음 이동, 왼쪽으로 회전, 반복"이라는 명령어를 사용하여 컴퓨터 거북이에게 상자를 그리도록 지시할 수 있었다. 패퍼트Papert는 아이들이 로고를 사용하여 일반적으로 계획하는 법을 배운다고 주장했지만, Pea와 Kurland(1984)는 컴퓨터가 아닌 과제에서는 아이들은 배운 계획 기술을 전혀 사용하지 않는다는 것을 입증하였다. 학습자의 일반화를 돕기 위해서는 학생이 배운 내용을 넓게 적용하는 방법에 대한 추가적인 설명이 필요하다. 이상적으로 교사는 학생의 특정 상황의 만들기 경험뿐만 아니라 기존의 전문성과 흥미를 일반화할 수 있도록 지원할 수 있다.

비공식적인 활동에서, 흔히 겪는 어려움 중 하나는 성과 정체에 도달하거나, 더 나쁜 경우 자원이나 준비가 충분하지 않은 경우이다. 좋지 못한 컴퓨터 과학 교과서는 웹 페이지 제작에 대한 초기 흥미를 꺾을 수 있다. 변화하는 흥미를 지원하고 장려하는 다양한 경로를 제공하는 것이 도움이 될 수 있다. 온라인 요리 사이트는 능력에 맞게 상상력을 발휘할 수 있는 조리법과 이를 달성하기 위한 기술, 생각과 다양한 아이디어를 나눌 수 있는 가상 커뮤니티가 있다. 일부 교육자는 청소년이 한 경험에서 다른 경험으로, 예를 들어 한 인턴십에서 다른 인턴십으로 이어지는 경로를 따라갈 수 있도록 연계된 학습 환경을 만드는 실험을 하고 있다(Ito et al., 2013).

학교에서 주요 과제는, 학생이 프로젝트를 선택할 때 학생의 주도성을 고려하는 것과 동시에 프로젝트가 교육 목표에 부합하도록 만드는 것이다. 대학 수업에서 이루어지는 실험실lab 섹션은 일반적으로 학생들에게 정확히 무엇을 만들어야 하는지와 예상되는 결과물을 알려주기 때문에 메이킹으로 간주하기에는 생산적 주도성과 너무 멀어져 있다. 여기 수정이 필요한 일반적인 혼동이 있다. 많은 메이킹 활동에 손으로 직접 만드는 요소가 있지만, 손으로 무언가를 만든다고 해서 메이킹 활동은 아니다(H장 참조).

독창성을 억제하지 않으면서 프로젝트 제약 조건으로 작용할 수 있는 교수 목표를 생각해 보는 것은 유용하다. 이러한 목표는 강의의 학문적인 내용과 일치하지 않을 수 있다. 예를 들어 어떤 프로젝트를 선택하든 학생에게 3D 프린터를 사용하도록 요구할 수 있다. 이 목표는 추상적인 내용보다는 해당 분야의 방법과 도구를 대상으로 한다. 이는 메이킹의 주요 결과물인 생산 수단을 배우는 것과 자연스럽게 부합한다.

VI 좋은 예와 나쁜 예

F 학점: 학생에게 무엇을 어떻게 만드는지 정확히 보여주고 성적을 부여한다. 이 방법은 주도성보다는 복종을 길러준다.

D학점: 중학생에게 종이와 풀이 주어진다. 그들은 어떤 도움이나 지원, 지시 없이 종이로 원하는 것은 무엇이든 만들 수 있다. 완전한 선택 자유의 경우,

숙련된 학생에게는 주도성을 증진시킬 수 있겠지만, 생산 수단을 알지 못하는 초보자는 어떤 주도성도 표현할 수 없다.

C학점: 사용자가 루브 골드버그 장치^{Rube Goldberg machines}(미국의 루브 골드버그가 고안한 것으로 어떠한 일을 하기 위해 연쇄 반응에 기반하여 설계된 쓸데없이 복잡한 기계 장치–옮긴이)를 만들고 테스트한 다음 온라인 커뮤니티에 공유하는 터치스크린 게임. 지속적인 참여를 장려하기 위해 새로운 레벨을 달성하면 기계를 제작할 수 있는 새로운 아이템과 기술이 잠금 해제된다.

B학점: 2주간의 팅커링^{tinkering}(서투른 직공, 어설픈 수선 등으로 번역될 수 있으며, 메이커 운동에서 본격적인 메이킹 활동 이전에 사전 활동으로 다양한 재료를 경험하고 배우는 활동을 의미함–옮긴이)캠프에는 재료, 예시 프로젝트, 선택적 목표 세트, 최종 작품을 전시할 수 있는 장소, 여러 메이커 프로젝트 계획이 포함되어 있다. 이러한 환경에서 학생은 자유롭게 창작활동을 하고, 최종 작품에 대한 피드백을 받고, 다른 사람의 창작물을 보고, 학습한 내용을 다음 프로젝트에 반영할 수 있다.

A학점: 초기 열정을 가진 주제를 활용하여 다음 단계로 나아갈 수 있도록 전문성 빌려주기.

M

핵심 학습 메커니즘은 무엇인가?

물건이나 제품을 제작하고 피드백을 받고 새로운 목표를 설정하는 것.

예는 무엇이 있고 어떤 점에서 좋은가?

집에서 맥주를 양조하고 시음하기; 지역 구어 축제에서 공연할 시 쓰기. 메이커는 실용 지식 및 흥미를 배운다.

왜 효과가 있을까?

메이킹은 생산 수단을 확장하는 학습 주기를 자연스럽게 생성하는 동기를 가지고 있다. 동기에는 아이디어 실현에 대한 피드백을 원하는 욕구와 메이커가 더 많은 기술과 방법을 배우도록 동기 부여하는 새로운 도전을 창출하는 것을 포함한다. 지원을 받으면 메이킹은 환경에 의해 주도되는 상황적 흥미에서 독립적으로 만들기 기회를 추구하는 개인적인 흥미로 발전할 수 있다.

핵심 메커니즘은 어떤 문제를 해결해야 하는가?

- 학습자가 주제에 대해 별로 관심이 없다.
  - ‣ 학생은 문학 학습의 요점을 파악하지 못한다.
- 학생은 과제에 대한 피드백을 받고 새로운 학습 목표를 설정하는 데 동기가 없다.
  - ‣ 학생이 "시험에서 좋은 성적을 받는 것이 중요하다"라고 말한다.
- 사람은 스스로 학습을 추구하지 않는다.
  - ‣ 성인은 여가시간에 TV만 본다.

활용 방법의 예

- 전기 회로를 만드는 프로젝트로 전기에 관한 과학 단원 시작하기.
- 방과 후 메이커 동아리를 만들어 학생이 1년 동안 관련 메이커 프로젝트를 진행하고, 제품을 서로 공유할 수 있도록 하기.
- 비디오 게임 모듈을 만드는 사람을 위한 온라인 커뮤니티를 생성하여, 자신이 만든 것을 공유하고 팁과 피드백을 주고받을 수 있도록 하기.

위험성

- 너무 적은 구조 또는 지원: 초보 메이커는 일찍 노력을 포기할 수 있다.
- 메이커 지식이 특정한 상황에 한정되어 있다. 다른 활동에 전이되지 않을 수 있다.

규범

- 게임의 규칙 정하기 -

Norms 규범
게임의 규칙 정하기 _____

규범(NORMS)은 사회적 상호작용을 위한 규칙으로, 종종 문화에 따라 다르며 사회적 통념과 환경에 따라 다를 수 있다. 좋은 규범은 생산적인 학습 상호작용을 가능하게 한다. 지적 참여의 규범은 사람들이 무엇을 배우고 무엇을 가치있게 여기는지를 결정한다.

규범은 단순한 몸의 움직임이나 동작, 행동을 통제하는 것이 아니라 사람들의 의식적인 행동, 행위를 통제한다. 넘어지지 않고 자전거를 타는 것은 행동과 연관이 있다. 혼잡한 인도에서 자전거를 타는 것은 행위와 연관이 있다. 혼잡한 인도에서 자전거를 타는 것은 규범을 위반한 것으로, 규범을 어기면 사회적 제재를 받게 된다.

규범 연구를 도입한 어빙 고프먼Erving Goffman은 다음의 보편적인 규칙 때문에 사람들은 규범을 따르도록 강요받는다고 언급하였다: "모든 상황에 공통적으로 적용되는 행동 규칙은 … 참가자들에게 '적응'을 강요한다(1966. p.11)." 사회는 원활한 운영을 위해 사람들의 적응을 필요로 하며, 심리적으로도 사람들은 사회에 적응하기를 원한다(B장 참조).

그림 N.1은 스탠퍼드 대학Stanford University의 교사 양성 수업에서 학생들이 개발한 규범의 예를 보여준다. 대문자로 작성된 "편안한 공간Safe Place", "팀Team", "평등Equity", "사람Person"은 실제로 규범이 아닌 가치를 나타낸다. 가치는 중요하다고 믿는 것에 대한 신념이며, 규범은 올바른 행위에 대한 지침이다. 그림에서는 각 가치에 대한 텍스트에 규범이 표시되어 있다. 예를 들어 편안한 공간에 대한 규범에는 "사람이 아닌 아이디어에 대해 비판하라."라고 명시되어 있다.

그림 N.1은 보통의 교실 참여에 대한 규범을 제공한다. 공동체마다 규범이 다를 수 있으므로, 교실마다 규범이 다를 수 있다. 또한 주제와 활동에 따라 규범이 다를 수 있다. 군사 작전과 같이 정확한 조율이 필요한 위험한 활동의 경우, 규범은 무조건 따라야 하는 것일 수 있다. 과학 실험실의 경우, 권위보다는 증거와 논리에 의존하는 것이 규범일 수 있다. 사람들이 바람직하지 않은 규범을 가지고 새로운 상황에 참여하게 되면, 예를 들어 아이들이 자신의 신념과 상관없이 자기보다 힘이 있고 권위 있는 사람에게 순종해야 한다고 믿고 학교에 오는 경우, 이들에게 새로운 규범을 가르치는 것은 쉽지가 않다. 교수 활동의 중요한 임무는 초보자가 특정 학습 주제에 대해 적절한 규범을 배울 수 있도록 돕는 것이다.

그림 N.1. 교사 양성 프로그램에 제시된 가치와 규범. 대문자는 가치를 나타내며, 보조 텍스트는 해당 가치와 관련된 규범을 나타낸다.

답의 정확성은 답을 말한 사람의 지위에 따라 결정되지 않는다는 것을 가르치는 과정에서 수학 교사와 도나Donna가 나눈 수업 내용을 의역한 것이다 (Yackel & Cobb, 1996). 수업 초반에 도나가 "6"이라는 답을 제안하자, K선생님은 반 학생들에게 도나의 답이 맞는지 묻는다. 도나는 이러한 반응이 자신이 틀렸음을 의미한다고 가정하고 즉시 답을 바꾼다. K선생님은 이후 다른 학생의 "6"이라는 답을 받아들이는 모습을 보이며, 다음과 같은 대화가 이루어진다.

도나: (항의하며) 저는 6이라고 했는데, 선생님이 "아니오"라고 말씀하셨
　　　잖아요.

K 선생님: 잠깐만요, 잠깐만요, 잘 들어보세요. 학생 이름이 뭐죠?

도나: 도나 월터스^{Donna Walters}입니다.

K 선생님: 이름이 뭐라고 했죠?

도나: 도나 월터스입니다.

K 선생님: 만약 선생님이 이름을 다시 묻는다면, 학생의 이름을 매리^{Mary}라
　　　　고 말할 건가요?

도나: 아니요.

K 선생님: 왜 그러지 않을까요?

도나: 왜냐하면 제 이름은 매리가 아니기 때문이죠.

K 선생님: 학생은 본인의 이름을 잘 알고 있죠. 선생님은 학생 이름을 매리
　　　　라고 강요할 수 없어요. 그러니 "K 선생님. 정답은 6이고, 제가 증
　　　　명할 수 있습니다."라고 말을 했어야 해요. 이 부분이 바로 선생님
　　　　이 학생에게 가르치고자 한 것이에요.

선생님은 도나의 발언을 수학적 아이디어를 논의하는 사회적 규범을 가르치는 기회로 활용한 것이다. 선생님은 도나가 가지고 있던 규범을 직접적으로 다루고, 이를 다른 규범으로 대체한다. 선생님의 규범은 공리적 추론을 통해 결론을 도출하고 이해를 얻을 수 있는 수학의 지적 자율성 가치에 부합한다. 즉, 선생님은 수학 활동에 대한 학생들의 사고 방식에 규범이 미치는 영향을 잘 이해하고 있다.

I　규범의 작동 방식

규칙성이 없는 세상은 대부분의 인간이 견딜 수 없는 세상일 것이다. 규칙성은 물리적일 수 있다. 인간은 물리학의 규칙적인 법칙을 자신들의 목적에 맞게 활용하여 눈부신 공학적 성과들을 달성하였다. 일반 사회에서의 규칙은 사회적으로 구성된다. 사람들은 사회적 규범과 규칙을 만들어 규칙적인 질서를 만든다. 통화 시스템은 교환의 사회적 규칙을 정교하게 만든 시스템이다. 규칙의 안

정성은 여러 형태의 상업 발명을 가능케 하며, 그중 일부는 긍정적이기도 하고 일부는 부정적이기도 하다.

물리적인 법칙과 달리 사회적으로 만들어진 규칙은 깨질 수 있다. 사회적 규칙은 준수에 대한 보상과 비준수에 대한 제재가 함께 따르는 데 이를 통해 신뢰할 수 있는 사회적 상호작용을 구현한다. 중요한 규칙은 체계화되어 정부에 의해 법으로 집행된다. 규범은 소속되어 있는 집단에 따라 다를 수 있다. 예를 들어 B 선생님 반 학생들은 악수로 서로에게 인사하고, C 선생님 반에서는 친근한 농담으로 인사를 할 수 있다. 대부분의 규범은 법적인 수준에 이르지 못한다. 그럼에도 불구하고 규범에는 보상과 제재가 따르며, 때로는 번잡한 인도에서 자전거를 타는 사람을 못마땅하게 노려보는 것만큼이나 간단한 것이기도 하다.

법으로 명문화되지 않은 규범들도 큰 사회적 영향을 미칠 수 있으며, 학습 규범들 또한 그렇다. 아직 입증되지는 않았지만 Jean Anyon(1980)의 영향력 있는 주장은 학습 규범이 불평등한 사회 질서를 유지하는 데 어떻게 작용할 수 있는지를 보여준다. 애니언Anyon은 노동 계급 아이들로 구성된 교실에는 노동 계급의 직업 규범을 반영하는 세 가지 규범인 무조건적인 복종, 효율성, 침묵이 있다고 주장하였다. 이러한 규범은 학생들의 생각에서 성공과 연관되어 성공을 위한 전략으로 채택된다. 만약 학생들이 자신들의 아버지처럼 생산직 직업을 얻게 되면 이러한 세 가지 규범은 그들을 우수한 직원으로 만든다. 그러나 대기업 회의실에서는 복종과 침묵의 정반대적인 요소가 요구되며, 노동 계급 규범에 길들여진 학생들은 이러한 환경에서 성공하기 어려울 것이다. 반면, 사회적 고위층 자녀들로 가득 찬 고소득층 학교는 세계 무대에서 영향력 있는 사람에게 걸 맞는 규범을 옹호한다. 고소득층 학교 학생들은 아이디어를 종합하고, 소통하고, 창의적인 생각을 하고, 지적으로 추론하는 것에 대해 보상받는다. 이러한 규범들에 대한 많은 연습을 통해 고소득층 학교 학생들이 나중에 어른이 되어 다수의 고위직을 차지하게 되는 것을 보는 것은 놀라운 일이 아니다. 애니언의 이론에 따르면 학교 규범은 미국 사회적 계층 구조를 지속시킨다.

사람은 때때로 자신의 삶을 규제하는 규범을 인식하지 못한다. 속담에 "물고기는 자기가 물 속에 있다는 것을 가장 늦게 안다" 라는 속담처럼 말이다. 예를 들어 본 책의 저자 중 한 사람의 어린 자녀는, 가정에서 신발을 벗는 것은 규범이지만 미국 식료품점에서는 부적절하다는 것을 이해하지 못하고 상점에 들어갈 때 신발을 벗으려 하곤 했다. 다행히도 의도치 않은 규범 위반은 대개 주위 사람들의 반응을 불러일으켜 사회적 질서를 재조정하는 신속한 변화를 이끌어 낸다. Harold Garfinkel(1967)은 "위반 실험breaching experiment"이라는 기발한 방법으로 규범 회복을 연구하였다. 연구진은 의도적으로 부적절한 사회 규범을 사용하여 사회 균형과 질서를 회복하려는 사회적 힘을 드러내었다. 예를 들어 학생 연구원들은 가족 방문을 위해 고향 집에 가서 호텔 손님처럼 행동하였다. (엄마는 그 행동을 좋아했을 것이다.) 예상대로 학생 연구원들은 가족들로부터 놀라움, 분노, 당혹감을 경험하였다.

　　규범을 알고 있다고 가정할 때, 사람들은 (a) 자신이 속한 사회 집단이 자신에게 그 규범을 기대한다고 믿고, (b) 자신이 속한 사회 집단이 규범을 따를 것으로 기대하는 정도까지 규범을 따를 것이다(Bicchieri & Chavez, 2010). 후자에 대한 증거는 1990년대 뉴욕시에서 찾을 수 있다. 시장은 도시 전역의 깨진 유리창을 수리하고, 낙서를 지우고, 버려진 차량을 치우고, 기물 파손 및 사회적 비행을 없애기 위해 전문위원회를 만들었다. 깨끗한 거리를 만들기 위한 노력이 시작된 다음 해 경범죄가 크게 줄었는데 이는 더 많은 범죄자가 교도소에 수감되었기 때문이 아니었다. 이 계획의 배경이 되는 이론인 깨진 유리창 이론(Wilson & Kelling, 1982)은, 눈에 보이는 파괴 행위와 사회적 일탈로 인해 사람들이 아무도 규범을 따르지 않기 때문에 자신도 그렇게 할 필요가 없다고 판단하게 된다는 것이다. 요약하면, 학습 규범을 도입하려면 당신을 포함한 모든 사람들이 그 규범을 따르도록 해야 한다.

Ⅱ　규범을 활용하여 학습을 향상시키는 방법

　　문화는 사람들을 둘러싸는 것이 아니라, 그들을 함께 엮어준다. 사회적 규범은 이러한 결합을 이끄는 실이라고 할 수 있다. 정규 교육은 학습 환경 조성을 위해 새로운 사회 규범을 소개하고 가르치는 역할을 해야 한다. 예를 들어 유치원에서는 아이들에게 손을 들라고 가르친다. 다음은 사람들이 규범을 배우는 데 도움을 주는 몇 가지 일반적인 제안이다.

규범 실행하기
사람은 특별한 교육 없이 단순 참여를 통해서도 규범을 배운다. 사람은 다른 사람들이 어떻게 행동하는지 관찰하고 모방하고, 규범과 관련된 행동에 따라 보상이나 처벌을 받고, 서로 다른 상황들 사이에서 유추를 통해 담겨있는 일관성을 찾는다. 규범은 중요하며 다양한 학습 메커니즘을 동원한다. 그럼에도 불구하고 사람들은 규범의 범위를 잘못 이해할 수 있다. 예를 들어 연구자들은 프린스턴Princeton 학부생들에게 음주에 관한 설문조사를 실시하였다(Prentice & Miller, 1993). 학생들은 압도적으로 자신의 음주에 대한 편안함 수준이 캠퍼스의 평균 편안함 수준보다 낮다고 보고하였다. 모든 사람이 평균 이하일 수는 없기 때문에 이것은 잘못된 인식이다. 학생 자신의 음주에 대한 견해와 본인이 느끼는 규범에 대한 인식 사이의 인식된 격차가 클수록, 학생은 일반적으로 학교에서 더 소외감을 느꼈으며, 미래에 기부나 대학 동창회에 참석할 가능성이 낮다고 답하였다. 규범을 알려주기 위해 추가적인 조치가 유용할 수 있다. 교실이나 직장과 같은 명확한 목적을 달성하기 위해 설계된 환경에서는 특히 그렇다.

기존 관행에 새로운 규범을 도입할 때 동기 부여와 모델링을 사용할 수 있다. 한 회사가 처음으로 아빠가 된 사람들을 위한 연장된 육아 휴직 규범을 만들려고 한다고 가정해 보자. 이 책을 쓰는 시점에 유급 육아 휴직은 특히 기술 분야에서 회사 정책서에서 점점 더 보편화되어 명시되고 있다. 그러나 직원들의 실제 사용은 더디기만 하다. 유급 육아 휴직을 꺼리는 기저에 깔린 성 역할 규범에 대해 많은 의견이 있지만, 이에 대해서는 나중에 논의하도록 하자. 요점은 회사는 동기 부여와 모델링을 통해 직원들이 새로운 정책을 받아들일 수 있도록 도와줄 수 있다. 동기 부여를 위해 회사 리더는 정책의 이유(직장에서 성 평등을 원하는 최고 수준의 인재를 유치하기 위함)를 설명할 수 있다. 모델링을 위해 고위 경영진이 모범을 보이는 것은 육아 휴직 확산에 특히 도움이 된다(Dahl et al., 2012). 예를 들어 소셜 미디어 대기업 페이스북Facebook 최고경영자는 자신의 첫 아이와 유대감을 형성하기 위해 곧 2개월 육아 휴직을 사용하겠다고 발표하였다. 그의 결정이 회사 전반에 걸쳐 출산 휴가를 규범으로 받아들이는 데 큰 도움이 될 것으로 예상된다.

기존 관행의 규범을 새로운 사람에게 소개할 때, 관계 형성에 초점을 맞출 수 있다. 미국 한 대기업 신입 엔지니어를 대상으로 실시한 설문조사에 따르면 약 80%는 동료로부터 "회사에서 일하는 방식"에 대해 배운 것으로 나타났다(Korte, 2009). 이러한 규범 학습은 공식적인 멘토링과 개인적으로 동료 직원을 알아가면서 일어났다. 설문조사를 통해 도출된 권장 사항은 신입 직원과 기존 직원 간의 관계를 돈독히 하여 신입 사원의 회사 적응을 촉진시키라는 점이다.

앞선 예시들은 기존 조직에 새로운 규범이나 사람을 소개하는 경우를 설명하였다. 이제 처음부터 새로운 사회 질서를 만드는 것을 상상해 보자. 이는 교사가 해야 할 일이다. (온라인 소셜 환경도 동일한 문제에 직면해 있다.) 교실은 사회 질서를 구성하는 20명 이상의 학생들과, 규범의 사회적 구조를 조율해야 하는 1명의 교사가 있다. 각 학생은 규범이 어떻게 바뀔 수 있는지를 어느 정도 의식한 상태에서 이미 가정된 규범을 가지고 새 학급에 들어올 가능성이 있다.

예를 들어 포스터에 규범을 명시하고 각 규범에 대한 기대치를 설명하는 것은 공동체에 도움이 된다. 또한 중요한 것은 학습자가 사회적 일관성이 있다고 믿어야 한다는 것이다. 최소한 초기 단계에서 일관성은 명확한 시행에 달려 있다. 일단 규범이 자리를 잡으면 공동체는 규범화된 행동에 대한 자발적인 반응으로 규범을 시행할 것이다. 그때까지는 교사에게 달려 있다.

오리건 주에 위치한 6학년부터 12학년까지 학생이 재학 중인 학교 아르마딜로 테크니컬 인스티튜트Armadillo Technical Institute는 모든 학생들이 학교 청소를 책임지는 독특한 규범을 시행하고 있다. 청소 담당 직원은 위험하거나 어려운 청소 작업만을 처리하며, 학생들은 팀 단위로 돌아가며 화장실 청소나 쓸기와 같은 역할을 맡는다. 처음에는 학생들이 이 아이디어를 꺼려했을 수도 있지만, 깨끗한 학교를 유지하는 것은 학교 리더들만큼이나 학생들도 지켜야 할 규범이 되었다. 학생들은 서로를 감독하여 자신의 쓰레기를 버리도록 하고 있다.

담화 규범은 교실에서 특히 중요하다. Cazden(2001)은 보편적으로 사용되는 개시 – 응답 – 평가(IRE: initiate – response – evaluate) 순서에 주목하였다. 교사가 질문을 개시하면, 학생이 응답하고, 교사는 "예, 매우 좋습니다" 또는 "별로 그렇지 않습니다"와 같은 짧은 응답으로 평가한다. 이 수사적 규범을 통해 교사는 대화를 완전히 지적으로 통제할 수 있다. 학생들이 학습이란 주어진 질문에 정답으로 답할 수 있다는 것을 의미한다는 규범을 내면화한다는 것은 합리적인 추론이며, 이는 언어 사용이 앎과 학습을 정의한다는 카즈덴Cazden의 제안에 부합한다. 카즈덴을 포함한 많은 학자들은 학생들이 스스로 질문을 시작하고 답을 평가하고 서로에게 직접 말할 수 있는 다른 대화 규범을 선호한다. 이는 학생들이 지적 자율성 규범을 개발하고, 단순한 지식 수용자가 아닌 지식 생산자로서의 정체성을 갖게 될 것이라는 가정에서 비롯된다. 익숙한 IRE 패턴에 간단한 추가로 IRE – F 패턴을 채택하는 것이다. 여기서 F는 **후속 조치**follow – up를 의미한다. 학생들은 초기 질문에 대한 좋은 답과 나쁜 답에 대한 자신의 생각을 다시 되짚어볼 수 있는 기회를 갖는다. 이상적으로 학생들은 또한 자신의 질문을 제기하기 시작할 것이다. 물론 이것은 열린 대화 규범을 확립하기에 따라 달라질 것이며, 아마도 교사가 IRE에 자주 의존하는 이유 중 하나일 것이다. IRE는 간단하고 쉽게 제어할 수 있으며, 학습에 효과적인지 여부에 관계없이 사용할 수 있다.

규범 식별하기

수 없이 많은 규범은 일반적으로 수용 가능한 행위에 관련된 것이며, 이러한 이유로 **디어 애비**Dear Abby 및 **미스 매너**Miss Manners 칼럼(일상생활에 발생하는 고민이나 에티켓에 대해 조언을 해 주는 연재 칼럼-옮긴이)이 존재한다. 교실과 학습 환경에는 "모욕 금지"와 같은 학습 커뮤니티를 만드는 데 유용한 일반적인 참여 규범이 있다. 규범은 눈으로 확인하기가 어렵기 때문에, 교사는 학생이 규범을 위반했을 때 비로소 자신이 특정 규범을 수용하고 있음을 알게 된다. 학습 공동체를 확립할 때는 사후 대응보다 사전 예방 자세를 취하는 것이 더 좋다. 많은 학급에서 년 초에 학급 규범(흔히 **학급 규칙**이라고도 함-구글 이미지 검색을 통해 많은 예를 확인할 수 있음)을 정하고 학기를 시작한다. 때로는 교사가 직접 정하기도 한다. 다른 경우에는 교사와 학생이 학습 환경이 어떠해야 하는지에 대한 비전을 바탕으로 공동으로 규칙을 구성한다. 규칙 구성에 학생을 참여시키면 학생 참여도와 학급 커뮤니티와의 유대감을 높이는 데 도움이 될 수 있다.

보다 미묘한 규범은 생산적 학문 참여와 관련이 있다(Engle & Conant, 2002). 다음은 학문 분야별 참여 규칙이다. 예를 들어 과학에서는 증거를 통해 결론을 지지하는 규범이 있으며, 논리학에서는 연역을 통해 결론을 지지하는 규범이 있다. 특정 학문 연구 공동체를 위한 규범을 식별하는 것은, 그 학문적 전통에 속해 있지 않은 경우 어려울 수 있다. 한 가지 유용한 자원은 학생들이 배워야 할 내용을 구체적으로 식별하는 학문적 전문가들에 의해 개발된 표준 목록이다. 현 시대 교육 표준은 사실적인 지식과 기술뿐만 아니라 지적 참여에 대한 규범을 점점 더 많이 통합하고 있다. 예를 들어 미국 차세대 과학 표준(Next Generation Science Standards, http://www.nextgenscience.org)은 다음과 같은 실천 사항들(학문적 행동 규범)을 제안한다:

1. 질문(과학) 및 문제 정의하기(공학)

2. 모델 개발 및 활용

3. 조사 계획 및 실시

4. 데이터 분석 및 해석

5. 수학 및 계산적 사고 활용

6. 설명 구성(과학) 및 해결책 설계(공학)

7. 증거에 기반한 논쟁 참여

8. 정보 획득, 평가 및 전달(National Research Council, 2012)

특히 권장되는 규범들은 어린이들이 학교에서 실제로 경험하는 것과(또는 그들이 경험한다고 생각하는 것) 상반되는 경우가 많다. 예를 들어 과학 수업에서 많은 학생들은 과학을 하는 것이 사실을 암기하고 교수 활동을 따르는 것이라고 생각한다. 이러한 학생들은 과학 전문가들이 하는 방식으로 과학에 참여하라고 하면 놀랄 수 있다. 물론 사실 암기와 교수 활동을 따르는 것이 미래의 생산적인 학문적 참여를 위한 중요한 선행 조건일 수도 있다. 전문가의 규범을 교실 학습에 어떻게 반영하거나 변형해야 하는지는 아직 정해진 답이 없다.

Ⅲ 규범을 성공적으로 사용한 결과

리차드 포즈너Richard Posner가 말한 것처럼 "규칙에 따라 체스를 두지 않는다면, 체스를 전혀 하지 않는 것과 같다"(1997, p. 365). 규범은 사람들을 사회생활에 참여하게 한다. 만약 플레이어가 서로 다른 게임 규칙을 가지고 있다면, 좌절감에 빠지게 되며 게임이 전혀 이루어지지 않게 될 것이다. 학습 환경에서 생산적 규범은 정보와 아이디어의 효과적인 상호작용을 증가시킨다. 공유된 목표 및 상호작용 방법은 학습자가 동일한 게임을 하고 학습과 문제 해결 과정을 원활하게 수행할 수 있도록 한다. 공유된 규범은 참여 규칙을 강제로 시행할 필요성을 줄인다.

개인 수준에서 규범은 여러가지 심리적 결과를 낳는다. 첫째, 규범은 가치가 될 수 있다. 노인을 위해 버스 좌석을 양보하는 규범은 노인을 어떻게 대해야 하는지에 대한 신념으로 자리 잡을 수 있다. 학문적 규범의 경우, 과학적 주장을 증거에 기반하여 확인하는 것은 결국 아이디어가 증거를 토대로 확인되어야 한다는 믿음으로 자리 잡을 수 있다. 둘째, 규범은 집단의 규범을 공유한다면 소속감을 느끼게 할 수 있다. 악수로 인사를 나누는 사회에서 서로의 볼에 입맞춤을 하는 것은 매우 어색하게 느껴질 수 있다. 셋째, 규범은 정체성 발달에 기여한다. 각각의 문화에는 서로 다른 규범이 있으므로 일련의 규범을 따르는 것은 해당 문화에 대한 동화를 증가시킨다. 반대로, 한 문화 집단에 대한 배타적인 정체성을 유지하고 싶다면 다른 규범에 반대적인 입장을 취해야 한다.

Ⅳ 규범을 스스로 가르치는 법을 배울 수 있을까?

새로운 환경에서 규범을 배우는 가장 좋은 방법은 단순한 인식부터 시작하는 것이다. 많은 사람들은 새로운 상황에서 기존에 자신이 가지고 있던 규범을 사용하고 있다는 사실을 인식하지 못한다. 예를 들어 한국에서 미국 비즈니스맨이 새로운 동료에게 이름을 부르며 인사하다가 시간이 지나면서 오랜 동료에게도 (성)씨 혹은 (성)양으로 부르는 것이 일반적임을 알게 된다. 규범은 어디에나 존재하기 때문에 이를 잘 인지하지 못하면 많은 실수를 범할 수 있다. 더 심각한 문제는 일부 사람들은 현지 규범을 전혀 받아들이지 않는다는 것이다(현지인들의 행동 방식에 불평하는 몰상식한 관광객을 상상해 보자.). 일단 인식이 확립되면 규범을 배우는 과정을 시작할 수 있다. 사람들이 자신만의 규범을 좋아하는 이유가 있을 것이라 가정하고, 당신의 임무는 그 이유를 알아내는 것이라고 하자. "좋아, 나는 익숙하지 않은 규범이 있는 새로운 상황에 처해져 있어. 그렇다면 이 규범들은 무엇이며, 사람들이 왜 그 규범을 따르며, 나도 그것을 따르고 싶을까?"라고 생각해 보자. 가능하다면 도움을 줄 수 있는 해당 상황의 전문가와 관계를 맺어보자. 학생과 직장인을 대상으로 해외 여행에 대비한 교육을 제공하는 영리 기업들도 있으며, 이러한 교육을 수강하면 미묘한 규범을 파악하면서 심각한 실수를 방지하는 데 도움이 될 수 있다.

모든 규범이 학습에 도움이 되는 것은 아니다. 더욱이, 규범의 엄격성과 관련 제재가 너무 심하거나 혹은 너무 느슨할 수 있다. 여기서는 서로 다른 문화가 만나 규범이 상충할 때 발생하는 규범의 또 다른 위험을 살펴보겠다. 교실은 규범이 만들어지는 주요 장소이다. 사회 지배적인 문화가 소수 집단에게 그 규범을 강요할 수 있을까(학급 대부분이 소수 집단 출신이라도)? 어떻게 하면 소수 집단의 규범을 존중하면서도 현재 다른 문화가 지배하는 세상에서 성공적인 삶을 살 수 있도록 준비시킬 수 있을까? 마르다 크래고Martha Crago의 다음 예시는 다양한 문화가 만나는 학교가 직면한 문제를 잘 보여준다.

> 캐나다 북부의 이누이트 학교Inuit School에서 일하는 언어 병리학자는 이누이트인이 아닌 교장에게 학교에서 말하기 및 언어 문제가 있는 학생 명단을 작성해 달라고 요청하였다. 명단에는 전교생의 3분의 1이 포함되어 있었고, 교장은 학생들 몇 명의 이름 옆에 "수업 중에 말하지 않는다"라고 적었다. 언어 병리학자는 각 학생들의 모국어 능력을 파악하는 데 도움을 얻고자 현지 이누이트 교사에게 자문을 구하였다. 이누이트 현지 교사는 학생의 이름을 보며 "잘 교육된 이누이트 아이들은 수업 시간에 말을 하지 않아야 합니다. 보고 들으면서 배워야 합니다." ... 병리학자는 이 선생님에게 자신이 연구 중인 말이 많고 이누이트인이 아닌 눈으로 봤을 때 똑똑해 보이는 아이에 대해 물었고, 선생님은 다음과 같이 답하였다. "그 아이가 학습 장애가 있다고 생각하세요? 지능이 높지 않은 아이들 중 일부는 스스로 멈추는 데 어려움을 겪습니다. 그들은 언제 말을 멈춰야 할지 모릅니다."
> (Bransford et al., 1999, p.146에서 크래고 인용)

문화는 국가 차원에서든 인종과 민족의 다양성을 가진 학교 수준에서든 항상 충돌하기 나름이다. 이는 좋은 일이다. 동일한 규범으로 이루어진 동질적인 세계에서는 건강한 사회에 필요한 다양성이 부족할 수 있기 때문이다. 그럼에도 불구하고 상충되는 규범으로 인해 다양성을 다루는 것은 쉬운 일이 아니다. Heath(1983)와 Delpit(1988)은 중산층인 교사가 담임으로 있는 미국 초등학교 교실에서는 특정 질문을 지시문으로 해석하는 것은 일반적이라고 설명한다. 예를 들어 "줄을 설 준비가 되었나요?"는 실제로 "지금 줄을 서시오"를 의미한다. 만약 다른 규범에 익숙한 학생이 이를 정말로 질문이라고 생각하고, "아니요, 저는 줄을 설 준비가 안 됐어요. 저는 여기에 남을 거예요"라고 답한다면 교사는 반항으로 잘못 오해할 수 있다. 상이한 규범을 인정하지 않는 것은 초등학교에서 아프리카계 미국인 아동에 대한 훈육 및 지도가 불균형적으로 많이 발생하는 이유 중 하나일 수 있다.

문화가 만나는 곳에는 힘의 문제가 있기 마련이다. 소수 문화와 인종 억압에 대해 우려하는 다수 학자들은 지배적인 문화 규범의 중요성을 인식하면서 소수 문화 규범을 존중하고 발전시키는 해결책을 제안해 왔다. 여기에는 문화적으로 적절한(Au, 1980), 문화적으로 관련성을 가진(Ladson-Billings, 1995), 문화적으로 지속 가능한(Paris, 2012) 담론 규범과, 다양한 문화 자본을 활용하는 규범도 포함된다(Moll et al., 1992). 한 가지 일반적인 제안은 민족적인 담론(및 지식)을 통합함으로써, 소수 민족 학생들이 그들이 속한 문화를 폄하하지 않고 보다 자연스럽고 공평하게 학습할 수 있도록 하는 것이다. 이는 더 나은 학습으로 이어지고 정체성 형성에 대한 위협을 감소시킨다. 이상적으로, 학생들이 원할 경우 지배적인 문화의 학문적 기준 안에서 번창할 수 있도록 지배적인 담론의 규범을 따르는 것도 가능해야 한다.

하와이 원주민 초등학생을 대상으로 한 Kathryn Au(1980) 연구는 하나의 좋은 예이다. 아우^Au는 아메리카 원주민 학생들이 일반적인 IRE 담화 구조에 잘 반응하지 않고 읽기 능력이 떨어진다는 점에 주목하였다. 원주민 아이들은 "이야기 나누기^talk story"라는 현지 대화 규범에 매우 익숙하였다. 이 규범에 따르면, 화자들은 대화할 때 서로 말을 주고받으며 누구의 차례인지에 주의를 기울인다. 이야기 나누기는 교사가 교육적인 측면과 평가적인 측면을 모두 갖춘 대화 규범의 중심이 되는 IRE와 확연히 달랐다. 아우는 한 교사가 어떻게 수업 시간에 읽은 책에 대한 교실 담론을 능숙하게 조율하여, 아이들이 서로 직접 이야기하는 이야기 나누기와 교사가 핵심적인 내용을 강조하는 IRE를 매끄럽게 오고 가도록 했는지를 기록하였다. 아우는 이 교사의 교실에서 공부한 학생들이 다른 학생들보다 읽기 능력이 뛰어난 것을 확인할 수 있었다.

좋음: 말하기 수업에서 학생들은 이미 서로를 알고 있더라도 발표 시작 전에 한 문장으로 자신을 소개한다. 실제 대중 연설에서 연사들이 이렇게 하기 때문에, 이를 규범으로 설정하면 학생들이 실제 청중을 대상으로 연설을 한다는 마음가짐을 갖게 하고, 실제 청중 앞에서 말하는 법을 배우는 데 도움이 된다.

나쁨: 교사는 학생에게 비판적 사고가 중요한 규범이라고 말하지만, 퀴즈에는 암기 문제만 포함되어 있다. 규범이 자리 잡으려면 말과 일관된 행동을 통해 보여주어야 한다.

핵심 학습 메커니즘은 무엇인가?

사회 규범은 사회적 상호작용을 중재하는 비공식적인 규칙이다. 사회적 상호작용은 사람들이 무엇을 어떻게 배우는지를 결정한다.

예는 무엇이 있고 어떤 점에서 좋은가?

초등학교 수업에서 학생이 단순히 답을 말하고 교사가 평가하는 것이 아니라, 아이디어와 답을 수학적 논증으로 정당화해야 하는 학급 토론의 규범을 채택한다. 이 규범은 학생이 수학적으로 사고하는 것이 무엇을 의미하는지 학습하는 데 도움이 된다.

왜 효과가 있을까?

사람들은 집단에 속하고 싶어하며 사회 규범을 따르는 것은 그 방법이다. 사람들은 사회가 그들에게 기대하고 타인도 해당 규범을 따르고 있다고 믿을 때, 사회 규범을 따르는 경향이 있다. 좋은 규범은 바람직한 행동의 수준과 다양한 학문이 주제를 다루는 방식 수준 모두에서 학습 상호작용을 조정하는 데 도움이 된다.

핵심 메커니즘은 어떤 문제를 해결해야 하는가?

- 사람들은 적응할 준비가 되어 있지 않다.
  - ‣ 최근 대학을 졸업한 직장인이 새로운 컨설팅 업무를 잘 수행하려면 과제를 제때 제출하는 것이 가장 중요하다고 생각한다.
- 사람들은 사회적 학습 환경에서 잘못된 선택을 한다.
  - ‣ 박사 과정 신입생이 연구 논문을 읽어야 할 시간에 사적 모임에 참여하며 시간을 보낸다.
  - ‣ 비즈니스 스쿨 학생이 사교 모임에 참여해야 할 시간에 연구 논문을 읽으며 시간을 보낸다.
- 사람들은 학습 공동체에서 그들의 역할을 다하지 않는다.
  - ‣ 학생이 소규모 그룹 활동에서 자신의 역할을 제대로 수행하지 않는다.

활용 방법의 예

- 학년 초에 학생들이 한 해 동안의 행동 규범을 만들고 합의하는 학급 토론을 가지게 하기.
- 요리사 견습 프로그램에서 깔끔한 주방을 유지하는 것과 같이 성공한 요리사들의 관행을 모방하는 규범을 만들기.

위험성

- 규범이 존재한다는 사실을 인정하지 않으면, 사람들이 우연히 서로 다른 규범을 따르게 되어 오해가 발생할 수 있다.
- 사람을 잘못된 길로 이끄는 규범 만들기. 예를 들어 학교에서 무조건 복종해야 한다는 규범은 나중에 성공을 위해 자유로운 사고가 필요한데도 사람을 잘못된 길로 이끌 수 있다.
- 문화적 규범의 충돌은 학습을 저하시킬 수 있다. 주류의 규범을 따르는 것이 요구되는 학교 분위기에서는 비주류 아이들은 잘못 행동하는 것으로 비춰질 수 있다.

is for
Observation

관찰

− 감정과 절차 모방하기 −

Observation 관찰

감정과 절차 모방하기 _____

사람은 다른 사람의 태도와 행동을 보면서 배운다. 보는 것을 통해 배우는 것을 관찰 학습^{Observational learning}이라고 한다. 관찰 학습은 특히 명백한 절차적인 기술, 정서적 반응, 사회적 가치를 배우는 데 효과적이다. 관찰 학습은 특별히 가르치지 않아도 자연스럽게 이루어지며, 사람은 자신의 주변 사람들을 관찰함으로써 좋은 행동과 나쁜 행동을 모방하는 법을 배운다.

다음은 베틀 사용법을 배우는 마야^{Maya} 공장 노동자 이야기를 발췌한 것이다.

소녀는 5주 동안 작업자가 베틀을 돌리는 동작을 지켜보았다. 소녀는 질문도 하지 않았고 조언도 받지 않았다. 5주가 끝나는 즈음에 소녀는 베틀을 돌릴 준비가 되었다고 생각하였다. 베틀이 소녀에게 주어졌고 그녀는 방금 떠난 소녀만큼 빠르지는 않았지만 기술과 확신을 가지고 베틀을 작동시켰다. "견습" 기간 동안 어떤 일이 있었던 것일까?... 소녀는 베틀을 작동할 수 있다고 느낄 때까지 일련의 작업을 관찰하고 마음속으로 되새겼다(Gaskins & Paradise, 2010, p.85, Nash, 1985에서 인용).

이는 관찰을 통한 학습의 인상적인 예다. 어떠한 코칭, 설명, 시행착오, 긍정적 강화도 없었지만 소녀는 베틀 사용법을 알아냈다. 마야 문화는 관찰 학습에 크게 의존하였다. 보통의 미국 십대들이 이런 식으로 많은 것을 배울 수 있는 인내심을 가지고 있을지는 의문이다. 그럼에도 불구하고 모든 인간은 관찰을 통해 배우도록 태어난다. 그림 O.1은 성인의 얼굴 표정을 자발적으로 따라하는 신생아의 사랑스러운 예를 보여준다(Meltzoff & Moore, 1977).

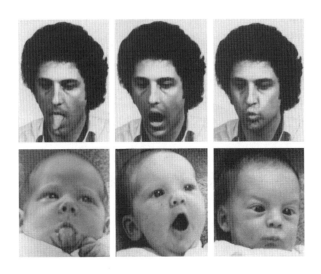

그림 O.1. 생후 2-3주된 신생아가 성인의 얼굴 표정을 관찰하고 모방한다(Meltzoff & Moore, 1977).

관찰은 정서적 반응을 배우는 데 중요하다. 사람들에게 그들이 느낄 수 있는 방식으로 상황에 대해 슬퍼해야 한다고 말하기는 어렵다. 하지만 그 상황에서 당신이 울고 있는 것을 보게 된다면 사람들은 당신의 감정을 관찰하고 심지어 느낄 수 있게 되며, 슬픔이 비슷한 상황에서 느껴야 하는 감정인 것을 배우게 된다. 관찰은 명백한 행동을 배우는 데에도 효과적이다. 젓가락 사용법을 설명하는 문단을 써보자. 손목의 각도, 엄지의 위치, 압력의 양, 접근 각도에 대한 많은 세부 사항이 있다. 이러한 방법보다는 사람들에게 보여주고 그들의 관찰력이 작동하도록 하는 것이 훨씬 쉽다.

I 관찰의 작동 방식

교수 활동 중에 사람들은 관찰 가능한 시연과 구두 설명을 병행한다(W장 참조). 여기에서는 부수적인 설명 없이도 관찰 학습을 강력하게 만드는 기본 메커니즘에 초점을 두겠다. 어떻게 인간은 다른 사람을 보는 것만으로도 복잡한 행동과 감정 반응을 학습할 수 있을까?

모방 이야기는 미러링^{mirroring}(다른 사람의 동작이나 감정을 거울 속에 비친 것처럼 똑같이 따라하는 것을 나타낼 때 미러링이라는 용어를 사용 – 옮긴이)과 마음 이론^{theory of mind}, 두 부분으로 말할 수 있다. 첫 번째 부분은, 진화적 기원을 갖고 있다. 영장류는 스스로 행동을 취하거나 다른 영장류가 같은 행동을 하는 것을 관찰할 때 활성화되는 뇌 세포의 일종인 거울 뉴런^{mirror neurons}을 가지고 있다. 거울 뉴런은 "나"와 "너" 사이의 경계를 모호하게 만든다. 인간 뇌는 수 백만 개의 뉴런이 필요한 복잡한 행동도 미러링할 수 있다. 이러한 미러링 능력은 어린 영아에도 존재한다. 연구자들은 뇌파(EEGs: electroencephalograms) 측정 기기를 사용하여 아기 뇌를 연구할 수 있다. 두피에 무해한 전극을 설치하면, 유아가 가만히 앉아 다른 사람이 물건을 잡는 것을 관찰할 때와 유아가 팔을 움직여 물체를 잡을 때 뇌의 전기적 신호는 비슷한 패턴을 보인다(Southgate et al., 2009). 성인도 마찬가지이다. 발레 무용수는 무용 동작을 관찰할 때, 자신이 해당 동작을 실제로 구현할 때와 비슷한 뇌 부위에서 활성화가 일어난다(Calvo – Merino et al., 2005).

타인의 행동에 공감하는 뇌의 능력은 놀랍지만 한정적이다. 관찰된 행동을 이해하려면 그 행동에 익숙해질 필요가 있다. 발레 무용수는 발레 동작을 관찰할 때 무용수가 아닌 사람보다 뇌가 더 많이 활성화된다.

관찰은 단순히 행동을 보는 데 그치는 것이 아니라, 비록 미미한 형태이기는 하지만 그 행동을 체험한다. 타인의 손가락이 차 문에 끼이는 것을 보면 무의식적으로 움찔하는 것도 바로 이 때문이다. 타인이 울고 있는 것을 관찰하게 되면, 그 체험이 여러분에게 전해져 입꼬리가 밑으로 처지고 눈물이 나는 슬픈 감정을 자극한다. 미러링은 공감을 낳고, 추론은 연민을 낳는다. 자폐증을 가진 사람은 종종 미러링과 공감을 통해 타인의 감정을 이해하는 데 어려움을 겪는다(Begeer et al., 2008). 대신에 그들은 추론을 통해서 감정적 상황을 파악할 수 있다: "여자애가 눈이 휘둥그레졌고 자리에서 벌떡 일어나더니 큰 소리가 났어요. 놀란 게 틀림없어요."

미러링은 타인의 행동과 감정을 자신의 신체와 감정 패턴에 대응시키기 때문에 학습에 도움이 된다. 사람들은 이러한 패턴을 재생하여 신체적 행동과 감정을 활성화하거나 마음속에서 해당 행동과 감정을 시뮬레이션할 수 있다. 사람들은 미러링에 능숙해서 다른 사람이 받는 보상을 은밀히 경험하기도 한다. 교사가 장난감을 치운 것에 대해 유치원생을 칭찬하는 것은 같은 반 다른 유치원생들도 그렇게 하도록 자극할 수 있다. 반대로 벌을 받는 것을 보는 것은 위반행동을 모방할 가능성을 줄여 준다. 상사가 자신의 의견에 동의하지 않는 직원에게 소리 지르는 사무실을 생각해 보자. 직원들은 동의하지 않는 행동을 모방하지 않을 것이다.

두 번째 부분은 타인의 마음에 대해 생각하는 능력을 의미하는 **마음 이론**theory of mind과 연관이 있다. 인간은 눈에 흰자위가 뚜렷한 유일한 영장류이다. 이에 대한 설명으로는 흰자위가 다른 사람의 시선을 더 쉽게 볼 수 있게 하여 다른 사람의 생각을 들여다볼 수 있는 창을 제공한다는 것이다. 동물과 달리 인간은 다른 사람들도 자신만의 생각을 가지고 있음을 안다. 그림 O.2에 제시되었듯이, 타인의 생각을 나타내는 능력은 유아기에 형성된다. "내가 알고 있는 것을 당신이 알고 있다는 것을 안다...."라고 생각할 수 있는 능력은 아동이 성숙해지는 과정의 중요한 성취이다.

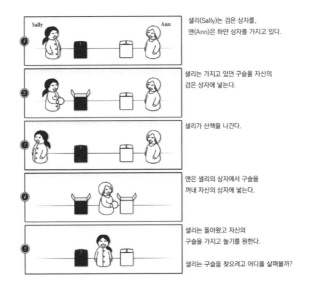

그림 O.2. 틀린 믿음 과제False belief task. 4세 미만의 아동은 종종 샐리Sally가 패널 5의 흰색 상자에서 구슬을 찾을 것이라고 답한다. 4세 미만의 아동은 구슬이 흰색 상자 안에 있다는 것을 알고 있지만, 샐리가 구슬의 위치에 대해 다른 표상을 가지고 있다는 것을 고려하지 않는다(Byom & Mutlu, 2013).

마음 이론은 다른 사람의 목표를 추론할 수 있게 해 준다. 이는 관찰 학습에서 중요하다. 관찰자가 행동의 어떤 부분을 모방할지 어떻게 유용하게 변형할지를 판단하는 데 도움이 된다. 어린 아이가 처음으로 볼링장을 방문했다고 상상해 보자. 엄마는 "이렇게 해"라고 말을 하면서, 선으로 달려가 오른팔로 공을 던지고 기침을 한다. 아이는 엄마의 의도가 공을 굴리는 것이라고 가정하기 때문에, 기침을 할 필요가 없다는 것을 안다. 또한 한 손으로 공을 던지는 대신 두 손으로 공을 밀어도 괜찮다는 것을 안다. 만약 아이가 엄마의 행동 목표를 파악할 수 없었다면, 예를 들어 공과 공을 굴리는 레인 없이 엄마가 거실에서 자세를 연습하는 경우라면, 아이는 엄마의 모든 행동을 정확하게 모방하려고 노력했을 것이다.

마음 이론과 미러링은 함께 작동한다. 실제로 미러링 시스템은 임의의 움직임을 관찰할 때 보다 목표 지향적인 행동을 하는 사람을 관찰할 때 특히 활성화되는 것으로 보인다. 타인의 목표를 생각할 수 있는 인간의 능력은 미러링 해야할 활동의 특징을 제한하는 데 도움을 준다.

II 관찰을 활용하여 학습을 향상시키는 방법

앨버트 반두라Albert Bandura는 사회 학습 이론을 발전시키기 위해 관찰을 통한 학습에 관한 연구를 수행하였다. 해당 연구는 행동주의가 학습 이론의 지배적인 이론이었던 시기에 이루어졌다. 행동주의는 강화를 통해서만 학습이 이루어진다고 보았다(R장 참조). 관찰을 통해서도 사람들이 학습할 수 있다는 것을 보여준 것은 학습과학에 큰 공헌을 하였다. 반두라와 동료들은 관찰을 통한 학습을 증진시킬 수 있는 여러 가지 방법을 제안하였다. 여기서는 바람직한 결과와 바람직하지 않은 결과를 가져오는 사례를 제시해 보도록 하겠다. 관찰 학습은 항상 일어나고 있으며, 사람들이 무엇을 관찰할 기회를 갖고 있는지 고려하는 것이 중요하다.

모델에 대한 학습자의 주의력 높이기

우리는 일상에서 많은 사람을 접한다. 어떻게 하면 학습자가 올바른 사람과 행동에 주의를 기울이도록 도울 수 있을까? 한 가지 해답은 사람은 본능적으로 높은 지위에 있는 사람을 모방한다는 것이다. 사람들이 주의를 기울일 수 있도록 하고 싶다면, 지위가 높은 사람에게 행동 모델을 보여달라고 요청해 보자.

- **바람직한 사례**: 유명인이 자선 단체에 시간과 돈을 기부한다.
- **바람직하지 않은 사례**: 인기 있는 학생이 공공장소에서 흡연을 한다.

사람들은 또한 자신과 비슷한 사람의 행동에 주의를 기울인다. 이는 사람들이 동일시할 수 있는 역할 모델을 제공하는 것이 중요한 이유 중 하나이다. 예를 들어 당신과 비슷한 사람이 높은 지위의 역할을 수행하는 것을 보는 것(예: 아프리카계 미국인 어린이가 아프리카계 미국인 대통령을 보는 것)은 매우 강력한 동기가 될 수 있다.

- **바람직한 사례**: 어린이가 다른 어린이가 울지 않고 예방 주사를 맞는 것을 본다.
- **바람직하지 않은 사례**: 여자 유치원생이 여자 선생님이 수학 불안 증상을 보이는 것을 목격한다.

사회적 모델과 상호작용하는 것은 학습을 더욱 증진시킨다. Kuhl 등(2003)은 생후 9개월 영아들이 실제 말하는 사람과 서로 마주보고 상호작용할 때 외국어 음소 구분에 대한 민감성을 갖게 되는 것을 발견하였다. 그러나 동일한 사람의 말하는 소리를 녹화 영상으로 접하였을 때, 영아들은 외국어 음소 구분을 학습하지 못했다. 한 가지 가능성은, 아기들이 실제적인 상호작용을 하는 동안 모델에게 더 많은 주의를 기울였을 것이라는 점이다. 또 다른 가능성은 발화와 사회적 상호작용의 조화된 타이밍이 소리의 흐름을 발화 단위로 분리하는 데 도움이 되었다는 것이다. 복잡한 행동을 분해하는 데 도움을 주는 것은 관찰 학습을 개선하는 주요 방법이다.

행동의 측면을 관찰하고 부호화하는 학습자 능력 향상시키기

행동은 복잡할 수 있으며 사람은 모든 움직임을 따라하거나 기억하지 못할 수 있다. 누군가가 외국어를 빠르게 말하는 것을 들었을 때, 한 단어가 끝나고 다른 단어가 시작되는 곳을 구분할 수 없었을 것이다. 초보자가 복잡한 행동을 관찰할 때도 동일한 어려움에 직면하게 되는데, 어디에서 한 행동이 끝나고 다른 행동이 시작되는지 결정할 수 없다. 행동을 단계별로 세분화하는 것은 도움이 될 수 있다.

- 바람직한 사례 1: 누군가가 프린터 토너를 교체하는 것을 본 것을 언어로 표현할 수 있다: "노란색 버튼을 누르고, 뚜껑을 열고, 카트리지를 제거하세요..."
- 바람직한 사례 2: 발레 무용수는 코치가 세분화하여 시연하는 일련의 복잡한 스텝을 마음 속으로 시연할 수 있다.
- 바람직하지 않은 사례: 어린이가 "쾅" 소리를 내며 적을 때려 눕히는 자극적인 만화 캐릭터를 본다.

복잡한 행동의 목적을 알면 학습자가 하위 행동과 상황의 관련 측면을 부호화하는 데도 도움이 된다.

- 바람직한 사례: 정원사가 잡초를 뽑으면서 작물에 공간을 주는 것이 목표라고 설명한다.
- 바람직하지 않은 사례: 형이 숙제를 베끼면서 목표는 걸리지 않는 것이라고 설명한다.

학습자가 행동을 모방하려는 동기를 높이기

행동에 가치를 부여하면 사람들은 다음에 그 행동을 모방하는 데 더욱 동기 부여를 받는다. 누군가 극장에서 기침을 할 때, 다른 사람도 기침을 하는 경우가 종종 있다(자동 모방의 성가신 형태). 다행히도 사람은 기침에 긍정적인 가치를 부여하지 않으며, 나중에 자발적으로 반복하지 않는다. 그러나 긍정적인 결과를 가져오는 행동을 관찰하면, 추후 그 행동을 모방할 가능성이 높아진다. 다른 사람들이 어떤 행동에 대해 긍정적인 강화를 받는 것을 관찰하는 것을 **대리 보상**vicarious reward이라고 하는데, 이는 사람들이 긍정적 강화를 대리적으로 투영하기 때문이다(R장 참조).

- **바람직한 사례**: 주치의가 공감을 표시한 후 환자의 태도가 개선되는 것을 레지던트가 본다.
- **바람직하지 않은 사례**: 수업에 결석한 친구에게 학급 친구가 긍정적으로 반응하는 것을 학생이 본다.

모델의 진정성이나 능력도 모방 가능성에 영향을 미친다. 심지어 영아도 무능해 보이는 모델은 모방하지 않으려고 한다(Williamson et al., 2008).

- **바람직한 사례**: 두 가지 다른 모델이 과제를 수행하는 것을 관찰하고 성공한 모델을 모방한다.
- **바람직하지 않은 사례**: 아이들이 선생님은 무능력하다고 잘못 판단하여, 선생님이 보여주는 유용한 행동들을 따라하지 않는다.

행동을 모방할 기회 없이 행동을 관찰하는 것은 행동을 기억하기 더 어렵게 만든다. 사람들에게 행동을 실행하고 긍정적인 결과를 경험할 기회를 제공하면 나중에 그 행동을 사용할 가능성이 높아진다.

- **바람직한 사례**: 학생이 관찰한 축구 동작을 시도한다. 몇 번 연습 후에 이 동작이 상대방을 제칠 수 있음을 알고, 앞으로 이 동작을 사용할 가능성이 높아진다.
- **바람직하지 않은 사례**: 십대가 TV에서 본 비속어를 연습하고 이것이 타인의 주의를 끌 수 있다는 것을 알게 된다.

III 관찰 학습의 결과

관찰의 독특한 결과로 정서적 학습을 들 수 있다. 인간 모델을 제시하는 것은 사람들에게 사건, 상황, 타인에 대해 어떻게 느껴야 하는지를 가르치는 데 매우 효과적인 방법이다. 관찰을 통해 정서적 반응을 배우는 것은 자연스럽게 이루어진다. 한 가지 예로 사회적 참조social referencing를 들 수 있다(Walden & Ogan, 1988). 아이는 넘어지면 엄마의 반응을 살피기 위해 엄마를 쳐다볼 수 있다. 엄마가 웃으면 아이도 넘어진 것에 대해 웃고, 엄마가 놀란 표정을 지으면 아이는 넘어진 것에 대해 울게 된다. 사회적 참조는 아이가 낯선 사람과 새로운 것에 대해 느끼는 방법을 배우는 강력한 방법이다. 어린이의 실패에 대한 어른(또는 비디오 게임 캐릭터)의 반응은 교수 활동을 설계할 때 중요한 고려 사항이 되어야 한다.

절차적 활동의 경우, 관찰 결과는 학습자가 1, 2, 3 단계를 관찰하고, 학습자가 1, 2, 3 단계를 수행하는 명백한 모방이다. 개념적 내용의 경우, 모방은 학습하기 어려운 방법일 수 있다. 교사가 $A = \pi r^2$이라고 쓴 것을 모방하는 것은 학생이 해당 식을 이해하는 데 도움이 되지 않는다. 무언가를 따라 한다는 것만으로는 그것을 이해했음을 입증하기 어렵다. 단순히 관찰하는 것은 주로 인식 가능한 신체 움직임, 감정 상태와 관련이 있는 내용에 가장 적합하다. 그러나 언어적 설명과 함께 결합되면, 사람들은 행동의 개념적 토대를 배울 수 있다(W장 참조).

Ⅳ   관찰을 통해 스스로 가르치는 법을 배울 수 있을까?

그렇다. 사람들은 항상 관찰을 통해 스스로를 가르친다. 예를 들어 당신은 당신 앞의 이용객을 보면서 낯선 도시의 지하철 매표기가 어떻게 작동하는지를 배울 수 있다.

사람들은 또한 자신이 살고 있는 문화에 따라 관찰에 의존하는 법을 배울 수 있다. Rogoff 등(2003)은 관찰 학습이 다수의 미국 원주민 문화에서 산업화된 서구 문화보다 더 두드러진다는 사실을 발견하였다. 예를 들어 부모는 자녀에게 설명을 하기보다는 유능한 다른 사람을 관찰하도록 넌지시 지시할 수 있다. 자녀 양육이나 가축 사육과 같은 성인 활동에 어린이가 참여하는 문화권에서는 이러한 방식은 매우 합리적이다. 이는 아이들을 성인 활동으로부터 격리하고, 주로 아동 중심의 수업, 구술과 질문을 통해 학습하는 서구의 학교 환경과는 대비된다. 관찰 학습을 증진시키기 위해 교수 환경을 바꾸려면, 관찰 학습을 사회 규범으로 확립하는 것이 유용할 수 있다(N장 참조). 학습자는 항상 명시적 교수 활동을 기대하기보다는 때때로 다른 사람을 관찰하는 것을 통해 배워야 한다는 것을 깨닫게 된다.

관찰 학습은 두 가지 주요한 위험이 있다. 사람들은 당신이 원하는 것을 배우지 못한다는 점과 당신이 원하지 않는 것을 배운다는 점이다.

사람들은 복잡한 행동의 어떤 측면이 중요한지 모를 수 있으며 핵심 요소를 놓칠 수 있다. 이는 사람들이 모델링 된 행동 목표나 목적을 이해하지 못할 때 특히 많이 발생한다. 예를 들어 본 책의 저자 중 한 명의 어린 아들은 부모가 냄비 장갑을 사용하는 것을 보고, 자신도 냄비 장갑을 사용하고 싶어했다. 하지만 이 아이는 아직 자신이 관찰한 행동의 목표나 중요한 특징을 이해하지 못하였다. 그는 놀이 중에 그 행동을 모방하면서 장난감 냄비의 손잡이를 잡을 때 냄비 장갑을 적절히 사용하였으나, 맨손으로 냄비 바닥에 손을 얹어 냄비 옮기는 것을 도왔다.

그림 O.3. 보보 인형 실험Bobo doll experiments. 성인이 커다란 풍선 인형을 향해 공격적으로 행동하는 것을 본 아동은 이후 인형과 단둘이 남겨졌을 때 인형을 공격하였다(Bandura, 1963).

사람들은 또한 주변 환경에서 관찰한 원치 않은 행동과 태도도 배운다. 미취학 아동을 대상으로 한 고전 연구에서, Bandura 등(1961)은 아동이 성인의 공격적인 행동을 보면서 무엇을 배우는지 연구하였다. 한 연구에서, 미취학 아동 그룹은 성인이 보보 인형Bobo doll을 향해 공격적으로 행동하는 것을 보았다. 두 번째 그룹의 아동은 성인이 보보 인형을 배경으로 조용히 장난감을 조립하는 것을 보았다. 그리고 나서 두 조건 모두에서 아동이 화가 날 수 있도록, 실험자는 아동에게 장난감을 주고 나서 사실 다른 아동을 위한 것이었다고 말하며 장난감을 빼앗아 갔다. 그런 다음 아동은 보보 인형과 가지고 놀 수 있는 장난감이 있는 방에 들어갔다. 성인이 조용히 장난감을 가지고 노는 것을 본 아동에 비해 어른이 공격한 모습을 본 아동은 보보 인형에 대한 공격적인 행동을 더 모방하였으며, 심지어 새로운 언어적 신체적 학대를 가하는 모습을 보였다(그림 O.3 참조).

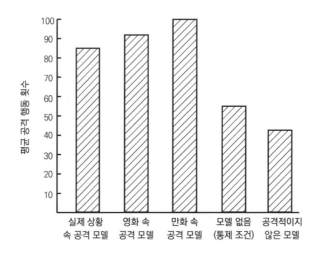

그림 O.4. 각각의 다른 모델링 조건에 있던 아이들이 보인 평균 공격 행동 횟수.

후속 연구에서는 미디어 매체를 통해 공격적인 행동을 보는 것도 비슷한 효과가 있는지를 조사하였다. 아이들은 모델이 공격성을 보이는 비디오나 만화를 시청하였다. 그림 O.4는 이후 공격적인 행동의 평균 횟수를 보여준다(Bandura, 1963). 공격적인 행동이 실제이든, 촬영된 것이든, 만화든, 이를 관찰한 아이들은 어른이 조용히 노는 것을 보거나 어른이 어떤 행동을 취하는 것을 전혀 본 적이 없는 아이들보다 더 공격적인 행동을 취하였다. 흥미롭게도, 아이들은 모델이 공격적인 행동으로 처벌을 받는 것을 본 경우, 그 행동을 모방할 가능성은 낮았다. 이는 대리 강화^{vicarious reinforcement}의 효과를 보여준다(Bandura, 1965).

당황한 순간에 당신은 아마도 "내 행동은 따라하지 말고, 내가 말하는 대로 해"라고 말했을 수 있다. 가장 가능성이 높은 결과는 관찰자가 당신이 하는 대로 행동하고 말하는 대로 말하며 모든 것을 모방하는 것이다. 관찰을 통해 가르칠 때 원하는 행동을 보여주는 것은 중요하다. 이상적으로는 학습자가 행동 목표를 이해하고 행동 구성 요소를 구분할 수 있어야 한다. 좋은 요리 쇼는 각 단계의 목적을 설명하고 따라갈 수 있을 정도로 천천히 진행된다. 더 나아가, 모델 요리사는 같은 목표 달성을 위한 다른 방법을 보여주기도 한다. 예를 들어 거품기가 없다면 포크로 달걀을 휘젓는 방법을 보여주는 것이다. 좋지 못한 요리 쇼는 하위 단계의 목적을 알려주지 않고 빠르게 진행된다. 이는 모방을 어렵게 만드는데, 특히 주방에 당신을 위해 모든 재료를 준비하는 보조 요리사가 없는 경우에는 더욱 그렇다.

O

핵심 학습 메커니즘은 무엇인가?

관찰 학습은 다른 사람의 행동과 정서적 반응을 보고 모방하는 것뿐만 아니라 다른 사람의 행동 결과를 간접적으로 보는 것도 포함한다.

예는 무엇이 있고 어떤 점에서 좋은가?

아이가 운동장에서 게임을 어떻게 해야 할지 잘 모른다. 아이는 옆에 서서 다른 아이들이 노는 모습을 몇 분 동안 지켜보다 규칙을 알아내고 게임에 참여하기로 결심한다.

관찰을 통한 학습은 특히 명백한 행동을 배우는 데 유용하다. 또한, 정서적인 반응을 배울 수 있는 강력한 방법이기도 하다.

왜 효과가 있을까?

인간 뇌는 다른 사람을 관찰하며 학습이 이루어질 수 있도록 연결되어 있다. 뇌는 자신이 행동할 때와 마찬가지로 다른 사람을 관찰할 때도 비슷한 패턴의 활성화를 보인다. 사람들은 다른 사람의 행동을 모방함으로써 신체적 기술이나 감정적 반응을 배울 수 있다. 또한, 다른 사람의 행동 결과를 보면서 학습자는 어떤 행동을 선호하거나 피해야 하는지 결정할 수 있다.

핵심 메커니즘은 어떤 문제를 해결해야 하는가?

- 시행 착오는 너무 느리거나 실행하기 어렵다.
  - ‣ 옷 가게 점원이 셔츠를 깔끔하게 접는 방법을 모른다.
- 말로 설명하기에는 행동이 너무 복잡하다.
  - ‣ 초보 등산가가 로프에 등반 매듭을 묶어야 한다.
- 학습자는 어떻게 행동하거나 느껴야 할지 모른다.
  - ‣ 아이가 망설이며 웃어야 할지 울어야 할지 모른다.

활용 방법의 예

- 신입 직원에게 며칠 동안 경력직 직원을 따라다니게 하면서 직무 기술과 고객과 소통하는 방법을 배우도록 하기.

- 교사로서 학생들에게 실패를 경험하는 것(예: 문제를 어떻게 풀어야 할지 모름)과 회복 탄력성을(예: 이를 학습 기회로 사용) 모델로 보여주기.

위험성

- 학습자가 얕은 수준에서 행동을 모방하는 법을 배울 수 있다.
  ‣ 학습자가 적절하지 않은 맥락에서 행동을 보일 수 있다.
  ‣ 행동 단계의 목적을 배우지 않아 새로운 상황에 적응하지 못할 수 있다. 예를 들어 청소년이 빨래를 하기 위해 세제와 섬유 유연제가 필요하다는 것을 배우지만 그 이유를 배우지 않으면, 섬유 유연제가 떨어졌을 때 어떻게 빨래를 해야 하는지 모를 수 있다.
- 학생들은 의도하지 않은 행동이나 반사회적 행동을 배울 수 있다.
  ‣ 학생들은 공격적인 행동을 보고 배운다.
  ‣ 학생이 다른 학생들이 좋은 성적을 받았다고 칭찬받는 것을 보고, A학점을 받는 것이 학습 내용을 이해하는 것보다 중요하다고 결론을 내린다.

P

is for Participation

참여

- 게임에 참여하기 -

Participation 참여

게임에 참여하기

I 참여란?

참여(PARTICIPATION)는 기존의 문화적 활동에 참여하는 것을 의미한다. 참여를 통한 학습의 가장 큰 이점은 참여가 풍부하고 목적을 가진 사회적 맥락에서 이루어지며, 지속적인 참여와 성장의 궤적을 따른다는 점이다.

이 책의 많은 장들은 심리적 과정에 대한 연구를 설명한다. 다양한 분석들은 우리가 세상을 해석하고 관여하는 방식을 형성하는 데 있어 문화의 역할을 고려한다. 일부 학자들은 문화를 사람들이 오고 가면서 남아 있는 것이라고 정의한다. (N장은 다른 특성을 제시한다.) 사람들은 문화에 참여하고 유지하면서 배운다. 주요 과제는 초보자가 참여를 시작하도록 어떻게 도울 것인가라는 점이다. 일단 아이가 조금이라도 수영을 할 수 있게 되면, 아이는 사람들이 왜 수영을 좋아하는지 이해하기 시작하고, 수영을 잘하는 법을 배우며, 관련 어휘를 개발하고, 게임을 하기 위해 수영을 하며, 아마도 수영 대회를 통해 더 많은 참여를 꿈꿀 수 있다. 이러한 모든 잠재적 혜택을 획득하기 위해서는 먼저 아이가 시작을 해야 하는데, 스스로 시작하는 것은 생각보다 쉽지 않다. 수영장은 깊고, 아이는 이에 겁을 먹고 우두커니 서서 수영장을 바라볼 수 있기 때문이다.

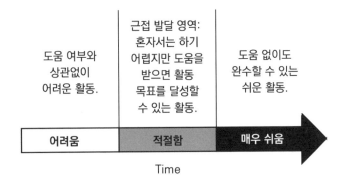

그림 P.1. 근접 발달 영역(ZPD: Zone of Proximal Development). 중앙에 표시된 영역은 학생들이 혼자서 활동 목표를 달성할 수 없지만 도움을 받으면 달성할 수 있는 수준의 어려움을 나타낸다.

발달 심리학자인 레브 비고츠키^{Lev Vygotsky}는 "아동은 오늘 협력을 통해 할 수 있는 것을 다음 날에는 독립적으로 할 수 있게 될 것이다"라고 언급하였다(1934/1987, p.211). 이는 그의 가장 영향력 있는 아이디어인, 근접 발달 영역(ZPD: Zone of Proximal Development)을 뒷받침한다. 근접 발달 영역은 성장 궤적 상에 있는 영역으로, 약간의 사회적 도움이 있으면 학습자가 활동에 참여하기 시작할 수 있는 지점을 가리킨다. 참여는 결과적으로 발달과 학습을 더욱 촉진하여 결국 학습자가 도움 없이도 참여할 수 있게 한다.

그림 P.1은 세 가지 가능한 단계를 보여준다. 왼쪽은 학습자가 ZPD에 접어들기 이전을 나타내는 것으로 이때는 활동을 배울 수가 없다. 어린 아이가 자전거를 배우는 예를 생각해 보자. 아주 어린 아이는 부모가 아무리 도움을 주더라도 자전거 타는 법을 배우지 못한다. 많은 부모는 너무 일찍 많은 것을 기대하여 스스로 좌절한다. 그림의 중앙에 있는 ZPD는 적절한 사회적, 물질적 지원의 결합이 아이를 도울 수 있음을 의미한다. 예를 들어 보조 바퀴는 균형을 유지해야 하는 문제를 해결해 줌으로써 아이가 자전거를 타는 법을 배울 수 있도록 돕는다. 또한 이 시기에는, 아이들은 멈추고, 방향을 조정하고, 가고자 하는 방향을 보는 법을 배울 필요가 있다. 보조 바퀴는 이러한 과제를 직접적으로 알려주지는 않지만, 아이들은 페달을 밟으면서 이러한 과제를 배우기 시작할 수 있다.

그리고 이러한 능력들이 발달되면, 아이는 보조 바퀴 도움 없이 균형을 유지하는 법을 배울 수 있다. 이러한 학습 궤적은 참여를 통한 학습의 특징을 잘 보여준다. 초기에는 학습자가 활동의 전체적인 내용을 이해하지 못한다. 이러한 이해는 참여를 통해서 가능해진다. 마지막으로 그림의 오른쪽은 학습자가 ZPD에서 벗어나 도움 없이도 활동을 완수할 수 있는 단계로, 더 이상 보조 바퀴가 필요 없다. 하나의 ZPD에서 벗어나게 되면 또 다른 ZPD가 기다리고 있을 수도 있다. 예를 들어 아이들은 도움을 받아 외발 자전거를 타는 법을 배울 준비가 되어 있을 수 있다. ZPD는 너무 어렵지도, 너무 쉽지도 않은, 약간의 도움을 받으면 할 수 있는 "적당한" 교수 학습 지점을 식별한다. (일부에서는 비고즈키가 ZPD를 개별 기술을 지칭하기보다 아동의 발달을 보다 광범위하게 특성화하기 위해 의도한 것으로 본다는 의견도 있다. 예: Chaiklin, 2003. 우리 저자는 ZPD의 아이디어가 두 가지 모두에 유용하다고 생각한다.)

ZPD와 주도면밀한 연습(D장 참조)은 어떤 측면에서 서로 상이하다. ZPD는 자전거 배우기와 같이 사람들이 활동에 **참여하기 시작할 때** 학습을 돕는 것과 관련이 있다. 반면에 주도면밀한 연습은 보다 전문적인 수준의 학습에 도움이 되며, 때로는 일시적인 **참여 중단**을 통해서 수행 맥락에서 벗어난 측면을 연습할 수 있게 한다(사이클 실력을 향상시키기 위해 역기 들기).

Ⅱ 참여의 작동 방식

당신은 다음과 같은 말을 들어본 적이 있거나 심지어 말해 본 적이 있을 것이다: "믿어봐, 앞으로 이것을 알아야 해." 이것은 학습을 독려하기 위한 절실한 방법 중 하나이다. 학생들이 지식을 의미 있게 만드는 맥락을 경험할 수 있다면 훨씬 더 좋을 것이다(J장 참조). 사고 실험의 일환으로, 캠핑 여행에서 가족과 함께 불을 피우는 아이를 생각해 보자. 아이는 불을 피우는 목적(빛, 따뜻함, 마시멜로)에 온전히 몰입하고 있다. 중요한 세부 사항과 결과는 학습을 지원하기 위해 준비되어 있다. 가능한 최상의 결과를 얻기 위해 협력하는 것에 대한 강한 사회적 가치가 있고, 부모들은 아이의 참여를 유도하고자 노력한다. 반대로, 캠핑을 한 번도 가 보지 않은 아이가 설명서를 보고 모닥불 피우는 방법을 외우고 있다고 상상해 보자. 이는 훨씬 얕은 경험을 만들어내며, 지속적인 학습을 위한 궤적이 없다.

사람들은 참여를 열망할 수 있지만 기술 장벽이 있을 수 있다. 예를 들어 어린 아이는 부모와 다른 가족 구성원이 책을 읽는 것을 볼 수 있다. 어린 아이는 책을 읽고 싶지만 아직 단어를 해독할 수 없다. 그림 책은 아이로 하여금 책장을 넘기거나 이야기의 다음에 무슨 일이 일어날지 추측하는 것과 같은 일부 읽기 활동에 참여를 시작할 수 있게 한다. 도서관의 이야기 들려주기 행사에 가는 것은 아이들로 하여금 책을 읽는 사람들의 공동체에 참여할 수 있게 한다. 아이들은 실제로 혼자서 책을 읽을 수 있기 훨씬 전에 많은 읽기 활동에 참여할 수 있다.

ZPD는 아동 발달과 사회 및 문화적 지원이 사고를 형성하는 데 어떤 역할을 하는지 설명하기 위해 고안되었다. 가장 대표적인 예로, 어린 아이들은 타인과의 상호작용을 통해 말하는 법을 배우고 결국에는 이 말을 내면화하여 머릿속에서 문제를 생각할 수 있게 된다. 어른들도 어려운 문제를 해결할 때 가끔 혼잣말을 하는 것을 보았을 것이다. 이는 생각이 내면화 되기 전 외부에서 시작된다는 생각을 반영하는 것일 수 있다. 흥미롭게도 청각 장애 아동은 무언가를 생각할 때 단어의 소리 대신 손동작을 상상하고 "내면의 수화"를 배운다. 언어는 유전적 청사진에서 완전히 형성되는 것이 아니라 사회적 힘이 언어 발달을 주도한다.

ZPD 아이디어는 아동을 위한 것이지만 성인에게도 적용될 수 있다. 예를 들어 모든 연령대에서 스키를 처음 배우는 사람은 다루기 쉬운 짧은 스키를 사용하면 더 빨리 배울 수 있다(Burton et al., 1984). 짧은 스키를 사용하면, 초보자도 스키 활동에 참여할 수 있으며 정지, 시작, 회전하는 방법을 더 쉽게 배울 수 있다. 이러한 기본기를 숙달한 이후 스키를 타는 사람들은 파워와 스피드를 얻기 위해 더 긴 스키로 갈아탄다.

여기서 중요한 점이 있다. **좋은 학습 환경은 지속적인 학습과 더 깊은 참여를 위한 궤적을 제공한다.** 스포츠는 하나의 좋은 예이다. 어린이들은 리틀 리그에서 시작하여, 클럽에서 실력을 키운 후에야 비로소 프로 선수가 될 수 있다. 최고의 비디오 게임은 ZPD를 광범위하게 사용하여 더 복잡한 참여를 위한 궤적을 생성한다(Gee, 2003). 초기 레벨에서 컴퓨터는 다른 캐릭터들을 조정하고, 약한 상대를 제공하는 것과 같은 게임의 많은 작업을 수행한다. 플레이어는 기본적인 게임 메커니즘을 배우면서 왜 그런 게임을 하는지 경험을 할 수 있다. 플레이어의 실력이 점점 올라갈수록, 게임은 너무 어렵지도 너무 쉽지도 않은 "적당한"

P

복잡성을 추가한다(왜 이것이 동기 부여가 되는지는 R장 참조).

Ⅲ 참여를 활용하여 학습을 향상시키는 방법

초기 참여를 지원하기 위한 세 가지 핵심요소인 실천 공동체, 사회적 중재, 스캐폴딩^{scaffolding}에 대해 살펴보자.

실천 공동체

취미, 직업, 가족 등 대부분의 추구는 서로 연결되고 목적을 가진 사람들과 활동으로 구성된 네트워크로 이루어져 있다. 더 큰 맥락은 무엇을 알고 무엇을 하는 것이 가치가 있고, 왜 해야 하는지에 대한 제약을 제공한다. 학습자가 작품을 만들고 의미 있는 기여를 하고 미래 자신의 모습을 상상할 수 있는 환경은, 학생들이 공동체 내에서 정체성을 개발하도록 돕는 데 매우 효과적이다. 반면, 학교 과제는 학생들이 배운 것을 실천할 수 있는 실제적인 상황과 비교하여 맥락을 벗어난 경우가 많다. 학생들이 학교라는 맥락에서 참여를 통해 학습할 수 있도록 하려면 당면한 활동의 의미와 목표를 드러내는 더 넓은 맥락을 만들 필요가 있다. 한 가지 방법은 학습 활동을 더 큰 공동체의 목적 안에 배치하는 것이다.

더 큰 공동체의 목적이 좋은 교수법을 더 좋게 발전시키는 데 도움이 된 사례를 소개하겠다. Palinscar와 Brown(1984)은 상호 교수^{reciprocal teaching}라 불리는 읽기 지도 방법을 개발하였다. 교수자는 초기 독자들에게 질문(예: 다음에 무슨 일이 일어날까?)을 함으로써 도움을 제공한다. 시간이 지남에 따라 교사는 학생에게 교사의 역할을 부여하여 질문을 하도록 유도하기 때문에 **상호 교수**^{reciprocal teaching}라는 이름을 부여하였다. 교사로 참여함으로써 아이들은 책을 읽을 때 비슷한 질문을 스스로에게 물어보고 이를 통해 질문들을 내면화하게 될 것이다. 상호 교수는 좋은 아이디어로 광범위하게 채택되고 있다. 그러나 연구자들은 몇 가지 치명적인 변이도 관찰하였다. 교사의 역할을 맡은 아이가 다음에 무슨 일이 일어날지 질문하고, 다른 학생은 터무니없는 대답을 한다. 그런 후 교사 역할을 맡은 아이는 아무런 망설임 없이 다음 질문으로 넘어간다. 즉, 질문하기가 로봇화되어 질문의 목적이 사라진 경우가 있었다. 이러한 문제를 해결하기 위해 연구자들은 읽기의 더 큰 목적을 만들었다(Brown & Campione, 1994). 연구자들은 교사의 지원 하에 아이들에게 공동 연구 프로젝트를 만들게 하였다. 아이들 스스로 연구 맥락을 선택한 점을 고려할 때, 아이들은 지문을 통해서 배워야 할 이유가 있었고, 공동체 연구 문제를 해결하는 데 도움이 되는지 여부에 따라 질문과 답변의 질을 현명하게 감독할 수 있었다(Q장과 L장에는 실천 공동체를 개발하는 데 사용할 수 있는 충분한 조건들이 갖추어진 과제들의 예시가 더 제시되어 있다).

사회적 중재

사회적 중재는 지식이 풍부한 사람이 과제를 선정하고 해석을 제공하고 더 큰 사회적 맥락을 짚어주어, 학습하는 내용에 의미를 부여하는 지원이다. 도제식 또는 안내된 참여는 사회적 중재를 위한 오래된 모델이다. Rogoff(1990)는 과테말라의 어린 마야 어린이들이 토르티야tortilla를 만드는 법을 배우는 것을 소개하였다. 어머니가 어린 소년에게 작은 반죽을 주고 납작하게 펼 수 있도록 도와준다. 어머니는 토르티야를 요리하고 가족은 식사로 토르티야를 먹는다. 어린 소녀는 토르티야 만들기와 가족에 대한 자신의 기여를 경험한다. 아이가 더 능숙해지면 어머니는 옆에서 조언을 하며 아이는 더 많은 책임을 맡게 된다.

도제식 교육이 항상 가능한 것은 아니다. 하지만 교사와 부모는 학생들이 학습 궤적을 계속해서 따라갈 수 있도록 돕는 역할을 수행할 수 있다. Barron 등(2009)은 부모가 자녀의 기술에 대한 관심을 육성하는 방법을 조사하였다. 이들은 교사, 협업자, 학습 중개인, 자원 제공자, 비기술 컨설턴트, 고용주, 학습자 등의 가능한 역할들을 확인하였다. 교수 설계에서 사회적 지원을 위한 역할을 디자인할 때, 전형적인 교실 내 역할을 넘어 교사, 선배, 부모가 참여를 지원할 수 있는 다른 방법을 생각해 보는 것은 유용하다. 예를 들어 신입생의 사회적 중재자 역할을 하는 고학년 또래는 신입생에 대한 공동체의 포용력을 크게 높일 수 있다.

참여 구조를 설계할 때, 공평한 참여를 장려할 수 있는 방법을 찾는 것은 중요하다. 이는 모든 사람이 동일한 것을 해야 한다는 의미가 아니라 모든 사람이 기여할 수 있도록 해야 한다는 의미이다. 많은 참여 구조의 특징 중 하나는 사람들이 활동 목표를 성취할 수 있도록 돕기 위해 수용할 수 있는 다양한 역할이 있다는 것이다. 예를 들어 뉴스룸에는 기자, 편집자, 레이아웃을 담당하는 사람 등이 있다. 이러한 뉴스룸 환경과 교사와 학생 단지 두 가지 역할만 있는 교실과 비교해 보자. 학생들이 하나의 역할만 하는 전통적인 교실에서는 능력, 인종, 성별, 인기도와 같은 지위적 특성이 스스로 또는 다른 사람들에게 효과적인 기여자로 여겨지는 여부에 영향을 미치고 참여의 불평등을 초래할 수 있다. 좋은 참여 구조는 다양한 역할의 존재에 의존하여 참여 기회를 균등하게 만들 수 있다. 학급 잡지의 경우 한 학생이 필자, 인터뷰하는 사람, 또는 편집자의 역할을 맡을 수 있다.

교실에서 소그룹 상호작용을 연구한 Cohen과 Lotan(1995)은 특정 종류의 지위에 대한 처치가 지위가 낮은 학생의 참여율을 높이는 데 도움이 되고, 지위가 높은 학생에게는 해로운 영향을 미치지 않는다는 것을 발견하였다. 이러한 처치 방법은 낮은 지위의 학생들에 대한 역량 기대치를 높이는 데 중점을 두었다. 예를 들어 그들의 기여에 주목하고, 과제가 필요로 하는 다양한 유형의 중요한 기여와 역할에 대해 논의함으로써, 성공을 이끌 수 있는 단일 차원의 능력이 있다는 인식을 줄였다(추가적인 논의는 L장 참조).

스캐폴딩

스캐폴딩은 학습자의 참여를 돕는 물질 및 사회적 지원을 설명하는 데 사용되는 멋진 용어이다(Pea, 2004; Wood et al., 1976). 스캐폴딩(비계)은 건물(아이)이 스스로 서 있을 수 있게 되면 내려 갈 수 있는 일시적인 구조물이다. 물질적 비계는 짧은 스키, 타격대, 보조 바퀴와 같이 과제에 따라 달라지는 경향이 있다. 핵심은 참여를 가로막는 기술 장벽을 찾아내고, 그 능력에 필요한 요구를 줄이는 방법을 개발하는 것이다. 예를 들어 초기 독자들은 들어본 많은 단어들의 의미를 알고 있지만, 아직 그 단어들을 읽을 수는 없다. 간단한 단어나 그림 단서를 사용하거나 글자로 된 단어들을 읽을 수 있는 방법(예: 단어를 클릭함)을 포함시켜 초기 독자를 도울 수 있다.

초보자가 겪는 일반적인 장벽은 여러가지 새로운 하위 기술을 동시에 조율하는 것이 매우 복잡하다는 점이다. 한 가지 과제에 대한 인지적 부담을 줄이는 것은 도움이 될 수 있다. 기타를 처음 배우는 사람이라면 손가락을 어디에 놓아야 하는지 상기시키기 위해 기타의 프렛fret(줄받이 – 옮긴이)에 스티커를 붙이는 것이 도움이 될 수 있다. 할머니가 처음으로 컴퓨터를 배운다면, 무엇을 클릭해야 하는지 알려주면서 마우스 사용법을 익히게 할 수 있다.

좋은 지원 방법이 생각났다면, 이것에 의존하지 않도록 사라지게 하는 방법이 있는지 확인해야 한다. 정확한 거스름돈을 계산하는 금전 등록기는 매장 점원들에게 강력한 지원을 제공한다. 물론 이러한 금전 등록기는 조만간 사라지지 않을 것이며, 점원과 금전 등록기가 거스름돈을 계산하는 전반적인 지능적 행동을 공유하는 분산 인식 시스템의 일부가 될 것이다. 금전 등록기가 모든 작업을 대신 수행하는 한, 점원의 뺄셈 실력은 나아지지 않을 것이다.

Ⅳ 참여를 통한 학습의 결과

"이전에는 관중이 있었다면, 이제는 참여자가 있어야 한다"(Bruner, 1983, p.60). 정의에 따르면 적절한 ZPD와 적절한 스캐폴딩의 결과는 결국 학습자가 특별한 도움 없이도 참여할 수 있는 것이다. "저기 봐, 조니^{Johnny}가 보조 바퀴 없이 자전거를 타고 있어!". 장기적인 관점에서 볼 때 바람직한 결과는 일반적으로 학습자가 더 높은 수준의 참여를 향해 계속 나아가는 것이다. "잘한 일에 대한 보상은... 더 많은 일"이라는 속담이 있듯이 말이다. 참여를 통해 사람들이 학습하고 있다는 것을 알려줄 수 있는 한 가지 방법은 이들이 실무의 핵심적인 과제에서 더 많은 책임을 맡는 것이다. 전형적인 예로 우편실에서 시작하여 이사회실까지 올라가는 것을 들 수 있다.

참여 프레임워크의 두 번째 결과는, 교육자들이 시험에 대해 생각하는 방식을 변화시킬 수 있다는 점이다. 비고츠키는 다음과 같은 비유를 제시하였다:

> 과수원의 익은 과일만 고려하고 아직 성숙한 열매를 맺지 않은 나무의 상태를 평가하는 방법을 모르는 정원사가 수확량을 올바르게 가늠하지 못하는 것처럼, 성숙한 것만 확인하고 성장 중인 것을 내버려두는 심리학자는 전체 발달의 내부 상태에 대한 진실되고 완전한 표현을 얻을 수 없을 것이다(1934/1987, p.200).

대부분의 시험은 성숙한 지식을 측정한다(예: 숙달도). 그 사람이 문제를 풀 수 있을까, 없을까? 이러한 종류의 총괄 평가는 그림 P.1의 맨 오른쪽에 해당하는지 여부를 확인한다. 여기에 새로운 부분이 있다. 누군가가 학습을 위해 ZPD

P

에 있는지 여부를 측정하는 것은 유용할 수 있다. 이를 위해서는 역동적 평가가 요구된다. 역동적 평가는 기회와 자원이 주어졌을 때 학습할 수 있는지 여부를 평가한다. Reuven Feuerstein(1979)은 인지적 어려움을 겪는 아동을 대상으로 한 연구에서 역동적 평가 접근법을 사용하였다. 그는 지능검사의 일환으로 아이들에게 문제 푸는 방법을 가르치려고 하였다. 이를 통해 추론을 가르치는 것이 아이들의 학습에 도움이 되는지 여부를 검증하고자 하였다. 이러한 역동적 평가 접근 방식은 단순히 아이들에게 지능검사를 하는 것보다 아이들의 잠재력을 훨씬 더 잘 측정하였다. 일반적으로 학생들에게 시험의 일부로 학습할 기회를 제공하는 것은, 이전 교수 활동을 통해 아동의 ZPD가 확장되어 교수 활동의 주 목표인 새로운 자료를 스스로 학습할 준비가 되었는지 여부를 더 잘 알려준다(K장에 역동적 평가에 대한 자세한 논의와 예가 제시되어 있다.).

V 참여를 통해 스스로 가르치는 법을 배울 수 있을까?

사람들은 스스로 참여의 발판을 마련하기 위하여 여러 가지 방법을 배운다. 즐겨 사용하는 예로 도미노 게임 학습에 관한 연구를 들 수 있다(Nasir, 2002). 초보자인 데이비드^{David}가 게임을 할 타일을 고른 후 파트너에게 타일을 게임판에 올려달라고 부탁한다. 데이비드는 게임판에 팔이 닿지 않는 척을 하지만 실제는 타일을 어디에 놓아야 할지 모른다. 데이비드의 파트너가 타일을 두고 게임은 계속된다. 이를 통해 데이비드는 게임을 중단하지 않고 참여하고 학습할 수 있다.

가르칠 수 있는 구체적인 자기 스캐폴딩 기술도 있다. 일반적인 전략은 완성된 작품의 구성 요소를 수정하는 것으로, 리믹싱^{remixing}이라고도 한다. 예를 들어 웹사이트를 제작하는 법을 배울 때 일부 사람들은 자신이 좋아하는 사이트의 프로그래밍 코드를 직접 복사한 다음에 일부분을 선택하여 자신의 방식으로 재창조한다. 이들은 기존 코드를 스캐폴딩으로 활용한다.

위험1: 참여 구조가 없어서 참여할 수가 없다. 열악한 환경의 청소년들이 디지털 미디어 제작과 컴퓨터 프로그래밍에 대해 배우기를 원한다고 하자. 당신은 참여를 학습 방법으로 선택하였다. 왜냐하면 참여는 교과서보다 더 풍부한 학습 지원을 제공하고, 목적 의식을 고취하며 메이커로서의 잠재력을 키울 수 있기 때문이다. 주변을 둘러보면 디지털 리터러시를 위한 적절한 참여 구조, 관련 인턴십 기회, 관련 학교 동아리, 지역 청소년 미디어 그룹(예: 캘리포니아주 오클랜드에 본사를 둔 Youth Radio)이 없다는 점을 알게 된다. 즉, 참여를 통해 학습할 수 있는 맥락을 만드는 것은 당신의 몫이며, 이는 쉽지 않은 일이지만 할 수 있는 일이다(Barron et al., 2014).

위험2: 학습은 전이되지 않는다. 참여를 통한 학습은 특정한 경험과 참여 구조에 특화되어 있다. 학습자들이 학습한 내용 중 일반화할 수 있는 측면을 드러내어 다른 곳에 적용하는 방법을 알 수 있도록 돕기 위해서는 추가적인 노력이 필요하다. 한 가지 해결책은 연습의 일반화가 가능한 측면을 설명하는 디브리핑을 제공하는 것이다(J장 참조).

위험3: 근접 발달 영역 잘못 추정하기. 도움이 필요한 시기와 혼자서도 행동할 수 있는 시기를 잘못 추정하기가 쉽다. 장난감 트럭을 밀기는커녕 아직 손가락도 가누지 못하는 유아에게 너무 어려운 장난감을 사주는 것은 부모들이 흔히 범하는 실수이다. 반면에 스스로 무언가를 할 수 있을 때는 누구도 도움 받는 것을 좋아할 사람은 없다. 위험하지 않은 활동의 경우, 처음에는 최소한의 도움을 주고 필요에 따라 점진적으로 도움을 늘려가는 것이 하나의 방법이다. 평균대에서 공중 제비를 도는 것과 같이 위험한 활동의 경우, 처음에는 과한 도움을 주고 나중에 적절히 줄여가는 것이 더 나을 수 있다.

위험4: 도움을 주려 했던 스캐폴딩에 의지하게 된다. 초등학교 6학년 아들의 논설문 작성을 돕는 것이 그의 대학 입학 에세이 작성으로 이어진다면 부모는 양심의 가책을 느껴야 한다. 도움을 주려는 계획을 세우려면 이러한 도움이 사라지는 계획도 세워야 한다.

위험5: 목욕물과 함께 아기를 버리기Throwing out the baby with the bathwater(가치 없는 것을 없애려다 소중한 것까지 잃는 상황을 나타낸 비유−옮긴이). 학생들이 배워야 할 핵심적인 사항을 제거한 지원을 제공할 수 있다. 이는 학습 결과에 대한 고려

없이 과제를 단순화하려고 할 때 발생한다. 예를 들어 학생들은 교실 밖 실제 사례와 가깝도록 만들어진 복잡한 수학 문제를 받을 수 있다. 이러한 유형의 문제 핵심은 학생들이 상황에 묻혀 있는 수학을 공식화하는 방법을 배우도록 돕는 것이다. 그러나 교사는 문제를 단순화하려고 할 수 있다. 예를 들어 숨겨진 수학을 실제 수식으로 공식화하여 문제를 단순화할 수 있다. 그 결과 학생은 문제를 정교화하는 연습 없이 단순히 값을 대입하고 계산하는 데 그치게 된다.

VII. 좋은 예와 나쁜 예

숫자로 색칠하기 키트는 좋은 사고 실험이다. 숫자로 색칠하기 키트는 전문 화가가 아닌 사람도 아름다운 그림을 그릴 수 있게 하지만, 숫자로 그림을 그리는 것이 좋은 스캐폴딩의 예일까? 먼저 해당 활동이 더 넓은 사회 활동에 참여하는 것을 지원하는지 여부를 고려해 보자. 여러 사람이 그림을 그리는 미술 스튜디오의 맥락에서 숫자로 색칠하기 활동이 일어난다면, 숫자별 색칠하기 키트는 그룹 참여를 돕는 데 기여할 수 있다. 예를 들어 회화 공동체의 일원으로 친밀감과 정체성을 얻게 할 수 있다. 어떤 의미에서는 아이들이 그룹에 참여하도록 하는 방법을 찾는 것이기 때문에, 아이들이 숫자로 색칠하기 키트로 그림을 더 잘 그리는 법을 배우는지는 중요하지 않다. 더 큰 규모의 미술 공동체가 없다면, 숫자로 그림을 그리는 것은 지속적인 참여와 추가적인 학습의 궤적을 지원할 수 없다. 둘째, 숫자로 그림 그리기 키트가 그룹 소속 여부와 상관없이 그림 그리는 기술을 돕는지 고려해 볼 수 있다. 숫자로 그리는 것은 어린이들이 도움 없이 할 수 있는 수준에서 그림을 그릴 수 있도록 도와준다. 하지만 키트를 사용하기 전보다 그림 그리기 실력이 향상될 가능성은 낮으며, 키트 표지에 적혀 있는 내용과 달리 창의력 향상에 도움이 되지 않을 수 있다. 교육과 관련된 모든 것에서도, 교수 전략의 좋은 점과 나쁜 점을 역으로 매핑하는 방법으로 의도한 결과를 정확하게 파악하는 것은 가치가 있다.

핵심 학습 메커니즘은 무엇인가?

사회적 맥락에 맞는 활동에 참여하면 학습자는 학습을 의미 있게 만드는 목표, 결과, 방법 및 해석에 접근할 수 있다. 관건은 초보자가 참여를 시작할 수 있도록 돕는 방법을 찾는 것이다.

예는 무엇이 있고 어떤 점에서 좋은가?

서핑 배우기: 강사는 초보자를 바다로 데리고 나가 파도를 잡기 적절한 순간에 서핑보드를 밀어준다. 그동안 서퍼는 균형과 서핑의 의미를 경험하는 데 집중할 수 있다. 실력이 점차 향상되면 강사는 점차 도움을 줄이고, 초보자는 멋있게 타기와 같이 서핑의 다른 측면에 집중할 수 있다.

왜 효과가 있을까?

적절한 양의 사회적 또는 신체적 지원이 있으면, 초보자도 혼자서 할 수 없었던 활동에 참여할 수 있다. 학습자는 시간이 지날수록 활동의 복잡성을 조절할 수 있게 되며 더 이상 특별한 지원이 필요하지 않게 된다.

핵심 메커니즘은 어떤 문제를 해결해야 하는가?

- 활동이 개인의 기술 수준을 넘어선다.
  - ‣ 아이가 야구공을 칠 수는 없지만 야구를 하고 싶어한다.
- 학생들은 수업 자료를 배워야 하는 이유를 이해하지 못한다.
  - ‣ 학생이 이차 방정식을 배우는 것은 어리석다고 불평한다.
- 시험은 학생의 잠재력이나 경험의 가치를 과소평가한다.
  - ‣ 학생들은 표준화된 성취도 평가에서는 어떤 것도 배우지 못했지만, 향후 학습 준비에 도움이 되는 가치 있는 교훈을 다른 곳에서 경험하였다.

활용 방법의 예

- 부모가 활동의 일부분에 대해 책임을 진다.
  - ‣ 부모는 피아노 악보의 왼손 음표를 연주하고 박자를 유지한다.

- 교사가 교실 활동의 상황을 설정하기 위해 더 광범위한 참여 맥락을 만든다.
  ‣ 교사가 학급을 문제를 해결해야 하는 연구팀으로 바꾼다.

위험성

- 스캐폴딩에 의존하게 된다.
- 학생이 배운 내용을 새로운 참여 구조에 적용하지 못한다.
- 제시된 지원 수준이 적절하지 않다(너무 많거나 너무 적음).
- 참여를 가능하게 하기 위해 과제를 너무 단순화하면 의도와 달리 활동의 핵심적인 요소가 없어진다.

17

Q
is for
Question Driven

질문 주도

− 질문할 이유 만들기 −

Question Driven 질문 주도

질문할 이유 만들기 _____

질문 주도 학습(QUESTION – DRIVEN LEARNING)은 자신 혹은 타인의 질문에 답을 하는 과정에서 이루어진다. 질문 주도 학습이 잘 이루어지면 호기심, 학습 목표, 주의력, 기억력을 증진시킨다. 복합적인 질문은 문제 해결 능력과 전략을 한층 더 증진시킬 수 있다.

질문 주도 학습은 어린 시절부터 시작된다. 어린 아이가 의자에서 그릇에 든 완두콩을 떨어뜨리고 무슨 일이 일어날지 기다리고 있다. 어린 아이는 셀 수 없이 이유를 묻는 질문을 한다. 성인은 건강 문제에 대한 답을 찾기 위해 인터넷 검색을 한다. 많은 학교 교육에 대한 비판은 질문을 제대로 하지 못하게 만든다는 점이다. 영화 **페리스의 해방**Ferris Beuller's Day Off에서 벤 스타인Ben Stein은 좋지 않은 교실 수업에 대해 풍자하였다.

> 1930년 공화당이 장악하던 하원은 ...의 영향을 완화하기 위해, 답해 볼 사람?... 대공황의 영향을 완화하기 위해... 을 통과시켰다. 답해 볼 사람? 관세 법안? 홀리 스무트 관세법Hawley – Smoot Tariff Act 어느 것이 정답일까, 답해 볼 사람? 인상 또는 인하?... 연방 정부의 세수를 더 많이 거두기 위해 관세를 인상하는 법안. 효과가 있었을까? 답해 볼 사람? 그 효과에 대해 아는 사람? 효과가 없었고, 미국은 대공황의 늪에 더 깊게 빠져들었다(http://www.filmsite.org/bestspeeches38.html).

이러한 수사학적 질문은 아무런 도움이 되지 않는다. 대신 학생들은(물론 위의 학생들은 아닐 수도 있지만) "1930년도에 하원 의원들이 다르게 행동했다면 그 결과는 어땠을지에 대해 생각해 볼까요?"와 같은 좀 더 열려 있고 복잡한 질문에 참여할 수 있었을 것이다. 좋은 질문이 주도하는 학습은 일회성의 사실적 답변이 아니라 지속적인 탐구의 맥락을 만든다.

I 질문 주도 학습의 작동 방식

질문 주도 학습은 학습을 지원하는 매우 기본적인 메커니즘을 활용한다. 또한 복잡한 문제를 해결하는 법을 배울 수 있는 기회도 제공한다. 먼저 호기심이라는 기본적인 메커니즘부터 살펴보자.

호기심의 메커니즘

1923년 영국의 신경학자인 프랜시스 월시^{Francis Walshe} 경은 신체의 반쪽이 마비된 환자들의 반사 신경을 테스트하던 중 흥미로운 점을 발견하였다. 환자들이 하품을 할 때 자발적으로 운동 기능을 되찾곤 하였다. 반복적으로 비슷한 일이 일어났으며, 하품이 지속되는 약 6초 동안 환자들은 더 이상 마비가 되지 않은 것처럼 보였다 (Konnikova, 2014).

왜 그런지 알고 싶은가? 호기심은 강력한 메커니즘이다. 호기심이 자극되면 "내가 이것을 왜 배울까?"라는 질문에서 벗어날 수 있다. 호기심은 뇌의 보상 및 기억 시스템을 활성화시킨다(X장 참조). 사람들은 외부 보상이 없더라도 궁금한 질문에 대한 답을 알아 내기 위해 자원(시간, 돈, 에너지)을 사용할 것이다(Kang et al., 2009). 사람들은 또한 이러한 답을 기억해 두었다가 나중에 문제를 해결하는 데 사용할 가능성이 높다. 다음 통찰력 문제를 풀어보자:

유명한 초능력자인 우리아 풀러^{Uriah Fuller}는 경기가 시작되기 전에 어떤 야구 경기든 점수를 알려줄 수 있다. 그 비결은 무엇일까?

Adams 등(1988)은 일련의 통찰력 질문을 사용하여 두 가지 유형의 초기 학습이 후속 문제 해결에 어떤 영향을 미치는지 조사하였다. 사실 중심 조건의 참가자들은 먼저 사실 목록을 읽었고 그중에는 다음의 사실이 있었다.

어떤 경기든 시합 전 점수는 0대 0이다.

그런 후에 참가자들은 우리아 풀러 문제를 받았다. 참가자들은 놀랍게도 앞서 자신이 읽었던 사실 목록을 적용하는 데 실패하였다. 참가자들은 사실 중심적으로 정보를 습득하였기 때문에 문제 해결과의 관련성을 자발적으로 보지 못했던 것으로 보인다.

문제 중심 조건에서도, 참가자들은 먼저 사실 목록을 읽었지만, 암시적 질문에 대한 답으로 사실 목록이 제시되었다는 점에서 차이가 있었다. 문제를 암시하는 문구가 제시되고 잠시 멈춘 다음, 사실이 제시되었다.

시합 전 모든 게임의 스코어를 말할 수 있다[2초간 잠시 멈춤].
왜냐하면 점수는 0대 0이기 때문이다.

문제 중심 조건의 참가자들은 후속 통찰력 문제를 풀기 위해 정보를 자발적으로 사용할 가능성이 훨씬 더 높았다. 질문에 대한 답으로 정보를 습득하는 것은 문제 해결 상황에서 참가자들이 해당 정보를 적용할 가능성을 높였다.

복잡한 질문 답변의 메커니즘

대부분의 질문 주도 수업은 심도 있는 답변이 요구되는 복잡한 질문을 사용한다. 이러한 질문은 여러 가지 아이디어가 함께 작용하여 해결책을 만들어내야 하는 질문이다. "오로라의 에너지를 활용할 수 있을까?" 질문의 초점은 정보를 고립된 사실이 아닌 아이디어의 연결망으로 묶는 것이다. 연결된 아이디어는 이해와 기억을 향상시킨다(S장, E장 각장 참조).

복잡한 질문은 목표 분해와 같은 중요한 문제 해결 능력을 발휘하도록 유도한다. 사람들은 해결해야 할 하위 목표를 설정한다. 예를 들어 사람들로 붐비는 축제 부스를 만드는 방법에 대한 광범위한 질문이 주어지면, 학생들은 비용과 예상 수입을 결정하는 하위 목표를 만들고 해결하는 법을 배워야 한다. 결국, 하위 목표 분해는 종종 팀원들이 하위 목표를 맡아 서로 소통하고 의논하는 법을 배우는 협력 학습에 적합하다.

질문 형성하기, 증거 평가하기, 비판적으로 사고하기, 피드백과 자원 구하기 등 질문 주도 학습에서 요구되는 많은 고도의 능력 중 상당수는 21세기 역량목록에 포함되어 있다. 질문 주도 학습이 이러한 결과를 달성하는지 여부를 판단할 수 있는 평가는 아직 걸음마 단계로, 현재로서는 이러한 질문 주도 학습의결과를 극대화하는 방법은 알려져 있지 않다(Schwartz & Arena, 2013).

Ⅱ   질문 주도 접근법을 활용하여 학습을 향상시키는 방법

질문 주도 학습은 종종 문제 기반, 프로젝트 기반, 사례 기반, 탐구 기반 학습의 범주 아래에서 이루어진다. 질문 주도 학습을 촉진하기 위해 학생들에게 협력하는 방법(L장에서 설명)을 가르치는 것 외에, 교사가 도입할 수 있는 세 가지 핵심 요소로 좋은 질문 만들기, 코칭 역할 수행, 탐구 과정에 대한 스캐폴딩scaffolding 제시를 들 수 있다.

좋은 질문 만들기

학습이 질문 주도로 이루어지려면, 질문은 좋은 질문이어야 한다. 그렇다면 무엇에 대한 좋은 질문이어야 할까? 여기는 잘 구조화된 문제와 잘 구조화되지 않은 문제를 구분하는 유용한 방법이 있다. 잘 구조화된 문제는 분명한 목표와 그 목표에 도달하기 위해 일련의 단계나 규칙이 있다. 때때로 잘 구조화된 문제는 적절한 절차와 알고리즘 적용을 통해서 획득할 수 있는 최상의 해결책이 있다: "자동차가 시속 50마일로 주행하고 있다. 얼마나 걸릴까..." 잘 구조화된 문제는 이미 학습한 기술과 개념의 이해를 돕고 자동화하는 데 좋은 연습이 된다. 반대로 구조화되지 않은 문제는 하나의 정답이 있지 않다: "지구 온난화 문제를 어떻게 해결할 수 있을까?" 해당 문제를 접근하기 위한 방법은 여러 가지가 있으며, 여러 가지 해결책은 서로 상이한 제약 조건을 충족한다. 구조화되지 않은 문제는 학습자가 깊게 생각하게 하는 데 더 적합하다.

질문은 학습자에게 의미가 있어야(있어져야) 하며 "알아야 할 필요성"을 만들어야 한다. 이러한 가능성을 높일 수 있는 몇 가지 방법이 있다. 하나는 학습자가 스스로 질문을 생성할 수 있는 환경을 조성하는 것이다. 과학 박물관은 전시물을 통해 학습자로 하여금 스스로 어떻게 그럴 수 있는지와 같은 질문을 유도한다. 수학 수업에서 백분율과 같이 배워야 할 필요가 있는 구체적인 내용이 있을 때, 해당 내용을 다루면서 학습자가 진정으로 흥미를 느낄 수 있는 질문을 제시하는 것은 도움이 될 수 있다. 학생이 직접 만든 질문이 아닌데 어떻게 "진정으로 몰입이 되는" 질문이 될 수 있을까? 설득력 있는 맥락을 만들어야 한다.

재스퍼 우드버리의 모험Adventures of Jasper Woodbury에서 학생들은 복잡한 문제가 전개되는 비디오를 보면서 수학 단원을 시작한다(Cognition and Technology Group at Vanderbilt, 1992). 이는 이어질 문제 해결을 위한 구심적 역할을 하며, 앵커드 교수 학습anchored instruction('anchor'의 사전적 의미는 닻, 고정, 정박 등이 있으며, 교수 학습에서는 문제 해결을 위한 상황, 정황, 구심점을 제공한다는 의미로 사용되고 있음. 이에 폭넓은 의미 전달을 위해 소리 나는 대로 한글로 표기함-옮긴이)이라는 이름이 붙여졌다. 이 시리즈의 한 에피소드에서 학생들은 날개에 총상을 입은 독수리를 외딴 지역에서 구조해야 하는 20분 분량의 비디오를 시청한다. 이야기가 전개됨에 따라 거리, 수용 가능 인원, 교통 수단, 이동 속도, 사용 가능한 연료를 포함한 다양한 제약 조건과 가능성이 제시된다. 일주일 동안, 학생들은 필요한 경우 비디오를 다시 보며, 주어진 제약 조건과 가능성을 충족할 수 있는 구조 계획을 수립한다. 실행 가능한 여러 가지 해결책이 있다. 물론 한 가지 최적의 해결책이 있다. 교사는 학생들이 자신만의 계획을 수립한 이후 최적의 해결책에 대해 알려준다.

재스퍼 우드버리 비디오는 두 가지 주요 특성을 가진 세심하게 구성된 문제 기반 학습 활동이다. 해당 비디오는 읽기 능력이 부족한 아동에게 걸림돌이 되지 않는 풍부하고 매력적인 비디오 기반 문제 해결 상황을 제공하고, 독립적이며 문제 해결을 위한 정보를 충분히 제공한다. 후자의 특징은 학생들이 "학교에서 재활용 비율을 어떻게 하면 높일 수 있을까?"와 같이 실제 문제를 해결하도록 하는 개방형, 프로젝트 기반 접근방식과는 대조적이다. 이는 사람들의 삶에 영향을 미칠 수 있다는 점에서 보다 실제적이다. 프로젝트는 매우 만족스러울 수 있지만, 하위 문제와 가능한 관련 자원을 제어하기가 쉽지 않기 때문에 교수자에게 더 많은 부담이 될 수 있다.

일부 교육자는 타협책으로 학생들이 실제 세계에서 접하게 될 문제와 유사한, 구성된 문제를 사용한다. 1960년대 의과대학에서 시작된 문제 기반 학습(Problem-based learning, PBL)이 좋은 예이다. 의과대학을 선택할 때, 학생들은 종종 전통적인 교육 방식과 PBL 방식 중 원하는 교육 방식을 선택한다. 전통적인 교육은 해부학, 병리학, 화학과 같은 기초 과학 과목을 다루는 2년간의 강의와 세미나를 포함한다. 그 후 2년간의 임상 교육이 이루어진다. 반면에 PBL은 의사가 실제로 수행해야 할 추론을 모델링하는 사례 학습을 통해 처음부터 여러 과목을 함께 통합한다. 예를 들어 소규모 그룹의 학생들은 다음과 같은 교육을 받을 수 있다.

> 어느 화창한 여름 날, 5살 헨리^{Henry}는 학교에서 돌아와 차를 마시고 싶어한다. 차는 곧 만들어지고 부어지지만, 실수로 헨리의 맨 다리에 뜨거운 차를 엎게 된다. 헨리의 엄마는 비명을 지르는 헨리를 흐르는 찬물에 즉시 담갔지만, 헨리의 다리는 물집이 터지고 허벅지 앞쪽 전체가 빨갛게 달아오르는 등 상처가 심해 보였다. 의사는 상처를 치료하고 헨리에게 다음날 수술을 받으러 오라고 한다. 상처가 고르지 않고 일부 고름 등이 보여, 헨리는 병원에 의뢰되었다. 최선의 치료에도 불구하고 상처 부위의 일부(10cm × 10cm)는 3주가 지난 후에도 완전히 아물지 않았다(Schmidt, 1993, p.427).

학생들은 그룹에서 문제에 대해 알고 있는 내용을 토론하고, 사전 지식을 가져와 초기 가설을 세운다. 또한 자신이 모르는 것과 배워야 할 것을 토론하고, 중재자의 도움을 받아 자체 학습 목표를 설정한다. 그런 다음 학생들은 스스로 공부하고 조사한다. 그룹이 다시 모이면, 자신들이 학습한 것에 대해 토론하며 가설과 초기 문제에 대한 이해를 가다듬는 것을 몇 차례 반복하기도 한다. 마지막으로 학생들은 학습 과정을 되돌아본다. 약물 남용과 관련된 이러한 문제 기반 학습 과정과 중재자 가이드의 예를 보려면 Barone과 Sattar(2009)를 참조하기.

무대 위의 현자가 아닌 옆에서 코치하기

교사의 역할이 주로 축적된 지식을 전달하는 것이라고 생각한다면, 질문 주도 수업은 극적인 변화가 필요하다. 여기서 교사의 역할은 학생들이 다양한 정보 자원을 찾고, 평가하고, 통합하여 스스로 지식을 구축하도록 돕는 것이다. 교사는 추론과 학습을 위한 좋은 전략을 모델링하되, 학생이 그러한 전략에 참여할 수 있는 기회를 빼앗아서는 안 된다. 좋은 교사는 적절한 시점에 좋은 질문을 던진다. 예를 들어 교사는 학생에게 근거를 제시하여 주장을 정당화하거나 추론을 설명하도록 요청할 수 있다(Hmelo-Silver, 2004). 교사는 또한 중요한 내용이 다루어지고 있는지 확인하기 위해 추가적인 요점이나 질문을 제기할 수도 있다. 교사는 예를 들어 편견이 의학적 진단에 어떻게 영향을 미칠 수 있는지에 대해 물어볼 수 있다(법학 전문대학원의 사례 기반 수업도 비슷하다. 단, 교수는 무대에 서서 모든 질문 교육법의 모태인 소크라테스식 대화를 통해 학생의 추론을 이끄는 더 강력한 역할을 한다는 점이 다르다).

질문 주도 수업을 하는 것은 종종 실시간으로 계속 교육적 의사 결정을 내려야 하기 때문에 힘들지만, 훌륭한 농구 코치가 되는 것처럼 흥미로운 경험이기도 하다. 당신은 선수들이 최선을 다할 수 있도록 도와야 하지만 직접 경기를 할 수는 없다. 선수들이 경기장에서 함께 협력해서 스스로 문제를 해결할 수 있도록 준비시켜야 한다. 경기 후에 언제든지 디브리핑을 제공할 수 있으며, 여기서 다시 무대 위의 현자가 될 수 있다(J장 참조).

탐구 과정을 스캐폴딩하기

개방적이고 질문 주도의 전문 분야에서는, 해당 전문 분야의 특성에 맞게 조정된 명시적 단계가 있다. 디자인 스튜디오는 자신들의 디자인 과정을 실행하고, 과학자들은 가설을 설정하고 실험하고 이를 수정한다. 전문가는 이러한 단계들의 노예가 아니며, 필요에 따라 순서를 바꿀 수 있다. 하지만 이제 막 질문 주도의 복잡한 활동에 참여하는 법을 배우는 초보자들은 종종 길을 잃고 각 부분이 어떻게 서로 맞아 떨어지는지 파악하지 못할 수 있다. 질문 주도의 탐구 과정 자체에 스캐폴딩을 제공하는 것이 도움이 될 수 있다.

한 가지 유용한 방법은 이상적인 과정을 명시적으로 표현하여 학생들이 자신들이 어디에 있는지 알 수 있도록 하는 것이다. 그림 Q.1A은 한 가지 탐구 주기를 보여준다(Sharples et al., 2014). 이 주기는 탐구 주제를 찾고, 교사의 도움을 받아 해당 주제 내에서 다룰 수 있는 구체적인 질문을 결정하는 것으로 시작된다. 예를 들어 한 학생 그룹은 소음 공해에 대해 알고 싶었고 소음 공해가 새들의 먹이에 어떤 영향을 주는지에 대한 질문에 초점을 맞추었다. 학생들은 어떻게 질문에 접근하고 관련 증거(예: 시끄러운 날과 조용한 날의 먹이 섭취 비교)를 수집할지에 대해 계획을 세운다. 증거 분석 후에, 학생들은 질문에 대해 무엇을 배웠는지 결정한 다음 그 결과를 공유하고 되돌아본다. 전문가에게 각각의 단계를 명시적으로 알려주는 것은 성가실 수 있다. 왜냐하면 이러한 단계와 진행이 전문가에게는 이미 명백하기 때문이다. 그림 Q.1A에서 사람들이 암시된 순서에서 벗어날 수 있음을 보여주기 위해 교차하는 선을 모두 보여줄 필요가 있을까? 초보자에게는 명시적이고 시각적인 지원이 꽤 유용할 수 있다.

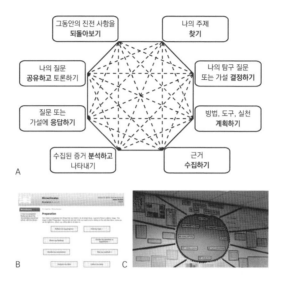

그림 Q.1. nQuire 프로젝트 탐구 사이클cycle. (A) 기본적인 사이클. (B) 컴퓨터화된 탐구 환경에서의 버전. (C) 학생의 작업 결과물을 공유하고 사이클에 다시 나타내는 흥미로운 방법 (Sharples et al., 2014).

초중고에서 질문 주도 주기의 추가적인 예로 웹 기반 탐구 과학 환경(WISE: http://wise.berkeley.edu 웹사이트 참고)과 스타 레거시 소프트웨어(STAR. Legacy software)가 있다(Schwartz et al., 1999). 단순화된 시각적 구성도 도움이 될 수 있다. 다음과 같은 열이 있는 화이트 보드를 고려해 보자(Hmelo‒Silver, 2004).

사실	아이디어	학습 문제	실천 계획

더 많은 학생들이 재활용을 할 수 있게 하는 방법에 대한 질문을 다루고 있다고 가정해 보자. 각 라벨 아래에 어떤 종류의 정보가 있어야 한다고 생각하는가?

　　PBL과 전통적인 교수법을 비교한 의학 교육의 증거에 따르면, 두 접근 방식 모두 사실적 지식 시험에서 동일한 수준의 성적을 거두는 것으로 나타났다. 물론 어떤 연구에서는 전통적인 교수법이 기초 과학 내용에서 더 나은 성적을 거두는 것으로 나타나기도 하였다. PBL의 장점은 학생들이 실제 직무에서 경험하게 될 것과 유사한 적용 문제에서 나타난다(Hmelo–Silver, 2004). 학습 중에 문제 해결 지향은 관련 문제를 해결하는 능력 향상을 유도한다.

　　의대생은 성적이 우수하고, 이 때문에 의과대학에 입학할 수 있었으며, 또한 어른이기도 하다. 질문 주도 학습이 보통의 학생들에게 어떤 영향을 미치는지를 알아보기 위해, 연구자들은 여러 그룹의 6학년 학생들을 대상으로 인지적 다양성이 낮고 순응하는 경향이 있는 집단에서 나타나는 역기능적 의사 결정의 일종인 집단 사고에 대해 가르쳤다. 강의, 그룹 문제 기반 학습, 개별 문제 기반 학습 세 가지 조건이 있었다(Wirkala & Kuhn, 2011). 짐작할 수 있듯이, 강의 조건(언제나 희생양)은 강의와 교실 토론을 통하여 집단 사고에 대해 배웠다. 두 가지 문제 기반 조건에서는 학습을 이끄는 핵심 문제를 사용하였다. 핵심 문제는 가상의 미국 항공 우주국 NASA 관리자에게서 온 편지에 담겨 있었는데, **컬럼비아**Columbia 우주 왕복선 사고에서 관리팀이 증거를 무시한 이유와 이와 유사한 문제에 앞으로 어떻게 대비할 수 있는지를 묻는 문제였다. 학생들은 먼저 자신의 사전 지식을 바탕으로 문제에 대해 생각했으며 그 후 집단 사고를 설명한 압축된 강의를 들었다. 이어서 새로 배운 정보를 바탕으로 계속 문제를 해결하였다. 개별 및 그룹 문제 기반 학습 조건은 학생이 혼자서 작업하는지 아니면 소그룹으로 작업하는지에 따라 차이가 있었다.

　　교육이 끝난 지 약 9주 뒤에 학생들은 평가를 보았다. 아래는 평가에 있었던 한 문항이다.

　　당신은 오바마 대통령의 이란 수석 외교관이다. 이란은 핵 에너지 프로그램을 가지고 있으며 이미 핵 폭탄을 보유하고 있을 가능성이 있다. 이란 대통령이 미국에 대해 적대감을 표명했기 때문에 외교적 노력은 최대한의 능력과 지략으로 이루어져야 한다. 오바마 대통령은 당신을 이란과의 협상을 계획하는 위원회의 위원장으로 임명하였다. 성공적인 협상을 위해 위원을 어떻게 선정하고 위원회를 어떻게 운영할 것인가? 가능한 자세히 답하기 바랍니다(p.1169).

연구자들은 학생들이 집단 사고에 대해 배운 것을 자발적으로 적용하는지에 대해 알아보고자 하였다(예: "...집단 사고가 없도록 해야 한다...이것은 논쟁의 모든 면을 살펴볼 수 없기 때문에 나쁜 것이다"). 다른 전통적인 평가 문항은 학생들에게 용어를 정의하고 설명하도록 요구하였다. 모든 평가에서 두 문제 기반 조건의 학생들은 강의 조건의 학생들보다 더 나은 성적을 거두었다. 그룹 문제 기반 학습 조건과 개인 문제 기반 학습 조건에서는 차이가 나타나지 않았는데 많은 사람들이 문제 기반 학습에서 소그룹 상호작용을 중요한 요소로 간주하는 점을 고려했을 때 의외의 결과였다.

내용 지식의 전이 외에도, 학생들은 질문 주도 수업에서 새로운 맥락으로 상위 인지 능력인 문제 해결 능력을 전이할 수 있을까? 제한적이지만 "그렇다"라고 답할 수 있는 증거가 일부 있다. Hmelo-Silver(2004)은 의대생을 대상으로한 연구에서 새로운 문제에 직면했을 때 학생들이 학습한 가설 주도 전략을 스스로 적용하는 것을 보여 주었다. 앵커드 교수학습 연구에서는, 재스퍼 우드버리 교육과정을 경험한 학생들은 복잡한 문제를 관리 가능한 하위 목표로 분해할 수 있는 능력이 더 뛰어난 것으로 나타났다(Cognition and Technology Group at Vanderbilt, 1992). 학생들은 또한 수학에 대한 태도도 향상되었는데, 이는 질문 주도 학습의 다른 연구에서도 확인이 된다(Boaler, 2002). 또한 학생들은 "학교 밖에서 수학을 많이 활용할 수 있다", "수학이 요구되는 복잡한 문제를 푸는 도전이 좋다"와 같은 질문에 더 동의하는 경향을 보였다. "수학 시험은 나를 두렵게 한다"라는 진술에는 덜 동의하는 경향을 보였다. 이러한 결과들은 모두 희망적이다. 반대로 통제 그룹의 학생들은 시간이 지날수록 수학에 대한 호감도가 감소하였다.

질문 주도 학습을 통해 스스로 가르치는 법을 배울 수 있을까?

알버트 아인슈타인Albert Einstein이 "만약 내가 한 시간 동안 문제를 풀어야 하고 그 해답에 내 인생이 달려 있다면, 나는 처음 55분 동안 적절한 질문을 찾는 데 시간을 할애할 것이다. 적절한 질문만 알면 5분 이내에 문제를 해결할 수 있기 때문이다."라고 말한 적이 있다고 전해진다. 생산적인 질문을 하고 그 질문에 답하기 위해 노력하는 법을 배우는 것이 교양 교육의 주된 목표이다(K장 참조). 이것이 바로 질문을 만들고 답을 만들어 내는 것이 학생의 몫인 모든 주관식 에세이의 존재 이유 중 하나이다.

Ⅴ 질문 주도 접근법의 위험성

일부 학자들은 질문 주도 학습이 학습 초기에는 효과적이지 않다고 생각한다. 왜냐하면 사람들은 충분한 사전 지식을 갖고 있지 않으며, 문제 풀이 과정이 학습에 사용할 수 있는 인지 자원을 소진할 수 있기 때문이다. 예를 들어 Kirschner 등(2006)은 최소한의 안내가 있는 교수법이 풀이된 예제worked examples만큼 효과적이지 않음을 보여주는 연구들을 강조하였다. 하지만 이러한 주장을 뒷받침하는 최소 안내 교수법 연구들은 숙련된 촉진자 및 탐구 주기와 같은 질문 주도 학습에서 필수적인 스캐폴딩과 지원을 포함하지 않았다(Hmelo—Silver et al., 2007). 그럼에도 불구하고 적절한 지원이 없으면 초기 학습자는 낮은 수준의 질문을 선택하고, 당황하고 압도되어 의도된 내용을 학습하지 못할 수 있다.

두 번째 문제는 교육과정의 내용을 다루는 것과 관련이 있다. 질문 기반 학습은 하향식 구성이 아닌 학습자의 질문을 기반으로 전개되기 때문에 시간이 더 많이 소요되며 덜 체계적으로 교육과정의 내용을 다룬다. 이 문제는 잘 설계된 질문 제시 활동과 자원을 통해 완화될 수 있다. 또 다른 해결책은 모든 학습에 질문 주도 학습을 사용하는 것이 아니라 선택적으로 사용하는 것이다.

마지막 문제는 질문 주도 학습을 잘 수행하기 위해서 교수자는 조심스럽게 교육 접근법을 선택해야 한다는 점이다. 지시가 너무 적으면 학생들은 충분한 안내를 받지 못할 것이다. 문제를 푸는 것은 아는 것을 적용하기 위한 방법을 배우는 좋은 수단이지만, 학생들이 새로운 지식을 습득하기 위해서는 학습할 수 있는 자원을 확보하는 것이 중요하다. 교사의 지시가 너무 많으면 질문 제시 수업의 요점이 훼손될 수 있다. 교사는 질문을 단순화하여 학생들에게 필요한 핵심 질문과 정보를 알려줄 수 있다.

VI 좋은 예와 나쁜 예

프로젝트Project 기반 학습은 무언가를 만들어내는 것을 강조하는 것을 제외하면 문제Problem 기반 학습과 많은 공통점이 있다. (이러한 연유로 프로젝트 기반 학습은 M장에서도 등장한다.) 버크 교육 연구소Buck Institute for Education는 학년 및 주제별로 검색할 수 있는 프로젝트 기반 학습의 훌륭한 사례들을 모아 놓았다(https://my.pblworks.org/projects 참고). 다음은 고등학교 2학년 경제학 수업을 위한 프로젝트 설명서이다:

> 학교 내 "스마트 스낵"에 관한 새로운 연방법이 시행됨에 따라 학생들의 현장 학습, 댄스, 학생 이벤트와 같은 학생 부대 행사를 돕기 위한 수익 창출을 위해 자판기를 개조할 필요가 있다. 학생들은 새로운 법에 따라 자격을 갖춘 제품을 식별하고, 가능한 학생 수요에 대해 조사하고, 가격대를 분석하고, 공급 업체에 연락을 하여, 가장 많은 수익을 창출할 것으로 예상되는 상위 5개 제품을 제안할 것이다 (Baer, 2014).

나쁨(지원이 너무 적음): 교사가 추가 지원이나 학습 자원을 제공하지 않고 학생에게 프로젝트를 제공한다. 학생들은 이미 알고 있는 지식에만 의존한다.

나쁨(지원이 너무 많음): 교사가 문제 해결에 필요한 모든 단계를 워크시트에 제시한다. 학생은 빈 칸에 정답을 채운다.

좋음(적절한 지원): 교사는 학생들이 문제를 해결할 때, 수요와 공급, 정부 규제, 소비자 행동과 같은 핵심 개념을 이해하는 데 도움이 되는 지원과 학습 자원을 제공한다. 학생은 중요한 제약 조건과 정보를 찾고 통합하는 방법을 결정한다.

핵심 학습 메커니즘은 무엇인가?

주요 질문에 답하면서 학습하는 것은 호기심, 목적, 주의력, 기억력을 증진시키며 문제 해결 능력의 발달을 가져올 수 있다.

예는 무엇이 있고 어떤 점에서 좋은가?

인간과 환경 단원의 수업으로, 학급은 소음 공해가 학교 주변의 야생 동물에 어떤 영향을 미치는지 조사한다. 교사는 학생들이 답할 수 있는 질문을 구성하고, 알고 있는 것과 알아야 할 내용을 파악하고, 다양한 정보의 출처를 평가하고 통합하는 방법을 결정할 수 있도록 지원한다. 학생들은 과학, 수학, 사회 등 다양한 과목의 학습 컨텐츠에 몰두한다.

왜 효과가 있을까?

질문 주도 학습은 여러 가지 유용한 메커니즘을 활용한다. 호기심은 보상과 동기 부여 시스템을 촉진한다. 문제 해결 지향의 학습은 학생이 학습한 내용을 추후 문제 풀이에 적용하는 데 도움이 될 수 있다. 초점 질문은 상이한 정보를 관련 아이디어의 연결망으로 구축하여 기억 인출을 지원할 수 있다.

학습 메커니즘은 어떤 문제를 해결해야 하는가?

- 학습자는 자신이 알고 있는 내용을 적용하지 않는다.
  - ‣ 학습자는 많은 사실을 알고 있지만 그것들이 문제 해결과 관련 있다는 것을 깨닫지 못한다.
  - ‣ 학습자는 복잡한 문제에 접근하기 위한 효과적인 전략이 없다.
- 학생들이 수업 내용에 집중하지 않는다.
  - ‣ 학생이 배움의 목적이 시험을 잘 보는 것이라고 생각한다.
  - ‣ 학생이 "이걸 왜 배워야 하나요?"라고 질문한다.
- 학생들이 스스로 질문을 하지 못한다.
  - ‣ 학생이 새로운 문제를 푸는 방법을 알려 주지 않았다고 불평한다.

활용 방법의 예

- 학습자 스스로 주요 질문을 구성한다.
  ‣ 과학 박물관은 이용자가 실험할 수 있는 흥미로운 자료를 제공한다. 도슨트(전시 안내자)가 이용자의 질문에 답하고 도움을 준다.
- 교수자는 주요 질문을 중심으로 학습을 구성한다.
  ‣ 정부 및 경제학 수업에서 학교 앞 제한 속도를 낮추기 위한 로비 방법과 같이 마을과 관련된 문제를 해결하려고 노력한다.
  ‣ 의대 교육과정이 환자 사례 진단을 중심으로 구성된다.

위험성

- 학습자가 문제 해결 과정에서 압도되고 허우적거릴 수 있다.
- 교수자가 너무 많거나 너무 적은 지원을 제공한다.
- 시간적 제약과 교육과정의 범위 때문에 적용하기 어렵다.

18

R is for Reward

보상

- 행동을 유도하기 -

Reward 보상

행동을 유도하기

    보상(REWARD)은 행동에 대한 보답으로 받는 바람직한 결과이다. 예상할 수 있듯이 행동을 보상하는 것은 사람들로 하여금 그 행동을 채택하도록 유도한다. 행동에 대한 벌은 그 반대의 결과를 낳는다. 사람들은 종종 학습을 이해력이 좋아지는 측면으로 생각하는데, 학습의 또 다른 중요한 결과는 바람직한 행동을 하게 되는 것이다. 부모가 십대 자녀에게 항상 비디오 게임을 하는 대신 숙제를 하게 할 수 있다면 얼마나 좋을까!

    쏜다이크Thorndike의 효과의 법칙law of effect은 강화reinforcement의 원리를 설명해 준다. 사람들은 바람직한 결과를 낳는 행동을 반복한다. 반면 바람직하지 않는 결과를 초래하는 행동은 반복하지 않는다. 효과의 법칙은 합리적 사고와 무관하게 이루어진다. 후자의 내용을 뒷받침할 수 있는 증거가 필요하다면 야구에서 볼 수 있는 괴이한 미신에 대해 생각해 보자. 샌프란시스코 자이언츠의 야구 선수 오브리 허프Aubrey Huff는 서부지구 우승을 위한 경쟁 중 클럽하우스의 스트레스를 덜기 위해 빨간색 끈 팬티를 입었다. 팀이 계속 연승을 하자 허프는 몇 달 동안 같은 빨간색 끈 팬티를 유니폼 안에 착용하였다.

    적절한 보상의 연속은 복잡한 행동을 만들어 낼 수 있다. 행동주의 심리학자 B.F. Skinner(1986)는 예술 감상을 좋아하게 만드는 이야기를 들려준다. 두 명의 학부생이 기숙사 벽에 그림을 걸고 싶었지만, 그들의 룸메이트는 자신의 스포츠 수상 실적을 걸어 두기를 원하였다. 이 학부생들은 예술을 좋아하는 행동에 몰래 보상을 주어 룸메이트의 행동을 바꾸기로 결심하였다. 파티에서 이들은 한 젊은 여성에게 돈을 주고 룸메이트에게 예술에 대해 물어보고 그의 이야기에 귀를 기울일 것을 요청하였다. 이후 이들은 룸메이트를 박물관에 데려가 그가 보고 있는 그림 옆에 5달러 지폐를 몰래 떨어뜨렸다. 또한 룸메이트가 예술에 대해 이야기할 때 더 주의를 기울였다. 이야기에 따르면, 한 달 후 룸메이트는 기숙사 방에 걸 그림을 처음으로 구입했다고 한다.

보상의 작동 방식

외적 보상과 내적 보상은 차이가 있다. **외적 보상**은 행동에 필수적인 요소는 아니며 행동 이후에 주어진다. 음악가는 돈을 위해 연주하지는 않지만 훌륭한 음악가는 보상으로 돈을 받게 된다. 반면 **내적 보상**은 활동에 필수적인 요소로 스스로 활동을 추구하게 만든다. 음악가는 돈을 받지 않더라도 음악을 연주하는 것만으로도 큰 보상임을 느낄 수 있다.

외적 보상을 통한 행동 조성

외적 보상의 주요 교육적 적용은 행동 조성과 관련이 있다. 조성^{Shaping}은 학습자를 목표 행동으로 이끌어서 해당 행동이 강화될 수 있도록 한다. 병아리에게 울타리를 등지는 법을 가르친다고 가정해 보자. (이에 대한 이유는 중요하지 않다. 외적 보상은 무엇이든 효과가 있을 것이다.) 고집이 센 병아리는 스스로 울타리를 등질 가능성은 낮다. 병아리가 목표 방향으로 향하도록 행동을 조성하고 움직이게 하여야 우리가 원하는 등지는 행동을 강화할 수 있다. 그림 R.1은 행동 조성의 진행 과정을 보여준다.

병아리가 울타리에서 등을 지도록 훈련하기

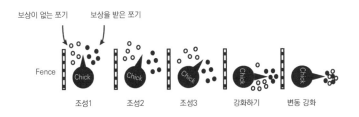

그림 R.1. 행동 조성.

조성1: 병아리는 자연스럽게 아무 곳이나 땅을 쪼을 것이다. 병아리가 오른쪽으로 쪼을 때마다 즉시 긍정적 강화(예: 먹이)를 제공한다. 강화를 즉각적으로 제공하여 지연되는 동안 발생할 수 있는 행동에 대해 실수로 보상하지 않도록 한다. 근접 보상은 지연 보상보다 행동을 조성하는 데 더 효과적이다.

조성2: 이제 병아리는 조금 더 오른쪽으로 향하게 된다. 병아리는 새로 설정된 지점 주변에서 무작위로 쪼아 댄다. 다시 병아리가 오른쪽을 쪼면 보상을 준다. 왼쪽을 쪼면 아무것도 주지 않는다. 병아리가 왼쪽으로 돌아보는 행동에 대해 벌을 줄 수 있지만 이는 불필요하고 스트레스를 줄 수 있다. 게다가 벌로 가해지는 충격은 병아리가 대신해야 할 행동을 나타내는 것은 아니다. 병아리는 오른쪽으로 도는 대신 공중으로 뛰어오를 수도 있다. 이는 사람에게도 동일할 수 있다. 벌은 매우 특정한 행동을 멈추게 할 수 있지만 바람직한 행동으로 대체하는 데는 도움이 되지 않는다.

조성3: 병아리가 원하는 방향을 향할 때까지 병아리를 오른쪽으로 이끌면서 행동을 계속 조성한다.

강화하기: 마지막으로 원했던 행동에 대해 보상을 제공한다. 이 보상 기간은 병아리가 보상받는 행동이 오른쪽으로 도는 것인지 아니면 울타리를 등지는 것인지를 더욱 명확하게 구별하는 데 도움이 된다. 병아리가 원을 그리며 도는 것을 막기 위해, 강화는 오직 정면에서만 일어난다.

변동 강화: 이 부분은 직관적이지 않다. 우리는 매번 목표 행동을 보상하지는 않는다. 대신에 변동 강화를 적용한다. 가끔 보상을 줌으로써, 병아리는 한 번 행동에 대한 보상을 받지 못하더라도 계속 행동하면 보상으로 이어진다는 것을 학습한다. 변동 강화는 보상을 받지 못했을 때 행동이 소멸되는 것을 방지하는 데 도움이 된다. 놀랍게도 변동 강화는 고정 강화보다 더 강력한 행동을 끌어낸다. 몇 시간 동안 슬롯머신 앞에 있는 사람들을 생각해 보자.

내적 보상을 통한 참여 유지

내적 보상은 내적 동기를 불러일으켜, 사람들로 하여금 즐거움을 주는 활동을 추구하게 한다. 사람들은 외적 보상을 받기 위함이 아니라 활동 자체의 즐거움 때문에 활동을 추구한다. 사람들은 자기 나름의 내적 보상이 있다. 요리사는 맛있는 음식을 만드는 것을 좋아하고 스포츠 팬은 재미있는 경기를 응원하는 것을 좋아한다. 한 가지 이상적인 방법은 개별 학생의 흥미에 맞게 교수 활동을 개인화하는 것이다. 이는 좋은 생각이지만, 학생 수가 많고 각 학생들의 관심사와 흥미가 다른 경우 달성하기가 쉽지 않다. 다행히도 거의 모든 사람의 내적 동기를 불러일으키는 상황이 있다. Ryan과 Deci(2000)는 자율성^{autonomy}, 유능성^{competence}, 사회적 관계성^{social relatedness}이라는 세 가지 기본 내적 동기 유발 요인을 제시하였다. **자율성**은 자신의 결정과 행동을 스스로 통제할 수 있다는 감정과 관련이 있다. 학생들이 더 많은 자율성을 갖는 교실은 교사가 지시적이고 통제적인 교실보다 호기심, 도전에 대한 의욕, 지속적인 동기가 더 높게 나타났다. **유능성**은 원하는 목표를 달성하고 숙달할 수 있다는 감정과 관련이 있다. 자유투 성공률이 좋아지고 있다라는 긍정적인 피드백은 더 많은 연습을 하도록 동기를 부여할 수 있다. **사회적 관계성**은 다른 사람과 연결되고 싶은 인간의 욕구를 두드린다(B장 참조). 관계성은 내적 동기 부여를 위해 필요한 것은 아니지만 (많은 독립적인 활동은 그 자체로 동기 부여가 된다), 동기 부여를 지원하는 데 도움을 줄 수 있다. 예를 들어 많은 취미를 즐기는 사람들은 그림이나 양조한 맥주와 같은 노동의 결실을 나눌 수 있는 기회를 강력한 동기 부여의 원천으로 여긴다(M장 참조). 이러한 감정의 일부 또는 전부를 촉진하는 활동은 인간의 심리적 필요를 충족시켜 주기 때문에 동기 부여에 도움이 된다.

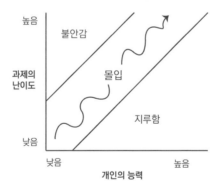

그림 R.2. 최적의 어려움^{optimal challenge}. 과제가 너무 쉽거나 어렵지 않을 때 사람들은 내적 동기가 최고조인 몰입^{flow}에 이르게 된다.

최적의 도전은 사람들을 학습할 수 있는 점점 더 어려운 과제에 참여하도록 이끈다는 점에서, 특히 중요한 내적 동기 유발 요인이다. 그림 R.2에서 볼 수 있듯이 자신의 능력에 비해 지나치게 어려운 과제는 불안감을 유발하고, 지나치게 쉬운 과제는 지루함을 유발한다(이는 모든 쉬운 과제가 지루함을 유발한다는 뜻은 아니다. 익숙한 패턴을 반복해서 뜨개질하는 것은 친구와 대화를 나누는 맥락에서는 만족스러운 활동이 될 수 있다.). 개인이 가지고 있는 능력과 비슷하면서 그것보다 조금 더 어려운 과제는 매우 매력적이다. 최적의 도전은 Csikszentmihalyi(1990)가 몰입^{flow}이라고 명명한 상태를 유도하며, 이 상태에서는 주어진 과제에 완전히 몰두하여 종종 시간 감각을 잃기도 한다. 암벽 등반가들은 몰입을 경험하는 것으로 유명한데, 우리 모두도 갑자기 30분의 시간이 사라진 것 같은 매우 집중했던 시간을 경험한 적이 있을 것이다. 몰입 상태가 학습을 향상시킨다는 증거는 거의 없지만 최적의 도전에 대한 갈증은 사람들을 학습할 수 있는 새로운 도전으로 이끌 것이다.

일반적으로 내적 동기를 불러 일으키는 것으로는 재미있는 이야기, 판타지, 비디오 게임에서 자신의 캐릭터를 취향에 맞게 꾸미는 것과 같은 선택의 기회 등이 있다(Malone, 1981). 학생들에게 어떤 활동을 먼저 할 것인지 선택할 수 있는 기회를 주는 것은 동기 부여에 도움이 될 수 있다.

Ⅱ 보상을 활용하여 학습을 향상시키는 방법

내적 보상을 주는 학습 경험을 만드는 것은 바람직한 목표이다. 하지만 어떤 경우에는 외적 보상이 더 효과적일 수도 있다. **이성과 내적 동기가 실패한 곳에서는 보상이 효과를 발휘할 수 있다.** 당신의 새로운 강아지를 설득할 수 있다고 생각할 수 있겠지만 그렇지가 않다. 보상이 훨씬 더 효과적이다. 심지어 운동과 같이 어떤 행동이 중요한 이유에 대해 알더라도, 스스로 동기를 부여하지 못할 수도 있다. 강화를 신중하게 적용하면 행동 변화를 이끄는 데 놀라운 효과를 발휘할 수 있다.

달성 가능한 목표

행동을 조성하고 몰입을 유지하는 원칙은 학습자에게 현재 행동보다 약간 앞선 작은 점진적 과제를 제공하라는 동일한 통찰력으로 수렴된다. Skinner(1986)는 컴퓨터가 점점 문제의 난이도가 높아지는 순서로 문제를 제시하고 각 단계에서 성공할 때마다 강화를 제공하는 프로그램 학습^{programmed instruction} 개념을 도입하였다. 이 형식은 학습자가 한 단계의 문제를 풀고, 이를 능숙하게 풀면 컴퓨터가 약간 다른 새로운 문제 조합을 제시하는 교육용 컴퓨터 게임에서 여전히 많이 사용되고 있다. 이러한 게임은 2 × 5 문제에 대해 "10"이라고 답하는 것과 같이 학생이 목표 행동을 숙달하는 데 도움을 준다. (물론 강화는 그 자체로 10이 왜 답인지를 배우는 데 도움을 주지는 않는다.) 달성 가능한 작은 목표의 중요성은 생활 습관의 변화에도 적용된다. 10파운드 감량이라는 목표는 훌륭하지만, 그 목표에 이르기 위해 예를 들어 매일 10분씩 더 걷는 것과 같은 보상을 받을 수 있는 행동이 필요하다. 보상을 받을 만한 근접, 달성 가능한 목표를 설정하고 이러한 목표가 최종 목표에 도달하는 데 기여하도록 하는 것은 중요하다.

올바른 행동 보상

보상은 특정 행동에 대해 주어지는 것으로, 정확한 올바른 행동에 대해 보상을 주는 것이 중요하다. 스페인어 수업을 상상해 보자. 학생이 four라는 영어 단어를 받고 (a) cuatro, (b) uno, (c) tres, (d) dos 목록에서 해당 스페인어 단어를 선택하면 포인트 또는 보상을 받는 경우를 상상해 보자. 목록에서 단어를 선택하는 것은 실제로 관심 있는 행동은 아니지만 우리가 보상을 할 행동이다. 학생들이 목록에서 cuatro를 선택하는 것이 아니라, cuatro를 말하거나 쓸 수 있기를 원하므로, 관심 행동에 대한 대리가 아닌 정확한 관심 행동을 산출할 수 있는 조건을 마련해야 한다. 이런 점에서 궁극적인 행동 목표가 선택(예: 표준화된 시험을 준비하는 경우)을 하는 것이 아니라면 객관식 문항보다 주관식 문항이 더 낫다.

주관식 문항은 학생들에게 더 어려울 수 있다. 이런 경우, 학생들에게 올바르게 답하는 법을 미리 보여주거나 알려주는 것은 괜찮다. 스키너^{Skinner}는 "아리스토텔레스가 주장한 것처럼 우리는 행동함으로써 배우는 것이 아니라, 우리가 하는 행동이 강화적인 결과를 가져올 때 배운다. 가르친다는 것은 그러한 결과를 마련하는 것이다"라고 주장하였다(1986, p.107). 당신은 학생이 행동을 하도록 하여 보상을 주고, 나중에는 그 행동을 스스로 할 수 있도록 지원을 철회할 수 있다.

적절한 보상 사용

가장 강력한 보상은 **일차적 강화물**primary reinforcers(또는 무조건적 강화제라고 하는데 사람들이 본능적으로 보상을 경험하기 때문에 학습할 필요가 없다)이다. 무엇보다도 음식, 음료, 애정 등이 여기에 해당된다. 이러한 기본적인 보상은 진화적으로 생존에 중요한 것으로 여겨졌을 것이다. 교육자들은 이러한 일차적 강화물을 사용해서는 안 된다. 왜냐하면 강압적이기 때문이다. 예를 들어 연구자는 어린이들을 대상으로 일차적 강화물을 사용할 수 없으며, 음식을 보상하거나 애정을 거두어 벌을 주어서는 안 된다.

대신에 성적, 포인트, 뱃지와 같은 이차적 강화물을 사용하는 것이 더 바람직하다. **이차적 강화물**secondary reinforcers(또는 조건부 강화물로도 불림)은 다른 보상 경험과의 연관으로 인해 보상을 부여하는 것이 된다. "우리 예쁜 강아지"라는 표현이 원래 먹이 주는 것과 연관되어 있다면 해당 표현은 개에게 조건화된 강화물이 될 수 있다. 이 장의 처음에 소개된 예에서 예술은 다른 보상(돈과 관심)과 연관되어 학부생에게 보상이 되었다.

이차적 강화물의 장점은 저렴하고, 쉽게 전달할 수 있으며, 방해가 되지 않는다는 것이다. 간단한 전략 중 하나는 토큰 경제를 만드는 것이다. 학습자가 바람직한 행동을 수행하면 포인트나 별과 같은 토큰을 받는다. 그 후에 학습자가 토큰을 충분히 모으면 놀이터에서 더 많은 시간을 보내거나 비디오 게임에서 더 강력한 캐릭터와 같은 원하는 보상으로 교환할 수 있다. 비행기 마일리지 프로그램은 매우 효과적인 토큰 경제를 만든다. 사람들은 더 많은 마일리지를 얻기 위해 더 많은 비용을 지불하고 덜 선호되는 항공편을 이용하지만, 마일리지 현금화 가치는 애초에 마일리지를 얻는 데 필요한 재정적, 정신적 부담보다 적은 경우가 많다.

행동 변화 프로그램은 사람들의 금연, 체중 감량, 기타 해로운 행동의 변화를 돕기 위해 보상에 의존한다. 특별히 주의할 점은, 바람직하지 않은 행동을 의도치 않게 강화하는 단기적인 해결책은 피해야 한다는 점이다. 어린 아이가 우는 것을 사탕으로 중지시키면, 의도와 달리 우는 것에 대해 보상을 준 것이므로 다음에 또 아이는 울게 될 것이다. 만약 간헐적으로 사탕을 사용하면, 변동 강화를 제공하여 앞으로 울음이 더 격렬해지고 멈추기가 더 어려워질 수 있다. 이 이야기의 더 복잡한 버전은 학급 경영과 관련이 있다. 잘못 행동한 아이에 대해 주의를 기울이는 것은 의도치 않게 잘못된 행동에 대해 보상을 주는 것이다. 왜냐하면 주목을 받는 것은 보상적일 수 있기 때문이다. 비엘키에비츠^{Wielkiewicz}는 교실에서 생활 지도의 황금률로 "사소한 성가심과 잘못된 행동은 가능한 한 무시하고 바르게 행동하는 학생에게 긍정적 관심을 주는 데 가능한 한 많은 시간을 사용하라"(1995, p.5)고 제시하였다.

매력적인 환경

좋은 비디오 게임은 보상의 경이로움을 보여준다. 이러한 게임들은 여러가지 외적 보상 체계를 적용한다. 여기에는 다수의 동시 포인트 체계, 화려한 그래픽, 새로운 능력과 레벨에 대한 보상이 포함된다. 이러한 게임은 나아가 변동 계획을 적용하여 플레이어가 때로는 지지만 결국에는 이기는 상황을 만든다. 이것만으로도 충분하지 않다면, 좋은 비디오 게임은 내러티브, 판타지, 맞춤 설정(선택), 최적의 도전을 포함한 다수의 내적 보상 체계도 포함한다. 비디오 게임의 강력한 동기 부여 체계는 매력적이지 않은 과제를 "게임화"하는 아이디어를 가져다주었다(Reeves & Read, 2009). 예를 들어 콜센터의 경우 직원 이직률이 높은데, 낯선 사람이 고성을 지르는 직장을 아무도 원하지 않기 때문이다. 한 가지 해결책은 전화를 받는 것이 게임의 일부인 다양한 내적 외적 보상 기회가 풍부한 비디오 게임일 수 있다. 직원들은 전화에 효과적으로 응답함으로써 포인트를 얻고, 요청을 완수하고, 레벨을 올릴 수 있다.

게임화 전략이 학문적 학습에 충분치 않을 수 있다는 점은 유의할 필요가 있다. 강화는 인간을 포함한 동물에게 적용되는 진화적으로 오래된 학습 메커니즘이다. 강화는 이해가 아닌 행동을 유도하는 것으로, 강화된 행동으로만 이루어진 교육은 원하는 것보다 협소한 결과를 낳을 수 있다. 그럼에도 불구하고 외적 보상과 내적 보상의 기회가 풍부한 환경을 조성하는 것은 이 책의 다른 장에서 나온 기법들을 통합할 수 있는 좋은 여건을 만든다. 예를 들어 유추를 보상하는 재미있는 게임을 만들 수 있다(A장 참조).

R

III **보상의 결과**

보상에 대한 기대는 동기를 유발하여 사람들이 활동에 접근하고 계속 참여하도록 한다. 사람들이 새로운 활동에 몰두한다는 사실 자체가 행동 학습의 증거이다. 왜냐하면 그들의 행동이 변했기 때문이다(새로운 활동에 참여하고 있다). 변동 강화를 사용하면 규칙적인 보상 없이도 바람직한 행동을 반복하도록 유도할 수 있다.

보상의 작용은 매우 구체적이다. 보상은 특정 행동과 보상의 특정 상황 사이에 연관성을 형성한다. 이러한 유형의 연관성은 일반화되지 않는 경향이 있으므로, 보상된 행동은 새로운 상황까지 잘 전이되지는 않는다. 그림 R.1 병아리의 예로 돌아가서, 병아리가 다른 울타리를 보게 되면 병아리는 울타리에 등을 돌리지 않을 수 있으며, 소화전에도 등을 돌리는 일이 없을 것이다.

행동과 보상 맥락 사이의 연관성의 특수성 이해를 위해, 습득된 습관을 없애는 것을 고려해 보자. 담배를 끊은 사람은 정기적으로 담배를 피우던 각 상황과 담배 연기의 보상의 연관성을 끊을 필요가 있다. 예를 들어 사람들은 모닝 커피를 마신 후 담배를 피우는 습관이 있을 수 있다. 그들은 이 연관성을 끊으면 모닝 커피를 마신 직후에도 흡연하고 싶다는 충동이 더 이상 느껴지지 않는다. 다음으로 흡연과 오전 업무 휴식 시간, 점심시간 흡연 등의 연관성을 끊을 필요가 있다. 이러한 노력들이 합해져서 일상적인 상황과 흡연의 보상 사이의 연관성을 끊을 수 있으면 스스로 금연을 선언하게 될 것이다. 그러나 그들은 가족을 방문할 때 항상 현관에서 담배를 피우곤 했기 때문에 흡연 충동이 다시 강하게 느껴진다. 사람들은 일반적으로 담배를 끊는 것이 아니라, 대신 각 맥락으로부터 담배를 끊는 것이라고 할 수 있다. 새로운 행동을 만들기 위해 보상을 사용하는 것으로 돌아가자면, 행동이 일어나기를 원하는 각 맥락에서 해당 행동에 보상을 제공해야 한다는 것이다.

IV 보상을 통해 스스로 가르치는 법을 배울 수 있을까?

사람들은 자신의 행동을 조성하는 환경을 만들 수 있다. 예를 들어 이 책의 저자 중 한 명은 경력 초기에 직업을 유지하기 위해 절실히 필요했던 글쓰기에 동기를 부여할 수 없었다. 이 문제를 해결하기 위해 그는 매주 금요일 저녁에 3시간씩 글 쓰는 시간을 따로 마련하였다. 이렇게 3시간 글을 쓰고 나서 좋은 글을 썼든 그렇지 않든 간에 위스키와 스테이크를 즐기며 자신에게 보상을 제공하였다. 20년이 지난 지금 그 저자는 책을 쓰고 있다.

대부분의 사람들은 자신의 의지력을 유지하기 위한 자기 대화 전략을 알고 있다. "나는 무엇을 먹을지에 대해 바른 결정을 할 수 있다." 하지만 안타깝게도 유혹이 가장 클 때야 말로 이성이 가장 약해지는 시기이다. 사전에 환경에서 강화시스템을 구축하는 것이 더 효과적일 수 있다. 한 연구에서, 연구자들은 리마인더 게시하기, 달성가능한 목표 선택하기, 자기 보상을 위해 포인트 시스템 만들기, 목표 달성 시 부모에게 보상 요청하기 등 자기 보상과 목표 유지를 위한 기법을 고등학생들에게 가르쳤다(Oppezzo & Schwartz, 2013). 그런 다음 학생들은 과일과 채소 섭취량을 늘리겠다는 목표를 채택하였다. 3주 후 학생들은 과일과 채소 섭취량을 하루 1−2인분씩 늘렸다. 반면 자기 대화 전략(예: 자기 주도적 격려, 변명 차단)을 배웠던 두 번째 그룹의 고등학생들은 과일과 채소 섭취량이 개선되지 않았다.

V 보상의 위험성

사람은 보상을 좋아한다. 마이다스^{Midas}처럼 부와 권력을 가지고 있다면 금을 사용하여 당신이 원하는 대로 행동하게 만들 수 있다고 생각할 수도 있다. 그러나 어떤 것도 그렇게 단순하지 않다. 보상에 숨겨진 기회 비용이 있는 특수한 상황이 있다.

이미 내적으로 동기가 유발된 경우에는 보상은 오히려 역효과를 낳을 수 있다. 외부 보상에 대한 약속은 그러한 활동을 강제할 수 있으므로 그 자체로 덜 만족스러울 수 있다. 한 고전 연구는 이러한 위험을 잘 보여주었다(Lepper et al., 1973). 해당 연구는 처음 접하는 색깔 펜으로 그림을 그리는 것에 대한 어린이집 아이들의 내적 동기를 조사하였다. 실험 조건을 만들기 위해 각 아이들은 세 가지 조건 중 하나에서 연구자를 만났다. 보상을 약속한 조건에서는 아이들은 펜으로 그림을 그리면 착한 어린이 상과 금 리본을 받을 수 있다는 것을 들었다. 그 후 6분 동안 그림을 그리고 착한 어린이 상을 받았다. 예상치 못한 보상 조건에서는 아이들은 그림을 그리면 착한 어린이 상을 받을지 몰랐지만 6분 동안 그림을 그린 후 상을 받았다. 마지막으로, 보상이 없는 조건의 아이들은 그림에 대해 어떠한 보상도 받지 못했으며 다른 아이들이 어떤 보상을 받았는지 전혀 알지 못했다. 일주일 후에 연구자들은 놀이 시간 동안 여러 활동 테이블 중

R

한 곳에 펜을 배치하고 아이들이 얼마나 오래 그림을 그리는지 측정하였다.

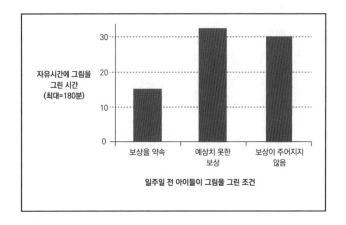

그림 R.3. 보상의 숨겨진 비용. 처음에는 펜으로 그림을 그리는 것에 흥미를 보였던 어린이집 아이들
　　　도 보상을 받기 위해 그림 그리는 것에 동의한 후에는 그 흥미를 잃었다. 예상치 못한 보
　　　상을 받거나 보상을 받지 못한 아이들은 펜으로 그림 그리는 것에 대한 흥미를 유지하였
　　　다(Lepper et al., 1973).

　　그림 R.3은 보상을 약속한 조건의 아이들이 보상이 없는 조건의 아이들에
비해 펜을 사용하여 그림을 그리는 시간이 약 절반 정도임을 보여준다. 보상이
없어지자 아이들은 더 이상 새로운 펜으로 그림을 그리는 것에 흥미를 잃은 것
이다! 흥미롭게도 예상치 못한 보상을 받은 아이들은 그림 그리기에 대한 동기
를 유지하였다. 실제로 처음에 그림 그리는 것에 대해 내적 동기가 낮았던 아이
들은 예상치 못한 보상을 받은 후에 그림 그리기에 대한 흥미가 높아졌다. 잘한
일에 대한 보상을 제공하면 처음에 흥미를 느끼지 못했던 과제에 대한 동기가
높아진다. 반면에 이미 즐겁게 하고 있는 과제에 대해 보상을 받을 것이라고 말
하는 것은 오히려 기존 동기를 약화시킬 수 있다.

　　보상의 위험은 새로운 활동을 막 시작한 사람들에게 가장 크다. 관련 경험
이 많은 사람들은 탄력적인 내적 동기의 원천이 깊어 이를 활용할 수 있다. 전
문 예술인들은 일을 위해 계약을 맺지만 여전히 작품 자체에서 내적 동기를 느
낀다.

　　보상의 두 번째 기회 비용은 좁은 인지적 초점인데, 이는 창의성과 탐구를

저해한다. 사람들은 활동에 대한 보상이 있다는 것을 알게 되면, 활동은 목적을 위한 수단이 된다. 사람들은 대안을 탐구(창의성을 위한 핵심 단계) 하면서 그것에 대해 깊이 이해하려고 하기보다는 빨리 과제를 끝내고 싶어한다. 예를 들어 앞서 기술한 보상을 약속한 조건의 아이들은 다른 조건 아이들보다 실험자와 함께 6분 동안 더 낮은 수준의 그림을 만들어냈다. 약속된 보상이 창의성에 미치는 부정적 영향은 남녀노소를 대상으로 한 연구에서 여러 차례 확인되었다(예: Amabile et al., 1986). 직원의 혁신을 높이기 위해 재정적 인센티브를 사용하는 것은 좋지 않은 생각이다. (이 개념에 대해 흥미 있는 프레젠테이션으로 핑크^{Pink}의 2009 테드 토크$^{TED\ talk}$를 확인해 보자.) 그러나 창의성을 발휘할 가능성을 높이는 구체적인 전략을 강화하는 것(예: 산책하기)은 효과적인 접근 방식일 수 있다. 이는 사람들이 창의적인 아이디어를 생산하는 부수 효과를 가진 행동에 참여할 것이기 때문이다(Oppezzo & Schwartz, 2014).

　더 익숙한 위험은 과식, 도박, 게임에서 볼 수 있듯 사람들이 보상의 노예가 될 수 있다는 점이다. 다양한 행동 변화 기법이 도움이 될 수 있다. 자녀가 당신의 기준으로 봤을 때 지나치게 게임을 한다면 보상이 되는 다른 대안을 만들려고 노력해 보자. 하지만 강박증이 일상 생활을 영위하는 데 방해가 된다고 생각되면, 전문적인 도움을 찾는 것이 중요하다.

VI　좋은 예와 나쁜 예

　좋은 예로 몸 움직임을 기록하는 만보계와 같은 신체 활동 센서를 들 수 있다. 사람들은 웹사이트(스마트폰)에 접속하여 자신의 신체 활동을 추적할 수 있다. 이 웹사이트는 성취 목표(예: 하루에 5,000보 달성 시 배지)를 달성하면 조기에 푸짐한 보상을 제공한다. 이러한 설정은 어떤 행동이 보상을 가져오는지를 매우 명확히 보여준다. 더 많은 운동을 유도하기 위해, 웹사이트는 천천히 더 많은 활동을 요구하여 다음 보상을 얻게 한다(예: 하루에 10,000보 달성 시 배지). 행동을 조성하는 것 외에도, 이 체계는 변동 강화를 적용한다. 왜냐하면 사람들이 항상 보상 수준의 활동을 달성하지 못하기 때문이다. 변동 강화는 더 강력한 행동을 유도한다.

　재미있지만 보상의 잘못된 사용은 주객이 전도되어 학습자가 보상 제공자의 행동을 조성하는 경우에 발생한다. 한 가지 믿기 어려운 이야기는 학급 관리가 점차 악화되고 있는 선생님을 묘사한다. 교사는 결국 책상 위에 올라가 학생들에게 조용히 하라고 소리친다. 이는 교사가 학생들의 행동을 조성하는 것이 아니라 학생들이 교사의 행동을 조성하는 사례로 보인다. 반려견이 앉은 것에 대해 간식을 줄 때는 반려견이 명령에 따라 앉았는지 아니면 여러분이 간식을 주도록 하기 위해 앉았는지 세심한 주의를 기울이자.

핵심 학습 메커니즘은 무엇인가?

행동에 대한 보상은 사람들(동물들)이 그 행동을 반복하게 만든다. 바람직한 행동을 달성할 때까지 연속적인 근사치를 보상함으로써 사람은 새로운 행동을 학습할 수 있다.

예는 무엇이 있고 어떤 점에서 좋은가?

보상은 사람들로 하여금 다른 방법으로는 하지 않을 행동을 하게 만들 수 있다. 교사는 학생이 숙제를 끝마치기를 원하지만 학생이 그렇게 하지 않아 교사는 동기를 불러일으키는 보상을 제공할 수 없다. 교사는 아이의 행동을 조성하기 위해 이름만 적힌 종이를 제출하면 빨간 별을 준다. 몇 번 후에 교사는 학생이 자신의 이름과 문제 하나를 풀어서 제출하면 초록색 별을 준다. 교사는 그런 다음 다섯 문제를 풀어서 제출하면 금색 별을 준다.

왜 효과가 있을까?

보상은 상으로 제공되든 내적 만족을 통해 생성되든, 사람들이 비슷한 상황에서 보상받는 행동을 반복하도록 동기를 부여한다.

핵심 메커니즘은 어떤 문제를 해결해야 하는가?

- 사람들은 스스로 행동을 완수하기 위해 동기를 부여할 수 없다.
  - ‣ 어린이들은 자신이 왜 그것을 해야 하는지 이해하지 못할 수 있다.
  - ‣ 성인은 어떤 행동이 바람직하다는 것을 알면서도 행동으로 옮기지 못한다.
- 학생들은 일련의 수업 과정을 완료하는 데 관심이 적다.
  - ‣ 학생이 수학 과제를 끝내지 않는다.
- 행동을 바꿀 필요가 있다.
  - ‣ 학급 관리가 작동하지 않는다.

활용 방법의 예

- 교사는 학생이 숙제를 가져오면 포인트를 받는 토큰 경제를 만든다. 학생이 충분한 포인트를 적립하면 추가 놀이시간으로 교환할 수 있다.

- 컴퓨터 프로그램이 1×1, 1×2, 1×3과 같은 $\times 1$ 산술 문제를 제공한다. 학생의 컴퓨터 캐릭터는 연속으로 세 개의 정답을 맞출 때마다 키가 커진다. 학생이 이러한 문제를 숙달하면, 프로그램은 1×2, 2×2, 3×2와 같이 $\times 2$ 문제를 제시한다. 연속으로 다섯 개 정답을 맞출 때마다 프로그램은 학생이 컴퓨터 캐릭터를 자신의 기호에 맞게 꾸밀 수 있는 새로운 의상을 제공한다.

위험성

- 보상은 행동을 목적, 즉 보상을 위한 수단으로 만든다.
  ‣ 학습자는 과제를 완료하고 보상을 받기만 하면 되기 때문에 이해하려는 시도 없이 행동에 참여할 수도 있다.
  ‣ 학습자가 그 자체로 동기가 부여되는 새로운 과제를 발견했을 때, 해당 과제에 대한 보상을 제공하면 학습에 대한 흥미가 대체되어, 보상이 더 이상 제공되지 않으면 동기를 잃을 수 있다.
  ‣ 보상에 대한 기대는 사람들이 보상을 향한 일념으로 인해 대안을 탐색하지 못하게 하기 때문에 창의성을 저하시킬 수 있다.
- 배움이 새로운 상황으로 전이되지 않을 수 있다.
  ‣ 학생이 스포츠에서 보상을 위해 인내하는 것을 배웠지만 역사 수업에서는 인내하지 않는다.
  ‣ 금연을 시도하는 사람이 커피를 마신 후에 담배 피는 습관을 끊는 법을 배웠지만, 여전히 점심 식사 후에 담배를 피고 싶은 충동을 느낀다.

자기설명

- 주어진 정보 넘어서기 -

Self-Explanation 자기설명

주어진 정보 넘어서기 _____

자기설명(SELF‑EXPLANATION)은 "말을 하면서" 자신을 가르칠 수 있는 방법으로, 텍스트, 도표, 기타 설명 자료를 통한 학습을 지원한다. 자기설명은 글자나 단어를 읽는 법을 배우는 것이 아니라 저자가 전달하고자 하는 내용을 이해하려는 것이다.

단어는 그 자체로 의미를 결정할 수 없다. 단어의 의미는 어떻게 해석하느냐에 따라 달라진다. 언어유희가 단적인 예이다. 지난 몇 년 동안 수집한 다음 실제 신문기사의 헤드라인에 담긴 의도하지 않은 해석을 찾아보자.

- Drunk Gets Nine Months in Violin Case
  ‣ 취객, 바이올린 사건으로 9개월 구형을 받다.
  ‣ 취객, 바이올린 케이스 안에서 9개월간 지내다.
- Survivor of Siamese Twins Joins Parents
  ‣ 샴 쌍둥이 생존자, 부모와 함께 하게 되다.
  ‣ 분리 수술에 성공한 샴 쌍둥이, 부모와 함께 하게 되다.
- Iraqi Head Seeks Arms
  ‣ 이라크 수장, 무기를 찾다.
  ‣ 이라크인 머리, 팔을 찾는다.
- New Study of Obesity Looks for Larger Test Group
  ‣ 비만에 대한 새로운 연구, 더 큰 테스트 그룹을 찾는다.
  ‣ 비만에 대한 새로운 연구, 몸집이 큰 사람을 연구 대상으로 찾고 있다.

- Kids Make Nutritious Snacks
  ‣ 아이들이 영양가 있는 간식을 만들다.
  ‣ 아이들이 영양가 있는 간식을 찾아 먹는다.
- Miners Refuse to Work after Death(Schwartz, 1999)
  ‣ 광부들, 인부 사망 사건 이후 작업을 거부하다.
  ‣ 광부들, 죽어서는 작업을 거부하다.

이런 중의적 의미가 있다니!

해석의 중요성은 숨겨진 의미에만 국한되지 않는다. 이는 모든 형태의 상징적 커뮤니케이션으로 확장된다. 수학, 잘 쓰여진 정보 전달의 글, 심지어 도표도 해석에 따라 달라진다.

다음은 가장 많이 채택된 교과서에 실린 인간의 심장을 설명하는 두 문장이다.

> 사이막은 심장을 세로로 양쪽으로 나눈다. 오른쪽은 폐로, 왼쪽은 신체의 다른 부분으로 혈액을 공급한다.

때때로 사람들은 정확하게 해석하기 위해 노력을 기울이지 않는다. 예를 들어 비효율적인 독자는 위의 두 문장을 연결하기 위해 속도를 늦추지 않고 별개의 사실로 취급한다. 비효율적인 독자를 찾는 좋은 방법은 내용에 관계없이 동일한 읽기 속도를 유지하는지 확인해 보는 것이다. 반면에 다음은 글의 내용을 자기설명하기 위해 시간을 갖는 효과적인 독자의 녹취록이다.

> 따라서 사이막은 혈액이 서로 섞이지 않도록 분리하는 역할을 한다. 그리하여 오른쪽은 폐와 연결되고 왼쪽은 신체와 연결된다. 즉 사이막은 심장을 두 부분으로 나누는 벽과 같다. 혈액이 섞이지 않도록 분리하는 것과 같은 것이다(Chi et al., 1994, p.454).

이 독자는 두 문장을 이어주는 아이디어를 소개하고 있다. 주어진 문장은 사이막이 혈액을 섞이는 것을 방지한다고 기술하지 않았지만, 독자는 그렇게 하였다. 텍스트와 도표가 아이디어 간의 모든 연결 가능한 요소를 설명한다면 이는 감당하기 어려울 것이다. 이러한 연결은 독자의 몫이다.

　　자기설명은 건설적인 과정으로, 사람들은 주어진 정보 이상의 지식을 구축한다. 예를 들어 자기설명을 하는 사람은 빠진 정보를 채우기 위해 추론을 하며, 자신의 지식과 연결을 짓는다(예: 폐는 혈액에 산소를 공급한다). 비효율적인 독자는 텍스트의 의미를 구성하기 위해 이와 같은 부수적인 노력을 기울이지 않는다. 만약 한다면 단지 문장을 의역하거나 다시 읽기만 할 뿐이다. 비효율적인 독자는 텍스트를 그대로 받아들이는 반면, 효율적인 독자는 텍스트에 담긴 의미를 더 깊이 이해하고 활용하려고 노력한다.

　　능숙한 자기설명자는^{self-explainer} 자신의 이해 정도를 모니터링하면서, 문장이나 도표의 구성요소가 전체 맥락에 어떻게 들어맞는지를 자신이 설명할 수 있는지 지속적으로 확인한다. 자기설명에 대한 초기 연구에서, Chi 등(1989)은 자기설명자는 비효율적인 독자에 비해 이해 실패를 9배 더 많이 감지했다고 언급하였다. 자기설명자는 다른 사람들보다 이해 실패가 더 많았던 것이 아니라 "이 문장이 내가 알고 있고 지금까지 읽은 내용과 어떻게 일치하는가?"라고 스스로에게 적극적으로 질문했기 때문에 이러한 실패를 인식했을 뿐이다. 자기설명자는 이해 실패에 대한 인식을 바탕으로, 자신의 부족한 이해를 만회하기 위한 조치를 취할 수 있다.

　　자기설명을 위해서는 메타인지^{metacognition}가 필요하다. 메타인지는 자신이 어떻게 생각하고 학습하는지를 모니터링하고 조절하는, 즉 자신의 생각에 대해 생각하는 것이다. 책을 읽을 때 사람들은 이상적으로 자기설명을 통해 자신의 이해 정도를 모니터링할 수 있다. 텍스트가 잘 이해되지 않는 경우, 읽는 속도를 늦추고 본인의 이전 해석이 틀렸는지를 확인하기 위해 이전 문장을 되돌아봄으로써 읽기를 조절할 수 있다.

　　자기설명은 텍스트에 나와 있는 내용을 뛰어 넘는 관련 질문에 대해서도 답을 할 수 있는 능력을 향상시키는 등 이해력 향상과 관련된 다양한 이점을 제공한다. 예를 들어 앞서 심장과 관련된 내용을 자기설명한 사람은, "사이막에 구멍이 있을 때 왜 몸의 산소 분배가 덜 효율적인가?"라는 질문에 쉽게 답할 수 있을 것이다.

자기설명이 어떻게 작동하는지를 이해하기 위해서는 심적 모델에 대해 잠시 알아볼 필요가 있다. **심적 모델**mental model은 사람들이 문제 해결을 위해 참조하는 세계에 대한 내적 표상이다. 예를 들어 새로운 도시로 이사를 할 때, 사람들은 일반적으로 거리 시스템에 대한 빈약한 모델에서 시작한다. 한 장소에서 다른 장소로 이동하기 위해 서면 이동 경로 지침에 의존할 수도 있다. 하지만 시간이 지나면서 사람은 자연스럽게 풍부한 거리 모델을 구축하게 된다. 두 위치 사이를 특별히 이동해 본 적이 없더라도 두 위치 사이의 거리를 추정할 수 있다. 내비게이션의 경우, 사람들은 새의 시점에서 볼 수 있는 조감도와 같은 심적 모델을 구축한다.

텍스트를 읽을 때도 사람들은 심적 모델을 구축한다. 다음 두 문장을 살펴보자:

개구리가 통나무 위에 앉았다. 물고기는 통나무 밑을 헤엄쳤다.

이와 같은 많은 문장 쌍을 읽었다고 가정해 보자. 잠시 후, 읽은 내용에 대한 질문에 답을 한다. "개구리 밑으로 물고기가 헤엄쳤다는 문장을 읽었나요?"라는 질문이 나올 수 있다. (앞의 내용을 확인하지 않기를 바랍니다.) 당신도 보통 사람들과 다르지 않다면, 예라고 대답할 것이다. (이제 앞의 내용을 확인해 보자.) 사람들은 문장 자체가 아니라 문장으로부터 구성한 심적 모델에 의존하기 때문에 이와 같은 실수를 저지른다(Bransford et al., 1972). 이러한 유형의 기억 오류는 올바른 이해의 전형적인 결과이다. 사람들은 자신이 읽은 내용에 대해 이해할 때 단어 그대로보다는 요점에 대한 기억을 보이는 경향이 있다. 그들은 자신의 심적 모델을 기억하는 것이지 모델을 구축하게 한 정확한 단어를 기억하는 것이 아니다. 설명하는 글에서 저자가 어떤 단어를 선택했는지 학생들을 테스트하는 것은 학생들이 읽은 내용을 이해했는지 여부를 평가하는 데 있어 비효율적인 방법이다.

S

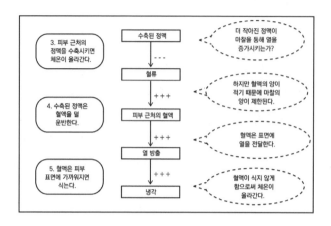

그림 S.1. 사람들이 자기설명의 도움을 받아 텍스트에서 심적 모델을 구축하는 방법의 예.

앞선 예에서 사람들은 자연스럽게 심적 모델을 만든다. 하지만 많은 정보를 전달하는 글은 일관된 심적 모델을 구축하기 위해 명시적인 노력이 요구된다. 자기설명은 이러한 명시적인 노력을 촉진하는 기법이다. 텍스트를 읽거나 도표를 해석하는 동안, 독자는 각각의 새로운 정보를 점점 커져가는 자신의 심적 모델에 통합하려고 한다. 이 기법이 어떻게 작동하는지 알아보기 위해 다음 문장을 읽어보자:

1. 열이 있는 사람은 체온이 높다.
2. 열은 박테리아가 생존하기 어렵게 만든다.
3. 피부 근처의 정맥을 수축시키면 체온이 올라간다.
4. 수축된 정맥은 혈액을 덜 운반한다.
5. 혈액은 피부 표면에 가까워지면 식는다.
6. 피부 근처에 혈액이 없으면 사람은 추위를 느끼고 몸을 떨게 된다.

효과적인 자기설명자는 커져가는 심적 모델에 비추어 각 문장을 평가할 것이다. 그림 S.1은 3-5번 문장에 대한 가능한 도식을 제공한다. 3번 문장의 경우, 학생은 마찰이 열을 발생시킨다는 사전 지식을 사용한다. 그러나 4번 문장을 읽고 일련의 추론을 적용할 때 학생은 빠르게 이 옵션을 배제한다. 혈액이 피부 근처에 식는다는 것을 설명하는 5번 문장은 모델을 만드는 데 핵심이다. 수축된 정맥이 표면으로의 혈류를 감소시켜 표면을 식힐 수 있는 혈액이 줄어든다. 모델을 통해 생각해 보면, 학생은 신체가 열을 내기 위해 더 많은 열을 생산하지 않는 것을 깨닫는다. 대신 냉각 메커니즘을 차단하여 동일한 효과를 얻을 수 있다.

6번 문장은 역설을 제시할 수 있기 때문에 흥미롭다. 몸은 뜨거워지지만 사람은 추위를 느낀다. 비효율적인 독자는 1번 문장과 6번 문장 사이의 잠재적 갈등을 놓칠 가능성이 높다. 유능한 독자는 역설을 알아차리고 아마도 이해 실패의 결과임을 인식한다. 역설에 대한 해결책에 대한 자기설명은 독자에게 맡기겠다.

사람들이 텍스트를 이해하기 위해 얼마나 많은 노력을 기울여야 하는지 놀라울 따름이다. 이를 위해 네 가지 주요 실천법이 있다:

- 책을 읽는 것의 목표가 심적 모델을 구성하는 것임을 인식하기.
- 설명 정보를 자신의 사전 지식과 연결하기.
- 개별 문장을 일관된 심적 모델로 연결하는 방법 찾기.
- 자신의 모델에 공백이나 불일치가 있는지 모니터링하기.

II 자기설명을 활용하여 학습을 향상시키는 방법

자기설명은 설명 자료에 의존하는 교수 학습 활동을 보완하는 좋은 방법이다. 이 방법은 세계의 시스템(예: 생물학, 물리학)을 설명하는 주제와 절차 실행 관련 주제(예: 컴퓨터 프로그래밍, 기하학 증명)에 효과적인 것으로 증명되었다.

대부분의 교수 활동은 자기설명을 촉진하기 위해 직접적인 접근 방식을 취한다. 교사는 자기설명의 원리를 설명하고, 예를 보여 준 다음, 학습할 때 사용할 수 있는 질문 틀을 제공한다. 예를 들어 King(1994)은 학생들에게 세 가지 원리를 제시하였다: (1) 자신의 말을 사용하기, (2) 무엇을, 언제, 어디서보다 어떻게와 왜를 강조하기, (3) 사전 지식과 새로운 정보를 연결하기. 읽기 중 이러한 세 가지 원리를 상기시켜 주기 위해, 킹King은 다음과 같은 문장 틀을 제시하였다. 예를 들어 (1) X와 Y는 어떻게 비슷할까요? (2) 만약... 이라면 어떤 일이 일어날까요? (3) X는 이전에 배운 Y와 어떻게 연결될까?

또 다른 직접적인 접근 방식은 은행 실무를 배우고 있는 사람에게 풀이된 예제worked examples를 통해 이자 계산 방법을 가르친 연구에서 찾을 수 있다 (Renkl et al., 1998). 풀이된 예제는 누군가가 문제를 풀기 위해 취한 절차를 보여준다(W장 참조). 연구자들은 학생들에게 각 단계가 끝날 때마다 그 단계가 달성한 목표를 적도록 하였다(예: 백분율을 곱하는 것은 얼마나 많은 이자를 받았는지 나타낸다). 단순히 이자 계산을 위한 절차를 암기하는 대신에 학생들은 각 단계에 대한 근거를 만들었다. 설명을 상기시키는 프롬프트 없이 동일한 예제를 받은 통제 그룹에 비해, 자기설명을 한 학생들은 새로운 유형의 문제에 학습한 내용을 더 잘 적용하였다. 기하학을 가르치는 컴퓨터 시스템은 학생들이 드롭다운 메뉴에서 자기설명을 선택하기만 해도 유사한 결과를 얻을 수 있었다 (Aleven & Koedinger, 2002).

학생들에게 알아야 할 필요성을 유발하고 읽으면서 의미를 이해하도록 유도하는 덜 직접적인(시간이 적게 소요되는) 접근 방식도 있다. 이러한 방법은 자료에 몰두하기 전에 사고를 자극하는 질문을 제시하는 것이 일반적이다(Q장 참조). 예를 들어 한 연구에서(Mayer et al., 2003), 학생들은 대화형 비디오를 통해 배터리로 작동하는 모터에 대해 배웠다. 일부 학생들은 미리 질문을 받았으며 사전 질문에 답을 할 수 있도록 정보를 수집해야 한다고 들었다. 질문의 예로는 "모터의 속도를 높이려면 어떻게 해야 할까요?", "전기 모터의 신뢰성을 높이려면 어떻게 해야 할까요?" 등이 있었다. 사전에 질문을 받지 않은 학생과 비교했을 때, 이 학생들은 나중에 새로운 문제에 대해 훨씬 더 좋은 성과를 보였다. 좋은 질문을 만들기 위해서는 답이 단순히 특정 사실에 대한 기억 여부보다는 통합적인 심적 모델에 따라 달라지는 것이 중요하다. 예를 들어 앞서 살펴본 열과 관련된 문장들의 경우 혹자는 "어떻게 열이 나면서 추위를 느낄 수 있는가?"라는 질문을 할 수 있는데, 이는 여러 문장을 통합하여 답을 찾아야 하기 때문이다. 반대로, "수축된 정맥은 혈액을 더 많이 운반하는가 아니면 더 적게 운반하는가?"라는 질문은 학생들에게 단순히 한 문장의 내용을 기억하도록 요구하기 때문에 효과적이지 않다.

대표적인 결과는 자기설명에서 비롯된 심적 모델과 관련이 있다. 한 가지 결과는 사람들이 새로운, 관련 문제에 대한 추론을 할 수 있다는 점이다. 예를 들어 가상의 시스템 변화를 나타내는 만약$^{\text{what}-\text{if}}$ 질문에 대해 사람들은 더 나은 답을 할 수 있다. 먹이사슬에 대한 지문이 주어졌을 때, 지문이 사자와 풀 사이의 관계에 대해 직접 언급하지 않더라도 사바나의 풀 공급이 감소하면 사자의 개체수가 감소한다는 것을 학생들은 추론할 수 있어야 한다.

심적 모델의 두 번째 결과는, 사람들이 후속 관련 정보를 더 효과적으로 학습할 수 있다는 것이다. 흥미로운 예는 그림 S.2에 표시된 제어판 조작법을 배우는 연구에서 찾을 수 있다(Kieras & Bovair, 1984). 심적 모델 조건에서 학생들은 패널이 페이저 뱅크$^{\text{phaser bank}}$(스타트렉에 나오는 무기 시스템 중 하나로 에너지 빔을 발사할 수 있음 – 옮긴이)를 제어한다는 것을 배웠다. 이 연구가 진행된 시기는 스타트렉$^{\text{Star Trek}}$이 매우 인기 있는 텔레비젼 프로그램이었던 시절로, 우주선 엔터프라이즈호^{Enterprise}의 승무원들이 적 함선에 페이저를 발사해야 하는 장면이 항상 있었다. 심적 모델 조건의 학생들은 스위치와 표시 등에 연결된 장치를 설명하는 지문을 받았다. 예를 들어 "우주선의 전원 스위치(SP)가 켜지면, 우주선에서 에너지 축전지(EB 또는 MA) 중 하나로 전력이 공급된다..."라는 지문을 읽었다. 통제 그룹 학생들은 패널에 의해 제어되는 장치의 모델을 개발하는 데 아무런 도움을 받지 않고 패널만 보았다.

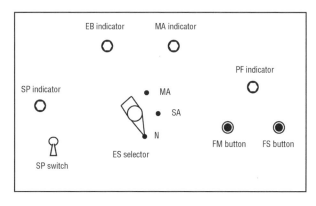

그림 S.2. 페이저 뱅크의 제어판. 사람들은 10가지 다른 결과를 얻기 위해 표시등과 버튼을 사용하는 방법을 배워야 했다. 패널이 제어하는 장치의 심적 모델을 가지고 있는 사람들은 절차를 더 효과적으로 학습하였다(Kieras & Bovair, 1984).

그 후 두 그룹 모두 동일한 절차 지침을 받았다. 예를 들어 "SP 표시등이 켜지면, SP 스위치를 뒤집어라. 그런 다음 MA표시 등이 켜지면, ES선택기를 MA로 설정하라..." 참가자들은 그런 다음 일련의 지침을 실행하려고 시도하였다. 실수를 하면 올바르게 할 때까지 반복하였다. 그런 다음 총 10개의 절차 중 다음 절차로 넘어갔다.

결과는 명확하였다. 모델 조건의 참가자들은 절차를 학습하는 데 약 3.2분이 걸린 반면에 통제 그룹은 약 4.5분이 걸렸다(28% 빠름). 일주일 후 테스트에서도 모델 조건의 사람들은 10% 더 정확하고 17% 더 빠르게 절차를 수행하였다. 즉, 좋은 모델은 사람들이 새로운 것을 더 잘 배울 수 있도록 도움을 준다.

모델 조건의 참가자들은 또한 두 가지 이상의 절차가 적용 가능한 경우 가장 효율적인 절차를 선택하는 데 400% 더 능숙하였다. 이는 유용한 결과이다. 교육 훈련을 시키는 사람들은 교육생들의 지식이 딱딱하고 유연성이 부족하다고 한탄하곤 한다. 역설적이게도, 교육 훈련을 시키는 사람에게 잘못이 있을 수 있다. 교육 훈련을 시키는 사람은 절차를 익히도록 하는데 너무 집중한 나머지 강력한 심적 모델을 구축하도록 돕는 것을 소홀히 할 수 있다. 이는 자연스러운 경향이다. 안전 절차를 배울 필요가 있을 때 이를 익히는 것은 무엇보다 중요하다. 그러나 절차를 암기하는 것과 이해하는 것에는 차이가 있다. 자기설명은 후자를 촉진하며, 교육생이 학습한 내용을 유연하게 사용해야 한다는 기대가 특히 중요하다. 물론 모델 구축과 자기설명은 시간이 걸린다는 점에서 이는 중요한 고려사항이다. 심적 모델 조건의 학생들은 더 많은 것을 배웠을 수도 있지만, 절차 지침을 받기 전 초반 페이저 장치에 대한 지문에서 심적 모델을 만들기 위해 추가로 20분을 소비하였다.

IV. 자기설명을 통해 스스로 가르치는 법을 배울 수 있을까?

자기설명은 주로 스스로 학습하는 데 사용되는 기법으로, 누구나 그 사용법을 배울 수 있다. 자기설명은 이해 없이 읽기(예: 페이지 끝까지 읽었지만 무슨 말인지 모른다), 학습보다는 암기를 위한 읽기(예: 교과서에 강조된 단어들만 검색), 제대로 작성되지 않은 텍스트(예: 일부 교수 자료) 등 어디에나 존재하는 학습 문제를 해결한다.

중요한 첫 번째 단계는, 사람들이 심적 모델을 구축하는 것이 목표임을 알게 하는 것이다. 6−7세 아동을 대상으로 한 연구에서 훌륭한 예를 찾을 수 있다(Glenberg et al., 2004). 어린이들은 일련의 간단한 문장을 읽고 각 문장에 따라 작은 인형을 움직였다. 예를 들어 "아빠가 잠자리에 들었다"를 읽을 때, 실제로 어린이들은 아빠 인형을 작은 침대에 두었다. 어린이들은 여러 문단에서 이와 같은 과정을 반복하였다. 그 후 상상하기 조건의 아동은 그들이 책을 읽을 때 머릿속으로 이와 같은 똑같은 일을 상상해야 한다는 것을 배웠다. 텍스트의 물리적 모델을 만드는 것은 아동으로 하여금 머릿속에서 어떤 종류의 모델을 만들어야 하는지 이해하는 데 도움이 되었다. 통제 그룹의 아동들은 이러한 중요한 조언을 받지 못했다. 그런 다음 두 조건의 아동들은 얼마 후 새로운 지문을 받아 읽었다. 상상하기 그룹의 아동들은 새로운 지문을 더 많이 기억하고 주인공들의 상대적 위치에 대한 질문에 더 잘 대답할 수 있었다. 심적 모델을 만들어야 하는 것을 알고 있는 것만으로도 텍스트를 이해하는 데 큰 도움이 될 수 있지만, 이 연령대(그리고 그 이상)의 어린이들이 자발적으로 할 수 있는 일은 아니다.

두 번째 단계는, 독자가 자기설명 전략을 배울 수 있도록 돕는 것이다. 이러한 전략은 효과적인 독자에 대한 분석에서 찾을 수 있다. 전략을 가르치기 위해서는 자기설명이 실제로 어떤 모습인지를 보여주는 사회적 모델을 제공하는 것이 유용하다. 예를 들어 대학생 대상 교육용 프로그램에서는, 전문가의 자기설명 동영상을 시청할 수 있는 기회를 제공함으로써 자기설명 교육을 강화하였다(McNamara, 2004). 대학생들은 자기설명자 모델이 주어진 문장에 대해 이해도 확인, 의역, 정교화, 논리 사용, 다음 문장의 내용 예측, 문장 간 연결, 6가지 전략 중 어떤 전략을 사용하는지를 파악하는 과제를 수행하였다. 이 훈련을 받은 성취도가 낮은 대학생들은 훈련을 받지 않은 대학생들보다 향후 지문에서 더 많은 내용을 배웠다. (아마도 성취도가 높은 대학생들은 이미 자기설명하는 방법을 알고 있었기 때문에 훈련의 효과가 나타나지 않은 것으로 보인다.)

이와 유사하게, 연구자들은 학생들에게 컴퓨터 프로그램 학습 상황에서 효과적인 자기설명자의 비디오를 보게 하였다(Bielaczyc et al., 1995). 연습 기간 동안, 연구자들은 단계적 프롬프터를 적용하였다. 학생들이 자기설명을 하지 않으면, 연구자는 자기설명을 하도록 상기시켰다. 학생들이 자기설명을 효과적으로 하지 않으면, 연구자들은 관련 전략을 알려 주었다. 그래도 효과가 없으면, 연구자는 전략을 모델로 보여주었다. 훈련을 받지 않은 학생들에 비해, 훈련을 받은 학생들은 이후 주어진 프로그램에 대한 서면 강의자료에서 더 많은 것을 배웠다. 또한 통제 그룹에 거의 두 배에 가까운 비율로 관련 자기설명 전략을 보여주었다.

Ⅴ 자기설명의 위험성

자기설명을 가르치는 데는 세 가지 주요한 위험이 있다. 첫째, 자기설명은 노력과 시간이 많이 든다. 무엇을 해야 하는지 안다고 해서 그것을 할 수 있는 것은 아니다. 때로는 글 자체가 자발적인 의미 찾기를 유발할 수 있다. 추리 소설은 사람들로 하여금 문장들의 단서를 조합하게 한다. 어떤 경우에는 텍스트가 그런 요소를 유발하지 않는다. 강력한 단서가 없는 경우, 자기설명을 언제 사용할지 결정하는 것은 더욱 복잡해진다. 때로는 이해하는 데 시간을 들이는 대신에 알려주는 대로 따라하는 것이 더 나을 때가 있다. 예를 들어 우주선 **엔터프라이즈호**가 광속의 10배로 여행하고 있다는 내용을 읽을 때, 이것이 어떻게 가능한지 알아내려고 하는 것이 가치가 있을까? 어떻게 하면 사람들이 노력하는 습관을 기르고, 그것을 언제 적용할지 현명하게 선택할 수 있는 방법을 찾아내는 것은 학습 이론의 진전이라고 할 수 있을 것이다.

두 번째 위험은, 사람들은 지문을 스스로 설명하기에 충분한 사전 지식이 없을 수 있다는 것이다. 자기설명을 권장하는 거의 모든 연구에서, 자기설명 교육을 받는지 여부보다는 해당 주제에 대한 사전 지식이 학습을 더 잘 예측한다. 사전 지식이 없으면 심적 모델을 구축하기가 어렵다. 다음 구절을 생각해 보자:

이 절차는 매우 간단하다. 먼저 이것들을 여러 그룹으로 분류한다. 물론 해야 할 양이 얼마나 많은지에 따라 한 더미로도 충분히 할 수 있다. 시설이 부족하여 다른 곳으로 가야 한다면 이는 다음 단계이다. 그렇지 않으면 다 준비가 되었다. 너무 과하지 않게 하는 것이 중요하다. 즉, 한꺼번에 하기보다는 조금씩 하는 것이 더 나을 수 있다. 단기적으로는 이것이 중요하지 않은 것처럼 보일 수 있으면, 복잡성이 쉽게 발생할 수 있다. 실수는 비용이 많이 들 수 있다. 처음에는 전체적인 절차가 복잡해 보일 수 있다. 그러나 곧 그것은 삶의 또 다른 측면이 될 것이다. 이 작업의 필요성이 가까운 미래에 끝날 것이라고 예측하기는 어렵지만, 절대 알 수가 없다. 절차가 완료되면 이것들을 다시 다른 그룹으로 분류해야 한다. 그런 다음 적절한 위치에 배치할 수 있다(Bransford & Johnson, 1972).

아마도 개별 문장들은 해석할 수 있지만 무슨 일이 일어나고 있는지에 대한 자기설명을 할 수는 없을 것이다. 이는 지문의 제목이 "세탁하기(Washing Clothes)"라는 것을 알려주지 않았기 때문이다. 이 사실을 알고 나서 다시 지문을 읽는다면, 텍스트를 이해하는 데 있어 사전 지식의 강력한 힘을 경험하게 될 것이다. 물론 대부분의 경우 사전 지식에 대한 수정은 단순히 제목을 제시하는 것보다 더 복잡하다. 아무리 똑똑한 대학 신입생이라 하더라도 관련 어휘, 연구 방법, 논문 쓰는 법에 대해 배우지 않고서는 신경과학 논문을 스스로 설명하는 데 실패할 가능성이 높다.

사전 지식이 없으면 자기설명은 멀리 나아갈 수 없으며, 자기설명 전략에 대한 교육은 학생들을 좌절시킬 뿐이다. 전혀 새로운 주제에 대해 자기교수 전략을 가르치는 것은 사람들로 하여금 이러한 전략을 사용하도록 장려하는 데 매우 비생산적인 방법이 될 수 있다.

세 번째 위험은, 익숙하지만 다시 한 번 강조할 필요가 있다. 아무런 생각없이 절차를 따르는 것은 이해력을 키우는 데 좋지 않은 방법이다. 학생들은 자기설명 프롬프트를 심적 모델을 구축하는 데 사용하지 않고 앵무새처럼 따라하는 경향이 있을 수 있다. 효과적인 자기설명이 되려면 자기설명은 지속적인 의미 형성 과정이 되어야 한다.

VI 좋은 예와 나쁜 예

자기설명을 가르치고 배우는 데 있어서 한 가지 어려운 점은 무엇이 좋은 설명으로 간주되는지를 파악하는 것이다. 이를 명확히 하기 위해 다음의 짧은 지문에 대한 나쁜 설명과 좋은 설명을 제시하였다.

열이 나는 동안, 체온은 네 가지 메커니즘에 의해 상승한다. 하나는 정맥(혈관)을 수축시켜 피부로 가는 혈류를 감소시키는 것이다. 피부 근처로 가는 혈액이 줄어들면, 혈액이 피부를 통해 많은 열을 방출할 수 없다.

나쁨

"피부 근처의 혈액이 적으면, 혈액이 피부를 통해 많은 열을 방출할 수 없다."

텍스트를 그대로 반복하는 것은 아무것도 배우지 못하거나 기껏해야 유연성 없이 텍스트의 단어를 암기하는 방법이다.

"여기서는 정맥, 피, 피부가 중요하다."

무엇을/언제/어디서/누구를 진술하는 것은 단순 암기에는 도움이 되지만, 각 조각들을 하나의 일관된 전체로 연결하는 데는 도움이 되지 않는다.

좋음

"정맥이 가늘어지거나 짧아지면 정맥을 통해 피부로 전달되는 혈액의 양이 줄어들게 된다."

자신의 말로 아이디어를 재구술하는 것은 독자가 새로운 자료를 자신의 심적 모델에 통합하고 잘못된 이해/모습을 파악하는 데 도움이 된다.

"잠깐, 체온이 올라간다고요? 추위를 느끼면 체온이 내려가는 줄 알았어요."

잘못된 지식을 모니터링하고 수정하면 심적 모델을 일관성 있고 정확하게 유지할 수 있다.

"체온은 신체 내에 혈액의 열을 유지함으로써 상승한다고 한다. 따라서 혈액에서 열을 방출하면 체온은 내려가야 한다."

누락된 정보를 채우기 위해 추론을 하는 것은 직접적으로 제시된 것보다 더 많은 것을 배우는 예이다.

"네 가지 방법. 몸의 가장 자리에서 열을 차단하는 것 외에 다른 세 가지 방법이 있다."

학습 자료 내의 정보를 통합하는 설명은 머릿속에 있는 아이디어 간의 연결을 강화하는 데 도움이 된다.

"피부를 통해 열이 발산되면 피부가 약간 따뜻해질 수 있다. 열과 추위 센서가 피부에 있어서, 열이 나면 피부를 데우는 혈액이 없기 때문에 추위를 느끼는 것일 수 있다."

사전 지식과 정보를 통합시키는 설명은 새로운 정보를 심적 모델에 구축하는 데 도움이 된다. 이러한 설명은 재진술과 누가/무엇을/언제/어디서 했는지에 대한 세부 정보를 포함하는 경향이 있으므로 궁극적으로는 세 가지 유형의 설명이 하나로 통합된다.

S

핵심 학습 메커니즘은 무엇인가?

설명자료를 조용히 스스로 말하며 이해도 높이기.

예는 무엇이 있고 어떤 점에서 좋은가?

"암흑 물질은 우주에서 사라진 것으로 보이는 질량의 대부분을 설명하기 위해 천문학에서 가설로 제시한 물질의 한 유형이다." 효과적인 독자는 이 문장을 이해하기 위해 예를 들어 어떻게 우주가 여전히 존재함에도 불구하고 물질이 사라질 수 있는지에 대해 질문할 것이다. 이들은 문장 간의 연결과 자신의 지식과의 연관성을 명시적으로 찾아내어 텍스트의 심적 모델을 구성하려고 노력한다. 여기에는 이해의 틈을 찾는 것도 포함된다. 이렇게 만들어진 심적 모델은 의미에 대한 기억을 향상시키고 추론과 통찰을 더 쉽게 도출할 수 있게 한다.

왜 효과가 있을까?

사람들은 흔히 학습을 암기로 생각하고, 학습 습관에도 이를 반영하여 반복적으로 텍스트를 읽고 사실 그대로를 암송한다. 하지만 텍스트는 아이디어들 간의 연관성을 모두 설명할 수 없으므로 학생들은 문장을 암기하는 것 이상의 이해를 구축해야 한다. 자기설명은 사람들이 일관된 설명을 위해 누락된 정보를 채우기 때문에 효과적이다.

핵심 메커니즘은 어떤 문제를 해결해야 하는가?

- 학생들은 오개념을 잘 인식하지 못한다.
  - ‣ 학생이 자기 모순을 일으킨다.
  - ‣ 학생이 시험 성적이 좋지 않다는 것에 놀란다.
- 학생들은 자신이 읽은 내용을 이해하지 못한다.
  - ‣ 학생이 교과서의 장을 빠르게 훑었지만 기억하지 못한다.
- 학생들은 텍스트의 요점을 놓친다.
  - ‣ 시험을 볼 때, 교과서를 참고해서 답을 구할 수 없는 문제가 나올 때마다 학생들은 "하지만, 우리는 이것을 배우지 않았어요!"라고 이의를 제기한다.

활용 방법의 예

- 설명 텍스트를 통해 배우기.
  ‣ 학생에게 알고 있는 내용이 이미 알고 있는 내용과 어떤 관련성이 있는
    지 설명하도록 요청하는 프롬프트 제시하기.
- 절차적 예제를 통해 학습하기.
  ‣ 수학 절차의 각 단계가 끝나면 학생에게 그 목적을 설명하도록 요청
    하기.

위험성

- 학생들은 자기설명을 할 수 있을 만큼 주제에 대해 충분히 알지 못할 수
  있다.
- 학생들은 과정이 너무 많은 노력과 시간이 든다고 생각할 수 있다.
- 학생은 자기 설명 프롬프트를 심적 모델을 구축하는 데 사용하기보다는
  앵무새처럼 따라할 수 있다.

20

가르치기

– 타인의 이해에 대해 책임지기 –

Teaching 가르치기
타인의 이해에 대해 책임지기

가르치면서 배우기(LEARNING BY TEACHING)는 사람들이 타인을 가르치는 책임을 받아들이고 잘 가르치기 위해 자신의 이해력을 발전시킬 때 나타난다. 가르치는 것은 학생만을 위한 것이 아니라 가르치는 것을 통해서 교사도 배운다. 가르치는 것은 학습을 위한 좋은 여건을 조성한다. 여기에는 동기를 부여하는 책임감, 정보를 구성하고 설명할 필요성, 학생의 성과에 따른 피드백을 포함한다. 가르치면서 배우면 유기적으로 연결된 아이디어의 연결고리를 만들 수 있다.

교수들은 종종 가르치고 나서 비로소 주제에 대해 이해할 수 있었다고 말한다. 학생들 또한 가르칠 수 있는 기회가 있을 때 많은 이점을 얻을 수 있다. 또래 지도에서, 학생들은 면대면으로 다른 학생을 지도한다. Cohen 등(1982)은 39개의 또래 지도 연구를 검토한 결과, 연구의 87%에서 가르침을 받는 사람이 누리는 이점만큼이나 가르치는 사람에게도 이점이 큰 것을 확인하였다. 가르치는 것은 학생들이 학습하는 강력한 방법일 수 있다.

I 가르치면서 배우기의 작동 방식

가르치면서 배우기는 다양한 재료로 이루어진 복잡한 레시피^{recipe}이다. Chase 등(2009)은 학생들이 자신을 위해 학습할 때보다 타인을 위해 학습할 때 더 많은 노력을 기울이는 프로티지 효과$^{protégé\ effect}$를 입증하였다. 예를 들어 청소년들은 스스로 공부할 때보다 다른 사람을 가르치기 위해 과학 자료를 읽는데 두 배나 더 많은 시간을 사용하였다. 대부분의 교사는 자신의 지도 학생에 대해 책임감을 느끼며 학생들이 잘할 수 있기를 원한다. 또한 유능해 보이려는 사회적 동기도 있다. 준비되지 않은 수업을 가르치는 것보다 더 창피한 일은 없다.

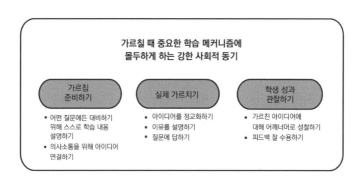

그림 T.1. 가르침 3단계. 각 단계는 여러 가지 중요한 학습 메커니즘에 의존한다. 강한 책임감은 교사가 이러한 메커니즘을 활용하여 잘 가르칠 수 있도록 이끈다.

가르침은 다양한 형태와 시간 단위로 이루어질 수 있다: 한 학기 전체의 수업, 한 시간 분량의 영상 강의, 30분 분량의 대면 과외지도, 10분 분량의 수업 발표 및 토론. 그림 T.1은 모든 유형의 가르침에서 어느 정도 일어나는 가르칠 준비하기, 가르치기, 관찰하기 세 단계를 분석적으로 구분한 것이다.

가르칠 준비하기

사람들은 스스로 시험을 보기 위해 준비할 때보다 시험을 치를 학생을 가르칠 준비를 할 때 더 잘 배운다. 학습 이후의 사후 시험에서, 아이디어의 연결이 필요한 높은 수준의 문제에서 이러한 이점이 특히 잘 나타난다(Benware & Deci, 1984). 이는 교사가 지식을 전달할 내용과 방법을 고려해야 하기 때문이다. 이를 위해 교사는 한 아이디어에서 다음 아이디어로 넘어갈 수 있도록 모든 관련 정보를 한꺼번에 모아 놓은 프레임워크를 만들어야 한다(S장 참조). 또한 교사는 학생들이 물어볼 법한 모든 질문에 대비해야 한다. 반면, 시험을 준비할 때 학생들은 시험에 나올 질문의 유형만 추측하고 해당 질문에 대한 답만 외우면 된다.

가르치는 행위

가르치는 행위 자체도 학습에 도움이 된다. Fiorella와 Mayer(2013)는 가르칠 준비를 한 후 동영상 강의를 진행한 대학생이 가르칠 준비만 한 학생보다 더 많이 배우는 것을 확인하였다. 실제로 교사는 가르치면서 아이디어를 설명하고 정교화해야 하는 즉흥적인 순간이 있다. 아이디어를 의미있게 연결하는 과정은 기억과 이해를 증진시킨다(E장 참조). 예를 들어 협동 그룹에서 설명을 제공하는 학생은 설명을 받는 학생보다 더 많이 배운다(Webb, 1989).

학생이 던지는 질문은 교사가 자신의 이해에 미흡한 부분을 인식하고 보완할 수 있게 한다. Borko와 동료들은(1992) 대표적인 예를 제시한다. 한 예비교사는 곱셈을 할 때 분수를 거꾸로 하는 이유를 묻는 학생의 질문을 받고 학생이 개념적인 이유를 알지 못한다는 것을 깨달았다. Roscoe와 Chi는 "[학생의] 질문이 교사의 반성적 지식 구축 활동의 2/3를 담당한다"고 결론을 내렸다(2007, p.23). 마지막으로 교사는 가르칠 때 깨어 있는 상태로 높은 수준의 주의와 각성을 보인다(X장 참조).

학생 성과 관찰하기

종종 학습자들에게 가르치라고 할 때, 학생들이 배운 내용을 사용하는 것을 볼 수 있는 부분을 놓치는 경우가 있다. 예를 들어 학생들이 프로젝트에 대한 프레젠테이션을 하는 경우, 이는 가르침의 한 형태이다. 그럼에도 불구하고 발표하는 학생은 프레젠테이션을 통해서 청중들이 실제 무엇을 배웠는지 확인할 기회가 거의 없다. 이는 실수다. 학생들이 배운 것을 활용하는 모습을 보는 것은 매우 강력한 형태의 유익한 피드백이다(F장 참조). 14개월 된 영아도 다른 사람이 자신의 행동을 모방하는 것을 볼 때 신경 정보 전달이 활성화되는 반응을 보였다(Marshall & Meltzoff, 2014).

Okita와 Schwartz(2013)는 학생들이 자신이 스스로 답하는 것보다 자신의 학생들이 답을 하는 것을 볼 때 더 많이 배우는 것을 입증하였다. 해당 연구에서 대학생들은 생물학 주제에 관한 한 페이지 분량의 지문을 읽었다. 그들은 가르칠 준비를 간단히 한 다음 실제 해당 주제에 대해 다른 학생을 가르쳤다. 실험 조작은 연구의 다음 단계에서 이루어졌다. 자기 조건에서, 대학생들은 관련 생물학 질문에 직접 답을 하였다. 관찰 조건에서, 대학생들은 질문에 답을 하지 않고 대신 그들의 학생들이 답을 하는 것을 관찰하였다. 두 조건 모두 답변의 질에 대한 피드백은 제공하지 않았다. 그럼에도 불구하고 학습 후 사후 테스트에서 학생이 질문에 답하는 것을 관찰한 대학생들은 완전히 새로운 문제에서도 더 나은 성과를 보였다.

두 가지 메커니즘이 학생 관찰의 특별한 이점에 기여한 것으로 보인다. 첫째, 교사는 자신의 학생들이 어떤 부분에서 성공하거나 실패하는지 세심한 주의를 기울인다. 예를 들어 코치는 자신에 대한 부정적 피드백은 무시할지 모르지만, 자신의 선수가 시합에서 부진한 모습을 보이는 경우 지도 방법과 상황에 대한 이해를 개선하기 위한 방법을 적극적으로 찾게 된다. 둘째, 학생의 성과를 보는 것은 특별한 종류의 "어깨 너머 관찰"이다. 직접 과제를 수행할 때는, 과제 수행에 집중해서 자신의 수행에 대해 되돌아볼 수 있는 인지적 자원이 남아있지 않을 수 있다. 하지만 지도 학생을 볼 때는, 과제를 동시에 수행할 필요가 없기 때문에 충분히 되돌아볼 수 있다. 게다가 직접 지도하였기 때문에 학생이 무엇을 생각하고 있는지 알 수 있다. 이를 통해 가르치기 위해 처음 사용했던 지식의 부족한 부분을 파악하고 수정할 수 있다.

II ▷ 가르치기를 활용하여 학습을 향상시키는 방법

가르치면서 배우기에는 여러 가지 방법이 있다. 또래 지도에서, 한 학생은 다른 학생을 가르칠 책임을 가지게 된다. 학급에서 우수한 학생은 도움이 필요한 다른 학생을 가르치면서 깊이 있게 더 많은 것을 배울 수 있다. 이러한 방식은 도움이 필요한 학생이 개별적인 관심을 받을 수 있다는 점에서 추가적인 이점이 있다.

그림 T.2는 직소^{jigsaw}로 불리는 유용한 협동 학습 방식이다. 직소 학습에서는 모든 학생이 가르칠 수 있는 기회를 갖는다. 이 방식은 집단 내에서 상호 의존성으로 인해 어떤 학생도 혼자서 과제를 완수할 수 없으며, 다른 학생의 가르침에 따라 성공 여부가 달라진다는 점에서 긍정적이다.

교사가 학생에게 관심을 가질 이유를 만드는 것은 중요하다. 그렇게 해야 가르침이 허울에 머무르지 않고 실제가 된다. 교실에서 한 가지 접근법은 학생의 성적을 교사에게 적용하는 것이다. 만약 당신이 조니^{Jonny}를 가르쳤는데 그가 시험에서 C−를 받았다면, 당신의 시험 성적에 C−가 반영되는 것이다. 이러한 방식은 학생들이 좋아하지 않고, 비난을 불러 일으키기 때문에 권장하지는 않는다. 대신 교사가 학생의 후속 수행을 관찰할 수 있는 기회를 주는 상황을 만드는 것은 좋은 접근법이다. 이는 대부분 사람들의 사회적 책임감을 활용한다. 학생을 관찰하는 것은 교사 학습에 좋은 피드백일 뿐만 아니라 잘 가르치기 위한 좋은 동기 부여가 되기도 한다.

가르칠 것을 배울 수 있는 자원도 필요하다. 이러한 자원은 평상시 학생들에게 학습을 위해 제공하는 모든 것이 될 수 있다. 학생들은 단지 가르치기 전에 자료를 정리하고 생각할 기회만 있으면 된다. 따라서 좋은 가르침 구성은 교사에게 준비할 수 있는 방법과 가르칠 수 있는 기회, 가르친 이후 학생들의 독립적인 수행을 관찰 수 있는 기회를 제공한다.

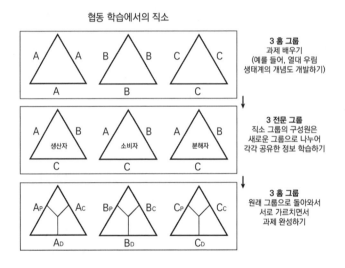

그림 T.2. 협동 학습에서의 직소. 각 대문자는 학생을 나타낸다. 학생들은 자신의 홈 그룹과 큰 과제에서 시작한다. 그런 다음 학생들은 전문 그룹으로 옮긴다. 각 전문 그룹은 큰 과제를 완료하기 위해 관련된 다른 정보를 학습한다. 학생들은 자신의 홈 그룹으로 돌아가서, 자신이 배운 것을 서로 가르치며, 알고 있는 내용을 합쳐서 함께 과제를 완성한다.

가르치는 것은 일관된 이야기를 만들기 위해 아이디어를 연결하는 것을 필요로 한다. 게다가 학생들의 질문에 답하는 것은 "불은 산소에 의존하기 때문에," "물이 불을 끄기 때문에," "물이 없으면 산소가 불에 도달할 수 있기 때문에"와 같은 설명을 필요로 한다. 이 모든 결과로서 당연히 교사는 아이디어의 연결고리를 개발한다. 예를 들어 물이 불을 끄는 것이라고 단순히 배우는 대신, 물이 불에 도달하는 산소를 막아서 불을 끄는 것임을 학생들은 배울 수 있다.

가르칠 수 있는 에이전트(TA: Teachable Agent)라 불리는 기술은 극단적인 아이디어의 연결고리를 촉진하는 기술이다(Blair et al., 2007). TA를 통해 학생들은 컴퓨터 캐릭터를 가르친다. 그림 T.3은 가르치는 인터페이스의 일부 구성 요소를 보여준다. TA를 가르치기 위해, 학생은 노드를 추가하고 연결하고 에이전트의 뇌를 구축한다. 그림 T.3에서 학생이 TA에게 지구온난화에 대해 가르쳤다. 예를 들어 학생은 매립지^{landfill}와 메탄^{methane}이라는 두 개의 노드를 추가하였다. 학생은 또한 두 개념을 인과 관계로 연결하여 매립지의 증가가 메탄의 증가를 야기한다는 것을 나타냈다. 가르치면 TA는 질문에 답을 할 수 있다. 그림 T.3의 앞 쪽 패널은 학생이 TA에게 "메탄이 증가하면 열 복사는 어떻게 되는가?"라고 질문하는 것을 보여 준다. TA는 개념 맵을 통해 추론하며, 이 과정에서 노드와 링크를 따라 이동하는 방법을 그래픽으로 보여준다. 예를 들어 TA는 메탄이 온실가스의 일종이고, 온실가스는 단열재의 일종이며, 단열재가 증가하면서 복사열이 감소한다는 경로를 따라 메탄이 증가하면 복사열이 감소한다는 것을 추론한다. TA는 퀴즈를 풀거나 게임 쇼 형식으로 다른 학생의 TA와 경쟁을 할 수도 있다. 학생은 익숙한 '가르치기 – 테스트 – 교정하기$^{teach-test-remediate}$'라는 익숙한 스키마를 사용하여 에이전트를 가르친다. TA가 오답을 제시하면 학생은 개념 맵에서 실수를 추적하여 에이전트의 지식(그리고 그 과정에서 자신의 지식)을 교정해야 한다.

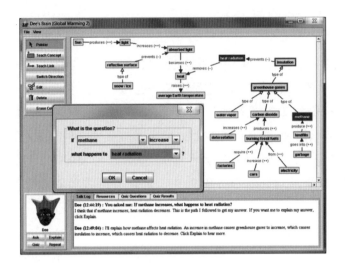

그림 T.3. 가르칠 수 있는 에이전트(TA). 학생들은 맵에서 노드 간의 인과 관계를 보여주는 개념 맵을 만들어 컴퓨터 캐릭터를 가르칠 수 있다. 에이전트를 가르치고 나면 앞쪽 패널에 표시된 것처럼 질문을 할 수 있다. 에이전트는 개념 맵을 통해 시각적으로 추론하여 답을 결정한다.

단순히 개념도를 만드는 것과 비교했을 때, 학생들은 TA를 가르칠 때 더 긴 추론 연결고리를 만드는 법을 배운다(예: 자동차의 증가가 멀리 떨어진 북극 곰에게 나쁜 영향을 미칠 수 있는 이유). 게다가 이 기술을 더 이상 사용하지 않는 후에도, 학생들은 새로운 주제를 이해하기 위해 인과 관계를 사용하는 방법을 자발적으로 배운다(Chin et al., 2010). 따라서 TA를 통해, 학생들은 아이디어를 연결할 뿐만 아니라 더 나아가 아이디어를 인과 관계와 연결하여 새로운 자료를 학습하는 방법을 배우게 된다. TA는 가르치면서 배우기 위해 디자인된 특정 기술이다. 그러나 이러한 이점은 사람을 가르치는 사람에게도 일반화할 수 있다. 중요한 추가 사항은 사고를 시각적으로 표현하는 어떤 형태의 시각적 표현을 포함해야 한다는 점이다. 예를 들어 시의 운율을 가르치는 경우 학생들에게 운율 패턴을 나타내는 시각적 표현을 만들게 하는 것은 유용할 수 있다. 사람의 생각은 글에만 의존하면 해독하기가 어려울 수 있다. 시각적 표현은 다른 사람이 무엇을 생각하는지 쉽게 알 수 있게 할 수 있다(V장 참조).

　　　　가르치기를 통해 스스로 가르치는 법을 배울 수 있을까?

　　가르치는 것은 인류의 고유한 특징이다. 인간과 일부 동물들은 자신의 새끼를 가르치지만, 동물과 달리 인간 부모는 자신의 아이들이 잘 배웠는지 확인한다. 또한 사람은 자신이 아는 것을 공유하기를 좋아하고 가르칠 핑계를 찾는다. 아마도 와인, 마크라메^{macrame}(끈을 기하학적 무늬로 짠 장식품—옮긴이), 자동차 등에 대한 전문 지식을 가진 친구가 있을 것이다. 이 친구는 여러분이 중요하다고 생각하지 못한 미묘한 차이점을 기꺼이 가르쳐 줄 것이다.

　　그럼에도 불구하고 사람들은 가르치는 것이 좋은 학습 방법이라는 것을 모를 수 있다. 대학생들이 에세이를 쓰기 전에 다른 학생에게 자신의 주제에 대해 가르쳐 보라고 하자. 이러한 방법이 지식을 배우고 정리하는 좋은 방법임을 알려주자. 충분한 연습을 통해 학생들은 그 가치를 발견하기 시작할 것이다.

V　　　　**배우기 위해 가르치는 것의 위험성**

　　가르치는 것은 강력한 학습 방법이며 모든 종류의 변형에도 견딜 수 있다. 하지만 점검해 볼 가치가 있는 세 가지 위험이 있으며, 이는 모두 가르치는 행위 중에 발생한다. 첫 번째는, 학생들이 잘못된 교수 스타일을 채택할 수 있다는 점이다. 예를 들어 가르치는 사람이 지시적인 스타일에 빠질 수 있으며, 이는 가르치는 사람 자신의 학습에 도움이 되는 학생의 질문할 기회를 앗아갈 수 있다 (Chi et al., 2008). 교사는 학생이 학습 내용에 대해 어떻게 생각하는지 보고 들을 수 있도록 상호작용적 가르침을 강화하는 상황을 조성하도록 노력해야 한다. 둘째, 가르치는 측면에 대한 강한 동기는 수행 불안을 초래할 수 있으므로 신중한 관리가 필요하다. 셋째, 또래 지도와 같이 학생이 다른 학생을 가르치는 경우, 가르치는 사람이 잘못된 지식을 갖고 있을 수 있으며, 이는 가르침을 받는 학생에게 오히려 혼란을 야기할 수 있다. 경험 있는 능숙한 교사가 또래 상호작용을 감독하고 촉진하면 이러한 우려를 완화할 수 있다.

　　나쁨: 교사가 두 명의 학생에게 비교적 간단한 수학 공식을 공부한 다음 배운 내용을 서로 가르쳐 주라고 한다. 이 방법은 학생들이 자신이 알고 있는 것을 분명히 하는 데는 나쁘지 않지만, 실제로 가르치는 것은 아니다. 학생들은 자신들이 실제 가르치고 있거나 상대방이 실제로 배우고 있다고 믿지 않는다. 사회적 책임감도 없다. 게다가 가짜 학생들은 좋은 질문도 하지 않는다.

　　좋음: 교사가 학생인 질Jill에게 프로젝트나 책 읽기 등을 통해 친구들이 모르는 지식을 개발하도록 요청한다. 질은 수업을 준비할 시간을 얻는다. 질은 자신이 배운 내용을 학생들에게 가르친 다음, 다른 학생들이 선생님의 질문에 어떻게 대답하는지를 관찰한다. 질은 다음 날 다시 성찰하고 수업을 진행할 기회를 갖게 되고, 학생들의 반응을 바탕으로 가르침을 개선한다.

핵심 학습 메커니즘은 무엇인가?

가르치는 것은 교사 자신의 지식을 향상시킨다.

예는 무엇이 있고 어떤 점에서 좋은가?

가르치는 것은 학생에게만 유익한 것이 아니라 교사에게도 유익하다. 교수들은 종종 자신이 가르치기 전까지는 어떤 주제를 제대로 이해하지 못했다고 말한다. 고학년 학생에게 저학년 학생을 가르치라고 하는 것은 가르치면서 배우기의 훌륭한 예이다. 가르치는 사람은 가르침을 받는 사람만큼이나 이해력이 향상된다. 가르침의 결과는 잘 연결된 아이디어이다.

왜 효과가 있을까?

가르치는 것은 교사가 학습 내용에 신중하게 참여하도록 만드는 강력한 사회적 동기를 불러일으킨다. 교사는 정보를 정리하고 발생할 수 있는 모든 질문에 답할 준비가 되어 있어야 한다. 학생의 질문은 교사로 하여금 아이디어가 서로 어떻게 맞아 떨어지는지 설명하게 만든다. 교사는 자신의 학생들이 배운 내용을 사용하는 것을 관찰함으로써, 자신의 아이디어를 얼마나 잘 연결했는지에 대한 유용한 피드백을 얻는다.

핵심 메커니즘은 어떤 문제를 해결해야 하는가?

- 사람들은 중간 아이디어를 서로 연결하지 않는다.
  - ‣ 과학 수업이 끝난 후 학생은 배터리가 전구를 켠다는 것을 알지만, 배터리에서 전구 그리고 다시 배터리로 루프를 만들기 위해 전선이 필요하다는 것은 알지 못한다.
- 사람들은 피드백에 주의를 기울이지 않는다.
  - ‣ 학생은 "잘함", "좋음", 웃는 얼굴과 같은 긍정적인 피드백만 찾으며 에세이에 대한 피드백을 대충 훑는다.
- 사람들은 배우려는 의욕이 없다.
  - ‣ 학생은 할당된 장을 주의 깊게 읽지 않는다.

활용 방법의 예

- 연령 간 또래 지도 활용하기.
  ‣ 이미 대수학을 이수한 학생이 대수학을 배울 학생을 가르친다.
- 직소를 통해서 학생들이 협업 활동을 완료하게 하기.
  ‣ 한 그룹의 학생은 열대우림의 소비자에 대해, 다른 그룹의 학생은 생산자에 대해, 또 다른 그룹의 학생은 분해자에 대해 학습한다. 각 전문화 그룹의 학생 한 명을 포함하는 새로운 그룹을 만든다. 학생들은 그들이 학습한 내용을 서로 가르치며 협력해서 열대우림 생태계에 대한 문제를 해결한다.

위험성

- 학생은 자신이 지도한 학생의 학습에 대한 책임이 있다고 생각하지 않을 수 있다.
- 가르치는 욕구를 유발하는 강력한 사회적 동기는 또한 수행 불안감을 유발할 수 있다.

21

U is for Undoing

바로잡기

– 오개념 및 잘못된 추론 극복하기 –

Undoing 바로잡기
오개념 및 잘못된 추론 극복하기

바로잡기^(UNDOING)는 변화시키기 어려운 잘못된 아이디어를 약화시키는데 도움이 된다. 사람들은 대부분 유효하지만 형식적으로는 여전히 부정확하고 때때로 문제를 야기할 수 있는 생각과 추론 방식을 만들어내곤 한다. 여기에는 나쁜 습관, 오개념, 잘못된 추론 방식이 포함된다. 이러한 이전의 생각과 추론들이 추후 학습을 방해하는 일이 발생하지 않도록 바로잡는 것은 중요하다. 바로잡기는 단지 오답을 수정하는 것이 아니라 정확하지 않은 사고의 근원을 파악하고 교정해야 한다.

모든 실수가 똑같이 만들어지는 것은 아니다. 어떤 실수는 단순한 오류 또는 추측이다. 다른 실수는 수년간의 경험에서 비롯된다. 이러한 실수는 뿌리 깊게 자리 잡고 있어 제거하거나 바꾸기 어려울 수 있다. 단순히 실수를 교정하는 것으로 증상을 완화할 수는 있지만 근본적인 원인의 치료는 되지 않는다.

많은 시스템적 오류는, 세상을 단순화하지만 동시에 왜곡을 초래하는 사고방식을 차용하는 데서 비롯된다. 이 장에서 당신의 정신적 표상을 테스트하는 많은 "재미있는" 테스트 중 첫 번째 질문인 다음 문제를 풀어보자. "샌디에이고^{San Diego}는 리노^{Reno}의 동쪽에 있을까 아니면 서쪽에 있을까?" 대부분의 사람들은 오답을 선택한다. 왜냐하면 수정된 공간 표상을 가지고 있기 때문이다. 여기서 '수정됨'이라 함은 사물을 실제보다 더 질서정연하게 만든다는 뜻이다. 사람들은 각 주의 경계를 머릿속에 더 깔끔하게 정렬해서 정치적, 지리적 경계가 함께 작동하도록 한다. 그림 U.1은 사람들의 생각이 어떠할지를 보여주는 예이다. 오른쪽 패널이 맞다.

실수의 세 가지 원인인 오개념, 추론 편향, 단순 오류에 대해 살펴보자.

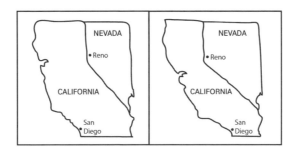

그림 U.1. 샌디에이고는 리노의 동쪽에 있습니까? 서쪽에 있습니까? 세상을 단순화하여 생각하기 쉽게 만드는 법의 예.

(1) 구슬이 튜브를 뚫고 나온다. 구슬이 빠져나갈 때 어떻게 될까?

(2) 한 남자가 달리다가 공을 떨어뜨렸다. 공은 어디에 떨어질까?

(3) 대포가 포탄을 발사한다. 어느 경로를 따르게 될까?

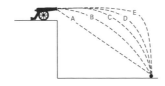

그림 U.2. 물리학의 오개념을 보여주는 세 가지 물리학 문제 예.

오개념

일상적 경험을 통해 사람들은 대부분의 상황에서는 잘 작동하지만 여전히 부정확한 생각을 만든다. 시간이 지남에 따라 이러한 경험은 느슨하게 연결된 오개념으로 발전할 수 있다. 때때로 사람들의 오류는 마치 직관적인 이론인 것처럼 체계적으로 보인다(McCloskey, 1983). 다른 경우에는, 오개념은 통합된 일관성과 일관된 적용이 부족하여, 사람들의 생각이 '조각난 지식'처럼 보인다

(DiSessa, 1988). 사람들의 얕은 물리학적 개념은 직관적인 이론과 일관성 없는 적용이라는 두 가지 속성을 동시에 드러낸다. 이를 알아보기 위해, 그림 U.2의 세 가지 문제에 대한 답을 말해 보자.

정답은 1D, 2C, 3B이다. 1A/1C, 2B, 3C/3D/3E의 조합으로 답을 했다면, 운동 추진력 이론impetus theory of motion을 알고 있을 수도 있다(McCloskey, 1983). 이 이론을 대략적으로 설명하면, "움직이는 물체는 내부 힘(추진력)을 지니고 있으며, 이 힘은 결국 소진된다"와 같은 내용이다. 답안 1A 또는 1C의 경우, 물체는 곡선 힘을 지니고 있으므로 한동안 계속 원을 그리며 갈 것이다. 답안 2B의 경우, 물체는 바로 아래로 떨어진다. 왜냐하면 물체는 밀어주는 힘에서 내부 힘을 모으는 것이 아니라 바로 아래로 떨어뜨리기 때문이다. 답안 3C, 3D, 또는 3E의 경우, 물체는 추진력이 사라질 때까지 계속해서 직진하다가 낙하하기 시작한다. 각각의 경우 모두 잘못되었지만, 이러한 실수는 동일한 얕은 이론에서 일관되게 파생된 것으로 보인다.

동시에 오개념은 종종 일관성 없이 적용되며 이론보다 덜 일반적이다. 1번 문제의 경우, 구슬이 아니라 튜브에서 물이 뿜어져 나온다고 가정해 보자. 추진력 이론을 잘 알고 있는 사람도 물이 곧게 나올 것이라고 예측한다. 이러한 균등하지 않은 오개념에 대한 시사점은 어떤 문제에 대한 사람들의 생각을 고치는 것이(예: 구슬 대신 물을 생각) 다른 문제에 대한 얕은 이론을 대체하는 데 거의 영향을 미치지 않을 수 있다는 점이다.

추론 편향

1930년대, 미국아동건강협회(1934, pp.80-96)는 수술 비용과 마취 사망 위험으로 인해 편도선 절제술 비율에 대해 우려하였다. 당시에는 클로로포름chloroform(과거에 마취제로 널리 쓰인 화학 물질-옮긴이)을 사용하였다. 협회는 뉴욕시의 11살 아이 1,000명을 표본 조사한 결과 61.1%가 편도선 제거 수술을 받은 것으로 나타났다. 요즘은 편도선 절제술 비율은 약 1%에 불과하다. 해당 연구는 다음 단계에서 더 흥미로워진다. 연구팀은 편도선 절제술을 받지 않은 389명의 어린이를 새로운 의사 그룹과 만나게 하였다. 의사들은 이전에 진단을 받지 않은 45%의 어린이에게 편도선 절제술을 받을 것을 권고하였다. 연구진은 두 번의 진단을 통과한 어린이들이 또 다른 의사 그룹을 찾아가도록 절차를 반복하였다. 이 의사들은 나머지 어린이 중 46%에게 편도선 절제술을 권고하였다. 마지막으로, 진단을 받지 않은 나머지 어린이들은 또 다른 의사 그룹을 찾아갔고, 이 의사들 역시 44%에게 편도선 절제술을 받도록 권고하였다. 결국 1,000명의 어린이 중에서 65명만이 편도선 절제술을 받지 않은 채로 남게 되었다. 어떻게 이런 불합리한 일이 일어날 수 있을까? 한 가지 가능한 설명은 의사들은 일반적으로 약 45%의 어린이는 편도선 절제술이 필요하다고 배웠기 때문일 수 있다. 그들은 진단에서 이러한 퍼센트를 일치시켰다.

환자로서 우리는 증상을 통해 원인과 치료법이 확인되길 바란다. 안타깝게도 증거가 확실한 경우가 드물기 때문에 다른 대안을 찾는 것이 나을 수 있다. 의사는 종종 불확실한 상황에서 결정을 내려야 한다. 불확실한 경우, 표본에 속한 어린이의 45%는 편도선 절제술을 받아야만 한다는 생각과 같은 추론 편향이 개입될 수 있다.

다음은 불확실성 하에서 판단을 내려야 하는 Tversky와 Kahneman(1983)의 문제이다.

린다는 31살의 미혼이며 직설적이고 매우 똑똑한 사람이다. 그녀는 철학을 전공하였다. 학창 시절 차별과 사회적 정의에 아주 깊은 관심을 보였으며, 핵 반대 시위에도 참여했다. 어느 것이 더 가능성이 높을까?

1. 린다는 은행원이다.
2. 린다는 은행원이고 여성운동에 적극적으로 참여하고 있다.

린다에 대한 진술은 그녀가 페미니스트일 것 같이 읽히는데, 85%의 사람들은 2번 답을 잘못 선택한다. 왜 2번이 잘못된 선택일까? 린다에 대한 설명은 페미니스트처럼 들린다. 하지만 린다가 페미니스트이면서 은행원일 가능성은 린다가 단지 은행원일 가능성보다 낮아야 한다. 두 가지 일이 함께 일어나는 것은 두 가지 중 하나만 일어날 가능성보다 더 높은 경우는 없다. (벤 다이어그램을 상상해 보라.)

불확실성 하에서 판단을 내릴 때는 확률 추론probabilistic reasoning을 사용해야 한다. 하지만 사람들은 일반적으로 편안한 휴리스틱heuristics을 사용한다. **휴리스틱**은 대부분의 경우 효과가 있는 어림 짐작 또는 판단의 지름길이다. (반대로 알고리즘은 매번 정답을 제공한다.) 린다 문제에서 사람들은 **대표**

성 representativeness 휴리스틱을 사용한다. 즉 선택 2는 선택 1보다 린다에 대한 설명과 더 비슷하거나 대표적이라는 것이다. 대표성의 사용은 사람들로 하여금 확률 문제를 간과하게 만든다. 사물의 유사성에 대해 추론하는 것은 매우 자연스러운 일이지만, 이 경우에는 잘못된 유형의 추론이다.

사람들은 확률적 결과에 대해 어떻게 추론해야 하는지 잘 모르기 때문에 자주 휴리스틱에 의존한다. Konold(1989)는 다음의 문제에 대해 사람들을 인터뷰하였다:

6면으로 이루어진 주사위의 5면이 검은색으로 칠해져 있고 나머지 1면은 흰색으로 칠해져 있다. 주사위를 여섯 번 던진다. 어떤 결과가 나올 가능성이 더 높습니까?

1. 검은색 다섯 번과 흰색 한 번
2. 검은색 여섯 번

많은 사람들은 2번 선택지를 선택하였다. 그들은 주사위를 한 번 던졌을 때 검은색이 나올 가능성이 높다고 이유를 설명한다. 따라서 주사위를 여섯 번 던진다면, 매번 검정색이 나올 가능성이 더 높다. 따라서 검은색 여섯 번인 것이다. 이는 직관적인 추론의 설득력 있는 부분이지만, 다시 말해 잘못된 추론이다. 검은색이 여섯 번 나올 확률은 0.335인 반면에 검은색 다섯 번이 나올 확률은 0.402이다. 이러한 실수의 원인은 사람들이 한 번의 시도로만 생각하는 경향이 있기 때문이다. 하지만 확률을 계산하기 위해서는 모든 시도의 합산적인 결과를 고려해야 한다.

이러한 예가 너무 재미있기 때문에, 불확실성 하에서 판단에 관한 선구적인 연구로 노벨상을 받은 Daniel Kahneman(2002)의 또 다른 예도 소개하겠다.

공군 사관학교에서, 한 교관은 최고의 조종사에게 보상을 주고 최악의 조종사에게 벌을 주는 정책을 따랐다. 교관은 다음 날이면 보통 최고의 조종사는 더 나쁜 비행을 보이고 최악의 조종사는 더 좋은 비행을 보이는 것을 알아차렸다. 교관은 벌만 주고 더 이상을 보상을 주지 않는 것으로 교육 모델을 바꿔야 한다고 결론을 내렸다. 이 비행 교관에게 뭐라고 말해 주겠는가?

보상이 좋은 동기 부여임을 말함으로써 비행 교관과 논쟁하고 싶을 수도 있다. 이 논쟁은 우리가 얼마나 자연스럽게 인과적 추론에 빠져드는지를 보여준다. 여기서는 확률적 추론이 더 적절하다. 그냥 우연히 사람들은 뛰어난 수행 능력을 보이는 좋은 날(또는 나쁜 날)이 있다. 확률은 다음 번에는 평균으로 돌아간다는 점인데 이를 우리는 **평균으로의 회귀**regression to the mean라고 한다. 매우 나쁜 날을 보낸 조종사는 벌을 받든 받지 않든 다음 날에는 더 잘할 것이다. 매우 좋은 날을 보낸 조종사는 보상을 받든 받지 않든 다음 날에는 잘하지 못할 가능성이 더 높다. 이것과 관련된 보다 친숙한 버전은 2년 차 징크스이다. 야구에서 신인이 데뷔 1년 차에 뛰어난 성적을 내고, 상을 받고, 스포츠 잡지 일면을 장식하는 경우가 있다. 다음 해에 그 신인은 1년 차 때보다 잘하지 못한다. 때때로 잡지 일면의 장식이 징크스라고 주장하거나 성공으로 인해 나태해진 것이라고 사람들은 주장한다. 다시 말하지만, 여기서는 확률이 더 적절한 설명이다. 한 해의 모든 신인 중 최고가 되려면 그 신인에게는 약간의 행운이, 다른 모든 신인에게는 약간의 불운이 필요하다. 다음 해에, 그 신인 선수는 모든 신인 선수들의 평균으로 회귀할 것이며, 이는 모든 행운이 다시 발생할 가능성이 낮기 때문이다.

추론 편향은 불확실성 하의 판단에만 국한되지 않는다. Hammer(1994)는 학습과 지식에 대한 사람들의 전문 분야별 믿음인 인식론적 신념epistemic beliefs을 지적하였다. 이러한 신념은 학습에 장애물이 될 수 있다. 예를 들어 학생들이 물리학은 서로 연결되지 않는 사실의 집합이거나 물리학에 대한 이해는 스스로 발전하는 것이 아니라 권위에 의해 나온다고 여길 수 있다. 다음은 우리 저자들이 가장 좋아하는 인터뷰 발췌문 중 하나이다.

공식을 증명하는 것은 저에게 필요하지 않다고 생각해요. 다른 누군가가 이미 그것을 증명했다고 알고 있는 한 증명할 수 있는지 여부는 그렇게 중요하지 않아요... 개념이 있고, ... 여기에 저는 매년 15,000 달러를 지불하고 있어요... 제가 그들을 위해 이것을 도출하는 것이 아니라, 그들이 저를 위해 도출하고 어떻게 작동하는지 설명해 줄 거예요(Hammer, 1994, p.159).

학생이 게으른 것인지 물리학 공부의 요점이 권위 있는 답을 얻는 것이라고 정말 믿는 것인지는 명확하지 않다. 어쨌든 이는 비생산적인 태도이다. 이와 같은 인식론은 직관적인 신념이나 자연스러운 휴리스틱과 달리 교육에 의한 결과일 가능성이 높다. 교수가 지시한 방정식을 따라가는 것을 강조하는 교육 후에 이러한 유형의 학생 인식론이 발생한다는 것은 합리적인 예측이다.

단순 오류

고립된 실수로 인한 오류는 쉽게 바로잡을 수 있다. 많은 가정 요리사들은 소스를 끓이면 첨가된 와인의 알코올이 증발된다고 믿는다. 이러한 믿음은 잘못되었다. 한 시간 동안 끓인 후에도 25%의 알코올은 남아 있다(Augustin et al., 1992). 이는 쉽게 고칠 수 있는 실수이다. 사실, 해당 오개념은 이 단락을 읽는 것만으로도 사라졌을 것이다. 이는 당신의 삶에서 단 한 곳, 주류로 요리할 때만 나타나는 고립된 사실이다. 바로잡기는 단순히 잘못된 사실을 알아차리고 바꾸기만 하면 된다.

단순 오류의 일반적인 원인 중 하나는 사람들이 즉흥적으로 답을 만들어 내기 때문이다. 많은 사람들은 계절의 원인을 진지하게 생각해 본 적이 없다. 질문을 받게 되면, 뜨거운 것에 가까워질수록 물체가 뜨거워진다는 것과 같은 비유를 떠올릴 것이다. 사람들은 여름에는 지구가 태양에 더 가까워야 한다고 결론을 내린다. 이러한 비유가 적용되지 않는 점을 꼬집는다면 오개념은 충분히 사라지게 할 수도 있다. 왜냐하면 해당 비유는 북반구와 남반구가 동시에 여름을 경험한다는 것을 의미하는데 실제 그렇지 않기 때문이다. 거기에서 지구의 기울기가 계절에 어떻게 영향을 미치는지 간단히 가르칠 수 있다. 물론 이것은 결코 간단하지 않은 교수 과제이지만, 적어도 뿌리 깊은 오개념으로 인한 방해는 없을 것이다. 뿌리가 얕은 오류는 발견하기만 하면 바로잡는 것은 그렇게 어렵지 않다.

I. 바로잡기의 작동 방식

인지 발달 단계 이론을 만든 유명한 발달 심리학자인, 장 피아제Jean Piaget는 어린이는 동화assimilation와 조절accommodation을 통해 자신을 둘러싼 세상에 대한 추론 능력을 키운다고 하였다. 동화는 새로운 정보를 현재의 생각에 맞출 때 일어난다. **조절**은 새로운 정보를 수용하기 위해 자신의 생각을 바꿀 때 일어난다. 바로잡기는 조절에 달려 있는데, 생각을 바꾸는 것은 생각을 확인하는 것보다 더 어려울 수 있다.

조절이 어려운 데에는 두 가지 이유가 있다. 첫째, 사람들의 직관적인 믿음과 추론 방식은 형식적인 이론처럼 명확한 구조를 가지고 있지는 않다. 하나의 증거를 가지고도 형식적인 이론은 틀리다고 증명할 수 있지만 오개념은 그렇지가 않다. 둘째, 사람들은 대안이 없다고 해서 자신의 생각을 쉽게 포기하지 않는다.

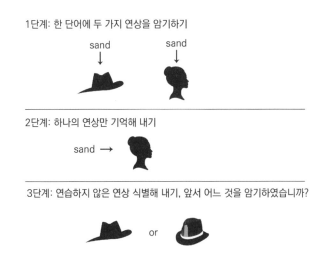

1단계: 한 단어에 두 가지 연상을 암기하기

2단계: 하나의 연상만 기억해 내기

3단계: 연습하지 않은 연상 식별해 내기, 앞서 어느 것을 암기하였습니까?

그림 U.3. 의도적으로 억제할 때 기억이 사라지는 여부에 대해 테스트하는 연구.

조절은 대체할 아이디어가 원래 아이디어와 경쟁할 수 있을 만큼 충분히 강해졌을 때 일어난다. Chen과 Siegler(2000)는 어린이들이 계속해서 잘못된 예측과 설명(예: 서로 흩어져 있는 세 개의 쿠키가 서로 가까이에 있는 세 개의 쿠키 보다 많다)을 하지만 그 이면에는 대체 표상이 강해지고 있다고 설명한다. 충분한 경험을 통해 서서히 강화된 표상이 의식에 자리 잡으면 어린이들은 정답을 알 수 있고, 그 이유에 대한 설명을 구성할 수 있게 된다.

오개념이 사라지는지, 아니면 우리의 뇌에 조용히 머물며 문제를 일으킬 기회를 기다리는지 지속되는 질문이 있다. 단순 연상 기억의 경우, 인출로 유도된 망각에 대한 일부 증거가 있으나, 이것이 오개념에도 적용되는지에 대해서는 알

U

려져 있지 않다. 한 연구에서 사람들은 관련 없는 단어들을 두 개의 별도 이미지와 연결하는 방법을 배웠다(Wimber et al., 2015). 그림 U.3은 연구의 진행과정을 보여준다. 참가자들은 한 단어에 대한 두 가지 가능한 연상을 암기하였다. (참가자들은 그림에 제시된 것뿐만 아니라 많은 단어에 대해 이 작업을 수행하였다.) 그 후 사람들이 단어를 읽을 때 연구자들은 두 이미지 연상 모두에 대한 뇌의 반응을 감지할 수 있었다. 연구의 다음 단계에서 사람들은 두 이미지 중 단하나의 이미지만 인출하는 연습을 하였다. 그림 U.3의 단어를 읽은 후, 참가자들은 오른쪽 이미지(여성)만을 떠올리라는 지시를 받았다. 참가자들은 5회의 세션에 걸쳐서 이 활동을 완료하였고, 마지막에는 오른쪽 이미지(여성)를 80% 정도 회상하였다. 여기서 질문은 다른 이미지(모자)에 대한 기억은 어떠한가 하는 점이다. 학생들은 모자 그림을 보고 어떤 것이 예전에 본 것인지를 결정해야 했다. 사람들은 자신들이 본 모자 이미지를 잘 식별하지 못하였고 해당 이미지에 대한 덜 조직적인 뇌 활동 반응을 보였다. 이러한 결과에 대한 한 가지 해석은 오래된 기억이 서서히 소실되고 있다는 점이다. 왜냐하면 여성을 기억하기 위한 노력은 모자에 대한 기억을 적극적으로 억제했기 때문이다.

이러한 내용을 오개념에 적용하게 되면, 한 가지 시사점은 사람들에게 잘못 이해한 아이디어를 명확하고 정확하게 표현하도록 하는 것은 도움이 되며, 이를 통해 대체 개념을 접할 때 오개념을 억제하는 것이 가능하다는 점이다.

때때로 사람들은 태양의 근접성을 들어 계절을 설명하듯이 올바른 개념을 잘못된 상황에 적용한다. 뜨거운 것에 가까워지면 사물이 뜨거워지는 것은 맞지만, 계절을 설명하는 데는 잘못 적용된 것이다. 여기서 바로잡기는 이전 개념을 없애는 것이 필요한 것이 아니라 개념과 개념이 필요한 상황 사이의 연관성을 다시 조정하는 것을 필요로 한다. 앞선 내용과 마찬가지로, 사람들은 새로운 연상이(지구의 기울기) 이전 연상(태양과의 근접성)을 능가할 수 있도록 다양한 경험이 필요하다. 이는 사람들에게 개념을 잘못 적용했다고 말하는 것은 그다지 효과적이지 않다는 것을 의미한다. 왜냐하면 이는 대체할 수 있는 경쟁적인 연상을 구축하는 데 충분하지 않기 때문이다.

　　바로잡기의 첫 번째 단계는, 학생들이 오개념이나 추론 편향을 가지고 있을 수 있음을 인지하는 것이다. Sadler 등(2013)은 학생들의 잠재 오개념에 대한 교사들의 지식은 학생들의 학업 향상과 상관 관계가 있음을 보여 주었다. 대략 200명의 중학교 물리 교사와 10,000명의 학생들은 학기 초에 객관식 시험을 보았다. 또한 교사들은 학생들의 가장 흔한 답을 예측해야 했다. 다음은 시험에 사용된 문제와 각 답을 선택한 학생의 비율이다(Sadler et al., 2013, p.1030).

　　에릭[Eric]은 타고 있는 양초를 유심히 관찰하고 있다. 양초가 모두 탄 후, 그는 왁스가 어떻게 되었는지 궁금하였다. 에릭은 몇 가지 아이디어를 가지고 있다. 이 중 가장 동의하는 것은 무엇입니까?

　　　a. 양초 왁스가 보이지 않는 가스로 변하였다. (17%)
　　　b. 양초 왁스는 보이지 않고 공중에 떠 있다. (6%)
　　　c. 양초 왁스는 연소 이후 완전히 파괴되었다. (8%)
　　　d. 양초 왁스가 모두 녹아서 양초의 거치대 아래로 떨어졌다. (59%)
　　　e. 양초 왁스가 에너지로 변하였다. (10%)

　　연구 결과 59%의 학생들이 선택지 d를 선택하였는데 이는 학생들 사이에 비교적 흔한 오개념이 존재함을 보여준다. (정답은 a 이다.)
　　그 후 연구자들은 학생들이 1년 동안 얼마나 배웠는지를 측정하였다. 연구 결과 예상대로 교사의 시험 성적이 나쁘면 학생들의 성적도 크게 향상되지 않는 것으로 나타났다. 여기서 주목해서 볼 점은, 학생들의 오개념을 가장 잘 예측한 교사의 학생들 성적이 가장 많이 향상되었다는 것이다. 잘 가르치는 교사가 되기 위해서는 내용적 지식과 학생들이 해당 내용에 대해 어떻게 생각하는지에 대한 지식이 필요하다(Shulman, 1986). 교수내용지식(PCK: Pedagogical content knowledge)은 학생들이 혼란을 겪고 있는 지점과 이를 해결하는 방법을 포함한다(예: Ball et al., 2008).
　　예를 들어 물리학에서는 학생들의 오개념(예: Hestenes et al., 1992)과 추론 편향(예: Adams et al., 2006)을 밝히는 데 도움이 되는 이미 만들어진 평가

도구가 있다. 이미 만들어진 평가 도구가 없는 경우, 학생들의 오개념을 알 수 있는 한 가지 방법은 예측하기 – 관찰하기 – 설명하기(POE: predict – observe – explain) 주기를 사용하는 것이다(White & Gunstone, 1992). 학생들은 실험결과를 예측하고, 그 결과를 관찰한 다음(일반적으로 불일치), 자신의 가설이 왜 틀렸는지, 이를 어떻게 수정할 것인지에 대해 설명한다. 이 중 후반부는 학생들의 추론과 믿음이 드러나기 때문에 POE는 교수 활동을 결정하는 데 유용한 형성 평가라 할 수 있다.

때때로 교수자는 인지적 충돌이 학생들의 잘못된 이해를 고쳐줄 수 있다는 가정 하에 POE를 교수 활동의 수단으로도 사용한다. 증거는 이것이 그 자체로는 효과적인 전략이 아님을 시사한다(Limón, 2001). 사람들이 정확한 일반 원리를 배우지 않고도 잘못된 예측을 수정할 수 있는 많은 방법을 찾을 수 있기 때문에, 예측과 상충되는 결과에 의해 유발된 인지적 불균형만으로는 충분치 않다(예: Shemwell et al., 2015).

다음 단계는 오개념에 대해 실제 무언가를 하는 것이다. 마법 같은 해결책은 없지만 세 가지 교육적 기법은 특히 중요해 보인다. 첫째, 학생들의 사고 정교성을 높여 직관적인 믿음과 올바른 설명 사이의 차이를 인식할 수 있도록 한다. 정교성은 학생들이 새로운 아이디어와 결과를 자신의 얕은 사고 틀에 동화시키려는 자연스러운 경향으로부터 피할 수 있도록 도와주는데, 왜냐하면 이전 아이디어와 새로운 아이디어가 서로 맞지 않는다는 것을 인식할 수 있기 때문이다. 학생 탐구를 통해 과학을 가르친 Vosniadou 등(2001)은 학생들이 그룹을 이루어 구체적인 예측을 하고 그 예측에 대한 설명을 하는 등 자신의 믿음을 명확히 하는 것부터 시작한다. 또한 학생들은 정밀한 측정 방법을 배우고, 자주 혼동되는 용어(예: 힘과 에너지)를 구별할 수 있도록 함께 노력한다.

둘째, 학생들은 오개념을 대체할 수 있는 대안적 개념이 필요하다. 보스니아두Vosniadou와 동료들은 학생들에게 힘 벡터와 에너지 미터와 같은 외적 표상을 제공하여 학생들에게 현상에 대해 생각하고 설명할 수 있는 새로운 방법을 제공하였다. 또 다른 방편으로는 학생들이 다른 개념에 의존하도록 문제를 재구성하도록 도울 수 있다. 예를 들어 전류를 파이프에 흐르는 물이라고 생각하는 대신 터널을 통과하려는 사람들로 가득 찬 군중이라고 생각할 수 있다. (후자가 저항에 대해 생각하기 더 좋다.)

셋째, 새로운 설명이 오개념과 경쟁할 수 있는 힘을 키울 시간이 필요하다.

또한 학생들은 새로운 설명이 적용되는 상황의 범위를 배워야 한다. 보스니아두와 동료들은 학생들이 기본 개념을 더 깊이 배울 수 있도록 폭 넓은 과학 범위를 기꺼이 희생한다. 오개념을 바로잡는 것은 하루 아침에 이루어지지 않는다.

Ⅲ 바로잡기 학습의 결과

오개념과 추론 편향을 바로잡는 것은 사람들이 올바른 결론에 도달하는 데 도움이 된다. 현실 세계에서 이는 매우 광범위한 결과를 가져온다. 예를 들어 금융 중개인이 좋은 한 해를 보냈다고 해서 그 중개인이 다른 중개인보다 낫다고 보장할 수는 없다. 누군가는 우연히 좋은 한 해를 보낸 것처럼 당신의 중개인도 그럴 수 있다. 두 번째 결과는 새로운 관련 컨텐츠를 더 쉽게 배울 수 있다는 점이다. 이 장의 마지막에 간단한 예를 제시하겠다.

Ⅳ 바로잡기를 통해 스스로 가르치는 법을 배울 수 있을까?

일반적으로 사람들이 자신의 잘못된 개념이나 추론 습관을 바로잡는 법을 쉽게 배울 수 있다는 설득력 있는 증거는 없다. 그 이유는 간단하다. 사람들은 어떤 개념이나 추론 방식이 잘못되었는지, 어떻게 대체해야 하는지에 대해 모른다. 예를 들어 유럽 사람들은 오랫동안 지구가 평평하다고 믿었다.

스스로 교정하는 법을 배우기 위해서는 상반되는 정보에 주의를 기울이고 그에 따라 자신의 사고를 조절해야 한다. 여기서 문제는 사람들이 **확증 편향**Confirmation bias이라고 하는 또 다른 추론 편향을 가지고 있다는 점이다. 사람들은 아이디어들을 반증하기 위해서가 아니라 옳다는 것을 보여주기 위해 추론을 사용한다. 하나의 예로 희망적 사고wishful thinking를 들 수 있다. 사람은 검증되지 않은 가능성이 희박한 건강 해결책(예: 노화 방지약)에 수십억 달러를 사용한다. 때때로 사람은 단지 믿고 싶어서 모든 새로운 사실을 자신이 희망하는 믿음을 뒷받침하는 것으로 해석한다.

확증 편향은 깊숙이 자리 잡고 있으며 희망적 사고에만 의존하지 않는다. 그림 U.4는 Wason(1996)에 의한 유명해진 선택 과제를 보여준다. 카드 A와 4를

U

뒤집어야 한다고 믿는 사람은 확증 편향을 나타낸다. A는 올바른 선택이지만 4는 위의 규칙과 관련이 없다. 4가 적힌 카드의 다른 면에 모음이 있다면 이는 규칙을 확인한다. 만약 자음이 있다고 해도, 이는 규칙을 부정하는 것은 아니다. ("짝수가 있다면, 다른 면은 모음이어야 한다"고 규칙은 말하지 않는다.) 규칙 테스트를 위해서는 카드 7을 뒤집어야 한다. 카드 7의 다른 면에 모음이 있다면, 그 카드는 규칙에 위배된다. 이러한 설명이 잘 이해되지 않는다면 상황을 다르게 해서 생각해 보자. 그림 U.5를 살펴보자. 정답은 분명하다. 사람들은 허용이라는 사회적 문제로 프레임화할 때 훨씬 더 이 논리 문제를 잘 해결한다. 이 경우에는 직관적 추론 방식을 가져오는 것(요령을 사용하는 것)이 실제 도움이 된다.

카드의 한 면에 모음이 있으면, 그 카드의 다른 면은 짝수이다.
네 장의 카드가 이러한 규칙을 따르고 있는지 알아보기 위해서는 어떤 카드를 뒤집어야 할까?

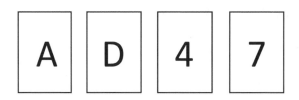

그림 U.4. 선택 과제(based on Wason, 1966).

술을 마시는 경우, 그 사람은 21세 이상이어야 한다.
네 명의 사람이 이러한 규칙을 따르고 있는지를 알아보기 위해 누구를 확인해 봐야 할까?

그림 U.5. 잘 알고 있는 사회적 규칙을 활용하면 선택 과제는 매우 쉬워진다.

사람들은 어떤 결과가 자신의 이론을 부정한다는 것을 인지하더라도 임시방편적인 추론을 적용할 수 있다. 사람들은 특별한 이유나 사례를 만들어 자신의 믿음을 유지할 방법을 찾는다. 이를 잘 나타내는 예로 스웨터가 열을 낸다는 자신의 이론을 테스트하기 위해 실험을 하는 어린이를 들 수 있다. 선생님은 스웨터에 온도계를 넣고 한 쪽에 두었다. 어린이들은 다음 날 온도계가 세 자릿수 온도를 나타낼 것이라고 예측하였다. 다음 날 아침에도 온도계가 상승하지 않자 어린이들은 온도계가 충분히 오래 있지 않았고 스웨터 안에 찬 공기가 들어왔다고 주장하였다(Watson & Konicek, 1990).

그래도 희망은 있다. 사람들은 특히 자신의 전문 분야에서 확증 편향을 피하는 방법을 배울 수 있다. Dunbar(2000)은 몇 달 동안 최고 수준의 생물학 연구실 비디오 회의를 녹화하였다. 그는 실험에서 주요 가설을 뒤엎는 결과가 나왔을 때, 과학자들이 이를 단순히 설명하려고만 하지 않는다는 것을 발견하였다. 과학자들은 결과를 설명할 수 있는 새로운 유형의 이론과 그 새로운 이론을 거짓으로 만들 수 있는 실험을 포함하여 결과에 대한 대안적인 설명을 고려하는 과정을 시작하였다. 따라서 사람들이 추론과 증거를 토대로 자신의 믿음을 바로잡을 수 있다는 희망이 있다. 하지만 이 과학자들은 자신의 전문 영역에서 그렇게 할 수 있도록 수십 년 동안 훈련을 받았다는 점을 기억하자. 집에서 지붕의 누수 원인을 찾으려고 할 때, 과학자들도 우리들처럼 확증 편향을 보이며 계속 같은(잘못된) 지점을 찾을 수 있다.

V 바로잡기의 위험성

바로잡기는 세 가지 주요 위험이 있다. 첫 번째 위험은 도움을 주기 위한 설명이 또 다른 오개념을 낳을 수 있다는 점이다. 예를 들어 어린이에게 세상은 평평하지 않고 공처럼 둥글다고 설명하면, 어린이는 충분히 멀리 걸으면 지구에서 떨어질 것이라는 오개념을 갖게 될 수 있다. 두 번째 위험은, 교사는 학생들이 절차를 적용하여 정답을 맞추는 것을 보고 학생들이 이해하고 있다고 착각할 수 있다. 여기에 인간 학습에 대한 깊은 진실이 숨어 있다. **절차의 가장 큰 강점은 이해하지 않고도 정답을 얻을 수 있다는 점이지만, 이는 가장 큰 약점이기도 하다.** 이러한 진실은 물리학 수업에서 힘 개념 검사지Force Concept Inventory의 개발로 밝혀졌다(Hestenes et al., 1992). 검사지는 그림 U.2와 유사한 항목으로 구성된 테스트이다. 교수는 이 테스트를 통해 학생들이 수식의 절차적 적용을 강조하는 테스트에서 비교적 잘 수행하였음에도 불구하고 뉴턴 물리학에 대해 깊은 오개념

U

을 가지고 있다는 사실을 발견하였다. 혹자는 교수들이 이미 확증 편향을 가지고 있었기 때문에, 학생들이 잘 배웠다고 믿고 싶었고 이에 반하는 증거는 검증하지 않았다고 제안할 수도 있다. 세 번째 위험은 교수자가 오개념을 강조하는 데 시간을 너무 사용하여 학생들이 무능하다는 느낌을 받을 수 있다는 것이다.

VI. 좋은 예와 나쁜 예

어린이가 다음과 같은 답을 하였다고 가정해 보자:

19	13	11
-6	-7	-9
······	······	······
13	14	18

나쁨: 어린이에게 정답은 13, 6, 12 라고 말한다.

좋음: 어린이가 다음과 같은 규칙을 학습했음을 인지한다. 작은 수에서 큰 수는 뺄 수 없다(예: 3–7). 어린이는 아마도 큰 수에서 작은 수를 빼야 한다고 생각했을 것이다(예: 7–3). 이는 두 번째 문제에서 14라는 답에서 왜 4가 나왔는지를 설명한다. 이러한 오개념을 해결하기 위해 어린이가 학습한 규칙이 참이 아님을 설명한다. 사실, 작은 수에서 큰 수를 뺄 수 있기 때문에 음수가 있는 것이다.

가장 좋음: 한 걸음 더 나아가 오답의 더 깊은 원인인 두 번째 오개념이 있다는 것을 알게 되었다. 어린이는 각 열을 별도의 뺄셈으로 여기며 3에서 7을 빼는 것이 아니라 13에서 7을 빼야 하는 것을 인식하지 못한다. 이러한 오개념을 해결하기 위해서는 근본적인 오개념을 바로잡기 위해 다시 돌아가야 한다. 그런 다음, 어린이가 올바른 자릿수 개념을 갖추었을 때, 처음부터 올바른 방법으로 숫자 옮기기를 다시 가르친다.

핵심 학습 메커니즘은 무엇인가?

바로잡기는 오개념과 잘못된 추론 방법을 식별하고 대체하는 과정이다.

예는 무엇이 있고 어떤 점에서 좋은가?

아이가 13 − 7 = 14라고 답하였다. 이는 단순 실수일까? 아니면 뭔가 깊은 원인이 있을까? 이 아이는 아마도 3에서 7은 뺄 수 없다고 생각해서 대신 7에서 3을 뺏을 것이다. 이러한 잘못된 생각을 바로잡기 위해서는, 아이에게 단순히 "숫자를 바꾸면 안 돼"라고만 말할 수는 없다. 이는 뺄셈이 한 번에 한 열만 의미한다는 뿌리 깊은 오개념을 해결할 수 없다. 바로잡기 위해서는 학생들이 13은 하나의 양을 나타내는 것임을 이해할 수 있도록 자릿수 개념을 가르쳐야 한다. 이렇게 하면 학생들이 향후 산술 개념을 학습하는 데 도움을 줄 수 있다.

한 신인 야구 선수가 올해의 선수상을 받고 스포츠 잡지의 표지에 실렸다. 다음 해에 이 선수가 전년도만큼 잘하지 못하자 사람들은 이를 언론의 주목으로 인한 방해 때문이라고 비난하였다. 이 설명은 인과적 추론을 사용하고 있지만 확률적 추론이 더 적합하다. 신인 선수가 다음 해에도 좋은 성적을 거두기 위해서는 아주 운이 좋아야 한다. 사람들은 불확실성 하에서 판단을 내릴 때, 일상적인 휴리스틱을 극복하기 위해 확률적 추론에 대한 많은 연습이 필요하다.

왜 효과가 있을까?

오개념과 잘못된 추론 방식은 대부분의 경우 유효하며, 이것들이 고착화되면 감지하기 어려워진다. 바로잡기는 내재된 문제를 식별하고, 잘못된 사고 방식을 대체할 수 있는 정신적 표상을 강화하는 데 도움이 된다.

핵심 메커니즘은 어떤 문제를 해결해야 하는가?

- 선생님들은 추후 학습에 방해가 되는 혼란이 있다는 것을 인식하지 못한다.
  - ‣ 물리학 교사는 학생들이 문제가 될 수 있는 확률적 직관 이론을 가지고 있다는 사실을 인지하지 못하고, 근본적인 원인보다는 증상만 교정한다.
- 사람들은 새로운 정보를 자신의 기존의 믿음에 맞추어 동화시킨다.
  - ‣ 사람들은 유행하는 다이어트를 뒷받침하는 정보에만 주의를 기울인다.

활용 방법의 예

- 학생들의 오개념을 드러내는 테스트 또는 과제 사용하기.
  ‣ 학생들에게 코일 튜브에서 발사된 구슬의 궤적을 예측하도록 물어보기.
- 믿음을 대체할 수 있는 대안적인 프레임워크 구축하기.
  ‣ 인과적 추론의 대안으로 확률 추론 가르치기.

위험성

- 선생님은 학생들이 절차적 과제를 해결하기 때문에 이해한다고 생각한다.
- 한 오개념에 대한 해결책이 또 다른 오개념을 낳을 수 있다.
- 끊임없이 오개념을 강조하면 사람들이 무능하다고 느낄 수 있다.

V is for Visualization

시각화

– 정보를 이해하기 쉽게 만드는 구조 만들기 –

Visualization 시각화
정보를 이해하기 쉽게 만드는 구조 만들기 _____

시각화(VISUALIZATION)는 정보를 외부에 표현하는 공간적 표상의 과정으로, 구조를 발견하고 정보를 효과적으로 정리하는 데 유용한 전략이다.

사람들은 종종 시각화를 통해 효과적으로 의사소통할 수 있는 최선의 방법을 알고 싶어 한다(McElhaney et al., 2014). 그러나 이 장에서는 학습자가 자신만의 시각화를 만들도록 하는 주제에 대해 논의하겠다. 시각화는 많은 이점이 있음에도 불구하고 교수 활동에 드물게 포함되는데, 이 장에서 중요하게 다루어 보겠다.

지도, 다이어그램, 스케치, 벤 다이어그램 모두 외부에 표현된 시각화이다. 각종 업무 보고서, 교과서, 신문에서 이러한 외부 시각화 자료를 찾을 수 있다. 그 이유는 공간적 표상은 사람들이 구조를 보고 정보 간의 관련성을 찾는 데 도움을 주기 때문이다. 자신을 위해 시각화하는 것도 동일한 이점을 준다. 한 예로 다음 문제를 풀어 보자:

3번가는 4번가의 북쪽이다. 피치 에비뉴는 3번가와 4번가를 수직으로 가로 지른다. 4번가와 피치의 남동쪽 코너에는 커피숍이 있다. 3번가와 피치의 북서쪽 코너에는 찻집이 있다.

커피숍에서 찻집으로 걸어갈 때 몇 번 길을 건너야 할까?

그림 V.1에 제시한 것과 같이 지도를 그린다면 해당 문제의 답을 손쉽게 찾을 수 있을 것이다. 지도는 거리의 전체적 배열을 파악하고 커피숍에서 찻집까지의 다양한 경로 검색을 쉽게 한다.

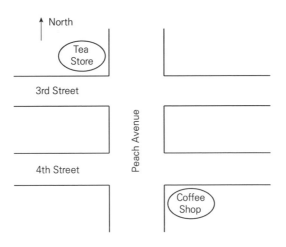

그림 V.1. 지도는 공간적 관계에 대한 추론을 쉽게 한다.

다이어그램과 지도는 참조 대상의 공간 구조를 공유하며, 어떤 공간 관계를 그대로 두고 어떤 세부사항들을(예: 커피숍의 모양) 제외할지에 대한 많은 결정을 거쳐 만들어진 추상화이다. 일부 상징적 시각화는 훨씬 더 추상적이어서 참조 대상과 전혀 닮지 않을 수도 있다. 다음의 논리 표현을 살펴보자.

모든 X는 Y다. Z가 아닌 것은 Y다.

그림 V.2에서 X, Y, Z가 무엇을 나타내는지는 그렇게 중요하지 않다. 그럼에도 논리적 전제를 시각화하는 것은 지도와 비슷한 이점을 준다. 그림 그리기는 관계를 정리하고 질문에 쉽게 답할 수 있는 공간 구조를 만든다. 오일러^{Euler} 다이어그램만 있으면 "X도 Z인가요?"라는 질문에 답을 할 수 있다.

V

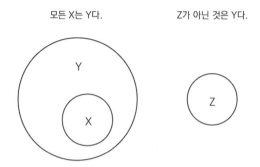

모든 X는 Y다.　　　　　Z가 아닌 것은 Y다.

그림 V.2. 오일러 다이어그램은 논리적 관계에 대한 추론을 쉽게 만들어 주는 시각화이다.

시각화는 위치와 순서를 활용할 때 텍스트 기반으로도 구현할 수 있다. 원소 주기율표는 행, 열, 영역이 원자 간의 중요한 속성과 관계를 식별하는 텍스트 기반 행렬의 인상적인 예이다. 역사상 가장 위대한 시각화 형식을 결정하는 것은 재미있는 논쟁이다. 우리 저자는 x, y 좌표를 사용한 데카르트 그래프^{Cartesian graph}에 투표하겠다.

I　시각화의 작동 방식

시각화는 아이디어와 정보를 공간적으로 정리하여 외부에 표현하는 데 달려 있다. 예를 들어 건축가는 가능한 레이아웃을 스케치하여 어떤 형태가 나타날지 확인할 수 있다. 물론 건축가의 이러한 스케치가 머릿속에서 나온 것이지만, 이들은 스케치 속에서 새로운 패턴을 보기를 원한다. 사람들은 자신의 생각을 글로 쓸 때도 비슷한 발견 과정을 겪지만 시각화는 보다 더 구체적인 이점을 가져다준다.

인지를 분산하기

시각화는 한꺼번에 너무 많은 정보를 유지해야 하는 것에 대한 부담을 줄여준다. 이는 **분산 인지**^{distributed cognition}의 한 형태로, 기억 저장소 역할을 한다. 로이 피(Roy Pea)는 분산 인지의 이점을 다음과 같이 설명한다:

사고의 중간 결과물을 외부로 드러내자... 그러면 이것들을 분석하고 성찰하고 토론할 수 있다. 주의와 기억의 왜곡과 한계에 영향을 받는 일시적이고 개인적인 사고 과정은 "포착"되어 안정적인 전달 매체에 구현되며, 그 자체로 분석의 대상이 될 수 있는 사고의 흔적, 개념 또는 원리 등을 제공하게 된다(1987, p.91).

그림을 그리면 기억을 더듬거나 그 당시에 어떤 생각을 하고 있었는지 잊어버릴 필요 없이 시각적으로 정보를 찾을 수 있다.

관계적 명확성

시각화의 특별한 이점은 그림이 단어보다 관계성이 더 명확하다는 점이다. 예를 들어 다음 문장 쌍을 살펴보자:

십자가는 직사각형 위에 있다. 삼각형은 직사각형 옆에 있다.

옆에 라는 표현은 애매하다. 그림을 그리는 경우, 삼각형을 사각형의 왼쪽 또는 오른쪽에 둘지 명확히 해야 한다. 또한 사각형의 모양(예: 정사각형, 긴 직사각형, 또는 넓은 직사각형)도 정해야 한다. 시각화는 언어적으로 모호한 관계를 공간적으로 구체화하여 관계 구조를 찾을 수 있게 한다.

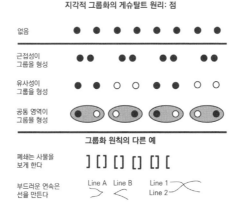

그림 V.3. 그룹화의 몇 가지 게슈탈트 원칙의 예시들. 시각적 시스템은 분리된 요소들 사이에서 자동으로 구조를 찾는다. 첫 번째 예는 8개의 점으로 시각적 그룹을 만드는 세 가지 방법을 보여준다. 나머지 예는 두 가지 다른 게슈탈트 원리를 보여준다: 사람들은 선과 가장자리를 닫을 수 있거나 계속할 수 있는지에 따라 하나의 시각적 개체를 보게 된다.

공간 표현의 명확성으로 인해 그림 그리기는 이해도를 평가하는 훌륭한 방법이며, 학생들에게 재미도 부여한다. 여러 친구들에게 지진의 원인을 보여주는 그림을 그려보라고 해 보자. 학생들의 이해도 차이를 확인할 수 있게 될 것이다.

새롭게 드러나는 구조

시각화의 세 번째 이점은, 시각 시스템이 공간 배치에 자연스럽게 구조를 부여한다는 점이다. 사람들은 자신의 생각을 묘사할 때, 예상치 않았던 새로운 패턴을 발견할 수 있다. 게슈탈트 심리학자들은 사람들이 구성 요소에서 전체적인 구조를 발견하는 방법에 관심을 가졌다. 막스 베르트하이머(Max Wertheimer, 1923/1938)는 시각적 구조를 만들어 내는 다수의 원리를 발견하였다. 그림 V.3은 이러한 원리의 일부를 보여준다. 공통 영역 행은 묶여 있는 영역의 내부의 점들이 비교적 멀리 떨어져 있고 다른 색일지라도 그룹으로 보여지게 하는 것을 나타낸다. 시각 시스템은 이러한 작업을 손쉽게 한다.

그림 V.4. 시각화의 구조는 해석을 불러일으킨다. 미국 농무부의 적절한 식단에 대한 세 가지 다른 시각화.

해석의 용이성

시각화의 네 번째 이점은, 사람들이 시각적 구조를 쉽게 해석한다는 점이다. 익숙한 모양, 크기의 차이, 표현 규칙은 해석을 유도한다. 그림 V.4는 미국 농림부(USDA: the U.S. Department of Agriculture)의 식품 권장사항의 변화를 보여준다. 왼쪽에는 1992년 식품 피라미드로 하단의 곡물 기반 식품이 기초가 되는 음식으로 더 많이 먹어야 한다는 추론을 불러일으킨다. 중앙에 있는 2006년 식품 피라미드는 이러한 기초적 해석을 불러일으키지 않으며, 삼각형 모양에 기반한 어떤 해석도 일으키지 않는다(어쨌든 사람이 음식에서 멀리 떨어진 삼각형 위를 오르는 이유는 무엇일까?). 미국 농림부는 피라미드 모양을 버리고, 음식의 양을 접시에 매핑하는 더 구체적인 표현을 채택하였다.

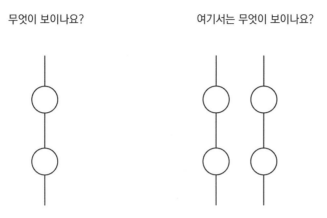

무엇이 보이나요?　　　　　　　　여기서는 무엇이 보이나요?

그림 V.5. 시각적 구조 재구성하기. 왼쪽 그림부터 시작하기. 이것이 무엇을 나타내는지 결정하기. 그런 다음 오른쪽 그림을 보고 이것이 무엇을 나타내는지 결정하기.

재구성하기

공간 표현을 재해석하려는 의식적인 노력은 사람들이 본 것을 재구성하는 데 도움을 줄 수 있다. 그림 V.5의 왼쪽 그림을 보자. 이는 무엇을 나타내는 걸까? 어떤 사람들은 이쑤시개에 꽂힌 올리브 두 개로 생각할 수 있다. 다른 사람들은 옆으로 나는 프로펠러 비행기로 생각할 수도 있다. 자 이제 그림의 오른쪽을 보자. 무엇을 나타내는 걸까? 종종 사람들은 무엇이든 자신이 왼쪽에서 본 것의 한쌍으로 말할 것이다. 잠시 후에 알려드리겠다. 알려 드릴 때 두 개의 수직선이 어떻게 재구성되는지 주목해 보자.

오른쪽 그림은 나무의 뒤편에 달라붙은 새끼 곰을 나타낸다. 두 개의 수직선이 두 개의 분리된 선이 아닌 하나의 도형 나무가 된 것을 눈치챘는가? 시각적 재구성의 가능성은 하나의 해석에 얽매이지 않는 것이 좋은 이유 중 하나이다. 그렇지 않으면 이미지가 나타낼 수 있는 다른 구조를 놓칠 수 있기 때문이다.

V

상징적 시각화를 위해서는 어떤 기호, 표현 등을 사용할지 선택이 필요하다. 계층적 트리hierarchical tree 또는 간트 차트Gantt Chart(프로젝트를 관리할 때, 업무별 일정을 막대 형식 등으로 표현하여 프로젝트 일정 관리를 용이하게 하는 도표-옮긴이)를 사용해야 할까? 선은 벤 다이이어그램처럼 경계를 나타낼까, 아니면 데카르트 그래프처럼 양을 나타낼까? 강의 흐름을 표현하기 위해 화살표를 넣어야 할까? 서로 다른 시각적 표현은 해석이나 문제 해결에 많은 영향을 주는 다른 구조적 가능성을 드러낸다(Zhang, 1997). 재미로 분자molecule 이미지를 검색해 보자. 각각의 다른 시각적 방법은 서로 다른 구조적 속성을 강조한다. 어떤 시각적 방법을 선택하느냐에 따라 발견하는 구조에 많은 영향을 미치므로, 한 가지 접근법에 몰두하기 전 다양한 접근법을 시도해 보는 것이 좋다.

글쓰기나 프레젠테이션을 준비하는 과제를 생각해 보자. 포함시키고 싶은 다양한 아이디어, 사실, 정보가 있다. 단조로운 글머리 기호 목록은 청중이나 본인 스스로 이해하는 데 크게 도움이 되지 않는다. 대신 가능한 많은 요점들을 정리하는 데 도움이 되는 일종의 구조를 찾을 필요가 있다(나머지는 그냥 두어야 한다). 사람은 종종 글을 쓰려 할 때 글의 개요를 잡기 위해 II.A, II.B와 같은 소제목을 사용한다. 계층은 구조를 만들기 위해 활용 가능한 다양한 방법 중 하나이다. 또 다른 전략은 포함하고 싶은 내용을 모두 적는 것이다. 그런 다음 이러한 정보를 정리하기 위해 다양한 시각화를 만들기 시작한다. 이 과정은 스케치와 비슷하지만 익숙한 시각적 규칙들을 따라야 한다. 벤 다이어그램, 계층적 트리, 이차원 그래프, 은유적 풍경 등을 시도해 볼 수 있다. 시각화 과정은 정보를 정리하는 구조를 찾는 데 도움이 된다. 다양한 시각화를 계속 진행해 보자. 자신만의 시각화 방법을 만들어 내는 것을 두려워하지 말자(아마 벤 다이어그램과 데카르트 그래프를 혼합하는 방법도 있을 것이다). 아이디어를 조직하기 위한 효과적인 시각적 구조를 찾았다면, 잘 구조화된 글을 쓰거나 강연을 하는 과제가 훨씬 수월해질 것이다.

유용한 시각적 자료를 만들기 위해 시각화나 그래픽 디자인 전문가가 될 필요는 없다. DiSessa와 Sherin(2000)은 사람들의 놀라운 시각화 능력을 메타표상 능력meta-representational competence이라고 불렀다. 한 예로 Schwartz(1993)는 청소년들에게 질병 전염에 관한 내용을 정리하기 위해 자신만의 시각화를 만들어보도록 하였다. 학생들은 "F는 B에게 질병을 전염시킬 수 있고, E는 F에게 질병을 전염시킬 수 있고, B는 E와 D에게 질병을 전염시킬 수 있다."와 같이 적혀진 명제를 받았다. 학생들은 자신이 그린 시각화가 질병이 발생하였을 때 의사가 다음에 백신을 접종할 최적의 그룹을 결정하는 데 도움이 될 것임을 배웠다. 그림 V.6은 학생들의 영리한 해결책을 일부 보여준다. 이러한 표현들은 복잡한 언어적 정보를 시각적 형식으로 추출하여 전염 경로를 쉽게 파악할 수 있게 한다. 비슷한 사례로, 통계적 개념을 배운 초등학생을 통해 살펴본 사례는, Lehrer와 Schauble(2000)을 참조하자.

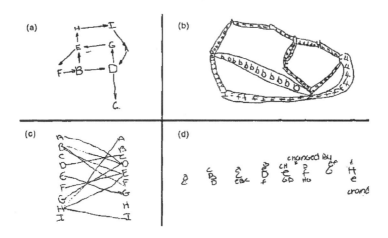

그림 V.6. 청소년들이 질병 감염의 패턴을 시각화한 도식적 예시들(Schwartz, 1993).

Ⅲ 　시각화의 결과

예전에 학교 교육을 받은 사람들은 그림 수업을 들었지만 이제는 아니다. 학교는 여전히 학생들이 시각적 표현을 해석할 수 있도록 돕는 것에 관심을 가지지만, 학생들이 스스로 자신만의 시각화를 제작하는 방법을 배울 수 있는 기회는 거의 제공하지 않는다. 이상적으로 그래픽 도구의 발전과 공유 기술의 발전은 시각화를 학교 교육과정에 다시 포함되게 할 수도 있다. Ainsworth 등(2011)은 다음과 같은 이유로 시각화를 과학 교육과정에 도입해야 한다고 주장한다.

- 학생 참여를 증진시키고,
- 학생들이 정보를 어떻게 표현하는지 배우는 데 도움을 주고,
- 학생들이 과학에서 추론하는 법을 배우는 데 도움을 주고,
- 과학적 데이터와 모델을 전달하는 주요한 방법이며,
- 학습 전략이다.

여기서는 주로 새로운 관계를 발견하고 이러한 관계를 정돈된 구조로 나타내는 전략으로서 시각화에 초점을 두겠다. 창의성이나 어떤 새로운 것을 발견하기 위한 모든 전략들이 그렇듯이 성공을 보장할 수는 없다. 스티커 노트를 정리하고 재정리하는 것이 항상 효과가 있는 것은 아니지만 여전히 좋은 아이디어다. 시각화는 성공 확률을 높여 준다.

좋은 공간적 조직은 사람들이 방대한 정보를 검색하는 데 도움을 줄 수 있다. 기차 시간표는 모든 장소의 출발과 도착 시간을 쉽게 찾을 수 있도록 정보를 정리한다. 눈은 각 위치에서 기대할 것을 알고 있으므로 빠르게 이동할 수 있다. 반면에 기차 시간표와 위치가 여러 단락으로 적혀 있다고 가정해 보자. 정보를 찾기 위해 어디를 봐야 할지 알 수 없으므로 원하는 정보를 놓치지 않으려면 추측하거나 처음부터 차례대로 찾아봐야 할 것이다.

IV 시각화를 통해 스스로 가르치는 법을 배울 수 있을까?

사람들은 다른 사람들로부터 배운 시각화를 활용하는 법을 배울 뿐만 아니라 새로운 문제를 다루기 위해 자신만의 시각화를 만드는 법도 배운다. 청소년을 대상으로 실시한 연구는 사람들이 시각화의 활용과 발명을 새로운 상황에 전이할 수 있음을 보여 준다(Schwartz, 1993). 학생들은 시각화에 대한 교육 시작 2주 전에 과학 문제가 담긴 문제지를 받았다. 문제지 중간에는 복잡한 인과 관계와 관련이 있는 과학 문제(예: 먹이 그물)가 있었다. 마찬가지로 교육이 있은 지 2주 후, 학생들은 또 다른 문제지를 받았고, 문제지 중간에는 다른 복잡한 문제가 있었다. 두 문제 모두 한 개체가 다른 개체에 어떻게 영향을 미치는지를 보여주는 경로 다이어그램에 적합한 문제였다(예: 그림 V.6a 참조). 연구 문제는 학생들이 문제 해결을 돕는 시각화를 자발적으로 구성할 수 있는지에 대한 것이었다.

학생들은 사전 테스트와 사후 테스트 사이에 시각화에 대한 수업을 이수하였다. 학생들은 복잡한 정보를 받고 자신만의 시각화를 만들어 보았다. 그 후 교수자는 이러한 유형의 문제에 전문가들이 사용하는 시각화를 보여주었다. 하루에 한 가지씩 세 가지 유형의 시각화를 보여 주었고, 학생들은 두 가지 가능한 시각화 순서 중 하나를 완료하였다. 주요한 차이점으로는 한 그룹은 경로 다이어그램을 만드는 법에 대해 배웠고, 다른 그룹은 그렇지 않았다는 점이다.

경로(path) 조건: 매트릭스 → 경로 다이어그램 → 순열 목록

비경로(no-path) 조건: 매트릭스 → 데카르트 그래프 → 순열 목록

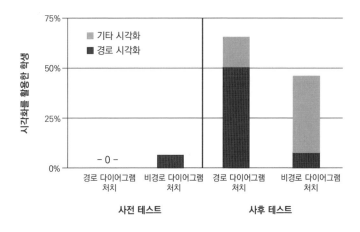

그림 V.7. 수업 전후의 자발적 시각화 사용(Schwartz, 1993).

그림 V.7은 사전 테스트에서 매우 소수의 학생만이 시각화를 만드는 것을 보여준다. 사후 테스트에서는 문제에서 시각화를 하라고 제시하지 않았지만 학생들은 복잡한 문제를 해결하는 데 도움이 되는 시각화를 훨씬 더 많이 만들었다. (학생들은 워크시트의 여백에 그림을 그려 넣었다.) 특히 주목할 만한 점은 경로와 비경로 조건의 차이점이다. 경로 조건에서는 학생들이 시각화한 것의 78%가 경로 다이어그램이었다. 경로 조건의 학생들은 경로 다이어그램에 적합한 정보들을 인식하는 법에 대해 배웠고, 시간을 들여 만들 정도로 경로 다이어그램의 가치를 높이 평가하였다. 이는 자발적 전이를 잘 보여주는 사례이다. 더욱 설득력이 있는 점은, 비경로 조건에서 50%에 가까운 학생들도 시각화를 했

다는 점이다. 비경로 조건 학생들은 경로 다이어그램에 대해 배운 적이 없었기 때문에, 그들이 시각화한 것의 18%만이 경로 다이어그램이었다. 대신 그들은 복잡한 정보를 시각화하는 아이디어를 가져와 사후 테스트에서 자신만의 표현을 만들었다.

사람들이 시각화가 얼마나 도움이 되는지 배우게 되면 시각화를 활용할 가능성은 높아진다. Martin과 Schwartz(2009)는 과학 전공 학부생과 대학원생에게 일련의 진단 문제를 제시하였다. 학생들은 12쪽 분량의 종이를 받았으며 각 페이지에는 이전 환자의 증상과 질병이 기술되어 있었다. 학생들은 정보를 사용해서 새로운 환자를 진단해야 했었다. 각 대학원생은 종이에 적혀 있던 정보를 시각화(예: 증상별 질병 매트릭스 제작)하고 나서 첫 번째 신규 환자를 진단하였다. 최대 12분의 시간이 소요되는 시각화를 만든 이후에, 이들은 더 이상 원래의 12쪽의 종이를 참조하지 않았다. 반면 82%의 학부생들은 새로운 환자를 바로 진단하였다. 이들은 각 환자마다 종이를 찾으며 시각화를 만들지 않았다. 해당 연구의 저자들은 대학원생들이 자신의 데이터를 다루고 무슨 일이 일어나고 있는지 이해하기 위해 더 많은 경험을 가졌을 것으로 추측하였다. 대학원생들은 초반엔 시간이 많이 걸렸겠지만 데이터를 시각적으로 정리하는 것의 가치를 느꼈다.

V 시각화의 위험성

시각화 시스템은 패턴을 찾는 데 탁월하지만 그림 V.8에 제시된 것처럼 시각은 상충되는 해석을 동시에 허용하지 않는다(Schwartz & Heiser, 2006). 이는 다른 가능성을 희생하면서 한 가지 패턴에 지나치게 집착할 위험이 있다. 한 가지 해석에 몰두하게 되면 다른 가능한 해석은 차단될 수 있다. Csikszentmihalyi와 Getzels(1970)은 화가들의 창의성을 연구하였다. 화가들은 정물화를 그리기 위한 사물을 받았다. 어떤 화가들은 사물들을 배치하고 빠르게 그림을 그리기 시작했다. 이들은 보아야 할 것에 대한 초기 해석을 일찍이 형성하고 그 해석을 실행하는 데 시간을 사용하였다. 다른 화가들은 그림을 그리면서 계속해서 사물들을 재배치하였다. 이들은 새로운 해석을 개발하기 위해 노력하였다. 후자 화가 그룹의 그림은 훨씬 더 창의적으로 평가되었으며, 이 화가들은 수년 후에도 성공적인 예술가로 활동할 가능성이 더 높았다(Csikszentmihalyi, 1990).

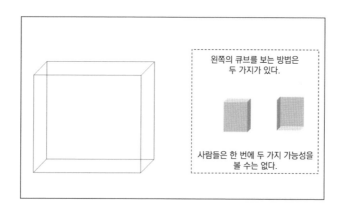

그림 V.8. 넥커 큐브Necker cube. 시각 시스템은 확정적이어서, 두 가지 대안을 동시에 볼 수 없다
(Schwartz & Heiser, 2006).

조기 해석의 위험성을 간략히 요약해 보면, 언어 장막verbal overshadowing을
초래할 수 있다는 점이다. 시각 정보에 대한 언어적 설명이 추가적인 시각적 패
턴 발견을 방해할 수 있다. 분명한 예로, Schooler와 Engstler—Schooler(1990)
는 사람들에게 눈에 띄는 개인이 포함된 비디오를 보여 주었다. 어떤 사람들은
비디오에 보여진 인물의 얼굴을 묘사해야 했으며, 또 다른 사람들은 그렇게 하
지 않아도 되었다. 얼굴을 묘사했던 사람들은 나중에 그 사람을 더 잘 알아보지
못하였다! 이들은 시각적 기억 대신 덜 정확한 언어 기억에 의존하였다.

조기에 해석을 종결하는 위험을 완화하기 위해 여러 가지 다른 시각화를
명시적으로 만들 수 있다. 본인이 만든 벤 다이어그램에 만족하지 말고 동일한
정보를 가진 2 × 2 테이블도 만들어 보자. 이를 통해서 처음 떠오른 아이디어
를 다듬는 데 그치지 않고 가능한 다양한 시각적 구조를 볼 수 있다(Dow et al.,
2010). 교실에서는 학생들 간의 자연스러운 다양성을 활용할 수 있다. 학생들은
개별적으로 또는 소그룹으로 작업하여 자신의 표현물을 만든 다음, 시각화된 것
중에서 가장 좋은 부분을 찾도록 하며 함께 협력할 수 있다. 거기서, 학생들은
과제에 가장 적합한 최종 표현을 만들 수 있다(Danish & Enyedy, 2007).

시각화의 두 번째 위험은, 학생들이 맹목적으로 시각화 과정을 따라할 수
있다는 점이다. 예를 들어 Heckler(2010)는 학부생에게 물리학 단어 문제를 주
었다. 절반은 단어로 된 문제만 받았다. 나머지는 물리학 수업 초반에 배운대로

V

다이어그램을 먼저 만들라는 지시를 받았다. 다이어그램을 만들라고 들은 학생들은 문제를 더 잘 풀지 못하였다! 그들은 시각화를 도구가 아닌 일종의 귀찮은 일로 여겼다. 이러한 결과는 학생들에게 문제를 푸는데 도움을 주는 시각화를 사용하라고 하는 것이 나쁘다는 의미가 아니다. 시각화는 유용한 학습 전략이다. 오히려 시각화가 너무 절차화되거나 정해져 있어 더 이상 학생들이 구조를 발견하는 것을 지원하지 않을 때 위험이 발생한다.

Ⅵ 좋은 예와 나쁜 예

누군가 시각화의 주요 네 가지 요소를 시각화하라는 과제를 받았다고 상상해 보자(그리고 그 사람이 네 가지 요소의 의미를 이해한다고 가정해 보자):

1. **유연한 추상화**: 포함할 요소 결정
2. **조합**: 요소들 통합
3. **구조 차용**: 기존 표현 방식들의 통합
4. **재해석**: 새로운 방식으로 관계 보기

끔찍한 접근 방식은 "나는 공간적으로 생각하는 사람이 아니어서 이것을 할 수 없어"로 시작된다. 공간적 사고는 매우 많은 별개의 기술들로 구성되어 있으며(Newcombe & Shipley, 2015), 사람이 모든 기술에 너무 형편 없어서 시각화가 쓸모 없을 가능성은 거의 없다. 또한 217개의 연구를 분석한 메타 분석 연구는 연습을 통해서 공간 능력이 향상됨을 확인하였다. 사람들이 자신을 어떻게 평가하든, 시각화는 하고자 하는 의지에 달려 있는 것이지 공간적 능력에 달려 있는 것은 아니다.

더 나은 접근 방법은 몇 가지 다른 가능성을 스케치해 보는 것이다. 그림 V.9의 상단은 Martin과 Schwartz(2014)가 만들었으나 발표하지 않은 두 가지의 초기 시각화를 보여준다. 벤 다이어그램은 사람들이 시각화 과정에서 네 가지 주요 구성요소를 결합할 수 있다는 아이디어를 포착하였다. 두 개의 수평선은 시각화를 차원화하려는 저자들의 시도를 보여 준다. 하단은 두 가지 아이디어를 통합된 매트릭스 형식으로 통합한 것이다. 최종 시각화가 이상적이든 아니든 시각화의 과정은 원래의 네 가지 주요 구성 요소 목록을 넘어선 구조를 깨닫게 만든다.

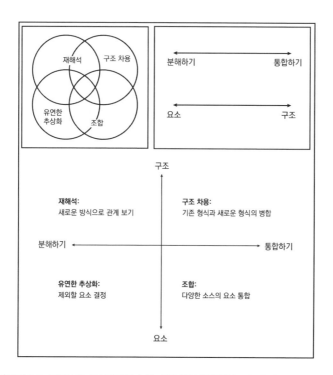

그림 V.9. 최종적으로 하단 패널의 결과를 낳는 점진적 시각화(Martin & Schwartz, 2014).

핵심 학습 메커니즘은 무엇인가?

시각화를 사용하면 아이디어와 정보를 정리하는 데 도움을 준다. 관련된 예로는 지도, 다이어그램, 스케치, 그래프, 벤 다이어그램, 의사결정 트리, 매트릭스를 들 수 있다.

예는 무엇이 있고 어떤 점에서 좋은가?

1900년대 초기, 해리 벡Harry Beck은 런던 지하철의 시각화 자료를 만들었다. 이는 정확한 지리적 세부사항보다 지하철 승객에게 더 적합한 구조를 고려하였으며 거의 모든 지하철 시스템에서 사용되는 현대 지하철 지도로 이어졌다. 시각화는 복잡한 정보를 정리하기 위한 전략이다. 시각화는 많은 과학적 주제에서 확인되었듯이 본질적으로 공간 정보에 효과적이다. 또한 시간을 나타내는 달력의 경우처럼 비공간적 정보에도 효과적이다. 시각화는 사람들이 학습과 향후 문제 해결 능력을 향상시키는 새로운 구조를 발견하는 데 도움을 줄 수 있다.

왜 효과가 있을까?

아이디어를 공간적으로 조직하면 시각 시스템이 패턴을 찾는 데 도움이 된다. 시각 패턴은 구조의 발견, 새로운 해석, 효율적인 정보 검색을 지원한다.

핵심 메커니즘은 어떤 문제를 해결해야 하는가?

- 사람들은 자신의 아이디어 구조화 방법을 생각하지 못한다.
  - ‣ 프레젠테이션은 프레임워크를 제공하기보다는 마치 일련의 아이디어의 나열이다.
- 사람들은 복잡한 정보에 압도당한다.
  - ‣ 택시 운전사는 도로와 최적의 경로를 배워야 할 필요가 있다.
- 학생들의 생각이 너무 모호하다.
  - ‣ 학생이 "땅이 충돌해서 지진이 일어난다"고 말한다.

활용 방법의 예

- 프레젠테이션을 구성하기 위해 시각화 만들기.
  - ‣ 벤 다이어그램 제시하기. 각 원에 대해 설명하고 중첩되는 부분에 대해

설명하기.

- 대안을 제시하는 데 도움이 되는 공간 표현 사용하기.
  ‣ 과정의 순서와 의사 결정 지점을 보여주는 플로우 차트^{flow chart} 만들기.
- 복잡한 상황을 그려서 모든 요인을 추적할 수 있게 하기.
  ‣ 사회적 상황에서 다양한 영향 경로를 그려보기. 정보를 시각화하는 여러 가지 방법을 시도해 보는 것이 유용할 수 있다.

위험성

- 사람들은 조기에 결론을 내리고 다른 가능한 구조를 놓칠 수 있다.
- 사람들은 시각화를 구조 발견을 위한 방법이기보다는 따라야 하는 번거로운 일로 여긴다.
- 사람들은 자신이 공간적 사고를 하는 사람이 아니므로 시각화를 할 수 없다고 생각한다.

W
is for
Worked Examples

풀이된 예제

- 기술과 절차 습득하기 -

Worked Examples 풀이된 예제

기술과 절차 습득하기 _____

풀이된 예제(WORKED EXAMPLES)는 전문가 해결 방법을 모델링한 것으로, 초보자는 전문가의 절차와 설명을 따라 비슷한 문제를 스스로 해결하는 방법을 배울 수 있다.

교수 활동에 있어 주요한 과제는 사람들이 학습을 시작할 수 있도록 도움을 주는 것이다(P장 참조). 풀이된 예제는 초보자들이 스스로의 힘으로 문제를 풀어야할 때 불필요하게 허둥댈 수 있는 경우에 특히 유용하다. 예를 들어 당신이 친구의 자전거를 빌렸다고 가정해 보자. 타이어에 펑크가 났다. 당신은 자전거를 고쳐야 하지만 그 방법에 대해 알지 못한다. 당신은 어떻게 할 것인가?

(a) 수리를 위해 누군가를 고용한다.
(b) 스스로 수리하는 방법을 알아내려고 한다.
(c) 다른 사람이 타이어를 수리하는 것을 관찰한다.
(d) 타이어 수리방법에 대해 단계별로 알려주는 유튜브^{YouTube} 영상을 본다.

만약 돈이 있고 손을 더럽히고 싶지 않다면, (a)가 좋은 선택이다. 그렇지 않다면 더 나은 선택은 풀이된 예제인 (d)이다. 풀이된 예제는 스스로 문제를 해결하는 (b)와 다르다. 풀이된 예제는 직접 해결해야 하는 대신 보여주기만 하면 된다. 또한 풀이된 예제는 단순히 관찰하는 (c)와 다르다. 풀이된 예제는 과제를 완성하기 위한 단계를 세분화하고, 각 단계의 이유를 설명해 주기도 한다. 각각 분리된 단계를 강조하여 표시하는 것은 사람들이 취해야 할 각 동작을 알아차리는 데 도움이 되며, 설명은 사람들이 각 단계를 이해하여 특정한 상황에(동영상과 다소 다를 수 있는) 맞게 적용할 수 있도록 돕는다.

I 풀이된 예제의 작동 방식

먼저 간략히 말하자면 풀이된 예제는 관찰 학습을 확장한다(O장 참조). 사람은 관찰을 통해 타인을 모방하는 법을 배울 수 있다. 풀이된 예제는 관찰이 본래 가지고 있는 두 가지 어려움을 해결하는 데 도움이 된다. 첫 번째 어려움은, 학습자가 관찰한 행동을 단순하고 모방 가능한 요소로 세분화하는 것을 어려워할 수 있다는 점이다. 예를 들어 저글링^{juggling}은 여러 움직임이 동시 다발적으로 빠르게 일어난다. 학습자는 공중에 떠 있는 공, 손 움직임, 저글러의 다리 자세에 주의를 기울여야 할까? 풀이된 예제는 이러한 요소들을 세분화해서 학습자가 각 요소를 보고 연습할 수 있게 한다. 관찰 학습의 두 번째 어려움은, 사람들은 모델이 무엇을 생각하고 있는지 모를 수 있다는 점이다. 이는 특정 행동의 목적을 파악하기 어렵게 만들어, 불완전한 모방을 초래한다. 예를 들어 저글러는 특정 동작을 보다 화려한 스타일로 표현할 수 있다. 이러한 동작이 관객을 즐겁게 하기 위함임을 모른다면, 학습자는 항상 그 스타일을 모방하기 위해 노력할 수 있다. 좋은 풀이 예제는 각 행동 요소에 대한 목표와 이유를 설명한다. 이를 통해 학습자는 행동의 어떤 요소가 중요한지 그리고 자신의 목적에 맞게 적용할 수 있는지 파악할 수 있다.

풀이된 예제는 인간 모델 없이도 작동할 수 있다. 풀이된 예제는 누군가가 각 단계의 풀이 과정을 써서 보여주지 않더라도, 일련의 대수 변환^{algebraic} ^{transformations} 단계를 한 줄에 하나씩 나타낼 수 있다. 비록 사람이 없더라도 풀이된 예제는 전문가의 풀이 과정을 보여주며 이상적으로는 전문가의 생각도 보여준다.

대수학^{algebra}이나 학교에서 하는 다양한 상징적인 과제를 풀이할 때, 단계들이 문제에 대한 다른 누군가의 생각을 반영한다는 것을 잊어버리기 쉽다. 풀이된 예제는 전문가의 숨겨진 사고를 명확하게 드러내려고 한다. 좋은 풀이 예제는 전문가가 큰 문제를 어떻게 하위 목표들로 분해하고, 각 하위 목표 별로 취해야 할 단계들을 보여준다. 또한 전문가가 무엇을 생각하였는지 도움이 될 수 있게 설명한다.

다음 중 어떤 것이 가장 도움이 된다고 생각하는가?

<예제 A>

a에 대한 풀이:

$(a + b)/c = d$

$a + b = dc$

$a = dc - b$

<예제 B>

a에 대한 풀이:

$(a + b)/c = d$	식에서 a만 좌변에 남기기
$a + b = dc$	양변에 c를 곱해서 좌변에서 $1/c$ 항을 제거하기
$a = dc - b$	다음으로 양변에 b를 빼서 a만 좌변에 남기기

당신이 방정식을 기억하고 있다면 예제 A로도 충분할 것이다. 예제 A는 단순히 풀이 과정을 제시하고 있으며, 당신은 각 풀이 과정의 이유를 채워 넣을 수 있다. 당신이 이제 막 방정식을 배우기 시작했다면, 예제 B가 더 좋을 것이다. 예제 B는 각 하위 목표의 목적에 대해 설명해 주는데 이는 학생들이 a에 대한 답을 찾는 것이 아닌 새로운 상황에서도 유연하게 풀이 과정을 적용하는 데 도움이 될 수 있다.

풀이된 예제에 대해 연구해 온 학자들은 풀이된 예제의 이점을 종종 문제 해결을 통한 학습과 비교한다. 풀이된 예제는 사람들이 무엇을 해야 하고 왜 해야 하는지를 보여준다. 문제 해결은 사람들이 무엇을 해야 하고 왜 해야 하는지를 알아내야 한다. 초보자에게 있어 문제 해결의 단점은 실제 문제를 어떻게 해결해야 할지 알아내지 못할 수 있으며, 잘못된 방법에 시간을 허비하다가 비로소 해결 방법을 찾을 수 있다는 점이다. 풀이된 예제는 문제 푸는 방법에 대해 모델링 되어 있기 때문에, 학습자가 실수를 통해 시간을 허비하지 않도록 돕는다.

일반적인 예상과 달리 풀이된 예제를 따르는 것은 문제 해결에 비해 해결 절차를 잘 입력하고 이에 대한 기억을 더 잘 유도할 수 있다. 그 이유는 풀이된 예제가 인지 부하^{cognitive load}를 줄여주기 때문이다(Sweller, 1994). **인지 부하**

란 사람들이 과제 완수를 위해 동시에 추적해야 하는 정보의 양을 말하는 것으로 정보 양이 많을수록 인지 부하가 커진다. 작업 기억은 정보를 의식적으로 조작할 수 있는 기억 시스템이다(E장 참조). 문제 해결은 작업 기억 속의 더 많은 정보의 처리를 필요로 하며 인지 부하를 증가시킨다. 사람들은 이전에 시도했던 것을 기억해야 하고, 다음에 해야 할 것을 찾아야 하며, 문제 해결 전략을 정해야 하며, 어떤 정보가 관련이 있는지를 찾아야 할 필요가 있다. 그 결과 관련 있는 정보를 학습하기 위한 인지적 자원은 얼마 남지 않게 된다. 사람들은 취업 면접 시에 좋은 답변을 하는 것에 너무 집중한 나머지 나중에 질문이나 자신의 답을 기억하지 못 할 수 있다. 풀이된 예제는 문제 해결 시의 불필요한 인지적 부하를 줄여 학습에 필요한 인지적 자원을 확보한다.

II ▷ 풀이된 예제를 활용하여 학습을 향상시키는 방법

주도면밀한 연습Deliberate practice(D장 참조)은 고도의 수행 능력을 위한 것이고, 풀이된 예제는 초기 학습을 위한 것이다. 풀이된 예제는 절차적 능숙도가 중요하고 효율성과 오류 없는 성과가 목표인 영역에서 유용하다(K장 참조).

학습을 위해 풀이된 예제 효과를 강화하는 방법에는 세 가지가 있다. 첫 번째는, 몇 가지 디자인 원칙을 준수하는 것이다. 두 번째는, 풀이된 예제를 둘러싼 교수 과제를 설정하는 것이다. 세 번째는, 적절한 수준의 과제 분해 수준을 정하는 것이다.

풀이된 예제 만들기

효과적인 풀이 예제를 만들기 위해서는 **주의를 분산시키는 복잡성을 줄여야** 한다. 목표는 해결 방법 단계에 집중하는 데 방해가 되는 불필요한 인지적 부하를 피하는 것이다. 학생이 다이어그램을 가지고 학습을 할 때 풀이된 예제에 도움이 되지 않는 텍스트나 표시는 제거하자. 더 나아가 학생들이 텍스트와 다이어그램을 왔다갔다하게 만드는 것과 같은 **주의를 분산시키는 것을 피하자**(Mayer et al., 2001). **정보 검색이 필요 없게 하자.** 당신이 가구 조립 설명서를 따라해 본 적이 있다면, 설명서에서 다음 단계의 다이어그램으로 이동하고, 그리고 나서 다른 나사와 부품을 표시한 세 번째 문서로 이동하는 번거로운 경험을 했을 것이다. 마지막으로 **하위 목표들을 강조하자.** 그리고 해당 이유를 설명하는 것이 유용한지 고려하자. 학습자가 각 하위 목표의 이유를 스스로 설명할 수 있는(있게 되는) 경우에는, 대답은 '아니오'일 수 있다. 그렇지 않은 경우 설명을 제공함으로써 학습자가 각 단계 수행 이유를 이해하는 데 도움을 주어, 이로써 학습자는 다른 상황에 일반화할 수 있다.

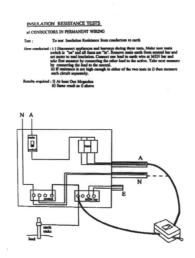

그림 W.1. 배선 다이어그램에 대한 원본 교수 지침(Chandler & Sweller, 1991).

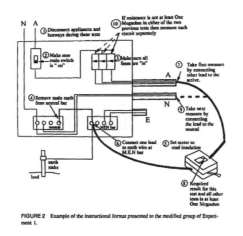

그림 W.2. 인지 부하를 줄이기 위해 재설계된 교수 지침. 연구자들이 교수 개선을 위해 사용한 다양한 디자인 원칙들을 확인해 보자(Chandler & Sweller, 1991).

Chandler와 Sweller(1991)가 제시한 훌륭한 예가 있다. 그림 W.1은 교수 지침의 원본이다. 그림 W.2는 연구자들이 어떻게 지침을 개선했는지 보여준다. 두 개의 예시는 서로 대조되는 훌륭한 대조 쌍을 만든다. 연구자들이 이전 문단에서 고딕체로 표시한 디자인 원칙들을 따랐는지 확인해 보자.

교수 활동 과제

추가적인 활동을 통해 풀이된 예제의 효과를 높일 수 있다. 한 가지 손쉬운 방법은 예제와 문제를 교차하는 것이다. 예를 들어 풀이된 예제와 학생들 스스로 풀어야 하는 비슷한 문제를 번갈아 가며 제시해 보자. 학생들은 비슷한 문제를 풀어야 하기 때문에, 이러한 방법은 학생들이 참여하고 풀이된 예제를 이해하도록 동기를 부여하는 데 도움을 줄 수 있다. 또한 다음 문제를 스스로 푸는 것은 학생들이 해결 방법을 더 잘 기억하는 데 도움이 된다.

조금 더 어려운 방법은 자기설명$^{self-explanation}$을 장려하는 것이다. 자기설명은 사람들이 텍스트나 다이어그램 의미를 알아내기 위해 사용하는 정신적 독백을 말한다. 예를 들어 사람은 자신이 읽은 내용에 담긴 의미를 충분히 생각하였는지를 알아보기 위해 "만약 ~라면 어떨까?"라는 질문을 스스로에게 할 수 있다. 풀이된 예제는 통상적으로 개념적 설명보다는 절차적 지침을 제공하기 때문에, 절차의 목적을 더 큰 맥락에서 이해하는 것은 학습자 스스로에게 달려 있다. 설령 풀이된 예제가 각 단계에 대한 설명을 포함하더라도, 학습자는 여전히 그러한 설명을 이해했는지 확인할 필요가 있다. 사람들이 항상 자연스럽게 자기설명을 하는 것은 아니다. 왜냐하면 이는 노력이 필요하기 때문이다. S장은 자기설명을 촉진할 수 있는 몇 가지 프롬프트 예를 제공한다.

과제 분해

유연성을 이끌어 내는 풀이된 예제를 만드는 것은 포함할 세부 수준에 대한 많은 결정에 달려 있다. 다음 방정식 변환의 차이점을 살펴보자:

(a) $3x = 6$

→ $x = 2$

(b) $3x = 6$

→ $3x \div 3 = 6 \div 3$

→ $x = 2$

W

예제 (a)는 상급자에게 적합하다. 예제 (b)는 양변에 3을 나누어야 하는 숨겨진 과정을 보여준다는 점에서 초보자에게 적합하다. 어떤 점에서는 다음 예제 (c)가 더 적합할 수 있는데 3이 사라지는 이유를 보여주기 때문이다:

(c) $3x = 6$

→ $3x \div 3 = 6 \div 3$

→ $(3 \div 3)x = 6 \div 3$

→ $(1)x = 2$

→ $x = 2$

풀이된 예제 설계자의 주요 과제는 학생이 배우게 될 지식에 적합한 수준의 분해를 정하는 것이다. 전문가들은 전문가 사각지대로 인해서 이러한 일을 잘 못 할 수 있다(Nathan & Petrosino, 2003). 전문가들은 초보자 시절을 잊어버리고, 많은 하위 단계들이 하나의 큰 단계로 합쳐진 곳에서 자신들이 얼마나 많은 지식을 청크화했는지 깨닫지 못한다.

교수 설계를 할 때, 컨텐츠 전문가와 함께 협력하여 지적인 초보자의 역할을 해 보는 것은 유용하다. "왜 그런 단계를 밟았나요?", "왜 양변에 3을 나누었나요?"라고 계속 질문해 보자. 이러한 방식을 통해서 당신은 초보자를 위한 단계들을 분해하는 방법을 알아낼 수 있다. 이는 문제 해결 인터뷰를 사용하여 문제 해결을 위해 필요한 각 인지 단계를 알아내는 인지 과제 분석cognitive task analysis의 한 형태이다. 학습자는 이러한 인지 단계들이나 하위 목표들을 이해해야 전반적인 문제 해결 절차 요소들을 새로운 상황으로 전이할 수 있게 된다(Catrambone & Holyoak, 1990). 만약 학습자가 관련된 단계들의 하위 목표와 목적을 배우지 않는다면, 그들은 동일한 문제에 대해서만 전체적인 절차를 사용할 수 있을 것이다.

Ⅲ 풀이된 예제의 결과

풀이된 예제를 통해 얻을 수 있는 가장 자연스러운 결과는 초기 절차적 기술이다. 초보자는 효율적으로 취해야 할 단계들을 학습하여 효과적인 문제 해결을 더 빠르게 시작할 수 있다(Salden et al., 2010). 여기서 학습자는 실제 문제 해결 단계를 적용, 개선, 맞춤화할 수 있다.

풀이된 예제는 방정식처럼 알려진 움직임과 명확한 목표가 있는 잘 정의된 영역에서 특히 유용하다. (빈곤 문제 해결과 같이 잘 정의되지 않은 영역은 해결 방법을 달성할 수 있는 명확한 움직임이나 하위 목표가 없다.) 풀이된 예제 자체는 개념적 지식에 적합하지 않다. 왜냐하면 개념 이해는 아이디어들 간의 많은 연결을 만드는 것이 필요하기 때문이다. 많은 연결을 풀이된 예제에 표현하는 것은 좋은 풀이 예제의 간결함과 인지적 절약을 묻히게 할 수 있다. 그러나 풀이된 예제와 자기설명의 결합은 개념적 이해를 도울 수 있다.

풀이된 예제는 대수학, 기하학, 물리학, 컴퓨터 프로그래밍과 같은 영역에서 도움 없이 문제를 푸는 것보다 높은 학습 효과를 보여왔다(Atkinson et al., 2000). 앞서 살펴본 방정식 예제로 돌아가서, 다음은 다양한 교수 조건을 사용하여 풀이된 예제가 문제 해결보다 우수함을 보여주는 연구의 대표적인 예이다.

문제 해결 조건(Problem－Solving－Only Condition):

(1) a에 대해 풀기.   (2) b에 대해 풀기.

$$(a + b) / c = d \qquad (b + k) / g = a$$

풀이된 예제 조건(Worked－Example Condition):

(1) a에 대해 풀기.   (2) b에 대해 풀기.

$$(a + b) / c = d \qquad (b + k) / g = a$$
$$(a + b) / c \times c = dc$$
$$a + b = dc$$
$$a + b - b = dc - b$$
$$a = dc - b$$

학생들은 먼저 강의나 책을 통해 학습 내용을 소개받는다. 그런 다음 문제 해결 조건에 있는 학생들은 숙제나 자습시간에(또는 컴퓨터 환경에서) 하는 것처럼 문제를 풀이한다. 반대로 풀이된 예제 조건에 있는 학생들은 문제 쌍을 보게 된다. 이러한 문제 쌍 중, 첫 번째 문제는 학생들이 따라할 수 있도록 만들어진 풀이된 예제이고, 두 번째 문제는 학생들이 직접 답을 해야 하는 비슷한 문제이다. 마지막으로 사후 테스트에서 학생들이 비교적 비슷한 유형의 문제에 해결 방법을 적용할 수 있는지를 측정한다. 대부분의 경우 풀이된 예제 조건의 학생들이 더 좋은 성과를 보인다.

IV 풀이된 예제를 통해 스스로 가르치는 법을 배울 수 있을까?

학생들이 풀이된 예제를 찾도록 가르칠 수 있는지를 연구한 사람은 아직 없는 것으로 보인다. 한 가지 이유는 예제가 있다면 사람들은 자연스럽게 그렇게 하기 때문이다. 예를 들어 집주인은 주방 페인트칠 하는 법에 대해 유튜브 영상을 찾아볼 것이다. 만화 그리는 법을 배우는 사람은 책에서 단계별 설명을 찾아볼 것이다.

사람은 자기설명을 통해서 풀이된 예제를 더 잘 배울 수 있다. 예를 들어 문제 해결 다음 단계를 예측하고 그 예측이 맞는지 확인하거나 해결 방법의 특정 단계가 왜 중요한지 스스로에게 질문할 수 있다. 자기설명과 풀이된 예제를 병행하면, 학습자는 더 많은 것을 얻을 수 있다(Renkl et al., 1998).

V 풀이된 예제의 위험성

풀이된 예제의 대부분의 위험은 자동차 네비게이션 비유를 통해 설명할 수 있다. 자동차 네비게이션이 운전자에게 차근차근 안내를 하면, 운전자는 해당 안내에 따라 목적지에 도착한다. 그러나 다음 번에 동일한 목적지로 운전을 한다면, 운전자는 스스로 그 안내를 기억하기가 어렵다. 운전자가 안내된 단계를 기억하더라도, 첫 학습 과정에서 다른 가능한 변화나 경로를 경험하지 않았기 때문에, 어떤 가능한 변화나 다른 경로도 고려할 수 없다. 운전자는 네비게이션이 다른 가능한 경로 중에서 어떻게 결정을 내렸는지 알지 못한다.

학생들이 기억하지 못한 채 맹목적으로 풀이된 예제를 따라 하는 위험을 줄이려면 앞서 언급한 것처럼 (a) 풀이된 예제와 문제를 교차하고, (b) 풀이된 예제의 도움을 서서히 줄이는 것은 유용할 수 있다. 예를 들어 생성 플레이북에서 한 페이지를 가져와서(G장 참조), 학생들이 기억을 통해 채워 넣어야 할 요소들을 풀이된 예제에서 천천히 제거할 수 있다. 또 다른 방법으로는, 풀이된 예제를 사용하지 않거나 참고하지 않을 때 인센티브를 추가할 수 있다(예: 플레이어는 게임에서 풀이된 예제를 두 번 보게 되면 점수를 잃기 시작한다). 해결책을 구할 수 있는 경우 해결책을 얻고자 하는 것은 자연스러운 경향으로, 때로는 학생이 스스로 문제를 해결할 수 있도록 유도하기 위해서는 더 많은 노력과 지도가 필요할 수 있다(Roll et al., 2011).

학생들이 변형에 대처할 수 없는 위험을 방지하려면, 예를 들어 해결 절차가 작동하지 않는 부정적인 사례를 보여주는 등 학습 중 약간의 변형을 제공해야 한다. 또한 동일한 결과를 얻지만 다른 경로를 통해서 이루어지는 두 가지 풀이된 예제를 나란히 제시하는 것도 유용할 수 있다(Rittle-Johnson & Star, 2007).

해결 방법 제시의 일반적인 위험은 사람들이 해결 방법이 적용될 맥락에 집중하기 보다 해결 방법에 집중할 수 있다는 점이다(Schwartz et al., 2011). 자동차 네비게이션에 의존하게 되면, 사람은 추후 자신이 언제 방향 전환을 해야 할지 알아차리는 데 사용할 수 있는 표지물보다 "100피트 전방에서 좌회전 하세요"와 같은 명령어에 집중하게 된다. 그 결과 운전자들은 언제 좌회전을 해야 하는지에 대해 스스로 알아차릴 수 없다. 마찬가지로 풀이된 예제를 사용할 때, 문제를 해결하는 데 필요한 상황이나 조건을 인식하지 못할 수 있으며, 나중에 이러한 상황이나 조건을 인식하지 못하고 지식을 적용하는 데 실패할 수 있다. 이러한 위험을 피할 수 있는 한 가지 방법은 적시에 알려주는(just-in-time telling, J장 참조) 풀이된 예제를 사용하는 것이다. 즉, 풀이된 예제에서 효율적인 해결책을 제시하기 전에 학생들에게 문제 공간을 탐색할 수 있는 기회를 제공하는 것이다.

풀이된 예제의 또 다른 위험은 학생들이 문제에 적용할 올바른 해결 전략을 빨리 알아야 한다고 기대할 수 있게 한다는 점이다. 풀이 방법을 배우지 않은 어려운 개방형 문제가 주어지면, 학생들은 거부하거나 새로운 것을 배우기보다는 자신이 아는 방법을 적용하는 데 머무를 수 있다(K장 참조).

　　풀이된 예제의 좋은 활용 방법 중 하나는 숙제에서 절차를 초기에 소개하는 것이다. 풀이된 예제와 학생이 스스로 풀어야 할 비슷한 문제를 함께 제공하자. 예를 들어 학생들이 엑셀 스프레드시트^{Excel spreadsheet}에서 히스토그램 차트를 만드는 것과 같이 새로운 절차적 기술을 배우는 데 도움을 주고자 한다면, 그들이 따라할 수 있는 풀이된 예제를 만들고 그림과 함께 각 단계를 레이블링하여 단계별 지침을 제공하자. 해결 방법을 어떻게 일반화할 수 있는지 나타내자. "C2:C4 셀을 강조 표시"라고 적는 대신 "C2:C4 셀을 강조 표시하거나 도표로 만들고 싶은 데이터를 포함한 셀을 강조 표시"라고 적자. 그 후, 학생들은 새로운 데이터로 자신만의 차트를 만들어야 한다.

　　좋지 못한 활용 방법은 학기 말에 이미 다 배운 내용을 풀이된 예제로 제시하는 것이다. 학생이 이미 배운 내용에 대해서 충분히 이해하고 있다면 풀이된 예제는 불필요하며, 문제 해결에 더 많은 시간을 할애하는 것이 더 유익할 수 있다.

핵심 학습 메커니즘은 무엇인가?

풀이된 예제는 절차적 과제를 수행하는 법을 단계별로 알려준다.

예는 무엇이 있고 어떤 점에서 좋은가?

자기 도움 영상은 수도꼭지를 설치하는 방법을 보여주며 수리의 각 단계를 설명한다. 초보자가 수도꼭지 설치 방법을 스스로 시도하다 실패와 고치기를 반복하며 시간을 낭비하는 것에 비해 훨씬 많은 시간을 절약할 수 있다.

두 번째 적용할 수 있는 예는 방정식 문제에 대한 풀이 절차를 보여주는 것이다.

a에 대해 풀기:

$(a + b) / c = d$

$a + b = dc$

$a = dc - b$

문제를 어떻게 풀어야 하는지 모를 때, 풀이된 예제는 초기 학습에 유용하다. 풀이된 예제는 초보자들이 핵심 절차에 집중할 수 있도록 도와준다. 이는 나중에 매우 비슷한 문제를 해결하는 데 도움이 된다.

왜 효과가 있을까?

풀이된 예제는 관찰 학습을 기반으로 한다. 풀이된 예제는 학습자가 잘 정의된 단계들을 관찰하고 모방할 수 있게 한다. 또한 풀이된 예제는 복잡한 문제를 하위 목표로 세분화하는 방법과 이유 등 전문가의 사고 과정을 공유한다. 초기 학습 단계에서는 풀이된 예제가 문제 해결보다 더 효과적일 수 있다. 풀이된 예제는 불필요한 시행착오나 주의 분산을 줄여주므로, 사람들은 올바른 해결 방법을 제공하는 실제 단계에 집중할 수 있다.

핵심 메커니즘은 어떤 문제를 해결해야 하는가?

- 학생들은 문제를 풀려고 할 때 어디서부터 시작해야 할지 모른다.
  - ‣ 변수를 경험해 본 적이 없는 학생이 $3 + x = 5$ 문제와 마주한다.

- 학생들은 일련의 절차를 배울 시간이 제한되어 있다.
  ‣ 사람들은 일을 시작하기 전에 안전 교육을 이수해야 한다.
- 학생들은 모델 행동을 관찰하지만 잘 모방하지 못한다.
  ‣ 어린이는 어른이 신발 끈을 묶는 방법을 보고 신발 끈을 묶는 방법을 배울 수 없다.

활용 방법의 예

- 학생들이 특정 대수 연산을 처음 배운다면, 풀이된 예제와 학생들 스스로 풀 수 있는 유사한 문제를 제시하기.
- 엑셀 스프레드시트에서 히스토그램 차트를 만드는 것과 같은 새로운 절차적 기술을 학생들이 배우는 것을 도우려고 할 때, 그들이 따라야 할 풀이된 예제를 만들고 단계별 지침을 그림과 함께 제공하고 각 단계를 라벨로 표시하기.

위험성

- 학생들은 각 단계가 필요한 이유를 이해하지 못한 채 풀이된 예제의 절차를 모방할 수도 있다.
- 학생들은 풀이된 예제에 나와 있는 절차를 언제 사용해야 하는지 배우지 못할 수 있다.

X is for e**X**citement

흥분

- 주의와 각성 높이기 -

X is for eXcitement 흥분

주의와 각성 높이기 _____

흥분(EXCITEMENT)은 각성이 높아진 상태로, 심박수와 혈압이 증가하고, 땀이 나며, 집중력이 높아지고, 감정 고조가 동반된다. 적당한 수준의 각성은 수행 능력을 높여주고 기억의 부호화를 돕는다. 그러나 각성 수준이 지나치게 높으면 수행 능력 저하를 야기하며 힘든 과제일수록 더욱 그러하다.

당신이 약간 어두운 대형 강의실에서 대학 강의를 듣고 있다고 가정해 보자. 300명의 다른 학생들이 있고 멀리 떨어진 강단에 교수님이 있다. 생화학 강의에서 70개 슬라이드 중 45번째를 보고 있다. 갑자기 한 학생이 일어나서 "왈도Waldo를 찾았다!"고 외쳤고, 반대편에 줄무늬 터틀넥을 입은 학생이 의자를 박차고 일어나고, 둘 다 강의실을 뛰쳐나간다. 강의 수강생들 사이에서 실소가 터져 나오고 교수는 성가신 눈으로 다시 강의를 재개한다.

이 상황이 단지 순간적인 주의 산만이었을까? 그렇지 않다. 왈도는 강의 내용과 전혀 관련이 없었지만 어쩌면 이 상황은 수업 내용을 더 잘 배우게 했을 수도 있다.

I 흥분의 작동 방식

적절한 수준의 각성은 일을 수행하는 데 도움을 준다(여기서 우리가 이야기하는 각성은 성적 흥분이 아닌 일반적인 흥분을 말한다). 이것은 직관적으로 이해가 되는데 왜냐하면 낮은 수준의 각성은 나른함을 유발하고, 이는 어떤 것도 성취하기 어렵게 만든다. 반대로, 당신은 시험, 회의, 시합과 같은 행사 전에 약간의 긴장을 느꼈던 적이 있을 것이고, 이러한 약간의 긴장이 더 나은 수행 능력을 이끄는 것을 경험했을 수도 있다. 연구자들은 각성과 수행 능력 간의 관계를 여키스-도슨 법칙Yerkes-Dodson law으로 설명한다(Yerkes & Doson, 1908).

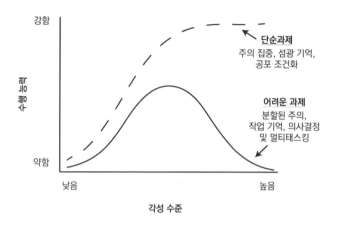

그림 X.1. 과제 난이도, 각성, 수행 능력 사이의 관련성에 대한 이상적인 그래프(Diamond et al., 2007).

　　그림 X.1은 각성 수준이 높아짐에 따라 수행 능력이 어떻게 변하는지 보여준다(Diamond et al., 2007). 단순 과제의 경우(점선), 각성은 더 이상 수행 능력을 향상시킬 수 없는 수준에 도달할 때까지 수행 능력을 끌어 올릴 수 있다. 반면 어려운 과제의 경우, 실선에 나타난 바와 같이 지나친 각성은 오히려 수행 능력을 저하시킨다. 너무 흥분하는 것은 복잡한 과제에서 집중력을 잃게 하고 실패하게 할 수 있다.

　　여키스-도슨 법칙은 새로 배우는 기술이 아닌 이미 알고 있는 기술을 가지고 수행 능력을 설명한다. 다행히도 적당한 수준의 각성은 학습, 특히 기억을 촉진한다. 생물학적으로 흥분을 일으키는 사건이 발생하면, 우리 몸은 각각 "싸우거나 도피하기fight-or-flight" 반응과 스트레스 반응을 일으키는 아드레날린adrenaline과 코티졸cortisol을 분비하게 된다. 이 호르몬은 뇌의 감정 처리 중추인 편도체amygdala로 이동하여 뇌의 기억 영역을 조절한다. 그 결과 각성된 사건이 중립적인 사건보다 더 잘 기억되는 기억 처리의 변화가 일어난다.

　　감정에 따라 각성은 다르게 작동한다. "분노와 한없는 기쁨은 모두 각

X

성을 불러일으키지만 느낌이 다르다. 각성과 수행 능력에 대한 초기 학자인 헵Hebb은 "각성은 활력 제공자이지 안내자가 아니며, 각성은 구동 장치이지 조종 장치는 아니다"라고 하였다(1955, p.249). 최근 뇌과학 연구는 긍정적인 감정과 부정적인 감정이 각성 구동을 다른 기억 회로로 유도하는 조종 장치 역할을 한다는 것을 보여주고 있다. 즐거운 감정에서의 각성은 뇌의 보상회로reward circuitry를 활성화시켰지만, 불쾌한 감정에서의 각성은 그렇지 않았다(Colibazzi et al., 2010).

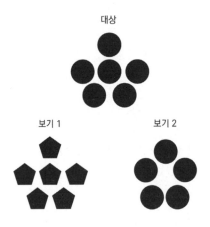

그림 X.2. 보기 1과 보기 2중 주어진 대상과 더 비슷해 보이는 것은?(Fredrickson & Branigan, 2005)

긍정적인 감정과 부정적인 감정은 주의도 조종한다. 예를 들어 그림 X.2에 있는 대상target 모양을 살펴보자. 어떤 보기가 대상과 더 비슷해 보이는가? 만약 당신이 긍정적인 감정 각성을 불러일으키는 영화를 보았다면, 도형의 배열이라는 큰 그림 특성을 대상과 공유하는 보기 1을 선택할 가능성이 높다(A장에서 설명한 대로, 대상과 보기 1은 동일한 깊은 구조를 공유한다). 만약 당신이 부정적인 감정의 각성을 불러 일으키는 영화를 보았다면, 원이라는 표면적인 특성을 대상과 공유하는 보기 2를 선택할 가능성이 높다. 서로 다른 감정은 사람이 부호화하고 기억하는 것에 영향을 주어, 서로 다른 정보에 주의를 기울이게 한다(Fredrickson & Branigan, 2005).

과학자들은 아직 감정과 각성이 어떻게 상호작용하여 학습에 영향을 미치는지에 대해 결론을 내리지 못하였다. 슬픔, 기쁨, 분노를 포함하여 조사해야 할 많은 감정이 있다. 이 장의 나머지 부분에서는 감정의 긍정 부정 여부에 상관없이 각성을 보다 일반적으로 다루어 보겠다.

Ⅱ 흥분을 활용하여 학습을 향상시키는 방법

각성을 높이는 데는 여러 가지 방법이 있다. 연구자들이 흔히 사용하는 두 가지 방법은 폭력적이거나 성적인 행위를 담은 동영상이지만(각성은 원초적인 반응이다!), 이러한 방법은 교실에 부적절하다. 보다 적절한 몇 가지 아이디어에 대해 논의해 보자.

사회적 상호작용

사람은 다른 사람이 주변에 있을 때 더 좋은 수행 능력을 보이는데, 이를 **사회적 촉진**social facilitation이라고 한다. 싸이클 선수는 동료와 함께 할 때 더 빨리 달린다(Triplett, 1898). 당구 선수는 관중이 있을 때 더 샷을 잘 맞춘다(Michaels et al., 1982). 심지어 개미도 다른 개미와 함께 할 때 더 많은 굴을 판다(Chen, 1937). 사회적 촉진을 설명하기 위해 자욘스Zajonc(1965)는 타인의 존재만으로도 각성이 유발된다고 제안하였다. 결과적으로 각성은 특정 자극이나 조건에서 자동적으로 나타나는 우세 반응이나 잘 알려진 행동을 강화시킨다. 자욘스는 각성이 새로운 반응을 학습하는 데 방해가 되는 우세반응을 활성화시킨다는 학습에 대한 유쾌하지 않은 합의를 도출하였다. 자욘스는 "실용적인 제안 중 하나로... 학생들에게 공부는 혼자서 하고, 다른 학생들과 함께 시험을 볼 수 있도록 조성하라"(1965, p.274)고 결론지었다. 협동 학습은 이제 그만! 하지만 잠깐만...

최근의 연구는 자욘스의 이러한 결론을 수정하였다. 아기는 영상보다 실제 사람으로부터 언어를 더 잘 배운다(Kuhl et al., 2003). 성인도 실제 사람이 함께 있을 때 과학 개념을 더 잘 배운다. Okita 등(2008)은 자신이 실제 사람과 상호작용하고 있다고 생각하는지 아니면 컴퓨터와 상호작용하고 있다고 생각하는지에 대한 사람의 믿음을 조작하는 연구를 수행하였다. 연구 참가자들은 먼저 약 5분간 과학 지문을 읽었다. 그리고 나서 이들은 그림 X.3에서 보여지는 것과 같이 가상 캐릭터와 상호작용하기 위해 가상 현실(VR: virtual reality) 장비를 착용하였다. 참가자들의 과제는 과학 지문에 관한 대본에 적힌 질문을 캐릭터에게 묻는 것이었으며, 캐릭터는 대답을 하였다. 참가자들의 절반은 여성 캐릭터가 컴퓨터 프로그램에 의해 조종된다고 들었다. 다른 절반의 참가자들은 캐릭터가 방금 그들이 만났던 여성에 의해 조종된다고 들었다. 실제로 여성 캐릭터는 모든 참가자들에게 동일하게 녹음된 대답을 전달하였다. 상호교류 세션이 끝난 후, 참가자들은 VR 장비를 제거하고 배운 내용을 확인하기 위해 질문에 답하였다.

그림 X.3. 연구 참가자들은 몰입형 가상 현실 헤드셋과 손가락에 각성 측정기(왼쪽)를 착용하였다. 이들은 눈에 보이는 캐릭터에게 질문을 읽어주고 그 캐릭터가 답하는 것을 들었다 (오른쪽) (Okita et al., 2008).

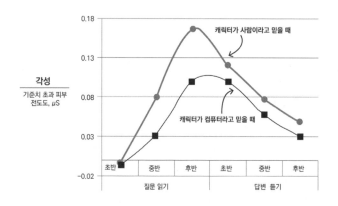

그림 X.4. 사람들은 컴퓨터보다 사람에게 질문을 읽어준다고 믿을 때 각성 수준이 더 크게 증가하였다(Okita et al., 2008).

두 조건의 참가자들은 VR에 들어가기 전 지문을 읽었고 동일한 VR 상호작용이 있었지만, 여성 캐릭터가 실제 사람을 나타낸다고 생각했던 참가자들이 과학 지문의 약 25%를 더 배웠다. 사회적 상호작용이라는 단순한 믿음이 학습을 향상시켰다. 왜 그럴까? 각성이 작용했기 때문이다. 연구자들은 피부 수분 측정을 통해서 참가자들의 각성 정도를 추적하였다. 사람은 각성 수준이 높아질수록 그들의 피부는 더 촉촉해지고 작은 전류가 표면을 더 쉽게 통과하게 된다. 그림 X.4는 하나의 질문-답 쌍에 대해 시간이 지남에 따라 각성 수준이 어떻게 변하는지를 보여준다. 사람들이 캐릭터에게 질문을 읽으면 각성 수준은 높아지고, 캐릭터의 대답을 듣게 되면 각성 수준은 다시 낮아지게 된다. 질문을 읽을 때 더 높은 각성 수준을 보이는 개인은 사후 테스트에서 동일한 질문에 대한 답을 더 잘하였다. 실제 사람에게 말한다고 생각한 참가자들은 더 큰 각성 수준 증가가 있었으며 사후 테스트도 더 잘하였다(Okita et al., 2008).

한 가지 해석은 사회적인 소통이 각성 수준을 증가시켜 사람들이 응답자로부터 더 많은 것을 듣고 배울 수 있도록 준비시킨다는 것이다. 저자는 이 가설을 뒷받침하였다. 또 다른 그룹의 참가자들은 VR 캐릭터가 실제 사람인 것으로 생각하였으나 질문을 읽지 않았고 서로 소통하지 않았다. 이들은 캐릭터가 실제 사람이라고 생각하고 질문을 소리 내어 소통한 참가자들만큼 많이 배우지 못하였다(Okita et al., 2008). 이 연구는 교실 수업에 대한 미묘한 시사점을 가지고 있다. 대면 강의는 교과서를 읽는 것에 비해 사회적이지만, 학습에 대한 사회적인 촉진의 이점을 활용할 만큼 충분히 사회적이지 않을 수도 있다. 실질적인 이점을 보려면 학생들은 타인과 소통하기, 질문하기와 같은 사회적 행동을 취해야 할 수도 있다.

그냥 앉아 있지 않기

사소한 것이 각성을 유지시키는 데 도움을 줄 수 있다. 하나는 학습에 도움이 되는 카페인으로(Borota et al., 2014) 일반적인 각성과 일부 생물학적 메커니즘을 공유한다. 또 다른 방법은 운동이다. 운동 중에 종종 인지 능력이 저하되지만, 운동이 끝난 후에는 수행 능력과 학습의 일시적인 증진이 일어난다(Lambourne & Tomporowski, 2010). 또한 능동적인 학습도 도움이 된다. 대학 강의에서 객관식 문제를 끼워 넣을 수 있다. 학생들은 클리커clickers를 사용하여 익명으로 선호하는 답변을 선택하고, 그런 다음 주변 사람들과 질문에 대해 논의한다. 10년에 걸쳐 이루어진 연구에 따르면 물리학 강의를 듣는 대학생들은 수동적인 강의에 비해 능동적인 학습을 통해서 더 많이 배우는 것으로 나타났다(Crouch & Mazur, 2001). 각

X

성은 작용된 여러 매커니즘 중 하나일 가능성이 높다.

호기심과 흥미 끌기

사람들이 "나는 배우는 것이 즐겁다"라고 말하는 것은 생리적으로 각성되었다기보다는 주로 호기심이나 흥미를 느낀다는 것을 의미한다. 흥미와 호기심은 일반적인 감정적 각성과 달리 상이한 뇌 매커니즘을 통해 발현된다. 감정적 기억은 편도체 뇌 활동 증가와 상관관계가 있으나, 흥미 관련 기억은 그렇지 않다(Hamann et al., 1999). 그럼에도 불구하고 흥미 기반 흥분은 학습을 돕는다는 점에서 고려할 가치가 있다.

Gruber 등(2014)은 연구 참가자들에게 퀴즈 질문 세트(예: "**공룡**이란 단어의 실제 의미는 무엇인가?")에 대한 호기심 정도를 평가하도록 요청하였다. 그런 다음 이들은 이러한 질문들에 대해 뇌가 어떻게 반응하는지를 측정하기 위해 fMRI 뇌영상 촬영을 마쳤다(fMRI는 상처난 무릎을 촬영하는 것과 같은 기계를 사용하지만, 조직 구조 대신 뇌 혈류를 감지하도록 설정되어 있다.). 참가자들은 컴퓨터 화면에 제시된 각각의 퀴즈 문제, 얼굴 사진, 질문에 대한 답을 순서대로 보았다. 예상대로 참가자들은 최초에 호기심을 느꼈던 질문들에 대한 답을 더 많이 기억하였다. 여기서 주목할 만한 결과는 퀴즈 문제와 답 사이에 삽입된 얼굴과 관련된 내용이다. 해당 얼굴들은 유명하지도 않고, 퀴즈 질문 주제와도 아무런 관련이 없었다. 그럼에도 불구하고 참가자들은 높은 호기심을 보였던 질문들 다음에 나타났던 얼굴을 기억하였다. 호기심은 사람들이 돈과 같이 외부 보상을 받았을 때 활성화되는 동일한 보상 회로를 활성화시켰다. 보상 회로는 호기심과 관련이 있든 없든 호기심이 유발된 시간 동안의 정보에 대한 기억을 강화하였다.

Ⅲ 흥분의 결과

흥분은 각성을 높이고, 각성은 주의를 높이며 기억을 향상시킨다(각성이 지나치지 않은 수준에서). 때때로 각성은 각성 직전의 정보에 대한 기억에도 영향을 미치는데, 이는 학습에 흥미로운 시사점을 준다.

긍정적인 측면에서, 각성은 기억 공고화memory consolidation를 돕는다(Z장 참고). Nielson과 Arentsen(2012)은 대학생 대상으로 언어 심리학 강의를 하였다. 강의가 끝난 후, 절반의 학생들은 각성 상태를 매우 끌어올리지만 결코 유쾌하지 않은 실제 구강 수술 영상 비디오를 시청하였다. 또 다른 절반의 학생들은 심혈관 강도와 우울증에 대한 따분한 영상을 시청하였다. 두 비디오 모두 강의 내용과는 관련이 없었다. 각성 수준을 끌어올린 자극적인 영상을 시청한 그룹은 영상 직전에 제시된 강의 내용과 관련된 시험에서 10% 이상 더 높은 점수를 받았다.

부정적인 측면에서, 각성은 기억 형성을 방해할 수도 있다. Lang 등 (1996)은 사람들에게 통상적인 저녁 뉴스를 시청하게 함으로써 이러한 점을 보여 주었다. 뉴스 보도와 함께 보여준 영상에서 일부 사람들은 매우 부정적이고 자극적인 영상을 보았고, 다른 사람들은 순화된 영상을 보았다. 부정적인 영상은 순화된 영상과 비교해서 영상 직전에 제시된 뉴스에 대한 기억을 방해하였다.

이러한 상반된 결과를 어떻게 해석할 수 있을까? 한 연구에서 각성은 부수적인 정보에 대한 기억을 향상시켰으나 다른 연구에서는 오히려 방해하였다. 한 가지 이론은 각성이 기억 경쟁을 야기한다는 것이다(Mather & Sutherland, 2011). 각성이 작용하는 방식의 예로, Wang(2015)은 사람들에게 일련의 단어들을 암기한 후 자극적인 비디오를 보게 하였다. 이는 사람들이 단어를 암기하는 데 도움이 되었으나 그 단어가 남성 또는 여성 화자에 의해 읽혔는지에 대한 기억에는 오히려 방해가 되었다. 각성은 언어 심리학 대학생의 경우처럼, 중요한 정보를 정리하고 확고히 하는 데 도움을 준다. 반면 각성은 연구실에서 뉴스 보도를 시청한 학생의 경우처럼 중요하지 않은 정보는 밀어낸다.

본 장의 앞 부분의 "왈도는 어디에 있나요?" 시나리오로 다시 돌아가 보자. 당신의 생화학 강의 내용에 대한 기억은 왈도의 방해로 더 향상되었을 것이다. 단 그러한 방해가 있었을 때, 당신이 강의에 집중하고 있었다는 전제하에서 말이다. 이런 식으로 정보는 당신의 마음속에 두드러지게 남게 되고 각성 편향에 의해 강화될 것이다. 만약 당신이 방해가 있었던 순간에 집중하고 있지 않았다면, 강의는 당신의 마음속에서 지엽적인 것에 그쳤을 것이고, 각성 경험에 의해 망각으로 밀려났을 것이다. 각성과 적절한 주의의 조합은 최상의 결과를 낳는다.

X

흥분을 활용하여 스스로 가르치는 법을 배울 수 있을까?

사람들은 직관적으로 흥분 상태일 때 더 많이 배울 수 있다고 믿는데, 이는 정확하다. 그러나 사람들이 모르는 것은 기억력을 향상시키기 위해 흥분이 학습 자료 자체의 내용에서 비롯될 필요는 없다는 것이다. 신체적인 움직임, 시끄러운 소음, 사회적 상호작용, 그리고 여러 연구에서 나타난 폭력적인 비디오는 각성의 형태로 흥분을 유발할 수 있다. 이제 각성이 기억을 향상시킨다는 것을 설명할 수 있으니, 이러한 것들을 스스로 적용하는 방법을 가르치는 것은 어렵지 않아야 한다. 어쩌면 지금 커피 한잔을 마시면 다음에 소개될 내용을 더 잘 기억할 수 있다.

V 흥분의 위험성

효과적인 숙제 각성 앱을 만들기 전에, 명심해야 할 두 가지 사항이 있다. 첫째, 흥분 효과는 실제 각성 수준이 아닌, 각성의 변화 때문일 수 있다는 점이다. 높은 수준의 지속적인 각성은 혜택을 제공하지 않을 수 있다. (지속적으로 흥분하는 친구는 더 잘 배우지 못할 수 있다.) 둘째, 지나친 각성은 수행 능력 저하를 야기한다는 점이다. 당신은 당신의 앱이 지속적으로 각성 수준을 높게 하는 것으로 만들고 싶을 수도 있겠지만, 궁극적인 종말없이 계속해서 각성 수준을 높일 수는 없다. 해결책은 적절한 타이밍에 흥분을 부여하는 것이다.

여기에 큰 위험이 있다. 각성과 불안은 독이 될 수 있다. 각성의 카타스트로피 모델catastrophe model에 따르면(Fazey & Hardy, 1988) 공연 전 높은 수준의 불안을 느끼게 되면, 중간 수준의 각성이라고 할지라도 수행 능력의 급격한 저하를 야기할 수 있으며 이를 질식choking이라고 한다. Beilock(2010)은 이러한 현상 뒤에 두 가지 동시적인 프로세스가 있다고 제안하였다. 첫째, 걱정이나 불안은 전두엽prefrontal cortex을 자극하여 일반적으로 자동 처리되는 행동에 대해 의식적 통제가 이루어지게 한다. 예를 들어 사람은 불안할 때 자신의 골프 스윙에 대해 지나치게 생각한다. 둘째, 불안은 전두엽 기능을 방해하여 인지 자원을 소모하게 만든다. 높은 불안과 각성 수준 상태에서 사람은 현재 주어진 과제에 대해 연습이 덜 된 뇌 부위에 의존하지만 이것 역시 일시적으로 손상된다. 즉,

실패할 수밖에 없게 되는 것이다.

또 다른 위험은 사람들이 자신의 각성을 잘못 해석한다는 점이다. 많은 학자들은 감정의 연쇄가 각성으로 시작하고 각성에 대한 해석, 즉 감정으로 끝난다고 믿는다. 사람은 각성을 느끼게 되면 주변의 증거를 활용하여 각성된 느낌을 해석하려고 한다. 예를 들어 좋은 상황이면, 각성을 기쁨으로 해석할 수 있다. 여기서 위험은 사람들이 잘못된 귀인을 만들 수 있다는 것이다. 자신이 외롭다고 이야기하는 사람의 경우를 생각해 보자. 그들은 종종 사회적 상호작용에 필요한 능력을 가지고 있지만 불안이 그들을 얼어붙게 만든다. 한 연구에서 Knowles 등(2015)은 사람들의 각성에 대한 귀인을 변화시켰다. 참가자들은 음료를 받았고 실제 카페인이 전혀 없었지만 많은 양의 카페인이 음료에 들어 있다고 들었다. 이러한 믿음은 외롭다고 느끼는 사람들의 더 나은 사회적 수행 능력을 유도하였다. 왜 그럴까? 사람들은 자신의 초조하고 긴장된 느낌을 사회적 상황에 대한 스스로의 불안 때문이 아닌 카페인 때문으로 (잘못)여겼기 때문이다. 그런 다음 이들은 불안(그리고 불안에 대한 걱정)에 의해 방해 받지 않고 자신의 사회적 기술을 적용할 수 있었다.

마지막으로 흥미로운 위험은 감정적으로 각성을 불러일으키는 사건이 사람들에게 잘못된 기억의 느낌을 가지게 한다는 점이다. Talarico와 Rubin(2003)은 사람들에게 2001년 9월 11일 세계무역센터에서 일어난 테러에 대해 어떻게 알고 있는지 회상하도록 요청하였다. 사람들은 생생하고 상세한 이야기를 하면서 자신의 기억에 대해 매우 확신을 갖고 있었다. 하지만 기억 정확도는 같은 시기에 일어난 일상적인 사건 기억에 대한 정확도와 별반 다르지 않았다. 유사한 결과로 1986년 **챌린저호**^{Challenger} 폭발사건에서도 나타났는데, 사람들은 자신들의 기억에 대해 매우 확신을 가지고 있었지만 대부분은 부정확하였다(Neisser & Harsch, 1992).

VI 좋은 예와 나쁜 예

좋음: 강의에 약간의 상호작용을 추가해 보자. 이는 강의 내용에 대한 주의 기억력을 향상시키에 충분할 만큼의 각성을 끌어올릴 것이다. 학생들 또한 강의에 만족할 것이다.

X

좋음: 비디오 게임에 각성을 높일 수 있는 가변적인 보상 시스템을 도입하자. 사람들은 매번 일정의 보상을 받을 때보다 그들이 보상을 받을 수 있을지 없을지 또는 얼마나 받을 수 있을지에 대해 알지 못할 때 각성 수준이 더 높다 (Howard-Jones et al., 2011). 폭발 효과를 추가해서 수학 게임을 보다 생동감 있게 만들 수는 있지만, 사람들이 파괴적인 폭발과 수학을 연관시키는 것을 배울 수 있다는 점도 간과해서는 안 된다. 이는 분명 우리가 기대한 긍정적인 결과는 아니다(R장 참고).

나쁨: 시험 전 불안감 유발하기. 이것은 사람들을 여키스-도슨 수행 능력 곡선의 하강 국면에 놓이게 한다.

나쁨: 왈도 의상을 입고 춤추기. 그럴 만한 가치가 없다.

핵심 학습 메커니즘은 무엇인가?

흥분은 주의를 집중시키고 기억 획득을 향상시키는 생리적 각성을 증가시킨다.

예는 무엇이 있고 어떤 점에서 좋은가?

긴 강의 중에 교수가 학생들에게 일어서서 주변을 둘러보라고 요청한다. 활동은 각성을 향상시키고, 이는 주의와 강의 내용에 대한 기억을 증진시킨다.

왜 효과가 있을까?

흥분은 원시적인 싸움 및 도피 반응과 연관되는 생리학적 변화이다. 심장 박동이 빨라지고, 손바닥에 땀이 나고, 주의가 집중된다. 감정은 긍정적이거나 부정적인 느낌으로 각성에 영향을 준다. 긍정적으로 고양된 감정은 뇌의 보상회로와 편도체를 작동시키고, 이 둘은 기억 자취를 남기는 데 도움이 된다. 흥미로운 사건이 강의 내용과 관련이 있을 필요는 없다. 사후 각성은 때때로 이전에 일어난 일에 대한 기억을 향상시킬 수 있다.

핵심 메커니즘은 어떤 문제를 해결해야 하는가?

- 학생들이 주의 집중을 하지 않는다.
  ‣ 긴 강의는 점점 지루해지게 되면서 학생은 점점 졸립게 된다.
- 강사는 중요한 요지를 강조할 필요가 있다.
  ‣ 강의 중간에 학생들이 기억해야 할 핵심 사항이 있다.

활용 방법의 예

- 교육용 비디오 게임에 각성을 불러 일으키는 요소 추가하기.
  ‣ 매번 일정한 보상을 주기보다는 플레이어가 정확히 얼마 정도의 보상을 받을지에 대해 알지 못하는 것과 같은 가변적 보상 시스템을 비디오 게임에 도입하기.
- 사회적 상호작용의 기회 포함하기.
  ‣ 강의 중, 학생들이 서로 대화할 기회를 주는 것은 그들의 각성 수준을 높인다.

위험성

- 지나친 흥분은 수행 능력과 학습에 방해가 된다.
- 심리적으로 압박이 가해지는 상황에서 각성과 불안이 결합하여 질식을 유발할 수 있다.
- 사람들이 대상 내용에 주의를 기울이지 않으면, 각성은 학습을 방해할 수 있다.

자기효능감

- 자기효능감 높이기 -

Yes I Can 자기효능감

자기효능감 높이기

예스 아이 캔(YES I CAN)은 자기효능감(self-efficacy), 목표 달성에 필요한 능력을 가지고 있다는 믿음을 나타낸다. 사람들은 성공이 눈 앞에 이르렀다고 믿을 때 보다 적극적으로 활동에 임하고 더 오래 지속하며 실패에 직면해도 인내하고 더 많은 것을 성취한다.

어떻게 하면 자신을 설득해서 무언가를 시도하게 할 수 있을까? 한 가지 방법은 보상이다. 백만 달러 복권은 매력적인 보상이 있기 때문에 시도하게 된다. 이러한 계산을 흔히 효용 가치라고 한다. 때때로 학생들은 자신들이 배워야 할 내용에 있는 어떠한 효용도 인식하지 못해서 그것에 신경을 쓰지 않는다(M, P, Q, R 장은 이러한 이슈를 다룬다.).

계산의 두 번째 부분은 성공할 수 있느냐 없느냐 하는 기대이다. 이는 일부 성공 확률을 추정하는 것과 연관이 있다. 아마도 복권 구입은 궁극적으로 그렇게 좋은 아이디어가 아니었을 수 있다. 사람은 또한 성공을 유발하는 본인 능력에 대한 기대감도 가지고 있다(자기효능감). 아마 복권 결과를 조정할 수 있다고 믿기 때문에 복권을 구입할 수도 있다. 노력의 효용이 높고 그 노력이 달성될 것이라는 기대감이 높다면 당신은 시도하고 지속하려고 할 것이다.

낮은 자기효능감은 학습에 있어서 비극이다. 앨버트 반두라(Albert Bandura)는 이러한 우려를 정확히 꼬집었다. "자기 믿음이 성공을 보장하지는 않지만, 자기에 대한 불신은 반드시 실패를 가져온다"(1997, p.77). 학생들은 성공할 수 없다고 생각할 때, 쉽게 포기하고 스스로 낮은 목표를 세우고, 가능성에 상관없이 학습 기회를 스스로 제한한다. 어떻게 하면 '난 할 수 있다'라는 자신감을 기를 수 있을지 다루어 보겠다. 아직 풀리지 않는 질문은 일반적으로 뭐든 할 수 있다라는 태도를 키울 수 있는지, 아니면 야구는 되지만 숙제는 안 되는 것과 같이 활동에 따라 항상 달라지는지 여부이다.

I 자기효능감의 작동 방식

반두라에 따르면 자기효능감은 사람의 전반적인 가치관과 관련된 자존감 및 자신감과 다르다. 사람은 각 과제에 대해 다른 자기효능감을 느낄 수 있다. Chase(2013)는 수학과 문학에서 나름 뛰어난 성취를 이룬 학자들을 연구하였다. 그녀는 두 그룹의 학자들에게 수학(까다로운 수학 문제)과 문학(까다로운 시)에서 접근하기는 쉽지만 풀기는 만만치 않은 문제를 주었다. 수학을 전공한 학자들은 계속해서 수학 문제에 매진하였으며, 문제를 까다롭게 한 요소들에 대해 적었다. 반면 시를 받았을 때, "나는 이런 것을 잘 해 본 적이 없어요"라고 말하였다. 반대로 문학을 전공한 학자들은 시를 계속해서 읽고 시인을 비판하였지만, 수학 문제를 풀 수 없는 것은 자신들이 항상 수학 문제를 잘하지 못했다고 스스로를 탓하였다. 한 영역에서 인지된 자기효능감은 다른 영역에서의 자기효능감을 수반하지 않는다. 이것은 어떻게 보면 좋은 일이다. 왜냐하면 조금 아는 것이 무지한 과신보다 더 위험하기 때문이다. 반두라는 다시 한 번 이점을 강조한다. "교육의 목표는 자신감 넘치는 바보들을 양산해 내는 것이 아니다"(1997, p.65).

Bandura(1997)는 자기효능감에 영향을 주는 네 가지 요인을 설명하였다: (1) 숙달 경험: 과거 성공 경험이 있는 것, (2) 대리 경험: 당신과 같은 타인이 목표를 달성하는 것을 보는 것, (3) 사회적 설득: 당신이 유능하다고 듣는 것, (4) 생리학적 신호: 활동 중 일어난 노력과 시간을 인지하는 것. 반두라 이론 이후, 대부분의 현대 자기효능감 이론은 어떤 형태의 자기 귀인self-attribution을 포함한다. 사람은 성공과 실패에 대하여 자신에게 원인이 있다고 돌린다. 귀인적 사고의 한 예는 근본적 귀인 오류fundamental attribution error에서 찾을 수 있다(Ross, 1977). 미국인은 타인의 나쁜 행동은 그 사람의 나쁜 성격으로 인해 비롯되었다고 여기는 경향이 있으나 반대로 본인의 나쁜 행동은 환경에 의해 비롯되었다고 여기는 경향이 있다. 예를 들어 출근할 때 어떤 차가 당신 앞에 끼어든다면 당신은 해당 운전자가 형편없다고 생각하지만, 당신이 누군가를 끼어든 이유는 또 지각하면 사장님이 당신을 해고할 수 있기 때문이라고 합리화한다. 사람은 자주 근본 귀인 오류를 드러내는 동기 관련 귀인을 만든다. "선생님이 못 되게 굴어서 나는 이 과제를 할 수 없어."

귀인은 특정 자기효능감 범위를 넓힐 수 있다. 이는 스키마schema의 존재를 통해 일어난다. 스키마는 일반적인 상황에 대한 보편적인 표현이다. 사람은 앉기, 주문하기, 식사하기, 계산하기(그리고 어쩌면 팁을 주기)를 포함하는 외식에 대한 스키마를 가지고 있다. 사람은 단지 특별한 정황뿐만 아니라 스키마에 대한 귀인을 형성할 수 있다("나는 외식을 잘한다" vs. 나는 모스의 그리지 스푼Moe's Greasy Spoon 식당에서 외식을 잘한다). 특별히, 학습자는 학교라는 가장 중요하고 일반화된 스키마를 향한 자신의 능력에 대한 자기 귀인을 개발할 수 있다.

캐롤 드웩Carol Dweck(2006)은 학교 스키마에 종종 적용되는 한 쌍의 중요한 자기 귀인을 발견하였다: 고정형 마인드셋fixed mindset과 성장형 마인드셋growth mindset. 고정형 마인드셋은 지능은 배울 수 있는 것이 아니라 타고 날 때부터 고정되어 있다고 여긴다. 어떤 사람은 똑똑하고 어떤 사람은 그렇지 않은데, 당신이 할 수 있는 것은 아무것도 없다. 사람이 자신의 지적 능력을 향상시킬 인과적인 힘을 가지고 있지 않다는 귀인은 잘못된 학습 행동을 낳는다. 반면, 성장형 마인드셋은 학교에서의 지능과 능력은 노력을 통해 성장시킬 수 있다고 믿는다. 다음은 성장형과 고정형 마인드셋에서 나타나는 행동의 주요한 차이점이다.

성장형 마인드셋을 가진 학습자	고정형 마인드셋을 가진 학습자
배움에 집중	결과에 집중
어려운 가운데서도 지속함	쉽게 포기함
실패는 배움의 기회로 생각	실패는 무능함을 나타내기 때문에 피하려고 함
보다 도전적인 과제를 선택하려고 함	쉬운 과제를 선택하려고 함

마인드셋의 일반화는 학습자가 두 가지 상황을 유사한 것으로 인식하는지 여부에 따라 달라질 수 있다. 학생은 제작과 탐구를 중시하는 수업에서는 성장형 마인드셋을 가질 수 있지만, 하나의 정답만을 강조하는 수업에서는 고정형 마인드셋을 가질 수 있으며, 그 반대일 수도 있다. 또는 학교라는 단일 스키마

아래 두 가지 방식의 교육을 모두 포함하면서 두 가지 모두에 대해 동일한 마인드셋을 보일 수도 있다.

다음은 마인드셋 설문 문항의 예이다. 매우 동의하지 않음에서 매우 동의함까지 다양한 옵션 중에서 선택하여 응답을 할 수 있다.

- 당신은 새로운 것을 배울 수 있지만, 기본적인 지능 수준을 바꿀 수는 없다.
- 나는 내가 많은 실수를 한다고 해도 내가 배울 수 있는 일을 좋아한다.
- 솔직히 말하면, 열심히 일할 때, 나는 내가 똑똑하지 않다고 느끼게 된다 (Mindset Works, n.d.).

학생들에게 보다 구체적인 스키마에 대한 동의 정도를 표시하게 함으로써 당신이 해결하고자 하는 동기 부여 맥락에 이러한 질문을 보다 정확하게 맞출 수 있다: "당신은 **수학에서** 새로운 것을 배울 수 있지만, ..."

훨씬 더 일반적인 수준의 자기 동기 부여에 관한 연구에 따르면 사람은 오랜 기간 동안 작동하는 자기 귀인과 감정적인 성향을 가지고 있다. 데이먼^{Damon}은 다음과 같이 정의한 장기 목적에 대해 조사하였다: "목적은 무언가를 달성하기 위한 안정적이고 일반화된 의도로 자기에게 의미가 있는 것인 동시에 자기를 넘어서 세상에 중요하다"(2008, p.33). 이것이 효용의 개념을 어떻게 확장하는지 주목해 보자. 이것은 단지 어떤 개인의 혜택에 대한 것이 아니라 세상에 대한 혜택이다. 타인을 돕기 위해 의사가 되겠다는 것과 같이 삶을 위한 큰 의미 있는 목표를 갖는 것은 학습자가 긍정적인 결과를 얻을 수 있도록 이끌게 한다(Yeager & Bundick, 2009).

Duckworth 등(2007)은 장기적인 지속을 유도하는 행동, 전략, 성향의 집합체를 나타내기 위해 **그릿**^{grit}이라는 용어를 채택하였다. 이것들은 대체로 비인지 능력 범주에 속한다. 물론 이러한 집합체는 기억력, 인과적 귀인, 자기 서사, 전략에 의존하기 때문에 정말로 비인지적이지는 않다. 비인지적 능력에 대한 보다 적절한 용어는 "현재의 학업성취도 또는 IQ 검사로는 측정할 수 없지만 그럼에도 불구하고 중요한 삶과 학교에서의 성취를 예측하게 하는 것"일 수 있다. 그런데, 그것은 그다지 멋진 이름이 아니다.

그릿은 장기 목표에 대한 지속성과 열정을 강조한다. 다음의 진술이 여러분에게 얼마나 해당된다고 생각하는가?

> (a) 나는 내가 시작한 것은 무엇이든 끝을 낸다.
> (b) 나는 몇 달마다 새로운 일에 관심을 갖게 된다.
> (c) 나는 중요한 도전을 위해 좌절을 극복한 적이 있다.
> (d) 나는 특정 프로젝트 또는 아이디어에 잠시 사로잡혔다가 얼마 후에 관심을 잃은 적이 있다(Duckworth, 2007).

A와 C 진술문에 매우 동의하고, B와 D 진술문이 당신 같다고 생각되지 않는다면, 당신은 높은 그릿 점수를 받게 될 것이다. 그릿 점수는 아이비리그 대학 학점, 스펠링 비$^{Spelling\ Bee}$(일종의 영어 철자 맞추기 대회–옮긴이), 미 육군 사관학교$^{West\ Point}$의 중도탈락률과 상관성이 있었다(Duckworth et al., 2007). 그릿 점수가 이러한 결과들과 가지는 상관성 정도는 IQ의 상관성보다 더 높았다.

그릿과 목적에 대한 역량을 개발하도록 돕는 방법에 대한 연구는 제한적이며, 훈련이 도움이 될지 여부에 대해서는 알려진 바가 없다. 이것은 마치 운동선수가 자신의 능력을 단련하는 데 수년이 걸리는 것처럼, 다년 간의 의도적인 경험 축적에 따라 달라질 수 있을 것이다. 다른 과학적 이론이나 개념과 비교했을 때, 이것들은 비교적 새로운 것들이다. 지금으로서는, 이러한 연구들은 내용 숙달이 만연한 시험 세계에서 인성이 성공에 영향을 미칠 수 있다는 점을 고려할 수 있는 통찰력을 제공한다.

Ⅱ   자기효능감을 활용하여 학습을 향상시키는 방법

학생의 '할 수 있다$^{can-do}$'라는 태도를 향상시킬 수 있는 공존 가능한 두 가지 접근 방식이 있다. 성공과 실패에 대한 생각이나 태도를 바꾸는 것과 능력을 향상시키는 것으로 이를 통해 강한 성공감을 경험할 수 있도록 하는 것이다. 각각에 대해 살펴보자.

성공과 실패에 대한 생각이나 태도를 바꾸기

자기효능감을 향상시키는 한 가지 접근 방식은 자신의 성공을 통제하는 능력에 대한 사람의 인과 귀인^{causal attribution}을 바꾸는 것이다. 단지 학생에게 성공할 수 있다고 말하는 것만으로는 부족할 수 있다. 하지만 학생에게 자신들의 행동이 성공을 어떻게 통제할 수 있는지에 대한 인과 관계를 가르쳐 줄 수 있다면, 이는 학생들의 생각이나 태도를 획기적으로 개선할 수 있다. 첫 번째 예는, 성장형 마인드셋을 주입시킨 브레이놀로지^{Brainology} 프로그램에서 찾을 수 있다 (참고 http://www.mindsetworks.com). 해당 프로그램은 우리 뇌의 유연성을 강조하면서, 노력할수록 뇌는 성장하고 신경세포는 새로운 연결망을 만든다는 점을 학생들에게 가르친다. 이는 학생이 얼마나 똑똑한 지에 대해 걱정하기 보다는 뇌를 성장시키기 위해 열심히 노력하도록 설득하는 데 목적이 있다. 브레이놀로지 프로그램은 5−9학년의 어린이와 그 이상의 연령층에서도 성공적인 효과를 보였다(Blackwell et al., 2007).

두 번째 접근 방식은, 학생들이 성공으로 가는 길이 결코 쉽지 않음을 이해할 수 있게 하여 실패를 무능으로 오해하지 않도록 돕는 것이다. 엄청난 노력, 실패, 땀, 성공의 사례를 볼 수 있는 스포츠 관련 광고를 제외하면, 학생들은 보통 성공이 이루어지는 구체적인 과정을 보지 못한다. 이는 성공한 사람은 노력하지 않아도 되고, 학생이 열심히 노력한다면 멍청하다와 같은 이상한 생각을 가질 여지를 만든다. Hong과 Lin-Siegler(2012)은 학생이 성공은 쉽게 오지 않으며 자신의 역경 때문에 단념해서는 안 된다는 것을 이해할 수 있도록 도왔다. 연구팀은 훌륭한 과학자(아인슈타인, 마리 퀴리)가 겪은 역경에 대한 이야기를 들려주었다. 역경에 대한 이야기를 들은 학생은 과학자의 성취(책에서 흔히 볼 수 있는 내용)에 대해 들은 또는 아무것도 듣지 않은 학생에 비해 학습과 태도에서 더 나은 결과를 보였다. 유사하게 Schunk 등(1987)도 어려움에 발버둥 치고 대처하는 전략을 보여주는 역할 모델이 어려움을 무시하는 역할 모델보다 더 효과적임을 발견하였다.

세 번째 접근 방식은, 학생들이 그들 역시 배울 수 있는 힘을 가지고 있다고 믿을 수 있도록 돕는 유능한 동료를 붙여주는 것이다. Bartsch 등(2012)은 동료 모델을 통계 수업에서 사용하였다. 연구에 참여한 학생은 대체적으로 높은 학업 성취 능력을 가지고 강의에 임하였지만, 통계에 대한 자기효능감은 낮았다. 연구에 참여한 절반의 학생은 동일한 나이의 이전 여자 수강생의 육성 프레젠테이션을 들었다. 그녀는 자신의 수강 경험, 스트레스 조절 전략, 공부 방법, 성공적인 과목 이수에 대해 이야기하였다. 그녀는 현재 수강생과 유사한 자질을 갖추고 수업에 임한 것으로 묘사되었다. 다른 절반의 그룹 학생은 유능한 통계학 학생에 대해 상상을 하였고, 이 학생의 시간 관리, 공부 방법, 스트레스 조절법에 대해 적어 보았다. 실험 결과 동료 프레젠테이션을 경험했던 그룹은 자기효능감이 증가하였다(사회적 모델에 대한 더 많은 정보는 O장 참고). 가상의 유능한 학생에 대해 작성하였던 그룹 학생은 자기효능감이 감소하였는데 아마도 자신과 상상한 이상 사이의 큰 간극이 있다고 생각했기 때문일 것이다. "스타 학생"을 역할 모델로 사용하는 것이 학습자로 하여금 성공이 평범한 사람에 의해서는 불가능하다고 믿게 만든다면 역효과를 낼 수 있다.

기술과 의지

성공 경험은 자기효능감에 큰 영향을 준다. 계속 실패할 경우에는 격려의 말만으로는 한계가 있다. 사람들의 의지를 향상시키는 것 외에도 이들의 기술을 향상시켜야 한다. 이 책에서는 책 읽기, 취미와 같은 특정 과제에서 사람들의 능력을 향상시키기 위한 많은 방법을 기술하였다. 연구자들은 또한 자기조절 학습self-regulated learning 하에 학교 기반 과제를 통해서 일반적인 학습 능력을 향상시킬 수 있는지 여부를 조사하였다(Zimmerman & Schunk, 1989). 자기조절 학습자는 자기 학습을 통제할 수 있음을 알고 있다. 이들은 목표를 설정하고, 조직하고, 자신들의 지식 성장을 스스로 평가한다. 반면 자기조절 학습을 사용하지 않는 사람은 학습 인식이 부족할 수 있다. 예를 들어 우리 저자들 아이 중 한 명은 자신이 시험에서 만점을 받았다고 믿었지만 나중에 D를 받았다는 것을 알게 되었다(혹시 독자들이 염려할까봐 이야기하자면 아이는 이후 괜찮았다.).

자기조절 학습 초기 연구에서(자기조절 학습이라고 불리기 이전), Schunk와 Gunn(1985)은 나눗셈을 어려워하는 9–10학년 학생들을 가르쳤다. 학생들은 4일 동안 문제지의 나눗셈 문제를 풀었다. 매일 성인의 문제 풀이 방법을 모델링하는 것으로 시작하였다. 연구는 성인 모델링이 이루어지는 동안 두 가지 실험적인 처치가 있었다. 첫 번째는, 학생들이 좋은 성취 믿음을 개발하는 훈련을 받았는지 여부였다. 예를 들어 성인은 다음과 같이 말하였다. "나눗셈을 가장 잘하는 학생은 자신이 문제를 풀 수 있고, 열심히 하고, 점점 나눗셈을 잘하고 있다고 생각한다. 이 문제에서, 처음에는 '나는 이 문제를 풀 수 있다'라고 생각할 수 있다. 계속해서 풀다 보면 '내가 열심히 하면 나는 끝마칠 수 있다'고 생각할 수 있고, 끝마쳤을 때, '나는 이것에 꽤 능숙해지고 있다'"라고 생각할 수 있다. 두 번째 실험적 처치는 "나눗셈을 가장 잘하는 학생은 곱셈과 뺄셈을 할 때 신중히 한다"와 같은 과제 전략의 중요성에 대해 훈련을 받았는지 여부이다. 연구는 소규모(각 조건당 10명의 학생)로 이루어졌지만, 결과는 놀라웠다. 학생들은 18개의 나눗셈 문제로 이루어진 사전, 사후 테스트를 완료하였다. 학생들은 또한 문제 해결에 대한 자기효능감을 평가하였다.

구분	자기효능감 향상		기술 향상	
	성취 믿음 있음	성취 믿음 없음	성취 믿음	성취 믿음 없음
과제 전략 있음	53%	36%	47%	43%
과제 전략 없음	26%	15%	17%	20%

표 Y.1. 11세 아동의 나눗셈 수업에서 자기효능감과 기술의 향상(Schunk & Gunn, 1985).

표 Y.1은 네 가지 컨디션에서 사전 테스트에서 사후 테스트로의 점수 상승을 보여 준다. 성취 믿음과 과제 전략의 결합은 자기효능감을 향상시키는 핵심이었고, 전략 없는 성취 믿음은 그다지 도움이 되지 않았다. 한 가지 해석은 성취 믿음은 초기에 아동에게 도움이 되었을 수 있으나, 과제 전략이 없으면 아동은 문제를 푸는 데 어려움을 겪게 되고, 이는 "그래, 넌 할 수 있어"를 들은 효과를 떨어뜨린 것으로 볼 수 있다.

어떤 과제를 잘 수행하는 것은 성공의 증거가 되고, 이는 학생의 시도 의지를 높일 수 있다. 유감스럽게도 우리 스스로 얼마나 잘 배웠는지를 판단하고 이를 통해 성공을 느끼는 것은 쉽지가 않다. 만약 당신이 대학 강사이고 학기말 강의 평가 점수를 향상시키고 싶다면, 학기 초와 말에 학생에게 같은 과제를 주고, 강의 평가 직전에 두 개의 답을 나란히 보게 하자. 이는 학생들이 지금까지 얼마나 배웠는지 감지하는 데 도움이 될 것이며, 강의 평가에 보다 더 관대해지게 할 것이다.

또한 학생들에게 성공을 나타내는 적절한 피드백을 제시할 수 있다. Schunk와 Lily(1984)는 간단한 예를 보여 주었다. 중학생은 새로운 연산 방법(나눗셈 없이 나머지 구하기)을 배웠다. 수업 이후, 학생은 어렵지만 궁극적으로 성공을 유도하도록 설계된 일련의 문제를 완료하였다. 학생은 각 문제 이후에 정답을 알려주는 단순한 피드백을 받았다. 연구자들은 초기에 여학생이 남학생보다 활동에 대한 자기효능감이 더 낮다고 보고했지만, 워크시트를 풀고 실제로 문제를 풀 수 있음을 보여주는 간단한 피드백을 받은 후 여학생은 남학생과 똑같은 자기효능감을 보고하는 것을 발견하였다. 물론 이 연구는 성별에 따른 자기효능감 차이가 어디에서 시작되었는지에 대한 질문에 대한 답을 하지는 않는다. 이는 여학생이 수학을 못한다는 잘못된 사회적 고정관념의 결과일 가능성이 높다(B장 참고). 교수자는 사회적 고정관념 또는 기타 부정적인 정보에서 비롯된 낮은 자기효능감의 귀인을 바꾸기 위해 초기에 조치를 취하는 책임을 다해야 한다.

III 자기효능감의 결과

자기효능감은 우리가 무엇을 할지 선택하는 것과 사건을 해석하고 대응하는 방식 모두에 영향을 미친다. 자기효능감은 (a) 진로 선택을 포함한 접근 행동(Hackett, 1995); (b) 난관이나 역경에 직면했을 때 노력과 인내를 포함한 지속적인 행동; (c) 스트레스와 우울을 포함한 노력에 대한 반응(Bandura, 1997)에 영향을 주는 중요한 요인으로 알려져 있다. 시간이 지남에 따라 긍정적인 자기효능감은 학습과 성취의 상향 궤도로 축적된다.

한 예로 경영학 프로그램에서 의사결정 시뮬레이션과 상호작용한 매니저의 사례를 들 수 있다(Bandura & Wood, 1989). 연구가 시작될 때 대체로 매니저들은 동일한 수준의 자기효능감을 보고하였다. 연구에 참여한 절반의 매니저들은 복잡한 의사결정은 연습을 통해 성취할 수 있는 기술임을 믿게 하는 암시를 받았으며, 시뮬레이션은 의사결정 기술을 기르는 수단으로 기능하였다. 나머지 절반의 매니저들은 고정능력 관점을 가지게 하는 암시를 받았다. 이들은 복잡한 의사결정은 선천적으로 타고나는 인지 능력에 달려 있다고 들었으며, 시뮬레이션은 "내재된 인지능력을 측정하기 위한 수단"이라고 들었다(p.410).

시간이 지날수록 획득 가능한 기술이라는 마인드셋을 암시 받았던 매니저들은 시뮬레이션과 상호작용할 때 자기효능감이 증가하는 경향을 보고한 반면에, 고정된 능력 암시를 받았던 조건에 있었던 매니저들은 자기효능감이 꾸준히 감소함을 보고하였다. 게다가 획득 가능한 기술 조건에 있었던 매니저들은 점점 분석적 전략의 체계적이고 효과적인 사용이 증가하였고, 더욱 더 도전적인 목표를 설정하였다. 최종적으로 획득 가능한 기술 조건은 고정된 기술 조건보다 평균 20% 더 높은 시뮬레이션 생산성을 보였다. 자기효능감은 자신의 성공을 촉진한다.

Ⅳ   자기효능감을 활용하여 스스로 가르치는 법을 배울 수 있을까?

동기를 스스로 조절할 수 있도록 돕는 대부분의 접근 방식은 어떤 형태의 자기 귀인 대화self−attributional talk와 연관된다. "비록 쉽지 않더라도, 나의 뇌는 자랄 수 있다."와 같은 접근 방식이다. 이는 분명히 도움이 되는 전략들이다. 학교 밖에서도 자신 스스로의 목표를 설정해야 할 필요가 있으며, 간단한 약어는 자기효능감을 느끼게 할 수 있는 목표를 세우는 데 도움이 될 수 있다. 예를 들어 SMART 목표는 구체적이고specific, 측정 가능하고measurable, 달성 가능하며achievable, 연관성relevant이 있고, 시의 적절timely해야 함을 나타낸다.

불행히도 유혹이 가장 강한 순간이 바로 이성이 가장 약한 시기이다. 동기부여 탱크가 너무 비어 있어서 사람들에게 이성적인 의지가 남아 있지 않을 수도 있다(Baumeister & Vohs, 2007). Oppezzo와 Schwartz(2013)는 마지막 순간에 자신을 설득할 필요가 없는 자기 조절 전략에 대해 조사하였다. 연구팀은 고등학생들에게 식단에서 과일과 채소의 섭취량을 높이는 목표를 부여하였다. 그런 다음 학생들은 예를 들어 주변 환경에 주의를 환기시키고 보상을 주는 방식과 같이 동기 부여를 환경에 분산하는 방법에 대한 교육을 받았다. 체중 감량을 위한 잘 알려진 분산 전략의 예로는 집 안에 살찌는 음식을 없애고, 지인에게 자신의 노력을 칭찬해 달라고 부탁하는 것이 있다. 연구팀은 학생들에게 동기 부여 지원을 분산하도록 가르치는 것이 자기 대화 전략을 배운 학생에 비해 학생들이 더 많은 과일과 채소를 섭취하게 한다는 것을 발견하였다.

Ⅴ   자기효능감의 위험성

자기효능감의 위험은 양쪽에서 발생한다. 자기효능감의 중요성을 과소평가하는 것은 학생의 주체성을 빼앗을 수 있다. 반면에 자기효능감을 맹목적으로

Y

또는 잘못된 방식으로 북돋아 주는 것은 그릇된 어리석음을 초래할 수 있다. 아래에서 자세히 살펴보자.

피해자 탓하기

'노력과 인내는 성공을 낳는다'는 믿음은 잘 알려진 청교도의 직업 윤리와 맥을 같이 한다. 주요 위험은 만약 학생들이 성공하지 못한다면 열심히 하지 않은 학생의 잘못으로 여기는 것이다. 교육자가 학생이 더 열심히 노력해야 한다고 생각하면서 효과적인 학습 환경을 조성해야 하는 책임감을 저버리는 것은 실수일 것이다. 학습을 위한 환경이 제대로 설계되지 않았다면, 학생이 성공할 만큼 열심히 노력하지 않았다고 해서 학생을 탓할 수는 없다.

대표적인 예로 학습된 무기력learned helplessness을 들 수 있다. 가혹한 환경을 피할 수 없는 경우 동물들은 포기한다. 한 연구에서(Seligman & Maier, 1967), 개들은 멈출 수 없는 전기적 충격을 받았다. 이후 해당 개들은 바닥에서 전기적 충격이 가해지는 새로운 박스에 넣어졌다. 개들은 전기가 들어오지 않는 바닥으로 장애물을 뛰어 넘음으로써 전기적 충격을 피할 수 있었지만, 고통스러운 전기적 충격을 받으면서 그 자리에 머물렀다. 반대로 이전에 통제 불가능한 전기적 충격을 받지 않은 다른 개들은 전기가 통하는 바닥에서 벗어나기 위해 장애물을 뛰어 넘었다. 사람 또한 전기적 충격, 큰 소음, 다른 혐오스러운 자극을 피하는 것을 포기하는 학습된 무기력을 보인다(예: Thornton & Jacobs, 1971). 아이들이 통제할 수 없는 부정적 교실은 노력하기만 하면 어느 정도 통제권을 가질 수 있는 교실로 옮겨지더라도 자기효능감을 무너뜨리는 결과를 초래할 수 있다.

자기효능감이 항상 좋은 것이라고 가정하기

자기효능감, 마인드셋, 그릿은 삶의 모든 영역에 적용 가능하다. 이는 긍정적이지 않은 영역에서도 마찬가지이다. 예를 들어 실패한 전투, 병참 중단, 세계적 반대에도 줄곧 자신의 목표를 고수한 히틀러는 아마도 역사상 가장 그릿이 높은 사람들 중 한 명이었을 것이다. 하지만 대부분의 사람은 그의 근성을 좋게 평가하지 않을 것이다. 동기 부여 도구는 세기뿐만 아니라 방향도 중요하다.

노력이 아닌 학습자 칭찬하기

"당신은 정말 똑똑하다," "당신은 정말 예쁘다"와 같이 학습자의 특성을 칭찬하는 것은 역효과를 낼 수 있다. 왜냐하면 이러한 칭찬이 암묵적으로 노력보다는 타고난 능력에 대한 믿음을 만들어 내기 때문이다. 연구자들은 5학년 학생들을 대상으로 쉬운 퍼즐 문제를 다 푼 것에 대해 칭찬을 하였다(Mueller & Dweck, 1998). 절반의 학생들에게는 "너는 똑똑하구나"라는 지능에 대한 칭찬을 하였고, 다른 절반의 학생들에게는 "너는 열심히 풀었구나"라는 노력에 대한 칭찬을 하였다. 그런 후에 학생들은 쉬운 문제와 어려운 문제 중 어떤 문제를 풀고 싶은지를 선택하였다. 노력을 칭찬받은 92%의 학생은 어려운 문제를 선택하였고, 이에 반해 지능을 칭찬받은 학생은 33%만이 어려운 문제를 선택하였다.

보다 장기적인 관점에서 연구자들은 자신의 행동에 대해 부모의 칭찬(예: "입을 가린 행동이 맘에 든다")을 많이 받은 1–3세 아동은 7–8세가 되었을 때 성장 마인드셋 속성을 더 많이 나타내는 것도 발견하였다(Gunderson et al., 2013). 해당 연구는 인과 관계를 입증하지는 못했지만 흥미로운 연관성을 보여 준다.

VI 좋은 예와 나쁜 예

Corno와 Xu(2004)는 숙제를 어린 시절의 일이라고 불렀다. 숙제는 자기 수양, 동기 부여, 매우 단조롭고 재미없는 일과 같은 많은 특징들을 직장 세계와 공유한다. 그렇다면 부모로서 아이의 숙제 자기효능감을 개발하도록 어떻게 도울 수 있을까?

나쁨(고정형 마인드셋): "어, 나도 과학을 잘한 적이 없어. 그냥 일단 마무리하자."

나쁨(지능 칭찬): "와 정말 어려운 문제인데 너는 이걸 맞췄구나, 정말 똑똑하구나!"

좋음(노력 칭찬): "와, 이 문제를 정말 열심히 풀었구나, 잘했어!"

보통(의지만 언급): "이건 배우는 데 시간과 연습이 필요한 일이야. 열심히 노력하면 해낼 수 있을꺼야."

좋음(의지와 기술 모두 언급): "이건 배우는 데 시간과 연습이 필요한 일이야. 열심히 노력하면 해낼 수 있을꺼야. 선생님이 유인물에 제시해 놓은 전략을 살펴보자."

핵심 학습 메커니즘은 무엇인가?

학습자가 성공할 수 있다는 믿음을 갖게 되면, 어려운 일에 도전하고, 더 오래 지속하며, 실패에도 인내하고, 더 많은 도전을 하고, 궁극적으로 더 많은 것을 성취할 수 있다.

예는 무엇이 있고 어떤 점에서 좋은가?

자기효능감의 아버지인 앨버트 반두라가 지적했듯이, "자신에 대한 믿음이 반드시 성공을 보장하는 것은 아니지만, 자신에 대한 불신은 반드시 실패를 낳는다."(1997, p.77). 자기효능감이 높은 초보 암벽 등반자는 어려워 보이는 길도 도전하고 넘어지더라도 다시 암벽 오르는 것에 도전할 것이다. 자기효능감이 낮은 초보 암벽 등반자는 필요할 때만 새로운 길을 시도하고, 넘어지면 포기하고 더 쉬운 길을 시도하는 방식으로 대응할 것이다.

왜 효과가 있을까?

동기 부여 방정식의 한 부분은 성공의 효용성에 대한 인식이다. 두 번째 부분은 성공할 수 있다고 믿는지 여부이다. 사람들은 자신의 성공을 스스로 야기할 수 있는지에 대한 귀인을 만든다. 이러한 귀인을 개선하면 도전적 과제에 참여하고 지속할 가능성이 높아진다.

핵심 메커니즘은 어떤 문제점을 해결해야 하는가?

- 스스로 개선할 수 없다고 생각하고 시도해 보지 않는다.
  - "나는 수학을 못한다. 나는 수학 체질이 아니다."
- 자신의 실패를 환경 탓으로 돌린다.
  - "조직에서 내가 하는 일은 중요하지 않다. 나의 고용주는 듣지도 않고, 행여 고용주가 듣는다고 해도 별 다른 차이가 없을 것이다."
- 노력하면 해결할 수 있는 도전을 피한다.
  - 아이는 자신이 풀 수 있다고 생각하는 퍼즐만 풀려고 한다.

활용 방법의 예

- 학생이 아무리 열심히 노력해도 수학을 잘할 수 없다고 믿는다.

‣ 비록 문제를 풀지 못하더라도 열심히 노력하는 것은 뇌의 중요한 연결
망을 성장시킴을 설명하기.

- 아이가 문제 푸는 법을 배우고 있다.

‣ 아이의 노력과 행동을 칭찬하고("정말 열심히 했구나, 잘했어!") 고정된
특성을 가정하는 칭찬은 하지 않기("정말 똑똑하구나").

- 또래 모델을 현재 학생의 생생한 본보기가 되게 하기.

‣ 감옥에서 갓 출소한 사람을 위한 사회 적응 수업에서, 예전에 감옥에 수
감되었으나 자유로운 사람으로 성공적으로 전환한 비슷한 연령과 배경
을 가진 연사를 초빙하기. 해당 연사에게 본인이 경험한 어려움, 대처한
방법, 궁극적인 성공에 대해 말해달라고 요청하기.

위험성

- 교수자가 학생의 태도에 너무 집중한 나머지 좋은 학습 환경을 조성해야
한다는 사실을 잊어버릴 수 있다.

- 유용한 목표에 대한 고려 없이 자기효능감을 기르는 것은 지나친 과신을
낳을 수 있다.

- 지능 또는 재능을 칭찬하면 의도치 않게 학습자를 쉬운 도전으로 이끌
수도 있다.

26

Z
is for Zzzzzz...

수면

- 그날의 기억을 공고히 하기 -

Zzz... 수면
그날의 기억을 공고히 하기 _____

 Zzz는 수면을 취하라는 뜻이다. 지난 반 세기 전에, 존 스타인벡John Steinback은 "밤새 어려웠던 문제는 잠이라는 중재를 거친 후 아침에 해결된다" 라고 작성하였다(1954, p.54). 지난 15년간의 수면 관련 연구는 그의 통찰을 뒷받침하고 있다. 수면은 기억력, 신체적 능력, 통찰력을 향상시킨다. 우리 저자는 깊이 있는 학습을 위해서 수면에 친절하라는 기본적인 조언으로 책을 마무리하고자 한다.

 우리는 모두 잠을 자고, 잠이 필요하며, 때로는 잠을 속이려 한다. 하지만 마지막은 언제나 잠이 이기는데 이는 학습에 유익한 일이다. 수면과 학습의 관련성은 두 가지로 이야기할 수 있다. 첫째, 수면은 우리가 깨어 있는 동안 각성 상태를 유지하여 새로운 것을 배울 수 있도록 도와준다. 둘째, 수면은 하루의 기억들을 장기 기억에 공고히 한다. 이러한 공고화는 하루 동안 있었던 일에 대한 기억을 향상시키고 기억 속에 내재된 패턴 찾을 가능성을 높인다.

 Lau 등(2011)은 수면이 패턴 찾기에 미치는 효과를 입증하는 연구를 수행하였다. 연구 참가자들은 제시된 한자가 개념적으로 유사하고 같은 부수를 공유한 구조를 가지고 있는지 모른 채 많은 한자를 암기하였다. 그림 Z.1은 물 관련 세 한자가 물 수 변수를 공유하고 있음을 보여준다(도식에 동그랗게 표시). 이러한 구조를 쉽게 알아차릴 수 없도록, 암기 단계에서는 많은 한자들이 뒤섞여 있었다. 한자와 그 의미를 암기한 후, 참가자들은 낮잠을 자거나 깨어 있었다. 낮잠을 잔 사람들은 그들이 직전에 암기하였던 한자들이 지닌 공통된 구조를 좀 더 잘 알아차렸다. 이들은 이전에 보았던 부수를 공유하고 있는 새로운 한자의 의미도 더 잘 알아 맞혔으며, 부수 자체만 따로 보여주더라도 그 부수의 의미를 잘 알아 맞혔다.

술 주　　　강(물) 하　　　헤엄칠 유

그림 Z.1. 세 개의 한자에 있는 '물 수' 부수.

| I | 수면의 작동 방식 |

수면은 90분 주기로 반복적으로 일어난다. 꿈을 꾸는 렘(REM: rapid‒eye‒movement) 수면과 깊은 서파(SWS: slow‒wave sleep) 수면이 번갈아 일어난다. 그림 Z.2는 일반적인 수면 주기를 보여준다. 잠이 시작되면 사람은 깊은 서파 수면으로 빠르게 접어들었다가 렘 수면으로 전환한다. 두 수면 주기는 밤새 번갈아가며 바뀌는데, 수면의 시작은 서파 수면이 지배하고, 마지막은 렘 수면이 지배한다.

꿈을 꾸지 않는 서파 수면은 기억 공고화에 중요한 역할을 한다. 하루 일과와 학습을 마친 후 서파 수면에 접어들게 되면 뇌에서는 신경 신호의 복잡한 움직임이 시작된다. 깨어 있는 동안에 뇌의 신경회로들은 각자의 목적에 따라 바삐 움직였다. 하지만 수면 중에는 대규모 신경 연결망이 매초 약 한 번의 주기로 함께 켜고 꺼지면서 작동을 동기화한다. 신경세포는 켜져 있는 동안에는 강한 신호를 송출하고, 꺼져 있는 동안에는 침묵한다. **서파 수면**은 이러한 느린 온‒오프 진동에 기인하여 그 명칭이 만들어졌다. 연구자들은 서파 수면이 학습과 관련이 있다는 것을 알고 있다. 왜냐하면 하루 동안 열심히 공부한 후(기말고사 공부 후)에는 파동이 강해지고, 공부를 특별히 많이 하지 않았을 때(한가한 여름날)에는 파동이 약해지기 때문이다. 또한 파동들은 예측 가능한 뇌의 위치에서 나타난다. 만약 손가락 두드리기 패턴과 같은 움직임에 대해 그날 배웠다면, 운동 처리를 담당하는 뇌 영역은 움직임 학습이 없었던 날에 비해 수면 진동의 진폭이 증가한다(Huber et al., 2004).

동기화된 서파 수면 진동은 기억의 재활성화를 유도한다. 어떤 사람이 새로

Z

운 주행 경로를 배우고 미래에 다시 사용할 계획이라고 가정하자. 이 사람이 학습하는 동안 주행 경로를 부호화하기 위해 다수의 신경 세포들은 발화하게 된다. 이후 서파 수면의 "켜짐" 단계에서 동일한 신경세포들은 학습한 경로를 무의식적으로 빠르게 다시 재생하며 재활성화 된다. 이러한 재활성화는 일화 기억 episodic memory의 중추인 해마 hippocampus에서 시작되며 곧 장기 기억과 관련된 뇌의 영역으로 퍼져 나가게 된다. 이 증거는 말 그대로 기억이 해마에서 다른 뇌의 영역으로 이동하고 그날의 기억을 장기 기억 저장소로 옮긴다는 것을 시사한다.

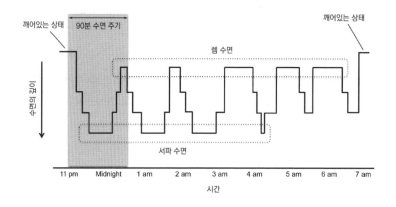

그림 Z.2. 밤에 잠을 잘 때 나타나는 수면의 주기. 서파 수면은 깊이 잠든 단계로, 잠의 앞 부분에 주요한 역할을 한다. 렘 수면은 다소 잠이 얕게 든 단계로, 렘 수면 동안 꿈을 꾸게 된다. 렘 수면은 수면 주기 마지막 부분에서 주요한 역할을 한다(Rasch & Born, 2013).

　　마지막으로, 이러한 신경세포 활동 패턴은 신경 가소성 또는 뉴런의 물리적 변화를 초래한다. 이러한 현상은 수 년간 추정되어 왔지만 최근 들어서야 확인이 되고 있다. 학습 후 수면 중에 신경세포는 인접 신경세포로부터 들어본 정보를 수신하는 가시 모양의 돌기를 성장시킨다. 새롭게 자라난 수상 돌기 가시들은 신경세포 간의 정보 전달을 강화하는 데 이는 뇌가 새로운 학습을 하는 한 가지 방법이다. 흥미로운 점은 연구자들이 약물을 사용해 서파 수면 중의 기억 재활성화를 막으면 수상 돌기 성장이 방해를 받았지만(Yang et al., 2014), 대신 렘 수면을 막고 반대로 서파 수면 재활성화를 허용한 경우에는 평소와 같이 수상 돌기 성장이 진행되었다는 점이다. 즉, 연구자들은 서파 수면 중 기억 재활성화와 관련된 측정 가능한 뇌 가소성을 보여주었다.

수면의 복잡한 세계 안에서, 모든 선수들은 의식적 노력 없이도 학습을 촉진하기 위해 매진하게 된다. 구두 수선공이 잠자는 동안 요정들은 열심히 일을 한다는 속담처럼 말이다.

II 수면을 활용하여 학습을 향상시키는 방법

수면은 모든 포유류에서 나타난다. 수면 중에 노출되는 위험성에도 불구하고, 위험 대비 수면이 가져다주는 보상은 오랜 시간 수면이 사라지지 않게 하였다. 수면을 효과적으로 활용하기 위해 사용할 수 있는 몇 가지 전략이 있다.

충분한 수면 취하기

24시간 동안 잠을 취하지 않은 사람은 혈중 알코올 0.1% 때와 동일한 수준(법적 운전 제한선 초과)의 인지적 저하를 겪는다. 반복적으로 잠을 충분히 자지 않으면 그 피로는 누적된다. 10시간의 회복 수면은 기능 회복에 도움을 줄 수 있지만 이러한 회복은 하루 종일 지속되지는 않는다(Cohen et al., 2010). 잠으로부터 벗어나기 위해 속임수를 쓸 수는 없다. 규칙적으로 24시간 주기로 충분한 수면을 취할 수 있도록 노력하자.

어느 정도의 수면이 충분할까? 이는 개인에 따라 다르며, 다중 수면 잠복기 검사Multiple Sleep Latency Test로 자가진단이 가능하다(Carskadon et al., 1986). 한낮에 어두운 방에 누워보자. 침대 옆으로 숟가락을 들고 그 아래 바닥에 큰 쟁반을 놓는다. 시간을 확인하고 잠을 자려고 시도해 보자. 잠이 들면 숟가락은 손에서 떨어져 쟁반에 부딪혀 소리가 나게 되고 잠에서 깨어나게 된다. 이때 5분이 채 지나지 않았다면 이는 심각한 수면 부족을 나타낸다. 15-20분이 지났다면 일반적으로 수면 상태가 양호함을 나타낸다.

현명하게 낮잠 자기

낮잠의 핵심은 수면 주기와 관련된다. 수면 주기는 얕은 수면에서 시작해서, 깊은 서파 수면으로 전환되고, 점점 길어지는 얕은 렘 수면으로 마무리된다. 서파 수면 중 깨어나게 되면 최대 30분 동안 극도의 비몽사몽한 상태를 야기할

Z

수 있다. 이런 점을 염두에 두고, 최적의 낮잠 주기에 대한 다음의 연구 결과를 살펴보자.

낮잠 시간	결과
10 – 15분	일시적 기억 증진: 10분간의 낮잠은 이전에 학습했던 어휘들에 대한 기억을 향상시킴; 이러한 혜택은 일주일 안에 사라짐. 각성 증가. 비몽사몽 없음.
30분	짧은 낮잠보다 더 많은 기억력 혜택. 깨어난 후 30분 정도 비몽사몽.
60분	장기기억 향상. 덜 혼미한 상태(서파 수면 단계가 끝났음).
90분	감정적, 절차적, 서술적 기억력 향상, 창의성 향상을 포함한 수면 주기가 제공하는 모든 이점을 누리면서 졸음을 최소화할 수 있음 (Lahl, 2008; Alger et al., 2012; Brooks & Lack, 2006).

휴식을 위해 1시간 이상 사용할 수 없다면, 15분간의 파워 낮잠은 가성비가 매우 높다. 혹 더 많은 에너지가 필요하다면 15분간의 낮잠 직전에 커피를 마시는 것도 하나의 요령이다(Horne & Reyner, 1996). 잠에서 깨어나자마자 카페인 효과가 나타날 것이다.

수면 재활성화 유도

공부하는 것은 어렵고, 시간은 부족하다. 잠을 자는 동안에도 학습할 수 있는 방법이 있으면 좋을 것이다. 아직 상용화를 위한 단계는 도달하지 못했지만, 과학 기술은 **재활성화 유도**prompted reactivation를 통해 상용화에 점점 다가가고 있다. 예를 들어 한 연구에서(Ngo et al., 2013), 사람들은 단어 쌍을 암기하였다. 이들이 잠을 잘 때, 연구자들은 서파 수면을 추적하였고 소리가 나는 메트로놈을 뇌파의 리듬에 맞추었다. 이는 뇌파를 증폭시켰다. 이러한 처치는 단어 쌍을 기억하는데 있어 수면의 이점을 거의 두 배로 증가시켰다.

재활성화는 서파 수면 중 뇌를 상기시키는 것을 통해서도 이루어질 수 있다. Antony 등(2012)은 재활성화가 어떻게 작동되는지를 단순한 피아노 멜로디 연주를 배우는 것을 통해 보여주었다. 연구자들은 참가자들에게 화면에 나타난 비디오 게임(기타 연주 게임)과 같은 지침에 따라 두 가지 멜로디를 학습하게 하였다. 이후 서파 수면 동안 연구자들은 둘 중 하나의 녹음된 멜로디를 계속해서 들려줌으로써, 해당 특정 멜로디가 참가자들의 뇌를 재활성화 시키도록 하였다. 잠에서 깨어난 참가자들은 두 멜로디를 다시 연주하였는데, 잠들기 전 두 멜로디 연주 연습 시간과 연주 실력이 비슷하였으나 놀랍게도 수면 중에 연주된 멜로디를 더 잘 연주하였다. 참가자들은 수면 재생을 의식하지 못하였다고 보고하였는데, 즉 "부수적인 연습"은 아무런 노력 없이 이루어진 것임을 알 수 있다.

또 다른 흥미로운 기법으로 사람들은 카드의 위치를 학습하였다(Rasch et al., 2007). 참가자들이 학습하는 동안 연구자들은 장미 향을 방 안에 나게 하였다. 그런 후에 잠을 자는 동안 장미 향을 다시 부여하였는데 기억이 재활성화되고 카드 위치에 대한 기억력이 향상되었다.

나만의 수면 재활성화 스테이션을 설치하기 전에 일부 한계점을 유념하자. 첫째, 잠든 영아를 위해 클래식 음악을 들려주는 것에 대해 매우 관심이 높지만, 수면 중에 새로운 기억을 형성한다는 것을 뒷받침해 주는 증거는 없다. 잠은 이전 학습한 내용을 단단히 할 뿐이다. 잠을 자는 동안 외국어 오디오 테이프만 듣는 것은 외국어 학습에 도움이 되지 않는다. 하지만 외국어 수업을 듣는 사람이 잠을 자는 동안 그날 배웠던 단어들을 재상기한다면, 그들은 보다 기억력을 증진할 수 있을 것이다(Schreiner & Rasch, 2014). 둘째, 외부 수면 재활성화의 알려지지 않은 단점이 있을 수 있다. 예를 들어 재활성화를 통해서 특정 기억을 증진시키는 것은 다른 기억들을 공고히 하는 것을 방해할 수 있다(Antony et al., 2012). 하지만 이러한 한계점들이 독자들의 열의를 꺾어서는 안 된다. 가능성은 무궁무진하며 최근 수면 학습 연구의 급증은 수면 재활성화를 실제 생활에 적용하기 위한 관심이 매우 높음을 보여주고 있다.

Ⅲ 수면의 결과

건강 측면에서 수면은 피로, 질병, 죽음을 예방한다. 예를 들어 잠의 초반부 동안, 뇌는 신진대사의 부산물로 낮 동안 쌓인 독성 요소를 배출한다(Xie et al., 2013). 수면은 또한 학습에 여러 가지 긍정적인 결과를 낳는다. 다음은 몇 가지 놀라운 학습 성과이다.

망각의 감소: 한 고전연구는 무의미한 음절을 배운 후에 낮잠을 자는 것이 낮잠을 자지 않고 깨어 있는 것보다 망각을 덜 하는 데 도움이 됨을 보여주었다. 학습 후 1시간 이내에 테스트를 해도 참가자들은 그 시간 동안 낮잠을 잤을 때보다 깨어 있었을 때 더 많은 음절을 잊어버렸다(Jenkins & Dallenbach, 1924). 흥미로운 점은 수면 단계에 따라 서로 다른 유형의 기억이 우선적으로 증진되는 것으로 보였다. 감정적, 암묵적, 절차적 기억의 경우 렘 수면 중에 증진되는 것처럼 보이나 서술적 기억과 통찰력 학습은 서파 수면에서 더 많은 기억 증진이 이루어지는 것으로 보였다.

운동 성능 향상: Mah 등(2011)은 스탠퍼드 대학의 농구부원에게 밤에 잠을 자는 시간을 두 시간까지 연장하여 약 6주 동안 매일 밤 최소 10시간의 수면을 취하도록 요청하였다. 마[Mah]와 동료들은 선수들이 연구 참여 이전에 이미 자신의 운동 기술이 최고조에 도달했다고 보고했음도 불구하고, 전력 질주, 자유투, 3점 성공률의 향상을 확인하였다. 매일 두 시간의 추가적인 수면(역으로 깨어 있는 시간의 두 시간 감소)은 슈팅 정확도 10% 향상을 이룰 만큼의 가치가 있을까? 생각하기 나름이다.

통찰력 향상: 잠은 아이디어의 원천이다. 경험에서 인식되지 않은 패턴들이 한 데 모이면서 마침내 문제를 해결할 실마리가 드러난다. 여기 우리 저자가 가장 좋아하는 두 가지 연구가 있다. Diekelmann 등(2010)은 사람들에게 세 단어를 외우게 하였다(예: **밤, 어두움, 석탄**). 각 세 단어는 말하지 않은 주제어(**검정**)를 공유하고 있다. 그리고 이후 연구자들은 단어를 회상하게 하였다. 사람들이 우연히 주제어를 언급한다면, 그것은 이들이 세 단어의 의미와 숨겨진 주제를 단단히 통합했음을 나타낸다. 세 단어 학습 이후 낮잠을 잔 사람들은 그렇지 않은 사람들보다 단어 회상 시에 주제어를 언급할 가능성이 더 높았다. 이는 수면 중 기억의 공고화와 관련된 것으로, 수면 중에 사람들이 최근에 학습한 내용과 그들의 배경지식이 통합되기 때문이다. 이러한 사전 지식과의 통합은 단어 간 연결을 만드는 데 도움이 된다.

Beijamini 등(2014)은 수면이 비디오 게임 맥락에서 문제 해결 통찰력을 증진시킴을 보여주었다. 연구자들은 사람들에게 마우스와 논리적 추론을 이용해서 캐릭터를 풍선 쪽으로 이동시키는 것이 목표인 상업적 비디오 게임을 가지고 놀도록 북돋았다. 각 레벨별로 난이도는 증가했으며, 10분 안에 레벨을 완성할 수 없을 때, 게임은 종료되었다. 그리고 난 직후, 절반의 플레이어들은 90분의 낮잠을 잤다. 낮잠을 잔 플레이어들은 이후 그들이 어려워했던 레벨을 낮잠을 자지 않은 플레이어들보다 훨씬 쉽게 통과하였는데, 즉 문제 해결 방법에 대한 수면 주도 통찰력을 보여준다.

Ⅳ 수면으로 스스로 가르치는 법을 배울 수 있을까?

적절한 낮잠을 자고 충분한 수면을 취하는 것은 너무나도 자명한 일이지만 현실적으로 이를 실천하기는 쉽지가 않다. 자기자극 기억 재활성화는 이론적으로 가능하지만 지금까지의 증거는 단지 이론에 그칠 뿐이다. 만약 잠들고 유지하는 데 어려움을 겪는다면, 필자는 더 나은 수면을 위해 미국 국립수면재단 사이트(National Sleep Foundation, http://www.sleepfoundation.org)를 확인해 볼 것을 권한다.

Ⅴ 수면의 위험성

주요한 위험은 잠을 적게 자는 것과 연관이 있다. 이는 특히 청소년들에게 더 위험하다. 미국 국립수면재단에 따르면 청소년은 보통 하룻밤에 7시간을 자지만 실제로는 9시간 이상의 수면이 필요하다. 사람은 신체에서 멜라토닌melatonin 호르몬이 분비되기 시작할 때 졸리다는 것을 느낀다. 보통의 미국 십대에게, 이러한 분비는 밤 11시에서 오전 8시 사이에 발생한다. 안타깝게도 이런 생물학적 요인은 학교 스케줄과 상반된다. 청소년은 제 시간에 등교하기 위해 종종 오전 6시에서 6시 30분 사이에 일어나야 한다. 물론 수면 시간은 가변적이다(이제 갓 걷기 시작한 아이를 둔 부모에게 물어보자). 그렇다면 왜 십대들은 잠자는 시간을 조금 더 앞당길 수 없을까? 일반적으로 생각되는 것은 숙제와 사회적 기회를 포함한 문화적 요인, 특히 청소년들이 "자신은 피곤하지 않다!"라고 느끼는 것과 맞물려 실현을 어렵게 만든다는 것이다. 그 결과는? 1교시 생물 수업 시간의 좀비들이다. 일부 학교들은 학교 시작 시간을 한 시간 정도 늦추었다. 이러한 학교의 학생들은 밤 잠을 더 길게 자고 낮에 덜 졸리다고 보고하였

Z

으며, 교사들은 학생들이 보다 깨어 있다고 보고하였으며, 학교는 높은 출석률을 보고하였다(Wahlstrom, 2002).

수면 부족의 두 번째 위험은 기억 혼란에 취약하다는 점이다. 어떤 사람이 아침에 범죄를 목격하고 곧 사건의 모순된 이야기를 들었다고 가정해 보자. 범죄 전날 밤새 깨어 있었던 사람은 자신이 실제 본 것보다 들은 것을 목격했다고 잘못 기억할 가능성이 더 높다(Frenda et al., 2014). 이는 목격자가 경찰 및 변호사와의 면담에서 강한 암시를 받아서는 안 되는 이유 중 하나이다.

지나친 잠이 위험할 수 있을까? 많은 사람들이 지나친 잠이 원인이라고 생각하는 낮잠 이후의 비몽사몽은 단순히 서파 수면 중에 깨어났기 때문일 수 있다. 건강한 사람이 잠을 지나치게 많이 자는 것이 가능한지에 대해서는 아직 명확하지 않다. 한 연구는 평소 9시간 이상 잠을 자는 사람은 당뇨, 체중 증가, 뇌졸중과 같은 건강 문제를 가지고 있을 가능성이 높음을 보여 주었다(Liu et al., 2013). 하지만 해당 연구는 상관 연구로 건강 문제가 수면 시간을 길게 만들었을 가능성도 있고, 그 반대일 수도 있다.

VI ▷ 좋은 예와 나쁜 예

좋음: 기분과 기억을 고양시키기 위해 15분 또는 90분의 낮잠 자기.

좋음: 생체리듬과 수면이 서로 일치되도록 일정한 수면 주기 유지하기.

좋음: 시차 적응을 위해 빛을 사용하기. 저녁에 밝은 빛에 노출되면 기상 시간이 늦어지고, 아침의 밝은 빛은 기상 시간을 앞당긴다.

나쁨: 잠자기 전에 커피 또는 술을 마시는 것은 수면을 방해한다. 수면 전 술 한 잔은 잊자.

나쁨: 하루 중 가장 각성되어 있는 시간 또는 취침 몇 시간 전에 잠 자는 것은 역효과를 가져온다. 이유는 생체리듬의 작용 때문에 당신의 가장 각성되어 있는 시간에 잠에 빠져들 수가 없기 때문이다. 오후 3시 이후의 낮잠은 저녁 숙면을 방해한다.

나쁨: 밤샘을 하는 것은 망각을 가속화한다. 대신 "잠을 자면서" 서술적 기억을 돕고 학습한 내용에 내재된 패턴을 찾아보자.

핵심 학습 메커니즘은 무엇인가?

수면은 최근 기억을 장기 기억에 공고히 하고 사전 지식과 결합하게 한다.

예는 무엇이 있고 어떤 점에서 좋은가?

오후 낮잠 또는 밤에 일정하게 잠을 자는 것은 그날 일찍이 배운 사실과 기술에 대한 기억을 향상시키고, 사람들이 경험 속 내재된 패턴을 찾는 것을 돕는다.

왜 효과가 있을까?

수면은 당신의 오늘 하루에 대한 마무리 요약과 같다. 잠을 자는 동안 뇌는 더 이상 새로운 사건이나 정보가 들어오지 않는 성찰 모드에 들어가게 된다. 그날의 기억은 계속해서 재감기를 통해 반복적으로 재활성화되고, 이미 장기 기억에 저장된 지식과 연결되기 시작한다. 이러한 과정은 망각을 감소시키고 이전에 감춰졌던 아이디어 간의 관계를 드러나게 한다.

핵심 메커니즘은 어떤 문제점을 해결해야 하는가?

- 학생들은 수업 시간에 졸리다.
- 어려운 문제에 부딪혀 약간의 통찰력이 필요한 사람이 있다.

활용 방법의 예

- 정신을 맑게 하고 약간의 기억 증진을 위해 15분간의 낮잠 자기. 좀 더 많은 기억 증진의 혜택을 위해서는 60분에서 90분 정도의 낮잠 자기.

위험성

- 충분한 수면 부족: 24시간 동안 잠을 자지 않는 것은 사람이 마치 혈중 알코올 0.1%인 상태에서 행동하는 것처럼 만든다. 며칠간 또는 몇 주간의 만성적인 수면 부족은 각성, 경계심, 기억, 기분에 부정적인 영향을 미친다.
- 서파 수면 중에 일어나는 것은 비몽사몽을 유발한다. 낮잠 이후 비몽사몽을 피하기 위해서는 20분에서 30분 사이의 낮잠은 삼가하자.

옮긴이의 글

이 책은 스탠퍼드 대학 AAALab(Awesomely Adaptive and Advanced Learning and Behavior)의 Daniel L. Schwartz, Jessica M. Tsang, Kristen P. Blair가 저술한 『The ABCs of How We learn: 26 Scientifically Proven Approaches, How They Work, and When to Use Them』을 번역한 책이다. 옮긴이(임수현)는 대학원 박사과정 시절 지도 교수의 추천으로 이 책을 접하게 된 이후, 예비교사 및 러닝사이언스 대학원생을 대상으로 한 수업에서 이 책을 적극 활용하고 있다.

특별히 이 책이 가지는 매력을 교사, 학생, 일반 독자들에게 소개하라고 한다면 다음의 점들을 언급하고 싶다.

첫째, 이 책은 학습과학, 교육 심리, 인지과학 연구에서 과학적으로 검증된 26가지 교수 학습 방법을 알파벳 순서에 따라 체계적으로 전달하고 있다. 교사들이 학생 지도 시에 가지게 되는 주요한 질문 중 하나는 '내가 정말 잘 가르치고 있는가?'라는 점이다. 옮긴이도 실제 교대 졸업 이후 초등학교 현장에서 학생들을 가르치면서 가졌던 고민 중 하나는 나의 교수법이 과학적 근거에 기초한 효과적 교수법인지에 대한 점이었다. 실제 이런 고민이 계기가 되어 교육심리, 학습과학 분야를 깊게 공부하는 계기가 되기도 하였다. 이 책이 교사들이 가르치는 일에 대한 자신감과 전문성을 다지는 데 도움이 되었으면 한다.

둘째, 이 책은 학습이 이루어질 수 있게 만드는 인지적, 정의적, 사회적 요인을 폭넓게 다루고 있다. 학생이라면 누구나 공부 잘하는 비법을 알고 싶어할 것이다. 이 책에 소개된 기억 인출을 위한 기법들, 주도면밀한 연습의 중요성, 타인과의 상호작용을 통한 학습이 가져다주는 혜택들에 대한 인식을 통해, 학생들이 자신의 학습에 적용해 볼 수 있는 효과적인 학습법을 찾는 데 도움이 되었으면 한다.

셋째, 이 책은 교수학습 과정에서 발생하는 실질적인 문제들, 이를 해결하기 위한 방안을 다루며, 교사와 학생의 유의미한 상호작용을 증진시키기 위한 아이디어를 제시하고 있다.

최근 교육 현장은 생성형 AI 활용, 디지털 교과서 도입과 같은 에듀테크 접목을 통해 교육 현장의 새로운 혁신을 시도하고 있다. 이러한 시도와 노력이 결실을 맺기 위해서는 과학적으로 검증된 교수학습 방법을 AI와 디지털 도구에 어떻게 구현할 것인지에 대한 고민도 병행되어야 할 것으로 보인다. 아무쪼록 이 책에 소개된 내용이 AI및 디지털 도구를 활용한 교육컨텐츠 제작 및 활용에 있어 길잡이로서 도움이 되었으면 한다.

이 책을 알게 해 준 옮긴이의 박사과정 지도 교수였던 Sashank Varma 교수님(현 미국 조지아 공과대학교, Schools of Interactive Computing and Psychology) 그리고 원저자인 스탠퍼드 대학의 Daniel Schwartz 교수님을 비롯한 다른 저자들에게도 깊은 감사를 드린다. 끝으로 출간을 도와준 출판사 박영사, 편집 및 교정에 힘써 준 많은 분들께 깊은 감사를 드린다.

2024년 7월
옮긴이

참 / 고 / 문 / 헌

A is for Analogy

Brown, A. L., & Kane, M. J. (1988). Preschool children can learn to transfer: Learning to learn and learning from example. *Cognitive Psychology, 20*(4), 493-523.

Gentner, D., Brem, S., Ferguson, R. W., Markman, A. B., Levidow, B. B., Wolff, P., & Forbus, K. D. (1997). Analogical reasoning and conceptual change: A case study of Johannes Kepler. *Journal of the Learning Sciences, 6*(1), 3-40.

Gick, M. L., & Holyoak, K. J. (1983). Schema induction and analogical transfer. *Cognitive Psychology, 15*(1), 1-38.

Richland, L. E., Zur, O., & Holyoak, K. (2007). Cognitive supports for analogies in the mathematics classroom. *Science, 316*(5828), 1128-1129.

Ross, B. H. (1984). Remindings and their effects in learning a cognitive skill. *Cognitive Psychology, 16*(3), 371-416.

Schwartz, D. L., Chase, C. C., Oppezzo, M. A., & Chin, D. B. (2011). Practicing versus inventing with contrasting cases: The effects of telling first on learning and transfer. *Journal of Educational Psychology, 103*(4), 759-775.

B is for Belonging

Aguilar, L., Walton, G., & Wieman, C. (2014). Psychological insights for improved physics teaching. *Physics Today, 67*(5), 43-49.

Beilock, S. L., Gunderson, E. A., Ramirez, G., & Levine, S. C. (2010). Female teachers' math anxiety affects girls' math achievement. *Proceedings of the National Academy of Sciences of the USA, 107*(5), 1860-1863.

Boaler, J., & Greeno, J. G. (2000). Identity, agency, and knowing in mathematics worlds. In J. Boaler (Ed.), *Multiple perspectives on mathematics teaching and learning* (pp. 171-200). Westport, CT: Ablex.

Butler, L. P., & Walton, G. M. (2013). The opportunity to collaborate increases preschoolers' motivation for challenging tasks. *Journal of Experimental Child Psychology, 116*(4), 953-961.

Cohen, G. L., Garcia, J., Apfel, N., & Master, A. (2006). Reducing the racial achievement gap: A social−psychological intervention. *Science, 313*(5791), 1307-1310.

Cuddy, A. (2012, June). Your body language shapes who you are. Retrieved October 1, 2015 from http://www.ted.com/talks/amy_cuddy_your_ body_language_ shapes_who_you_are

Goodenow, C. (1993). Classroom belonging among early adolescent students: Relationships to motivation and achievement. *Journal of Early Adolescence, 13*(1), 21- 43.

Kantor, J. (2013, September 7). Harvard Business School case study: Gender equity. *New York Times*. Retrieved October 1, 2015 from http://www. nytimes.com/2013/09/08/education/harvard−case−study−gender− equity.html?pagewanted=all

Marx, D. M., & Roman, J. S. (2002). Female role models: Protecting women's math test performance. *Personality and Social Psychology Bulletin, 28*(9), 1183-1193.

Master, A., & Walton, G. M. (2013). Minimal groups increase young children's motivation and learning on group relevant tasks. *Child Development, 84*(2), 737-751.

Osterman, K. F. (2000). Students' need for belonging in the school community. *Review of Educational Research, 70*(3), 323-367.

Rydell, R. J., McConnell, A. R., & Beilock, S. L. (2009). Multiple social identities and stereotype threat: Imbalance, accessibility, and working memory. *Journal of Personality and Social Psychology, 96*(5), 949-966.

Spencer, S. J., Steele, C. M., & Quinn, D. M. (1999). Stereotype threat and women's math performance. *Journal of Experimental Social Psychology, 35*(1), 4-28.

Steele, C. M., & Aronson, J. (1995). Stereotype threat and the intellectual test performance of African Americans. *Journal of Personality and Social Psychology, 69*(5), 797-811.

Walton, G. M., & Cohen, G. L. (2011). A brief social—belonging intervention improves academic and health outcomes of minority students. *Science, 331*(6023), 1447-1451.

Walton, G. M., Cohen, G. L., Cwir, D., & Spencer, S. J. (2012). Mere belonging: The power of social connections. *Journal of Personality and Social Psychology, 102*(3), 513-532.

C is for Contrasting Cases

Bransford, J. D., & McCarrel, N. S. (1974). A sketch of a cognitive approach to comprehension. In W. Weimer and D. S. Palermo (Eds.), *Cognition and the Symbolic Processes* (pp. 189–229). Hillsdale, NJ: Erlbaum.

Gardner, H. (1982). *Art, mind, and brain: A cognitive approach to creativity.* New York: Basic Books.

Gibson, J. J., & Gibson, E. J. (1955). Perceptual learning: Differentiation or enrichment? Psychological Review, 62(1), 32–51.

Goodwin, C. (1994). Professional vision. American Anthropologist, 96(3), 606–633.

Kellman, P. J., Massey, C. M., & Son, J. Y. (2010). Perceptual learning modules in mathematics: Enhancing students' pattern recognition, structure extraction, and fluency. *Topics in Cognitive Science, 2*(2), 285–305.

Nickerson, R. S., & Adams, J. J. (1979). Long–term memory for a common object. *Cognitive Psychology, 11*(3), 287–307.

Schwartz, D. L., & Martin, T. (2004). Inventing to prepare for future learning: The hidden efficiency of original student production in statistics instruction. *Cognition and Instruction, 22*(2), 129–184.

Solomon, G. E. A. (1990). Psychology of novice and expert wine talk. *American Journal of Psychology, 103*(4), 495–517.

D is for Deliberate Practice

Anderson, J. R., Corbett, A. T., Koedinger, K., & Pelletier, R. (1995). Cognitive tutors: Lessons learned. *Journal of Learning Sciences, 4*(2), 167-207.

Blackwell, L. S., Trzesniewski, K. H., & Dweck, C. S. (2007). Implicit theories of intelligence predict achievement across an adolescent transition: A longitudinal study and an intervention. *Child Development, 78*(1), 246-263.

Bransford, J. D., & Schwartz, D. L. (2009). It takes expertise to make expertise: Some thoughts about why and how and reflections on the themes in chapters 15-18. In K. A. Ericsson (Ed.), *Development of professional expertise: Toward measurement of expert performance and design of optimal learning environments* (pp. 432-448). Cambridge, UK: Cambridge University Press.

Chase, W. G., & Simon, H. A. (1973). Perception in chess. *Cognitive Psychology, 4*(1), 55-81.

Chi, M. T. H., Feltovich, P. J., & Glaser, R. (1981). Categorization and representation of physics problems by experts and novices. *Cognitive Science, 5*(2), 121-152.

Ericsson, K. A., Krampe, R. T., & Tesch−Römer, C. (1993). The role of deliberate practice in the acquisition of expert performance. *Psychological Review, 100*(3), 363-406.

Franklin, B., Woolman, J., & Penn, W. (1909). *The Autobiography of Benjamin Franklin* (Vol. 1). New York, NY: P.F. Collier.

Hatano, G., & Osawa, K. (1983). Digit memory of grand experts in abacus−derived mental calculation. *Cognition, 15*(1), 95-110.

Loftus, E. F., &, Loftus, G. R. (1974). Changes in memory structure and retention over the course of instruction. *Journal of Educational Psychology, 66*(3), 315-318.

E is for Elaboration

Ericsson, K. A., Chase, W. G., & Faloon, S. (1980). Acquisition of a memory skill. *Science, 208*(4448), 1181–1182.

Schwartz, D. L. (1999). The productive agency that drives collaborative learning. In P. Dillenbourg (Ed.), *Collaborative learning: Cognitive and computational approaches* (pp. 197–218). New York: Pergamon.

Stein, B. S., & Bransford, J. D. (1979). Constraints on effective elaboration: Effects of precision and subject generation. *Journal of Verbal Learning and Verbal Behavior, 18*(6), 769–777.

Tresselt, M. E., & Mayzner, M. S. (1960). A study of incidental learning. *Journal of Psychology, 50*(2), 339–347.

Weinstein, C. E. (1982). Training students to use elaboration learning strategies. *Contemporary Educational Psychology, 7*(4), 301–311.

Yuille, J. C., & Catchpole, M. J. (1973). Associative learning and imagery training in children. *Journal of Experimental Child Psychology, 16,* 403–412.

F is for Feedback

Belding, J. N., Naufel, K. Z., & Fujita, K. (2015). Using high−level construal and perceptions of changeability to promote self−change over self−protection motives in response to negative feedback. *Personality and Social Psychology Bulletin, 41*(6), 822-838.

Chapin, H., Bagarinao, E., & Mackey, S. (2012). Real−time fMRI applied to pain management. *Neuroscience Letters, 520*(2), 174-181.

Cutumisu, M., Blair, K. P., Chin, D. B., & Schwartz, D. L. (2015). Posterlet: A game−based assessment of children's choices to seek feedback and revise. *Journal of Learning Analytics, 2*(1), 49-71.

Hattie, J., & Timperley, H. (2007). The power of feedback. *Review of Educational Research, 77*(1), 81-112.

Kluger, A. N., & DeNisi, A. (1996). The effects of feedback interventions on performance: A historical review, a meta−analysis, and a preliminary feedback intervention theory. *Psychological Bulletin, 119*(2), 254-284.

Kluger, A. N., & DeNisi, A. (1998). Feedback interventions: Toward the understanding of a double−edged sword. *Current Directions in Psychological Science, 7*(3), 67-72.

Powers, W. T. (1973). *Behavior: The control of perception.* New York: Wiley.

Saptya, J., Riemer, M., & Bickman, L. (2005). Feedback to clinicians: Theory, research, and practice. *Journal of Clinical Psychology, 61*(2), 145-153.

Schwartz, D. L., & Arena, D. (2013). *Measuring what matters most: Choice−based assessments for the digital age.* Cambridge, MA: MIT Press.

Yeager, D. S., Purdie−Vaughns, V., Garcia, J., Apfel, N., Brzustoski, P., Master, A., . . . Cohen, G. L. (2014). Breaking the cycle of mistrust: Wise interventions to provide critical feedback across the racial divide. *Journal of Experimental Psychology: General, 143*(2), 804-824.

G is for Generation

Bjork, R. A. (1994). Memory and metamemory considerations in the training of human beings. In J. Metcalfe and A. Shimamura (Eds.), *Metacognition: Knowing about knowing* (pp. 185-205). Cambridge, MA: MIT Press.

Cepeda, N. J., Pashler, H., Vul, E., Wixted, J. T., & Rohrer, D. (2006). Distributed practice in verbal recall tasks: A review and quantitative synthesis. *Psychological Bulletin, 132*(3), 354-380.

Hyde, T. S. & Jenkins, J. J. (1973). Recall for words as a function of semantic, graphic, and syntactic orienting tasks. *Journal of Verbal Learning and Verbal Behavior, 12*(5), 471−480.

Karpicke, J. D., & Blunt, J. R. (2011). Retrieval practice produces more learning than elaborate studying with concept mapping. *Science, 331*, 772-775.

Slamecka, N. J., & Graf, P. (1978). The generation effect: Delineation of a phenomenon. *Journal of Experimental Psychology: Human Learning and Memory, 4*(6), 592-604.

H is for Hands On

Blair, K. P., & Schwartz, D. L. (2012). A value of concrete learning materials in adolescence. In V. F. Reyna, S. B. Chapman, M. R. Dougherty, & J. Confrey (Eds.), *The adolescent brain: Learning, reasoning, and decision making* (pp.95-122). Washington, DC: American Psychological Association.

Clement, J. (1993). Using bridging analogies and anchoring intuitions to deal with students' preconceptions in physics. *Journal of Research in Science Teaching, 30*(10), 1241-1257.

Dehaene, S., & Cohen, L. (2007). Cultural recycling of cortical maps. *Neuron, 56*(2), 384-398.

DiSessa, A. A. (1993). Toward an epistemology of physics. *Cognition and Instruction, 10*(2-3), 105-225.

Goldin—Meadow, S., Alibali, M. W., & Church, R. B. (1993). Transitions in concept acquisition: Using the hand to read the mind. *Psychological Review, 100*(2), 279-297.

Gravemeijer, K., & Doorman, M. (1999). Context problems in realistic mathematics education: A calculus course as an example. *Educational Studies in Mathematics, 39*(1-3), 111-129.

Martin, T., & Schwartz, D. L. (2005). Physically distributed learning: Adapting and reinterpreting physical environments in the development of the fraction concept. *Cognitive Science, 29*, 587-625.

Moyer, P. S. (2001). Are we having fun yet? How teachers use manipulatives to teach mathematics. *Educational Studies in Mathematics, 47*, 175-197.

Moyer, R. S., & Landauer, T. K. (1967). The time required for judgments of numerical inequality. *Nature, 215*, 1519-1520.

Schwartz, D. L. (1999). Physical imagery: Kinematic versus dynamic models. *Cognitive Psychology, 38*, 433-464.

Schwartz, D. L., & Black, J. B. (1996). Shuttling between depictive models and abstract rules: Induction and fallback. *Cognitive Science, 20*, 457-497.

Sowell, E. J. (1989). Effects of manipulative materials in mathematics instruction. *Journal for Research in Mathematics Education, 20,* 498–505.

Tsang, J. M., Blair, K. P., Bofferding, L., & Schwartz, D. L. (2015). Learning to "see" less than nothing: Putting perceptual skills to work for learning numerical structure. *Cognition and Instruction, 33*(2), 154–197.

Tsang, J. M., Rosenberg−Lee, M., Blair, K. P., Schwartz, D. L., & Menon, V. (2010, June). Near symmetry in a number bisection task yields faster responses and greater occipital activity. Poster presented at the 16th annual meeting of the organization for human brain mapping, Barcelona, Spain.

Tsang, J. M., & Schwartz, D. L. (2009). Symmetry in the semantic representation of integers. In N. Taatgen & H. van Rijn (Eds.), *Proceedings of the 31st annual conference of the cognitive science society* (pp. 323–328). Austin, TX: Cognitive Science Society.

Varma, S. & Schwartz, D. L. (2011). The Mental Representation of Integers: An Abstract−to−Concrete Shift in the Understanding of Mathematical Concepts. *Cognition, 121,* 363–385.

I is for Imaginative Play

Connolly, J. A., & Doyle, A. B. (1984). Relation of social fantasy play to social competence in preschoolers. *Developmental Psychology, 20*(5), 797-806.

Dansky, J. L., & Silverman, I. W. (1973). Effects of play on associative fluency in preschool−aged children. *Developmental Psychology, 9,* 38-43.

DeLoache, J. S. (1987). Rapid change in the symbolic functioning of very young children. *Science, 238*(4833), 1556-1557.

Diamond, A., Barnett, W. S., Thomas, J., & Munro, S. (2007). Preschool program improves cognitive control. *Science, 318*(5855), 1387-1388.

Fisher, K. R., Hirsh−Pasek, K., Golinkoff, R. M., & Gryfe, S. G. (2008). Conceptual split? Parents' and experts' perceptions of play in the 21st century. *Journal of Applied Developmental Psychology, 29*(4), 305-316.

Lévi−Strauss, C. (1966). *The savage mind.* Chicago: University of Chicago Press.

Lillard, A. S., Lerner, M. D., Hopkins, E. J., Dore, R. A., Smith, E. D., & Palmquist, C. M. (2013). The impact of pretend play on children's development: A review of the evidence. *Psychological Bulletin, 139*(1), 1-34.

Mischel, W., Ayduk, O., Berman, M. G., Casey, B. J., Gotlib, I. H., Jonides, J., . . . Shoda, Y. (2011). "Willpower" over the life span: Decomposing self−regulation. *Social Cognitive and Affective Neuroscience, 6,* 252-256.

Pellis, S. M., Pellis, V. C., & Bell, H. C. (2010). The function of play in the development of the social brain. *American Journal of Play, 2*(3), 278-298.

Schellenberg, E. G. (2004). Music lessons enhance IQ. *Psychological Science, 15*(8), 511-514.

Sutton−Smith, B. (2009). *The ambiguity of play.* Cambridge, MA: Harvard University Press.

J is for Just-in-Time Telling

Arena, D. A. (2012). *Commercial video games as preparation for future learning.* (Unpublished doctoral dissertation). Stanford University, Palo Alto, CA.

Arena, D. A., & Schwartz, D. L. (2013). Experience and explanation: Using videogames to prepare students for formal instruction in statistics. *Journal of Science Education and Technology, 23*(4), 538–548.

Blikstein, P., & Wilensky, U. (2010). MaterialSim: A constructionist agent–based modeling approach to engineering education. In M. J. Jacobson & P. Reimann (Eds.), *Designs for learning environments of the future: International perspectives from the learning sciences* (pp. 17–60). New York: Springer.

Bonawitz, E., Shafto, P., Gweon, H., Goodman, N. D., Spelke, E., & Schulz, L. (2011). The double–edged sword of pedagogy: Instruction limits spontaneous exploration and discovery. *Cognition, 120*(3), 322-330.

DeCaro, M. S., & Rittle–Johnson, B. (2012). Exploring mathematics problems prepares children to learn from instruction. *Journal of Experimental Child Psychology, 113*(4), 552-568.

Kapur, M., & Bielaczyc, K. (2012). Designing for productive failure. *Journal of the Learning Sciences, 21*(1), 45-83.

Michael, A. L., Klee, T., Bransford, J. D., & Warren, S. (1993). The transition from theory to therapy: Test of two instructional methods. *Applied Cognitive Psychology, 7*(2), 139-154.

Schwartz, D. L., & Bransford, J. D. (1998). A time for telling. *Cognition and Instruction, 16*(4), 475-522.

Schwartz, D. L., Chase, C. C., Oppezzo, M. A., & Chin, D. B. (2011). Practicing versus inventing with contrasting cases: The effects of telling first on learning and transfer. *Journal of Educational Psychology, 103*(4), 759-775.

Schwartz, D. L., & Martin, T. (2004). Inventing to prepare for future learning: The hidden efficiency of original student production in statistics instruction. *Cognition and Instruction, 22*(2), 129-184.

K is for Knowledge

Adams, J. L. (1979). Conceptual blockbusting: A guide to better ideas. New York: Norton. Bransford, J. D., & Schwartz, D. L. (1999). Rethinking transfer: A simple proposal with multiple implications. *Review of Research in Education, 24*, 61-100.

Hambrick, D. Z., & Engle, R. W. (2002). Effects of domain knowledge, working memory capacity, and age on cognitive performance: An investigation of the knowledge−is−power hypothesis. *Cognitive Psychology, 44*, 339-387.

Hatano, G., & Inagaki, K. (1986). Two courses of expertise. In H. Stevenson, H. Azuma, & K. Hakuta (Eds.), *Child development and education in Japan* (pp. 262- 272). New York: Freeman.

Heckler, A. F., & Scaife, T. M. (2015). Patterns of response times and response choices to science questions: The influence of relative processing time. *Cognitive Science, 39*(3), 496-537.

Mylopoulos, M., Brydges, R., Woods, N. N., Manzone, J., & Schwartz, D. L. (2016). Preparation for future learning: A missing competency in health professions education. *Medical Education, 50*(1), 115-123.

Newell, A., & Simon, H. (1972). Human problem solving. Englewood Cliffs, NJ: Prentice−Hall.

Schwartz, D. L., Bransford, J. D., & Sears, D. L. (2005). Efficiency and innovation in transfer. In J. Mestre (Ed.), *Transfer of learning from a modern multidisciplinary perspective* (pp. 1-51). Greenwich, CT: Information Age.

Schwartz, D. L., Chase, C. C., Oppezzo, M. A., & Chin, D. B. (2011). Practicing versus inventing with contrasting cases: The effects of telling first on learning and transfer. *Journal of Educational Psychology, 103*(4), 759-775.

Schwartz, D. L., & Martin, T. (2004). Inventing to prepare for future learning: The hidden efficiency of original student production in statistics instruction. *Cognition and Instruction, 22*(2), 129-184.

Star, C., & Hammer, S. (2008). Teaching generic skills: Eroding the higher purpose of universities, or an opportunity for renewal? *Oxford Review of Education, 34*(2), 237-251.

Wineburg, S. (1998). Reading Abraham Lincoln: An expert/expert study in the interpretation of historical texts. *Cognitive Science, 22*(3), 319-346.

L is for Listening and Sharing

Barron, B. (2003). When smart groups fail. *Journal of the Learning Sciences, 12*(3), 307–359.

Carpenter, M., Nagell, K., Tomasello, M., Butterworth, G., & Moore, C. (1998). Social cognition, joint attention, and communicative competence from 9 to 15 months of age. *Monographs of the Society for Research in Child Development, 63*(4), i–174.

Cohen, E. G., & Lotan, R. A. (2014). *Designing groupwork: Strategies for the heterogeneous classroom* (3rd ed.). New York, NY: Teachers College Press.

Deutsch, M. (1977). *The resolution of conflict: Constructive and destructive processes.* New Haven, CT: Yale University Press.

Dunnette, M. D., Campbell, J., & Jaastad, K. (1963). The effect of group participation on brainstorming effectiveness for 2 industrial samples. *Journal of Applied Psychology, 47*(1), 30–37.

Gillies, R. M. (2002). The residual effects of cooperative−learning experiences: A two−year follow−up. *Journal of Educational Research, 96*(1), 15–20.

Johnson, D. W., & Johnson, R. T. (1987). *Learning together and alone: Cooperative, competitive, and individualistic learning.* Englewood Cliffs, NJ: Prentice−Hall, Inc.

Johnson, D. W., & Johnson, R. T. (2009). Energizing learning: The instructional power of conflict. *Educational Researcher, 38*(1), 37–51.

Kulkarni, C., Cambre, J., Kotturi, Y., Bernstein, M. S., & Klemmer, S. R. (2015). Talkabout: Making distance matter with small groups in massive classes. In *Proceedings of the 18th ACM Conference on Computer Supported Cooperative Work and Social Computing* (pp. 1116–1128). New York, NY: Association for Computing Machinery.

Schneider, B., & Pea, R. (2013). Real−time mutual gaze perception enhances collaborative learning and collaboration quality. *International Journal* of *Computer-Supported Collaborative Learning, 8*(4), 375-397.

Schwartz, D. L. (1995). The emergence of abstract representations in dyad problem solving. *Journal of the Learning Sciences, 4*(3), 321-354.

Slavin, R. E. (1995). *Cooperative learning: Theory, research, and practice* (2nd Ed.). Boston: Allyn and Bacon.

University of Maryland Physics Education Research Group. (2004). Tutorial 4: Counterintuitive ideas: Newton's third law [Word document]. Retrieved August 1, 2015 from http://www.physics.umd.edu/perg/OSTutorials/04_Newton_Three/Tutorial_04_Newton3.doc

M is for Making

Azevedo, F. S. (2013). Lines of practice: A practice−centered theory of interest relationships. *Cognition and Instruction, 29*(2), 147-184.

Barron, B. (2006). Interest and self−sustained learning as catalysts of development: A learning ecology perspective. *Human Development, 49*(4), 193-224.

Barron, B. J., Schwartz, D. L., Vye, N. J., Moore, A., Petrosino, A., Zech, L., & Bransford, J. D. (1998). Doing with understanding: Lessons from research on problem−and project−based learning. *Journal of the Learning Sciences, 7*(3-4), 271-311.

Carroll, M., Goldman, S., Britos, L., Koh, J., Royalty, A., & M. Hornstein. (2010). Destination, imagination, and the fires within: Design thinking in a middle school classroom. *International Journal of Art and Design Education, 29*(1), 37-53.

Conlin, L.D., Chin, D.B., Blair, K.P., Cutumisu, M., & Schwartz, D.L. (2015). Guardian angels of our better nature: Finding evidence of the benefits of design thinking. *Proceedings of the 2015 meeting of the American Society of Engineering Education, Seattle,* WA.

Crowley, K., & Jacobs, M. (2002). Building islands of expertise in everyday family activity. In G. Leinhardt, K. Crowley, & K. Knutson (Eds.), *Learning conversations in museums* (pp. 333-356). Mahwah, NJ: Erlbaum.

Dougherty, D. (2012). The maker movement. *Innovations, 7*(3), 11-14.

Ito, M., Antin, J., Finn, M., Law, A., Manion, A., Mitnick, S., . . . Horst, H. A. (2009). *Hanging out, messing around, and geeking out: Kids living and learning with new media.* Cambridge, MA: MIT Press.

Ito, M., Gutierrez, K., Livingstone, S., Penuel, B., Rhodes, J., Salen, K., . . . Watkins, S. C. (2013). *Connected learning: An agenda for research and design.* Irvine, CA: Digital Media and Learning Research Hub.

Martin, L. (2015). The promise of the maker movement for education. *Journal of Pre−college Engineering Education Research, 5*(1), 30-39.

Michael. (2013, February 9). Benefits of teaching kids to code that no one is talking about. Inspired to Educate (blog). Retrieved December 1, 2014, from http://inspiredtoeducate.net/inspiredtoeducate/benefits−of−teaching−kids−to−code−that−no−one−is−talking−about/

Okita, S. Y., & Schwartz, D. L. (2013). Learning by teaching human pupils and teachable agents: The importance of recursive feedback. *Journal of the Learning Sciences, 22*(3), 375-412.

Papert, S. (1980). *Mindstorms: Children, computers, and powerful ideas.* New York: Basic Books.

Pea, R. D., & Kurland, D. M. (1984). On the cognitive effects of learning computer programming. *New Ideas in Psychology, 2*(2), 137-168.

Petrosino, A. J. (1998). *The use of reflection and revision in hands−on experimental activities by at−risk children.* (Unpublished doctoral dissertation). Vanderbilt University, Nashville, TN.

Pfaffman, J. A. (2003). *Manipulating and measuring student engagement in computer−based instruction.* (Unpublished doctoral dissertation). Vanderbilt University, Nashville, TN.

Renninger, A., Hidi, S., & Krapp, A. (2014). *The role of interest in learning and development.* New York: Psychology Press.

Resnick, M., Maloney, J., Monroy−Hernández, A., Rusk, N., Eastmond, E., Brennan, K., . . . Kafai, Y. (2009). Scratch: Programming for all. *Communications of the ACM, 52*(11), 60-67.

Schwartz, D. L. (1999). The productive agency that drives collaborative learning. In P. Dillenbourg (Ed.), *Collaborative learning: Cognitive and computational approaches* (pp. 197-218). New York: Elsevier.

Tai, R. H., Liu, C. Q., Maltese, A. V., & Fan, X. (2006). Career choice: Planning early for careers in science. *Science, 312*(5777), 1143-1144.

Tzou, C., Zimmerman, H. T., Bell, P., & Learning in Informal and Formal Environments Center. (2007, April). Bringing students' activity structures into the classroom: Curriculum design implications from an ethnographic study of fifth graders' images of science. Paper presented at the annual meeting of the National Association of Research in Science Teaching, New Orleans, LA.

N is for Norms

Anyon, J. (1980). Social class and the hidden curriculum of work. *Journal of Education, 162*(1), 67–92.

Au, K. H. P., (1980). Participation structures in a reading lesson with Hawaiian children: Analysis of a culturally appropriate instructional event. *Anthropology and Education Quarterly, 11*(2), 91–115.

Bicchieri, C., & Chavez, A. (2010). Behaving as expected: Public information and fairness norms. *Journal of Behavioral Decision Making, 23*(2), 161–178.

Bransford, J. D., Brown, A. L., & Cocking, R. R. (Eds.) (1999). *How people learn: Brain, mind, experience, and school.* Washington, DC: National Academy Press.

Cazden, C. B. (2001). *Classroom discourse: The language of teaching and learning.* Portsmouth, NH: Heinemann.

Dahl, G. B.; Løken, K. V., & Mogstad, M. (2012): Peer effects in program participation, Discussion Paper series, Forschungsinstitut zur Zukunft der Arbeit, No. 6681.

Delpit, L. D. (1988). The silenced dialogue: Power and pedagogy in educating other people's children. *Harvard Educational Review, 58*(3), 280–299.

Engle, R. A., & Conant, F. R. (2002). Guiding principles for fostering productive disciplinary engagement: Explaining an emergent argument in a community of learners classroom. *Cognition and Instruction, 20*(4), 399–483.

Garfinkel, H. (1967). *Studies in ethnomethodology.* New Jersey: Prentice Hall.

Goffman, E. (1966). *Behavior in public places: Notes on the social organization of gatherings.* New York: Free Press.

Heath, S. B. (1983). *Ways with words: Language, life and work in communities and classrooms.* Cambridge, UK: Cambridge University Press.

Korte, R. F. (2009). How newcomers learn the social norms of an organization: A case study of the socialization of newly hired engineers. *Human Resource Development Quarterly, 20*(3), 285–306.

Ladson－Billings, G. (1995). Toward a theory of culturally relevant pedagogy. *American Educational Research Journal, 32*(3), 465–491.

Moll, L. C., Amanti, C., Neff, D., & Gonzalez, N. (1992). Funds of knowledge for teaching: Using a qualitative approach to connect homes and classrooms. *Theory into Practice, 31*(2), 132–141.

National Research Council. (2012). Dimension 1: Scientific and engineering practices: Practices for K－12 science classrooms. In *A framework for K－12 science education: Practices, crosscutting concepts, and core ideas.* Retrieved October 29, 2015, from http://www.nap.edu/read/13165/chapter/7

Paris, D. (2012). Culturally sustaining pedagogy a needed change in stance, terminology, and practice. *Educational Researcher, 41*(3), 93–97.

Posner, R. A. (1997). Social norms and the law: An economic approach. *American Economic Review, 87*(2), 365–369.

Prentice, D. A., & Miller, D. T. (1993). Pluralistic ignorance and alcohol use on campus: Some consequences of misperceiving the social norm. *Journal of Personality and Social Psychology, 64*(2), 243–256.

Wilson, J. Q., & Kelling, G. L. (1982, March). Broken windows. *Atlantic Monthly, 249*, 29–38.

Yackel, E., & Cobb, P. (1996). Sociomathematical norms, argumentation, and autonomy in mathematics. *Journal for Research in Mathematics Education, 27*(4), 458–477.

O is for Obseravation

Bandura, A. (1963). The role of imitation in personality development. *Journal of Nursery Education, 18*(3), 207−215.

Bandura, A. (1965). Influence of models' reinforcement contingencies on the acquisition of imitative responses. *Journal of Personality and Social Psychology, 1*(6), 589-595.

Bandura, A., Ross, D., & Ross, S. A. (1961). Transmission of aggression through imitation of aggressive models. *Journal of Abnormal and Social Psychology, 3*, 575-582.

Begeer, S., Koot, H. M., Rieffe, C., Terwogt, M. M., & Stegge, H. (2008). Emotional competence in children with autism: Diagnostic criteria and empirical evidence. *Developmental Review, 28*(3), 342-369.

Calvo−Merino, B., Glaser, D. E., Grezes, J., Passingham, R. E., & Haggard, P. (2005). Action observation and acquired motor skills: An fMRI study with expert dancers. *Cerebral Cortex, 15*, 1243-1249.

Gaskins, S., & Paradise, R. (2010). Learning through observation in daily life. In D. F. Lancy, J. Bock, & S. Gaskins (Eds.), *The anthropology of learning in childhood* (85-118). Lanham, MD: AltaMira Press.

Kuhl, P. K., Tsao, F. M., & Liu, H. M. (2003). Foreign−language experience in infancy: Effects of short−term exposure and social interaction on phonetic learning. *Proceedings of the National Academy of Sciences of the USA, 100*(15), 9096-9101.

Meltzoff, A. N., & Moore, M. K. (1977). Imitation of facial and manual gestures by human neonates. *Science, 198*(4312), 75-78.

Byom, L. J., & B. Mutlu. (2013). Theory of mind: Mechanisms, methods, and new directions. *Frontiers in Human Neuroscience, 7, Article* 413, 1-12.

Rogoff, B., Paradise, R., Arauz, R. M., Correa−Chávez, M., & Angelillo, C. (2003). Firsthand learning through intent participation. *Annual Review of Psychology, 54*(1), 175-203.

Southgate, V., Johnson, M. H., Osborne, T., & Csibra, G. (2009). Predictive motor activation during action observation in human infants. *Biology Letters, 5*(6), 769–772.

Walden, T. A., & Ogan, T. A. (1988). The development of social referencing. *Child Development, 59*(5), 1230–1240.

Williamson, R. A., Meltzoff, A. N., & Markman, E. M. (2008). Prior experiences and perceived efficacy influence 3 – year – olds' imitation. *Developmental Psychology, 44*(1), 275–285.

P is for Participation

Barron, B. J., Gomez, K., Pinkard, M., & Martin, C. K. (2014). *The digital youth network: Cultivating digital media citizenship in urban communities.* Cambridge, MA: MIT Press.

Barron, B. J., Martin, C. K., Takeuchi, L., & Fithian, R. (2009). Parents as learning partners in the development of technological fluency. *International Journal of Learning and Media, 1*(2), 55-77.

Brown, A. L., & Campione, J. C. (1994). Guided discovery in a community of learners. In K. McGilly (Ed.), *Classroom lessons: Integrating cognitive theory and classroom practice* (pp. 229-270). Cambridge, MA: MIT Press/Bradford Books.

Bruner, J. S. (1983). *Child's talk: Learning to use language.* New York: Norton.

Burton, R. R., Brown, J. S., & Fischer, G. (1984). Skiing as a model of instruction. In B.Rogoff and J. Lave (Eds.). *Everyday cognition: Its development in social context* (pp. 139-150). Cambridge, MA: Harvard University Press.

Chaiklin, S. (2003). The zone of proximal development in Vygotsky's analysis of learning and instruction. In A. Kozulin (Ed) *Vygotsky's Educational Theory in Cultural Context.* (pp. 39-64). Cambridge, MA: Cambridge University Press.

Cohen, E. G., & Lotan, R. A. (1995). Producing equal—status interaction in the heterogeneous classroom. *American Educational Research Journal, 32*(1), 99-120.

Feuerstein, R. (1979). *The dynamic assessment of retarded performers: The learning potential assessment device, theory, instruments, and techniques.* Baltimore, MD: University Park Press.

Gee, J. (2003). *What video games have to teach us about learning and literacy.* New York: Palgrave Macmillan.

Lave, J., & Wenger, E. (1991). *Situated learning: Legitimate peripheral participation.* Cambridge, UK: Cambridge University Press.

Nasir, N. S. (2002). Identity, goals, and learning: Mathematics in cultural practice. *Mathematical Thinking and Learning, 4*(2-3), 213-247.

Palincsar, A. S., & Brown, A. (1984). Reciprocal teaching of comprehension—fostering and comprehension monitoring activities. *Cognition and Instruction, 1*(2), 117-175.

Pea, R. D. (2004). The social and technological dimensions of scaffolding and related theoretical concepts for learning, education, and human activity. *Journal of the Learning Sciences, 13*(3), 423-451.

Rogoff, B. (1990). *Apprenticeship in thinking: Cognitive development in social context.* New York: Oxford University Press.

Vygotsky, L. S. (1934/1987). The collected works of L. S. Vygotsky. (Eds). R. Rieber & A. Carton. NY: Plenum.

Wood, D., Bruner, J. S., & Ross, G. (1976). The role of tutoring in problem solving. *Journal of child psychology and psychiatry, 17*(2), 89-100.

Q is for Question Driven

Adams, L. T., Kasserman, J. E., Yearwood, A. A., Perfetto, G. A., Bransford, J. D., & Franks, J. J. (1988). Memory access: The effects of fact−oriented versus problem−oriented acquisition. *Memory and Cognition, 16*(2), 167-175.

Baer, M. (2014). Sample project: Are you buying what I'm vending? Buck Institute for Education. Retrieved February 1, 2015, from http://bie.org/object/document/are_you_buying_what_im_vending

Barone, E., & Sattar, P. (2009, November 8). Two problem−based learning cases: Methamphetamine. Creighton University School of Medicine. Retrieved February 1, 2015, from http://www.drugabuse.gov/sites/default/files/methamphetamine_0.pdf

Boaler, J. (2002). *Experiencing school mathematics: Traditional and reform approaches to teaching and their impact on student learning.* Mahwah, NJ: Erlbaum.

Cognition and Technology Group at Vanderbilt. (1992). The Jasper series as an example of anchored instruction: Theory, program description, and assessment data. *Educational Psychologist, 27*(3), 291-315.

Hmelo−Silver, C. E. (2004). Problem−based learning: What and how do students learn? *Educational Psychology Review, 16*(3), 235-266.

Hmelo−Silver, C. E., Duncan, R. G., & Chinn, C. A. (2007). Scaffolding and achievement in problem−based and inquiry learning: A response to Kirschner, Sweller, and Clark (2006). *Educational Psychologist, 42*(2), 99-107.

Kang, M. J., Hsu, M., Krajbich, I. M., Loewenstein, G., McClure, S. M., Wang, J. T. Y., & Camerer, C. F. (2009). The wick in the candle of learning: Epistemic curiosity activates reward circuitry and enhances memory. *Psychological Science, 20*(8), 963-973.

Kirschner, P. A., Sweller, J., & Clark, R. E. (2006). Why minimal guidance during instruction does not work: An analysis of the failure of constructivist, discovery, problem−based, experiential, and inquiry−based teaching. *Educational Psychologist, 41*(2), 75–86.

Konnikova, M. (2014, April 14). The surprising science of yawning. *New Yorker*. Retrieved February 1, 2015, from http://www.newyorker.com/science/maria−konnikova/the−surprising−science−of−yawning

Schmidt, H. G. (1993). Foundations of problem based learning: Some explanatory notes. *Medical Education, 27*(5), 422–432.

Schwartz, D. L., Brophy, S., Lin, X. D., & Bransford, J. D. (1999). Software for managing complex learning: An example from an educational psychology course. *Educational Technology Research and Development, 47*, 39–59.

Sharples, M., Scanlon, E., Ainsworth, S., Anastopoulou, S., Collins, T., Crook, C., . . . O'Malley, C. (2015). Personal inquiry: Orchestrating science investigations within and beyond the classroom. *Journal of the Learning Sciences, 24*(2), 308–341.

Wirkala, C., & Kuhn, D. (2011). Problem−based learning in K−12 education: Is it effective and how does it achieve its effects? *American Educational Research Journal, 48*(5), 1157–1186.

R is for Reward

Amabile, T. M., Hennessey, B. A., & Grossman, B. S. (1986). Social influences on creativity: The effects of contracted—for reward. *Journal of Personality and Social Psychology, 50*(1), 14-23.

Csikszentmihalyi, M. (1990). *Flow: The psychology of optimal experience.* New York: Harper and Row.

Lepper, M. R., Greene, D., & Nisbett, R. E. (1973). Undermining children's intrinsic interest with extrinsic reward: A test of the "overjustification" hypothesis. *Journal of Personality and Social Psychology, 28*(1), 129-137.

Malone, T. W. (1981). Toward a theory of intrinsically motivating instruction. *Cognitive Science, 4,* 333-369.

Oppezzo, M. A., & Schwartz, D. L. (2013). A behavior change perspective on self—regulated learning with teachable agents. In R. Azevedo & V. Alevan (Eds.), *International handbook of metacognition and learning* (pp. 485-500). New York: Springer.

Oppezzo, M., & Schwartz, D. L. (2014) Give your ideas some legs: the positive effect of walking on creative thinking. *Journal of Experimental Psychology: Learning, Memory and Cognition, 40*(4) 1142-1152.

Pink, D. (2009). The puzzle of motivation. TED Conferences. Retrieved, November 24, 2015 from http://www.ted.com/talks/dan_pink_on_motivation

Reeves, B., & Read, J. L. (2009). *Total engagement: Using games and virtual worlds to change the way people work and businesses compete.* Harvard, MA: Harvard Business Press.

Ryan, R. M., & Deci, E. L. (2000). Self—determination theory and the facilitation of intrinsic motivation, social development, and well—being. *American Psychologist, 55,* 68-78.

Skinner, B. F. (1986). Programmed instruction revisited. *Phi Delta Kappan,* *68*, 103-110.

Wielkiewicz, R. M. (1995). *Behavior management in the schools: Principles and procedures* (2nd ed.). Boston: Allyn and Bacon.

S is for Self-Explanation

Aleven, V. A., & Koedinger, K. R. (2002). An effective metacognitive strategy: Learning by doing and explaining with a computer−based cognitive tutor. *Cognitive Science, 26*(2), 147-179.

Bielaczyc, K., Pirolli, P. L., & Brown, A. L. (1995). Training in self−explanation and self−regulation strategies: Investigating the effects of knowledge acquisition activities on problem solving. *Cognition and Instruction, 13*(2), 221-252.

Bransford, J. D., Barclay, J. R., & Franks, J. J. (1972). Sentence memory: A constructive versus interpretive approach. *Cognitive Psychology, 3*(2), 193-209.

Bransford, J. D., & Johnson, M. K. (1972). Contextual prerequisites for understanding: Some investigations of comprehension and recall. *Journal of Verbal Learning and Verbal Behavior, 11*, 717-726.

Chi, M. T., Bassok, M., Lewis, M. W., Reimann, P., & Glaser, R. (1989). Self explanations: How students study and use examples in learning to solve problems. *Cognitive Science, 13*(2), 145-182.

Chi, M. T., De Leeuw, N., Chiu, M. H., & LaVancher, C. (1994). Eliciting self−explanations improves understanding. *Cognitive Science, 18*(3), 439-477.

Glenberg, A. M., Gutierrez, T., Levin, J. R., Japuntich, S., & Kaschak, M. P. (2004). Activity and imagined activity can enhance young children's reading comprehension. *Journal of Educational Psychology, 96*(3), 424-436.

Kieras, D. E., & Bovair, S. (1984). The role of a mental model in learning to operate a device. *Cognitive Science, 8*(3), 255-273.

King, A. (1994). Guiding knowledge construction in the classroom: Effects of teaching children how to question and how to explain. *American Educational Research Journal, 31*(2), 338-368.

Mayer, R. E., Dow, G. T., & Mayer, S. (2003). Multimedia learning in an interactive self−explaining environment: What works in the design of agent−based microworlds? *Journal of Educational Psychology, 95*(4), 806−812.

McNamara, D. S. (2004). SERT: Self−Explanation Reading Training. *Discourse Processes, 38*(1), 1-30.

Renkl, A., Stark, R., Gruber, H., & Mandl, H. (1998). Learning from worked−out examples: The effects of example variability and elicited self−explanations. *Contemporary Educational Psychology, 23*(1), 90-108.

Schwartz, D. L. (1999). The productive agency that drives collaborative learning. In P. Dillenbourg (Ed.), *Collaborative learning: Cognitive and computational approaches* (pp. 197−218). NY: Elsevier Science.

T is for Teaching

Benware, C. A., & Deci, E. L. (1984). Quality of learning with an active versus passive motivational set. *American Educational Research Journal, 21,* 755-765.

Blair, K., Schwartz, D. L., Biswas, G., & Leelawong, K. (2007). Pedagogical agents for learning by teaching: Teachable agents. *Educational Technology, 47*(1), 56-61.

Borko, H., Eisenhart, M., Brown, C. A., Underhill, R. G., Jones, D., & Agard, P. C. (1992). Learning to teach hard mathematics: Do novice teachers and their instructors give up too easily? *Journal for Research in Mathematics Education, 23,* 194-222.

Chase, C., Chin, D. B., Oppezzo, M., & Schwartz, D. L. (2009). Teachable agents and the protégé effect: Increasing the effort towards learning. *Journal of Science Education and Technology, 18,* 334-352.

Chi, M. T. H., Roy, M., & Hausmann, R. G. M. (2008). Observing tutorial dialogues collaboratively: Insights about human tutoring effectiveness from vicarious learning. *Cognitive Science, 32*(2), 301-341.

Chin, D. B., Dohamen, I., Oppezzo, M., Cheng, B., Chase, C., & Schwartz, D. L. (2010). Preparation for future learning with teachable agents. *Educational Technology Research and Design, 58,* 649-669.

Cohen, P. A., Kulik, J. A., & Kulik, C.-L. C. (1982). Educational outcomes of peer tutoring: A meta-analysis of findings. *American Educational Research Journal, 19,* 237-248.

Fiorella, L., & Mayer, R. E. (2013). The relative benefits of learning by teaching and teaching expectancy. *Contemporary Educational Psychology, 38*(4), 281-288.

Marshall, P. J., & Meltzoff, A. N. (2014). Neural mirroring mechanisms and imitation in human infants. *Philosophical Transactions of the Royal Society of London, Series B, Biological Sciences, 369,* 20130620.

Okita, S. Y., Schwartz, D. L. (2013). Learning by teaching human pupils and teachable agents: The importance of recursive feedback. *Journal of the Learning Sciences, 22*(3), 375−412.

Roscoe, R. D., & Chi, M. T. H. (2007). Understanding tutor learning: Reflective knowledge−building and knowledge−telling in peer tutors' explanations and questions. *Review of Educational Research, 77,* 534-574.

Webb, N.M. (1989). Peer interaction and learning in small groups. *International Journal of Education Research, 13,* 21-39.

U is for Undoing

Adams, W. K., Perkins, K. K., Podolefsky, N. S., Dubson, M., Finkelstein, N. D., & Wieman, C. E. (2006). New instrument for measuring student beliefs about physics and learning physics: The Colorado Learning Attitudes about Science Survey. *Physical Review Special Topics—Physics Education Research, 2*(1), 010101−1-010101−14.

American Child Health Association. (1934). *Physical defects: The pathway to correction. A study of physical defects among school children in New York City.* New York: American Child Health Association.

Augustin, J., Augustin, E., Cutrufelli, R. L., Hagen, S. R., & Teitzel, C. (1992). Alcohol retention in food preparation. *Journal of the American Dietetic Association, 92*(4), 486-488.

Ball, D. L., Thames, M. H., & Phelps, G. (2008). Content knowledge for teaching: What makes it special? *Journal of Teacher Education, 59*(5), 389-407.

Chen, Z., & Siegler, R. S. (2000). II. Overlapping waves theory. *Monographs of the Society for Research in Child Development, 65*(2), 7-11.

DiSessa, A. A. (1988). Knowledge in pieces. In G. Forman & P. Pufall (Eds.), *Constructivism in the computer age* (pp. 49-70). Hillsdale, NJ: Erlbaum.

Dunbar, K. (2000). How scientists think in the real world: Implications for science education. *Journal of Applied Developmental Psychology, 21*(1), 49-58.

Hammer, D. (1994). Epistemological beliefs in introductory physics. *Cognition and Instruction, 12*(2), 151-183.

Hestenes, D., Wells, M., & Swackhamer, G. (1992). Force concept inventory. *Physics Teacher, 30*(3), 141-158.

Kahneman, D. (2002). Maps of bounded rationality: A perspective on intuitive judgment and choice. In T. Frangsmyr (Ed.). *Les Prix Nobel: The Nobel Prizes 2002* (pp. 449-489). Stockholm, Nobel Prize.

Konold, C. (1989). Informal conceptions of probability. *Cognition and Instruction, 6*(1), 59-98.

Limón, M. (2001). On the cognitive conflict as an instructional strategy for conceptual change: A critical appraisal. *Learning and Instruction, 11*(4), 357-380.

McCloskey, M. (1983). Intuitive physics. *Scientific American, 248*(8), 122-130.

Sadler, P. M., Sonnert, G., Coyle, H. P., Cook—Smith, N., & Miller, J. L. (2013). The influence of teachers' knowledge on student learning in middle school physical science classrooms. *American Educational Research Journal, 50*(5), 1020-1049.

Shemwell, J. T., Chase, C. C., & Schwartz, D. L. (2015). Seeking the general explanation: A test of inductive activities for learning and transfer. *Journal of Research in Science Teaching, 52*(1), 58-83.

Shulman, L. S. (1986). Those who understand: Knowledge growth in teaching. *Educational Researcher, 15*(2), 4-14.

Tversky, A., & Kahneman, D. (1983). Extension versus intuitive reasoning: The conjunction fallacy in probability judgment. *Psychological Review, 90*(4), 293-315.

Vosniadou, S., Ioannides, C., Dimitrakopoulou, A., & Papademetriou, E. (2001). Designing learning environments to promote conceptual change in science. *Learning and Instruction, 11*(4), 381- 419.

Wason, P. C. (1966). Reasoning. In B. M. Foss (Ed.), *New horizons in psychology* (pp. 135-151). Harmondsworth, UK: Penguin.

Watson, B., & Konicek, R. (1990). Teaching for conceptual change: Confronting children's experience. *Phi Delta Kappan, 71*(9), 680-685.

White, R. T., & Gunstone, R. F. (1992). Probing understanding. London: Falmer.

Wimber, M., Alink, A., Charest, I., Kriegeskorte, N., & Anderson, M. C. (2015). Retrieval induces adaptive forgetting of competing memories via cortical pattern suppression. *Nature Neuroscience, 18*(4), 582-589.

V is for Visualization

Ainsworth, S., Prain, V., & Tytler, R. (2011). Drawing to learn in science. *Science, 333*, 1096-1097.

Csikszentmihalyi, M. (1990). The domain of creativity. In M. A. Runco & R. S. Albert (Eds.), *Theories of creativity* (pp. 190-212). Newbury Park, CA: Sage.

Csikszentmihalyi, M., & Getzels, J. (1970). Concern for discovery: An attitudinal component of creative production 1. *Journal of Personality, 38*(1), 91-105.

Danish, J. A., & Enyedy, N. (2007). Negotiated representational mediators: How young children decide what to include in their science representations. *Science Education, 91*(1), 1-35.

DiSessa, A. A., & Sherin, B. L. (2000). Meta－representation: An introduction. *Journal of Mathematical Behavior, 19*(4), 385-398.

Dow, S. P., Glassco, A., Kass, J., Schwarz, M., Schwartz, D. L., & Klemmer, S. R. (2010). Parallel prototyping leads to better design results, more divergence, and increased self－efficacy. *ACM Transactions on Computer－Human Interaction, 17*(4), Article 18:1-24.

Heckler, A. F. (2010). Some consequences of prompting novice physics students to construct force diagrams. *International Journal of Science Education, 32*(14), 1829-1851.

Lehrer, R., & Schauble, L. (2000). Inventing data structures for representational purposes: Elementary grade students' classification models. *Mathematical Thinking and Learning, 2*(1-2), 51-74.

Martin, L., & Schwartz, D. L. (2009). Prospective adaptation in the use of external representations. *Cognition and Instruction, 27*(4), 370-400.

Martin, L., & Schwartz, D. L. (2014). A pragmatic perspective on visual representation and creative thinking. *Visual Studies, 29*, 80-93.

McElhaney, K. W., Chang, H. Y., Chiu, J. L., & Linn, M. C. (2014). Evidence for effective uses of dynamic visualisations in science curriculum materials. *Studies in Science Education, 51*(1), 49-85.

Newcombe, N. S., & Shipley, T. F. (2015). Thinking about spatial thinking: New typology, new assessments. In J. S. Gero (Ed.), *Studying visual and spatial reasoning for design creativity* (pp. 179-192). New York, NY: Springer.

Pea, R. D. (1987). Cognitive technologies for mathematics education. In A. Schoenfeld (Ed.), *Cognitive science and mathematics education* (pp. 89-122). Hillsdale, NJ: Erlbaum.

Schooler, J. W., & Engstler−Schooler, T. Y. (1990). Verbal overshadowing of visual memories: Some things are better left unsaid. *Cognitive Psychology, 22*(1), 36-71.

Schwartz, D. L. (1993). The construction and analogical transfer of symbolic visualizations. *Journal of Research in Science Teaching, 30*(10), 1309-1325.

Schwartz, D. L., & Heiser, J. (2006). Spatial representations and imagery in learning. In K. Sawyer (Ed.), *Handbook of the learning sciences* (pp. 283-298). Cambridge, UK: Cambridge University Press.

Uttal, D. H., Meadow, N. G., Tipton, E., Hand, L. L., Alden, A. R., Warren, C., & Newcombe, N. S. (2013). The malleability of spatial skills: A meta−analysis of training studies. *Psychological Bulletin, 139*(2), 352-402.

Wertheimer, M. (1938). *Laws of organization in perceptual forms. In W. D. Ellis, A source book of gestalt psychology* (pp. 71-88). London: Routledge and Kegan Paul. (Original work published 1923)

Zhang, J. (1997). The nature of external representations in problem solving. *Cognitive Science, 21*(2), 179-217.

W is for Worked Examples

Atkinson, R. K., Derry, S. J., Renkl, A., & Wortham, D. (2000). Learning from examples: Instructional principles from the worked examples research. *Review of Educational Research, 70*(2), 181-214.

Catrambone, R., & Holyoak, K. J. (1990). Learning subgoals and methods for solving probability problems. *Memory and Cognition, 18*(6), 593-603.

Chandler, P., & Sweller, J. (1991). Cognitive load theory and the format of instruction. *Cognition and Instruction, 8*(4), 293-332.

Mayer, R. E., Heiser, J., & Lonn, S. (2001). Cognitive constraints on multimedia learning: When presenting more material results in less understanding. *Journal of Educational Psychology, 93*(1), 187-198.

Nathan, M. J., & Petrosino, A. J. (2003). Expert blind spot among preservice teachers. *American Educational Research Journal, 40*(4), 905-928.

Renkl, A., Stark, R., Gruber, H., & Mandl, H. (1998). Learning from worked−out examples: The effects of example variability and elicited self−explanations. *Contemporary Educational Psychology, 23*(1), 90-108.

Rittle−Johnson, B., & Star, J. R. (2007). Does comparing solution methods facilitate conceptual and procedural knowledge? An experimental study on learning to solve equations. *Journal of Educational Psychology, 99*(3), 561-574.

Roll, I., Aleven, V., McLaren, B. M., & Koedinger, K. R. (2011). Improving students' help−seeking skills using metacognitive feedback in an intelligent tutoring system. *Learning and Instruction, 21*(2), 267-280.

Schwartz, D. L., Chase, C. C., Oppezzo, M. A., & Chin, D. B. (2011). Practicing versus inventing with contrasting cases: The effects of telling first on learning and transfer. *Journal of Educational Psychology, 103*(4), 759-775.

Salden, R. J., Koedinger, K. R., Renkl, A., Aleven, V., & McLaren, B. M. (2010). Accounting for beneficial effects of worked examples in tutored problem solving. *Educational Psychology Review, 22*(4), 379-392.

Sweller, J. (1994). Cognitive load theory, learning difficulty, and instructional design. *Learning and Instruction, 4*(4), 295-312.

X is for eXcitement

Beilock, S. (2010). *Choke: What the secrets of the brain reveal about getting it right when you have to.* New York: Free Press.

Borota, D., Murray, E., Keceli, G., Chang, A., Watabe, J. M., Ly, M., . . . Yassa, M. A. (2014). Post−study caffeine administration enhances memory consolidation in humans. *Nature Neuroscience, 17*(2), 201-203.

Chen, S. C. (1937). Social modification of the activity of ants in nest−building. *Physiological Zoology, 10*(4), 420-436.

Colibazzi, T., Posner, J., Wang, Z., Gorman, D., Gerber, A., Yu, S., . . . Peterson, B. S. (2010). Neural systems subserving valence and arousal during the experience of induced emotions. *Emotion, 10*(3), 377-389.

Crouch, C. H., & Mazur, E. (2001). Peer instruction: Ten years of experience and results. *American Journal of Physics, 69*(9), 970-977.

Diamond, D. M., Campbell, A. M., Park, C. R., Halonen, J., & Zoladz, P. R. (2007). The temporal dynamics model of emotional memory processing: A synthesis on the neurobiological basis of stress−induced amnesia, flashbulb and traumatic memories, and the Yerkes−Dodson law. *Neural Plasticity, Article ID 607703,* 1-33.

Fazey, J. A., & Hardy, L. (1988). The inverted−U hypothesis: *A catastrophe for sport psychology.* Leeds, UK: National Coaching Foundation.

Fredrickson, B. L., & Branigan, C. (2005). Positive emotions broaden the scope of attention and thought−action repertoires. *Cognition and Emotion, 19*(3), 313- 332.

Gruber, M. J., Gelman, B. D., & Ranganath, C. (2014). States of curiosity modulate hippocampus−dependent learning via the dopaminergic circuit. *Neuron, 84*(2), 486-496.

Hamann, S. B., Ely, T. D., Grafton, S. T., & Kilts, C. D. (1999). Amygdala activity related to enhanced memory for pleasant and aversive stimuli. *Nature Neuroscience, 2*(3), 289-293.

Hebb, D. O. (1955). Drives and the C.N.S. (conceptual nervous system). *Psychological Review, 62*(4), 243–254.

Howard–Jones, P., Demetriou, S., Bogacz, R., Yoo, J. H., & Leonards, U. (2011). Toward a science of learning games. *Mind, Brain, and Education, 5*(1), 33–41.

Knowles, M. L., Lucas, G. M., Baumeister, R. F., & Gardner, W. L. (2015). Choking under social pressure: Social monitoring among the lonely. *Personality and Social Psychology Bulletin, 41*(6), 805–821.

Kuhl, P. K., Tsao, F. M., & Liu, H. M. (2003). Foreign–language experience in infancy: Effects of short–term exposure and social interaction on phonetic learn ing. *Proceedings of the National Academy of Sciences of the USA, 100*(15), 9096–9101.

Lambourne, K., & Tomporowski, P. (2010). The effect of exercise–induced arousal on cognitive task performance: A meta–regression analysis. *Brain Research, 1341*, 12–24.

Lang, A., Newhagen, J., & Reeves, B. (1996). Negative video as structure: Emotion, attention, capacity, and memory. *Journal of Broadcasting and Electronic Media, 40*(4), 460–477.

Mather, M., & Sutherland, M. R. (2011). Arousal–biased competition in perception and memory. *Perspectives on Psychological Science, 6*(2), 114–133.

Michaels, J. W., Blommel, J. M., Brocato, R. M., Linkous, R. A., & Rowe, J. S. (1982). Social facilitation and inhibition in a natural setting, *Replications in Social Psychology, 2*, 21–24.

Neisser, U., & Harsch, N. (1992). Phantom flashbulbs: False recollections of hearing the news about Challenger. In E. Winograd & U. Neisser (Eds.), *Affect and accuracy in recall: Studies of " flashbulb" memories* (pp. 9–31). New York: Cambridge University Press.

Nielson, K. A., & Arentsen, T. J. (2012). Memory modulation in the classroom: Selective enhancement of college examination performance by arousal induced after lecture. *Neurobiology of Learning and*

Memory, 98(1), 12-16.

Okita, S. Y., Bailenson, J., & Schwartz, D. L. (2008). Mere belief in social action improves complex learning. In P. A. Kirschner, F. Prins, V. Jonker, & G. Kanselaar (Eds.), *Proceedings of the 8th International Conference for the Learning Sciences* (Vol. 2, pp. 132-139). Utrecht, Netherlands: International Society of the Learning Sciences.

Talarico, J. M., & Rubin, D. C. (2003). Confidence, not consistency, characterizes flashbulb memories. *Psychological Science, 14*(5), 455-461.

Triplett, N. (1898). The dynamogenic factors in pacemaking and competition. *American Journal of Psychology, 9*(4), 507-533.

Wang, B. (2015). Negative emotion elicited in high school students enhances consolidation of item memory, but not source memory. *Consciousness and Cognition, 33*, 185-195.

Yerkes, R. M., & Dodson, J. D. (1908). The relation of strength of stimulus to rapidity of habit formation. *Journal of Comparative Neurology and Psychology, 18*, 459-482.

Zajonc, R. B. (1965). Social facilitation. *Science, 149*(3681), 269-274.

Y is for Yes I Can

Bandura, A. (1997). *Self−efficacy: The exercise of control*. New York: W.H. Freeman.

Bandura, A., & Wood, R. E. (1989). Effect of perceived controllability and performance standards on self−regulation of complex decision−making. *Journal of Personality and Social Psychology, 56*, 805-814.

Bartsch, R. A., Case, K. A., & Meerman, H. (2012). Increasing academic self−efficacy in statistics with a live vicarious experience presentation. *Teaching of Psychology, 39*(2), 133-136.

Baumeister, R. F., & Vohs, K. D. (2007). Self regulation, ego depletion, and motivation. *Social and Personality Psychology Compass, 1*(1), 115-128.

Blackwell, L. S., Trzesniewski, K. H., & Dweck, C. S. (2007). Implicit theories of intelligence predict achievement across an adolescent transition: A longitudinal study and an intervention. *Child Development, 78*(1), 246-263.

Chase, C. C. (2013). Motivating persistence in the face of failure: Equipping novice learners with the motivational tools of experts. In J.J. Staszewski (Ed.), *Expertise and Skill Acquisition: The Impact of William G. Chase* (pp. 59-84). New York: Psychology Press.

Corno, L., & Xu, J. (2004). Homework as the job of childhood. *Theory into Practice, 43*(3), 227-233.

Damon, W. (2008). *Moral child: Nurturing children's natural moral growth*. New York: Free Press.

Duckworth, A. (2007). Twelve−item grit scale. Retrieved August 1, 2015, from http://upenn.app.box.com/12itemgrit

Duckworth, A. L., Peterson, C., Matthews, M. D., & Kelly, D. R. (2007). Grit: Perseverance and passion for long−term goals. *Journal of Personality and Social Psychology, 92*(6), 1087-1101.

Dweck, C. (2006). *Mindset: The new psychology of success*. New York: Random House.

Gunderson, E. A., Gripshover, S. J., Romero, C., Dweck, C. S., Goldin Meadow, S., & Levine, S. C. (2013). Parent praise to 1 to 3 year olds predicts children's motivational frameworks 5 years later. *Child Development, 84*(5), 1526-1541.

Hackett, G. (1995) Self−efficacy in career choice and development. In A. Bandura (Ed.), *Self−efficacy in Changing Societies* (pp. 232-258). New York: Cambridge University Press.

Hong, H. Y., & Lin−Siegler, X. (2012). How learning about scientists' struggles influences students' interest and learning in physics. *Journal of Educational Psychology, 104*(2), 469-484.

Mindset Works (n.d.). What's My Mindset? (for age 12 to adult) [Measurement instrument]. Retrieved July 1, 2015, from http://community.mindsetworks.com/my−mindset?force=1.

Mueller, C. M., & Dweck, C. S. (1998). Praise for intelligence can undermine children's motivation and performance. *Journal of Personality and Social Psychology, 75*(1), 33-52.

Oppezzo, M., & Schwartz, D. L. (2013). A behavior change perspective on self−regulated learning with teachable agents. In R. Azevedo and V. Aleven (Eds.), *International handbook of metacognition and learning technologies* (pp. 485-500). New York: Springer.

Ross, L. (1977). The intuitive psychologist and his shortcomings: Distortions in the attribution process. In L. Berkowitz (Ed.), *Advances in experimental social psychology* (Vol. 10, pp. 173-220). New York: Academic Press.

Schunk, D. H., & Gunn, T. P. (1985). Modeled importance of task strategies and achievement beliefs: Effect on self−efficacy and skill development. *Journal of Early Adolescence, 5*(2), 247-258.

Schunk, D. H., Hanson, A. R., & Cox, P. D. (1987). Peer−model attributes and children's achievement behaviors. *Journal of Educational Psychology, 79*(1), 54-61.

Schunk, D. H., & Lilly, M. W. (1984). Sex differences in self−efficacy and attributions: Influence of performance feedback. *Journal of Early Adolescence, 4*(3), 203-213.

Seligman, M. E., & Maier, S. F. (1967). Failure to escape traumatic shock. *Journal of Experimental Psychology, 74*(1), 1-9.

Thornton, J. W., & Jacobs, P. D. (1971). Learned helplessness in human subjects. *Journal of Experimental Psychology, 87*(3), 367-372.

Wood, R., & Bandura, A. (1989). Impact of conceptions of ability on self−regulatory mechanisms and complex decision making. *Journal of Personality and Social Psychology, 56*(3), 407-415.

Yeager, D. S., & Bundick, M. J. (2009). The role of purposeful work goals in promoting meaning in life and in schoolwork. *Journal of Adolescent Research, 24*(4), 423-452.

Zimmerman, B., & Schunk, D. (1989). Self−regulated learning and academic: Theory, research, and practice. New York: Springer−Verlag.

Z is for Zzz...

Alger, S. E., Lau, H., & Fishbein, W. (2012). Slow wave sleep during a daytime nap is necessary for protection from subsequent interference and long-term retention. *Neurobiology of Learning and Memory*, *98*(2), 188-196.

Antony, J. W., Gobel, E. W., O'Hare, J. K., Reber, P. J., & Paller, K. A. (2012). Cued memory reactivation during sleep influences skill learning. Nature *Neuroscience*, *15*(8), 1114-1116.

Beijamini, F., Pereira, S. I. R., Cini, F. A., & Louzada, F. M. (2014). After being challenged by a video game problem, sleep increases the chance to solve it. *PLoS One*, *9*(1), e84342.

Brooks, A., & Lack, L. (2006). A brief afternoon nap following nocturnal sleep restriction: Which nap duration is most recuperative? *Sleep*, *29*(6), 831-840.

Carskadon, M. A., Dement, W. C., Mitler, M. M., Roth, T., Westbrook, P. R., & Keenan, S. (1986). Guidelines for the Multiple Sleep Latency Test (MSLT): A standard measure of sleepiness. *Sleep*, *9*(4), 519-524.

Cohen, D. A., Wang, W., Wyatt, J. K., Kronauer, R. E., Dijk, D. J., Czeisler, C. A., & Klerman, E. B. (2010). Uncovering residual effects of chronic sleep loss on human performance. *Science Translational Medicine*, *2*(14), 14ra3.

Diekelmann, S., Born, J., & Wagner, U. (2010). Sleep enhances false memories depending on general memory performance. *Behavioural Brain Research*, *208*(2), 425-429.

Frenda, S. J., Patihis, L., Loftus, E. F., Lewis, H. C., & Fenn, K. M. (2014). Sleep deprivation and false memories. *Psychological Science*, *25*(9), 1674-1681.

Horne, J. A., & Reyner, L. A. (1996). Counteracting driver sleepiness: effects of napping, caffeine, and placebo. *Psychophysiology*, *33*(3), 306-309.

Huber, R., Ghilardi, M. F., Massimini, M., & Tononi, G. (2004). Local sleep and learning. *Nature, 430*(6995), 78-81.

Jenkins, J. G., & Dallenbach, K. M. (1924). Obliviscence during sleep and waking. *American Journal of Psychology, 35*(4) 605-612.

Lau, H., Alger, S. E., & Fishbein, W. (2011). Relational memory: A daytime nap facilitates the abstraction of general concepts. *PLoS One, 6*(11), e27139.

Liu, Y., Wheaton, A. G., Chapman, D. P., & Croft, J. B. (2013). Sleep duration and chronic diseases among US adults age 45 years and older: Evidence from the 2010 Behavioral Risk Factor Surveillance System. *Sleep, 36*(10), 1421-1427.

Mah, C. D., Mah, K. E., Kezirian, E. J., & Dement, W. C. (2011). The effects of sleep extension on the athletic performance of collegiate basketball players. *Sleep, 34*(7), 943-950.

Ngo, H. V. V., Martinetz, T., Born, J., & Mölle, M. (2013). Auditory closed—loop stimulation of the sleep slow oscillation enhances memory. *Neuron, 78*(3), 545-553.

Rasch, B., & Born, J. (2013). About sleep's role in memory. *Physiological Reviews, 93*(2), 681-766.

Rasch, B., Büchel, C., Gais, S., & Born, J. (2007). Odor cues during slow—wave sleep prompt declarative memory consolidation. *Science, 315*(5817), 1426-1429.

Schreiner, T., & Rasch, B. (2014). Boosting vocabulary learning by verbal cueing during sleep. *Cerebral Cortex, 25*(11), 4169-4179.

Steinbeck, J. (1954). *Sweet Thursday*. New York: Viking.

Wahlstrom, K. (2002). Changing times: Findings from the first longitudinal study of later high school start times. *NASSP Bulletin, 86*(633), 3-21.

Xie, L., Kang, H., Xu, Q., Chen, M. J., Liao, Y., Thiyagarajan, M., . . . Nedergaard, M. (2013). Sleep drives metabolite clearance from the adult brain. *Science, 342*(6156), 373-377.

Yang, G., Lai, C. S. W., Cichon, J., Ma, L., Li, W., & Gan, W. B. (2014). Sleep promotes branch—specific formation of dendritic spines after learning. *Science, 344*(6188), 1173-1178.

Figure Credits

Figure B.2: Reproduced with permission from "Psychological insights for improved physics teaching," by L. Aguilar, G. Walton, and C. Wieman, 2014, *Physics Today*, *67*(5), p. 43. Copyright 2014, American Institute of Physics.

Figure C.1: Reproduced with permission of Lawrence Erlbaum Associates Software & Alternative Media, Inc., from "A Sketch of a Cognitive Approach to Comprehension," by J. D. Bransford and N. S. McCarrel, 1974, in W. Weimer and D. S. Palermo (Eds.), *Cognition and the symbolic processes*. Hillsdale, NJ: Lawrence Erlbaum; permission conveyed through Copyright Clearance Center, Inc.

Figure C.2: Reproduced with permission of Lawrence Erlbaum Associates Software & Alternative Media, Inc., from "A Sketch of a Cognitive Approach to Comprehension," by J. D. Bransford and N. S. McCarrel, 1974, in W. Weimer and D. S. Palermo (Eds.), *Cognition and the symbolic processes*. Hillsdale, NJ: Lawrence Erlbaum; permission conveyed through Copyright Clearance Center, Inc.

Figure C.3: Adapted with permission of John Wiley & Sons, from "Perceptual learning modules in mathematics: Enhancing students' pattern recognition, structure extraction, and fluency," by P. J. Kellman, C. M. Massey, and J. Y. Son, 2010, *Topics in Cognitive Science*, *2*(2). Copyright 2009, Cognitive Science Society, Inc.

Figure C.8: Reprinted from *Cognitive Psychology*, *11*(3), by R. S. Nickerson and J. J. Adams, "Long−term memory for a common object," pp. 287−307, copyright 1979, with permission from Elsevier.

Figure D.3: From K. A. Ericsson, R. T. Krampe, and C. Tesch−Römer, "The role of deliberate practice in the acquisition of expert performance," *Psychological Review*, *100*(3), p. 369, 1993, publisher American Psychological Association. Reprinted with permission.

Figure E.3: Reprinted from "The productive agency that drives collaborative learning," by D. L. Schwartz, in P. Dillenbourg (Ed.) *Collaborative learning: Cognitive and computational approaches*, pp. 197−218, copyright 1999, with permission from Elsevier.

Figure F.3: Reprinted from "Posterlet: A game based assessment of children's choices to seek feedback and revise," by M. Cutumisu, K. P. Blair, D. B. Chin and D. L. Schwartz, *Journal of Learning Analytics, 2*, 2015, p. 56.

Figure H.2: Adapted from *Cognitive Psychology, 38*(3), by D. L. Schwartz, "Physical imagery: Kinematic versus dynamic models," p. 440, copyright 1999, with permission from Elsevier.

Figure H.3: Adapted from "Learning to see less than nothing: Putting perceptual skills to work for learning numerical structure," by J. M. Tsang, K. P. Blair, L. Bofferding and D. L. Schwartz, *Cognition and Instruction, 33*(2), 2015. Reprinted by permission of the publisher (Taylor & Francis Ltd, http://www.tandfonline.com).

Figure H.4: Adapted from "Learning to see less than nothing: Putting perceptual skills to work for learning numerical structure," by J. M. Tsang, K. P. Blair, L. Bofferding and D. L. Schwartz, *Cognition and Instruction, 33*(2), 2015. Reprinted by permission of the publisher (Taylor & Francis Ltd, http://www.tandfonline. com).

Figure J.3: From D. L. Schwartz, C. C. Chase, M. A. Oppezzo, and D. B. Chin, "Practicing versus inventing with contrasting cases: The effects of telling first on learning and transfer," *Journal of Educational Psychology, 103*(4), p. 761, 2011, publisher American Psychological Association. Reprinted with permission.

Figure M.4: Available: https://scratch.mit.edu/projects/10859244/#editor

Figure O.1: From "Imitation of facial and manual gestures by human neonates," by A. N. Meltzoff and M. K. Moore, 1977, *Science, 198*, p. 75. Reprinted with permission from AAAS.

Figure O.2: From "Theory of mind: mechanisms, methods, and new directions" by L. J. Byom and B. Mutlu, 2013, *Frontiers in Human Neuroscience, 7.*

Figure O.3: From "The role of imitation in personality development," by A. Bandura, 1963, *The Journal of Nursery Education, 18*(3). Reprinted with permission of the author.

Figure O.4: From "The role of imitation in personality development," by A. Bandura, 1963, *The Journal of Nursery Education, 18*(3). Reprinted with permission of the author.

Figure Q.1: From "Personal inquiry: Orchestrating science investigations within and beyond the classroom," by M. Sharples et al., 2014, *Journal of the Learning Sciences, 24*(2), pp. 1–34.

Figure S.2: Reprinted with permission of John Wiley & Sons from "The role of a mental model in learning to operate a device," by D. E. Kieras & S. Bovair, 1984, *Cognitive Science, 8*(3), p. 259. Copyright 1984, Cognitive Science Society, Inc.

Figure V.6: Reprinted with permission of John Wiley & Sons from "The construction and analogical transfer of symbolic visualizations," by D. L. Schwartz, 1993, *Journal of Research in Science Teaching, 30*(10), p. 1309–1325. Copyright 1993, Wiley Periodical, Inc., A Wiley Company.

Figure V.8: Reprinted with permission of Cambridge University Press from "Spatial representations and imagery in learning," by D. L. Schwartz & J. Heiser, 2006, in K. Sawyer (Ed.), *Handbook of the learning sciences*, p. 283–298.

Figure V.9: From "A pragmatic perspective on visual representation and creative thinking," by L. Martin & D. L. Schwartz, 2014, *Visual Studies, 29*, Taylor & Francis. Reprinted by permission of the publisher (Taylor & Francis Ltd, http://www.tandfonline.com).

Figure W.1: From "Cognitive load theory and the format of instruction," by P. Chandler & J. Sweller, *Cognition and Instruction, 1991*, Taylor & Francis. Reprinted by permission of the publisher (Taylor & Francis

Ltd, http://www.tandfonline.com).

Figure W.2: From "Cognitive load theory and the format of instruction," by P. Chandler & J. Sweller, *Cognition and Instruction*, *1991*, Taylor & Francis. Reprinted by permission of the publisher (Taylor & Francis Ltd, http://www.tandfonline. com).

Figure X.1: Reprinted from "The temporal dynamics model of emotional memory processing: a synthesis on the neurobiological basis of stress−induced amnesia, flashbulb and traumatic memories, and the Yerkes−Dodson law," by D. M. Diamond, A. M. Campbell, C. R. Park, J. Halonen, & P. R. Zoladz, *Neural Plas− ticity, 2007.*

Figure X.3: Reprinted from "Mere belief in social action improves complex learning," by S. Y. Okita, J. Bailenson, & D. L. Schwartz, in P. A. Kirschner, F. Prins, V. Jonker, & G. Kanselaar (Eds.), *Proceedings of the 8th International Conference for the Learning Sciences, 2*, pp. 132−139. Copyright 2008, International Society of the Learning Sciences.

Figure Z.2: Based on "About sleep's role in memory," by B. Rasch & J. Born, 2013, *Physiological Reviews*, *93*(2), p. 682. Permission from the American Physiological Society.

동물

Alligator 악어

Bear 곰

Cow 소

Deer 사슴

Elephant 코끼리

Frog 개구리

Giraffe & Gorilla 기린 & 고릴라

Hippopotamus 하마

Iguana 이구아나

Jaguar 재규어

Kangaroo & Koala 캥거루 & 코알라

Lion 사자

Mouse 쥐

Numbat 주머니개미핥기

Ostrich 타조

Panda & Penguin 판다 & 펭귄

Quail 메추라기

Rhinoceros & Raccoon 코뿔소 & 너구리

Saint Bernard 세인트 버나드

Toucan 큰부리새

Uakari 우아카리 원숭이

Vulture 독수리

Warthog 흑사마귀

Xenarthra 빈치목

Yak 야크

Zebra 얼룩말

문제 중심 색인

섣불리 포기하기 (Y)

동기 부여의 어려움 (N) (R) (P)

수행 능력 정체기에 도달했을 때 (D) (F)

피드백 무시 (F) (R) (T)

정밀도 (C) (E) (J) (V)

충동성 (I) (R)

부주의 (X)

비효과적 질문 (F) (O) (Q)

교수 활동의 비효율성 (K) (J) (W)

독립적 사고 결여 (I) (K) (M)

통찰력이나 창의력 결여 (V) (Z) (I) (K)

학습에 대한 흥미 결여 (M) (P) (R) (T)

강의가 통하지 않을 때 (J) (X) (C)

외로움 (B) (P)

너무 이른 답 보기 (G) (J)

낮은 자신감 (B) (Y)

핵심 아이디어의 묻힘 (A) (C) (J) (X)

암기 문제 (E) (G)

오개념과 혼동 (A) (U)

학생 잠재력의 잘못된 평가 (P)

큰 아이디어, 원리, 또는 목적을 놓침 (A) (P) (V)

수업 참여 거부 (B)

새로운 학습을 방해하는 과도한 자신감 (L) (S) (U) (V) (F)

인지적으로 압도된 상태 (J) (V) (W)

감정적으로 압도된 상태 (B) (Y) (X)

저조한 인식 능력 (C)

다시 읽는 것은 도움이 되지 않음 (G) (S)

수업시간에 졸림 (X) (Z)

챕터 테스트에선 성공하지만 기말고사에서의 실패 (C) (J)

피상적 연습 (D) (F)

이해 대신 단순 기호나 공식 대입 (H) (J) (K) (W)

저조한 성과 (B) (D)

시도 의욕 부재 (B) (R) (Y)

비현실적 기대 (D) (Y)

어떻게 행동하거나 느껴야 할지 확실하지 않음 (O) (R)

이성이 적용되지 않는 상황 (R)

언어가 효과적이지 않은 상황 (H) (O)

저자 소개

Daniel L. Schwartz 교수는 스탠퍼드 교육대학원 학장으로, 교육 공학 분야(Nomellini-Olivier) 석좌 교수이기도 하다. 그는 Klaus J. Jacobs Research Prize를 비롯한 유수의 상을 받은 학습 과학자로, 로스 엔젤레스와 알래스카 칼태그(Kaltag)에 있는 중학교에서 8년간 학생을 가르친 경험도 있다. 그는 사람들이 어떻게 학습하는지를 알아볼 수 있는 새롭고 효과적인 학습 활동을 만들어 내는 데 탁월한 능력과 전문성을 가지고 있다.

Jessica M. Tsang 박사는 스탠퍼드 교육대학원의 연구원이자 강사로, 학습과 이해에 대한 학생들의 타고난 역량을 자연스럽게 끌어 낼 수 있는 교수 설계 방법을 연구하고 있다. 그녀의 학제 간 연구는 인지 신경과학과 효과적인 교수 학습 설계 간의 연결을 시도하고 있다. 그녀는 이전에 교육 자선 사업, 도시 학교 개혁, 교육 미디어 기술 분야에서 일하였다.

Kristen P. Blair 박사는 스탠퍼드 교육대학원의 선임 연구원이자 강사이다. 그녀는 학생들의 수학과 과학 학습을 지원하는 기술을 개발하고, 교실과 가정 맥락에서 아동의 발달과 학습에 대한 연구를 하고 있다. 그녀는 스탠퍼드 대학교에서 학습과학 및 공학 디자인(Learning Sciences and Technology Design) 박사 학위와 수학 및 전산 과학(Mathematical and Computational Science) 학사 학위를 취득하였다.

옮긴이 소개

임수현

서울교육대학교 초등교육과를 졸업하고 동 대학원에서 석사 학위를, University of Minnesota, Twin Cities에서 교육 심리학 전공으로 석사와 박사 학위를 받았다. 2020년 9월부터 한양대학교 교육학과, 일반대학원 러닝사이언스학과 교수로 재직하며, 학생들에게 인지심리, 인지과정연구, 교육신경과학 과목 등에 대해 강의를 하고 있다. 주요 연구분야로는 교수학습법, 수학습인지, 수감각, 뇌과학연구의 교육현장 적용 등이 있다.

천미람

University of California, Los Angeles 사회학과 학부를 졸업하고, 한양대학교 상담심리대학원에서 석사 학위를, 한양대학교에서 상담심리 및 교육심리 전공으로 박사 학위를 수료하였다. 현재 대학생활상담센터에서 객원상담원으로 근무하면서 강의, 연구, 학습 코칭 및 심리 검사를 진행하고 있다.

학습과학이 알려주는 26가지 학습 방법

초판발행	2024년 8월 16일
중판발행	2025년 1월 22일

지은이	Daniel L. Schwartz·Jessica M. Tsang·Kristen P. Blair
옮긴이	임수현·천미람
펴낸이	노 현

편 집	탁종민
기획/마케팅	허승훈
표지디자인	BEN STORY
제 작	고철민·김원표

펴낸곳	㈜ 피와이메이트
	서울특별시 금천구 가산디지털2로 53, 210호(가산동, 한라시그마밸리)
	등록 2014. 2. 12. 제2018-000080호
전 화	02)733-6771
f a x	02)736-4818
e-mail	pys@pybook.co.kr
homepage	www.pybook.co.kr
ISBN	979-11-6519-488-8 93370

* 파본은 구입하신 곳에서 교환해 드립니다. 본서의 무단복제행위를 금합니다.

정 가 28,000원